浙江省普通高校"十三五"新形态教材

U0596103

桥梁结构电算原理与软件应用

（第2版）

彭 卫 陈 闯◎主编

ZHEJIANG UNIVERSITY PRESS
浙江大学出版社

图书在版编目（CIP）数据

桥梁结构电算原理与软件应用 / 彭卫，陈闯主编
. —2 版. —杭州：浙江大学出版社，2020.8（2023.8 重印）
ISBN 978-7-308-20433-0

Ⅰ. ①桥… Ⅱ. ①彭… ②陈… Ⅲ. ①桥梁结构—计
算机辅助计算—高等学校—教材 Ⅳ. ①U443-39

中国版本图书馆 CIP 数据核字（2020）第 139737 号

桥梁结构电算原理与软件应用（第 2 版）

主编　彭　卫　陈　闯

责任编辑　王元新
责任校对　徐　霞
封面设计　周　灵
出版发行　浙江大学出版社
　　　　　（杭州市天目山路 148 号　邮政编码 310007）
　　　　　（网址:http://www.zjupress.com）
排　　版　杭州好友排版工作室
印　　刷　嘉兴华源印刷厂
开　　本　787mm×1092mm　1/16
印　　张　27.25
字　　数　697 千
版 印 次　2020 年 8 月第 2 版　2023 年 8 月第 2 次印刷
书　　号　ISBN 978-7-308-20433-0
定　　价　68.00 元

前　言

　　《桥梁结构电算原理与软件应用》作为首批浙江省普通高校"十三五"新形态教材,是在2013年第1版的基础上进行大量修订而成的。

　　全书共七章,分为两个部分:第一部分包括第1～2章,简要介绍连续体结构有限单元法的基本思想和结构电算原理,以及各种桥型上部结构设计的基本流程。第二部分包括第3～7章,分别以装配式预应力混凝土简支T梁桥、简支转连续小箱梁桥、变截面连续刚构桥、预应力混凝土连续箱梁桥、钢管混凝土系杆拱桥等五座典型桥梁设计为例,从桥梁工程师的视角,详细介绍了从桥梁尺寸拟定、截面单元划分、荷载输入、结构内力计算与组合、预应力钢束的估算与配置,到全桥结构安全验算的桥梁设计计算全过程,并配套录制了软件操作的微视频。设计采用的规范均为现行公路桥涵设计规范。

　　全书由浙大宁波理工学院彭卫、陈闯编写,其中第1～3章、第5章、第7章的7.1和7.2由彭卫编写,第4章、第6章和第7章的7.3由陈闯编写。全书由彭卫教授修正定稿。

　　配套微视频由严书婷和程鹏举录制完成。严书婷、胡忠雯、程鹏举还承担了部分绘图及文字处理工作,谨在此一并致以诚挚的感谢。

　　由于编者水平有限,对规范和软件的理解与应用不够透彻,书中定有一些欠缺之处,恳请读者和同行专家批评指正。

编　者

2020年3月

目　　录

第1章 结构电算原理与方法

1.1 概　述

桥梁设计是桥梁建设程序当中的重要技术环节,一般包括初步设计、施工图设计两个阶段。对于技术复杂的特大桥、互通式立交桥或新型桥梁结构,中间还会包含技术设计阶段。其中,施工图设计是在桥型方案确定之后,计算桥梁结构整体和构件在恒载、活载等作用下的效应组合,进行承载能力极限状态设计和正常使用极限状态设计,确保桥梁各种构件在每个施工阶段以及通车运营阶段的强度、刚度、稳定性、裂缝等技术指标满足规范要求,进而绘制施工详图,编制施工预算。

桥梁设计的流程是:拟定结构构件尺寸,计算桥梁结构在永久作用(自重为主要永久作用)、可变作用(汽车荷载是最主要的可变作用)、偶然作用下的作用效应组合,根据内力组合设计值配置预应力钢筋,然后进行配筋验算。验算通过之后,就可以绘制施工详图,编制计算书。设计计算流程如图 1-1 所示。

随着计算机的出现,人们开始利用计算机及其图形设备帮助设计人员进行设计工作。在工程和产品设计中,计算机可以帮助设计人员承担计算(截面特性计算、结构内力计算、结构位移计算、结构安全验算等)、信息存储和制图等工作。在设计中通常要用计算机对不同方案进行大量的计算、分析和比较,以确定最优方案;各种设计信息,不论是数字的、文字的,还是图形的,都能存放在计算机的内存或外存里,并能快速地被检索出来;设计人员通常以草图开始设计,将草图变为施工图的繁重工作可以交给计算机完成。

在梁(杆)、板、壳等诸多结构中,杆系结构由于具有适宜采用矩阵运算、计算机编程求解的特点,所以得以首先采用计算机编制软件来求解结构内力,这一方法被称为结构矩阵分析方法。也就是说,结构矩阵分析方法是电子计算机进入结构力学领域产生的一种方法,它以传统结构力学作为理论基础,以矩阵作为数学表达式,以电子计算机作为计算手段,是适合电算的分析方法,能够快速、精确地解决手算难以完成的大型复杂问题。根据所选基本未知数的不同,结构矩阵分析有矩阵位移法(刚度法)和矩阵力法(柔度法)两种。矩阵位移法由于具有易于实现计算过程程序化的优点而应用较广,是有限元法的雏形。下面在讲解杆系结构的矩阵位移法计算时,就使用了有限元法中的一些术语和提法。一个最基本的术语就是:将离散后的杆件或部分杆件称为单元。

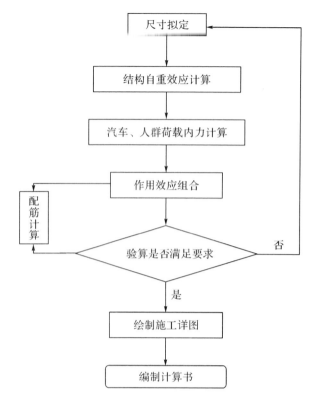

图 1-1　桥梁设计流程

1.2　平面杆件系统的矩阵位移法

在同一平面内的若干杆件以一定方式连接起来形成结构物,并且杆件截面的一个主轴以及所承受的载荷也在该平面内,则此结构物通常称为平面杆件系统,如图 1-2 所示。

杆件系统的矩阵位移法和结构力学中经典的位移法相比,并没有很大的区别,只是"基本结构"的选取有所不同,借用有限单元法中的术语,凡是杆系的交叉点、边界点、集中力作用点都应列为结点,而结点之间的杆件均可作为单元(见图 1-2),也就是说,用单元代替了经典位移法中的"基本结构"。

对于杆件系统矩阵位移法,分析步骤如下:

(1)结构离散化。把指定的杆系结构按适当的方式划分成若干杆件,每个杆件称为一个单元,用杆的轴线代表。各杆轴线之间的交点称为结点。按照自然数的顺序对所有结点和单元编号。全部未知结点的位移是整个问题中的基本未知量。

(2)单元分析。建立单元刚度矩阵——联系单元结点力和结点位移之间关系的变换矩阵。每个杆件单元都可以看作在其两端结点处切开并从结构中取出的一个隔离体。作用在杆单元两端截面上的结构内力称为单元结点力。单元分析的主要目的是建立用未知的结点位移来确定单元结点力的表达式。

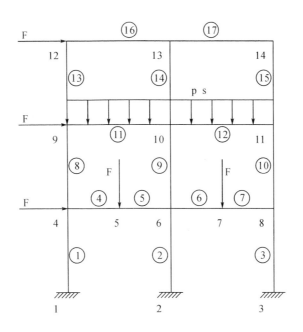

图 1-2　平面杆件系统及单元

（3）整体分析。其主要任务有：①由单元刚度矩阵组集结构刚度矩阵；②求解结点平衡方程组，解出全部未知结点位移；③求得全部结点位移后，利用单元刚度矩阵计算各单元的内力。

对任一线弹性结构的分析，应同时满足以下条件：①平衡条件，结构的整体和任一单元必须保持静力平衡；②变形协调条件，结构位移除了在各单元内部须满足变形协调条件外，整个结构上的各个结点也应同时满足变形协调条件，同时还必须满足边界条件；③应力应变关系服从虎克定律。

整体分析的任务是按照静力平衡条件与变形协调条件把作为隔离体的各个单元重新组集成一个完整的结构进行求解。

对于杆系结构分析的位移法而言，各杆之间仅在结点处相互连接。相交于某一结点的各杆件，它们的杆端位移可用上述同一结点的位移表示，因而位移连续条件自动得到满足。结点平衡方程组提供了确定全部未知结点位移的一个代数方程组。对于线弹性结构，这是一组对未知结点位移而言的代数方程组，即结构力学中的正则方程组。方程组中的系数矩阵为结构刚度矩阵，各系数为刚度影响系数。

1.2.1　单元分析

单元分析的任务是要求出单元的刚度方程和单元刚度矩阵，也就是单元结点力与结点位移之间的关系。结构力学中的直杆转角位移方程实际上就是梁单元的刚度方程。

1. 局部坐标系下的单元刚度矩阵

如图 1-3 所示为平面刚架中的等截面直杆单元 e。设杆件除弯曲变形外，还有轴向变形。两个结点各有三个位移分量（两个平移、一个转动），单元共有六个杆端位移分量，这是平面结构杆件单元的一般情况。设杆长为 l，截面面积为 A，截面惯性矩为 I，材料弹性模量为 E。

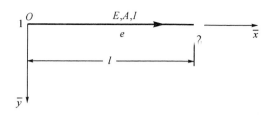

图 1-3 局部坐标系下的杆件单元

图 1-3 采用坐标系 $\overline{x}O\overline{y}$，其中 $\overline{x}$ 轴与杆轴重合。这个坐标系称为局部坐标系或单元坐标系。在局部坐标系中，一般单元的每端各有三个位移分量 $\overline{u}$、$\overline{v}$、$\overline{\theta}$ 和对应的三个力分量 $\overline{F}_x$、$\overline{F}_y$、$\overline{M}$。图 1-4 中所示的位移和力分量方向为正向。

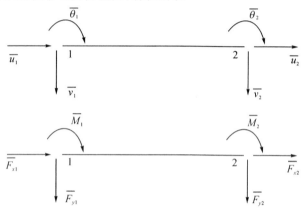

图 1-4 平面单元位移和力分量的正方向

局部坐标系下的单元刚度方程为：

$$\overline{\boldsymbol{F}}^e = \overline{\boldsymbol{k}}^e \, \overline{\boldsymbol{\Delta}}^e \tag{1-1}$$

其中，单元杆端力向量 $\overline{\boldsymbol{F}}^e$ 为：

$$\overline{\boldsymbol{F}}^e = (\overline{F}_{x1} \quad \overline{F}_{y1} \quad \overline{M}_1 \quad \overline{F}_{x2} \quad \overline{F}_{y2} \quad \overline{M}_2)^{eT} \tag{1-2}$$

单元杆端位移向量 $\overline{\boldsymbol{\Delta}}^e$ 为：

$$\overline{\boldsymbol{\Delta}}^e = (\overline{u}_1 \quad \overline{v}_1 \quad \overline{\theta}_1 \quad \overline{u}_2 \quad \overline{v}_2 \quad \overline{\theta}_2)^{eT} \tag{1-3}$$

局部坐标系下的单元刚度矩阵 $[\overline{k}^e]$ 为：

$$[\overline{\boldsymbol{k}}^e] = \begin{bmatrix} \dfrac{EA}{l} & 0 & 0 & -\dfrac{EA}{l} & 0 & 0 \\[2mm] 0 & \dfrac{12EI}{l^3} & \dfrac{6EL}{l^2} & 0 & -\dfrac{12EI}{l^3} & \dfrac{6EI}{l^2} \\[2mm] 0 & \dfrac{6EI}{l^2} & \dfrac{4EI}{l} & 0 & -\dfrac{6EI}{l^2} & \dfrac{2EI}{l} \\[2mm] -\dfrac{EA}{l} & 0 & 0 & \dfrac{EA}{l} & 0 & 0 \\[2mm] 0 & -\dfrac{12EI}{l^3} & -\dfrac{6EI}{l^2} & 0 & \dfrac{12EI}{l^3} & -\dfrac{6EI}{l^2} \\[2mm] 0 & \dfrac{6EI}{l^2} & \dfrac{2EI}{l} & 0 & -\dfrac{6EI}{l^2} & \dfrac{4EI}{l} \end{bmatrix}^e \tag{1-4}$$

在计算连续梁时，通常忽略轴向变形，所以每个结点只有一个转角位移分量，平移位移分量为 0，此时单元刚度方程简化为：

$$\begin{bmatrix} \overline{M}_1 \\ \overline{M}_2 \end{bmatrix}^e = \begin{bmatrix} \dfrac{4EI}{l} & \dfrac{2EI}{l} \\ \dfrac{2EI}{l} & \dfrac{4EI}{l} \end{bmatrix} \begin{bmatrix} \overline{\theta}_1 \\ \overline{\theta}_2 \end{bmatrix}^e \tag{1-5}$$

单元刚度矩阵为：

$$[\overline{k}^e] = \begin{bmatrix} \dfrac{4EI}{l} & \dfrac{2EI}{l} \\ \dfrac{2EI}{l} & \dfrac{4EI}{l} \end{bmatrix}^e \tag{1-6}$$

在计算平面铰接杆单元时，每个结点只有两个平移位移分量，转角位移分量为 0，此时单元刚度方程为：

$$\begin{bmatrix} \overline{F}_{x1} \\ \overline{F}_{y1} \\ \overline{F}_{x2} \\ \overline{F}_{y2} \end{bmatrix}^e = \begin{bmatrix} \dfrac{EA}{l} & 0 & -\dfrac{EA}{l} & 0 \\ 0 & 0 & 0 & 0 \\ -\dfrac{EA}{l} & 0 & \dfrac{EA}{l} & 0 \\ 0 & 0 & 0 & 0 \end{bmatrix}^e \begin{bmatrix} \overline{u}_1 \\ \overline{v}_1 \\ \overline{u}_2 \\ \overline{v}_2 \end{bmatrix}^e \tag{1-7}$$

单元刚度矩阵为：

$$[\overline{k}^e] = \begin{bmatrix} \dfrac{EA}{l} & 0 & -\dfrac{EA}{l} & 0 \\ 0 & 0 & 0 & 0 \\ -\dfrac{EA}{l} & 0 & \dfrac{EA}{l} & 0 \\ 0 & 0 & 0 & 0 \end{bmatrix}^e \tag{1-8}$$

在结构矩阵分析中，我们着眼于计算过程的程序化、标准化和自动化。因此，我们不去把各种非标准化的特殊单元刚度矩阵都罗列出来，以免头绪太多，而只采用一种标准化形式——一般单元的刚度矩阵（如式(1-4)）。关于单元刚度矩阵的各种特殊形式将由计算机程序去自动形成。

2. 单元刚度矩阵的性质

(1)单元刚度系数的意义。$[\overline{k}^e]$中的每个元素都称为单元刚度系数，代表由单位杆端位移所引起的杆端力。例如，式(1-4)中的第 6 行第 3 列元素 $\overline{k}_{63}^e$（即元素 $\dfrac{2EI}{l}$）代表当第 3 个杆端位移分量等于 1 时引起的第 6 个杆端力分量 $\overline{M}_2$。一般来说，第 i 行第 j 列元素 $\overline{k}_{ij}^e$ 代表当第 j 个杆端位移分量等于 1（其他位移分量为零）时所引起的第 i 个杆端力分量的值。

(2)$[\overline{k}^e]$ 是对称矩阵。根据反力互等定理可以得出：

$$\overline{k}_{ij}^e = \overline{k}_{ji}^e (j \neq i) \tag{1-9}$$

(3)一般单元的 $[\overline{k}^e]$ 是奇异矩阵：

$$|\overline{k}_e| = 0 \tag{1-10}$$

由此可知，$[\overline{k}^e]$ 不存在逆矩阵。也就是说，根据单元刚度方程(1-1)，可以由杆端位移推算出杆端力的唯一解；但不能由杆端力反推出杆端位移。

3. 单元坐标转换矩阵

前面我们选用局部坐标系，以杆件轴线作为 $\bar{x}$ 轴，目的是希望导出的单元刚度矩阵具有最简单的形式。而在一个复杂的结构中，各个杆件的杆轴方向不尽相同，各自的局部坐标系也不尽相同，很不统一。为了便于进行整体分析，必须选用一个统一的公共坐标系，称为整体坐标系。为了区别，用 $\bar{x},\bar{y}$ 表示局部坐标系，用 x,y 表示整体坐标系。局部坐标系下的杆端力向量和位移向量分别为 $\bar{F}^e,\bar{\Delta}^e$，整体坐标下的杆端力向量和位移向量分别为 F^e,Δ^e。

如图 1-5(a)所示为一单元 e，其局部坐标系为 $\bar{x}O\bar{y}$，整体坐标系为 xOy，由 x 轴到 $\bar{x}$ 轴的夹角 α 以顺时针转向为正。局部坐标系下的杆端力分量用 $\bar{F}_x,\bar{F}_y,\bar{M}^e$ 表示，整体坐标系下的杆端力分量用 F_x^e,F_y^e,M^e 表示，如图 1-5(b)所示。

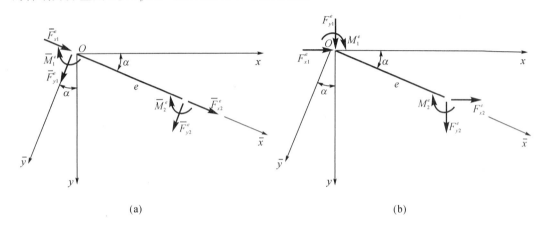

(a)   (b)

图 1-5　局部坐标系与整体坐标系

局部坐标系下的杆端力与整体坐标系下杆端力的关系如下：

$$\bar{F}^e = TF^e \tag{1-11}$$

式中：T 称为单元坐标转换矩阵。

$$T=\begin{bmatrix} \cos\alpha & \sin\alpha & 0 & 0 & 0 & 0 \\ -\sin\alpha & \cos\alpha & 0 & 0 & 0 & 0 \\ 0 & 0 & 1 & 0 & 0 & 0 \\ 0 & 0 & 0 & \cos\alpha & \sin\alpha & 0 \\ 0 & 0 & 0 & -\sin\alpha & \cos\alpha & 0 \\ 0 & 0 & 0 & 0 & 0 & 1 \end{bmatrix} \tag{1-12}$$

可以证明，单元坐标转换矩阵 T 为正交矩阵，即

$$T^{-1}=T^T \tag{1-13}$$

或

$$TT^T=T^TT=I \tag{1-14}$$

式中：I 为与 T 同阶的单位矩阵。

式(1-11)的逆变换为：

$$F^e=T^TF_e \tag{1-15}$$

同理，可以求出单元杆端位移在两种坐标系中的转换关系，即

$$\bar{\boldsymbol{\Delta}}^e = \boldsymbol{T}\boldsymbol{\Delta}^e \tag{1-16}$$

$$\boldsymbol{\Delta}^e = \boldsymbol{T}^T \bar{\boldsymbol{\Delta}}^e \tag{1-17}$$

4. 整体坐标系中的单元刚度矩阵

单元杆端力与杆端位移在整体坐标系中的关系式可写为：

$$\boldsymbol{F}^e = \boldsymbol{k}^e \boldsymbol{\Delta}^e \tag{1-18}$$

其中,$\boldsymbol{k}^e$ 称为在整体坐标系下的单元刚度矩阵,它与局部坐标系下的单元刚度矩阵之间的转换关系为：

$$\boldsymbol{k}^e = \boldsymbol{T}^T \bar{\boldsymbol{k}}^e \boldsymbol{T} \tag{1-19}$$

由于在以后的整体分析中,是对结构的每个结点分别建立平衡方程,因此为了以后讨论方便,可以把式(1-18)按单元的始末端结点 i、j 进行分块,写成如下形式：

$$\begin{Bmatrix} F_i^e \\ F_j^e \end{Bmatrix} = \begin{bmatrix} k_{ii}^e & k_{ij}^e \\ k_{ji}^e & k_{jj}^e \end{bmatrix} \begin{Bmatrix} \delta_i^e \\ \delta_j^e \end{Bmatrix} \tag{1-20}$$

展开后即为：

$$F_i^e = k_{ii}^e \delta_i^e + k_{ij}^e \delta_j^e$$

$$F_j^e = k_{ji}^e \delta_i^e + k_{jj}^e \delta_j^e \tag{1-21}$$

1.2.2 整体分析

整体分析的任务就是在单元分析的基础上,考虑各结点的几何条件和平衡条件,以建立求解基本未知数的位移法典型方程,即结构的刚度方程。下面以图 1-6(a)所示刚架为例来说明。

由于在整体分析中将涉及许多单元及联结它们的结点,为了避免混淆,必须对各单元和结点进行编号,现用①,②,…表示单元号,用 1,2,…表示结点号,这里支座也视为结点。同时,选取结构坐标系和各单元的局部坐标系如图 1-6(b)所示。这样,各单元的始、末两端 i、j 的结点号码将如表 1-1 所示。

表 1-1 各单元始末端的结点号码

单元	始末端结点号	
	i	j
①	1	2
②	2	3
③	3	4

各单元刚度矩阵的 4 个子块是：

$$\boldsymbol{k}^{①} = \begin{matrix} 1 & 2 \\ \begin{bmatrix} k_{11}^{①} & k_{12}^{①} \\ k_{21}^{①} & k_{22}^{①} \end{bmatrix} \end{matrix} \quad \boldsymbol{k}^{②} = \begin{matrix} 2 & 3 \\ \begin{bmatrix} k_{22}^{②} & k_{23}^{②} \\ k_{32}^{②} & k_{33}^{②} \end{bmatrix} \end{matrix} \quad \boldsymbol{k}^{③} = \begin{matrix} 3 & 4 \\ \begin{bmatrix} k_{33}^{③} & k_{34}^{③} \\ k_{43}^{③} & k_{44}^{③} \end{bmatrix} \end{matrix} \tag{1-22a}$$

在平面刚架中,每个结点有两个线位移和一个角位移。此刚架有 4 个结点,共有 12 个结点位移分量,我们按一定顺序将它们排成一列阵,称为结构的结点位移列向量,即

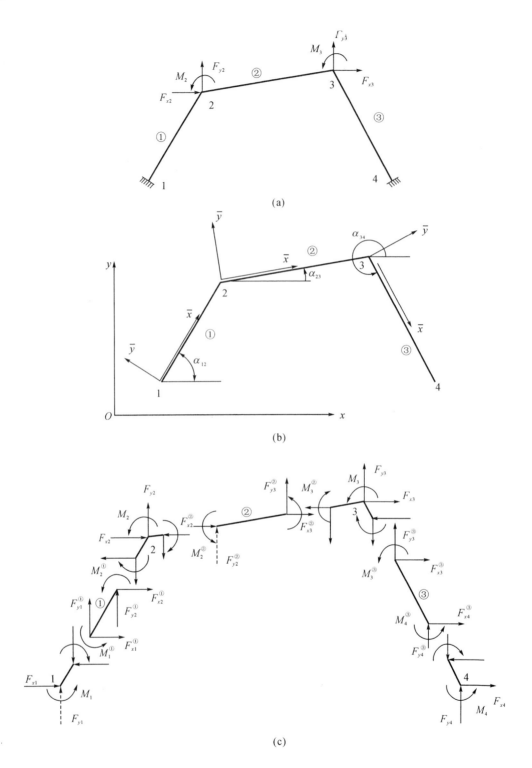

图 1-6 平面刚架单元

$$\boldsymbol{\Delta}=\begin{Bmatrix}\boldsymbol{\Delta}_1\\\boldsymbol{\Delta}_2\\\boldsymbol{\Delta}_3\\\boldsymbol{\Delta}_4\end{Bmatrix}$$

式中：

$$\boldsymbol{\Delta}_1=\begin{Bmatrix}u_1\\v_1\\\varphi_1\end{Bmatrix},\quad \boldsymbol{\Delta}_2=\begin{Bmatrix}u_2\\v_2\\\varphi_2\end{Bmatrix},\quad \boldsymbol{\Delta}_3=\begin{Bmatrix}u_3\\v_3\\\varphi_3\end{Bmatrix},\quad \boldsymbol{\Delta}_4=\begin{Bmatrix}u_4\\v_4\\\varphi_4\end{Bmatrix}$$

这里，$\boldsymbol{\Delta}_i$ 代表结点 i 的位移列向量，u_i,v_i 和 φ_i 分别为结点 i 沿结构坐标系 x、y 轴的线位移和角位移，它们分别以沿 x、y 轴的正向和逆时针方向为正。

设刚架上只有结点荷载作用（关于非结点荷载的处理见 1.2.4：等效结点荷载），那么与结点位移列向量相对应的结点外力（包括荷载和反力）列向量为

$$\boldsymbol{P}=\begin{Bmatrix}\boldsymbol{P}_1\\\boldsymbol{P}_2\\\boldsymbol{P}_3\\\boldsymbol{P}_4\end{Bmatrix}$$

式中：

$$\boldsymbol{P}_1=\begin{Bmatrix}F_{x1}\\F_{y1}\\M_1\end{Bmatrix},\qquad \boldsymbol{P}_2=\begin{Bmatrix}F_{x2}\\F_{y2}\\M_2\end{Bmatrix},\qquad \boldsymbol{P}_3=\begin{Bmatrix}F_{x3}\\F_{y3}\\M_3\end{Bmatrix},\qquad \boldsymbol{P}_4=\begin{Bmatrix}F_{x4}\\F_{y4}\\M_4\end{Bmatrix}$$

这里，$\boldsymbol{P}_i$ 代表结点 i 的外力列向量，F_{xi},F_{yi} 和 M_i 分别为作用于结点 i 的沿 x,y 方向的外力和外力偶，它们的正负号规定与相应的结点位移相同。在结点 2,3 处，结点外力 $\boldsymbol{P}_2,\boldsymbol{P}_3$ 就是结点荷载，它们通常是给定的。在支座 1,4 处，当无给定结点荷载作用时，结点外力 $\boldsymbol{P}_1,\boldsymbol{P}_4$ 就是支座反力（见图 1-6）；当支座处还有给定结点荷载作用时，则 $\boldsymbol{P}_1,\boldsymbol{P}_4$ 为结点荷载与支座反力的代数和。

现在考虑结构的平衡条件和变形连续条件。各单元和各结点的隔离体如图 1-6(c)所示，图中各单元上的杆端力都是沿结构坐标系的正向作用的。显然，在前面的单元分析中，已经保证了各单元本身的平衡和变形连续，因此现在只需考察各单元连接处即结点处的平衡和变形连续条件。以结点 2 为例，由平衡条件 $\sum F_x=0,\sum F_y=0$ 和 $\sum M=0$ 可得

$$\begin{cases}F_{x2}=F_{x2}^{①}+F_{x2}^{②}\\F_{y2}=F_{y2}^{①}+F_{y2}^{②}\\M_2=M_2^{①}+M_2^{②}\end{cases}$$

写成矩阵形式为：

$$\begin{Bmatrix}F_{x2}\\F_{y2}\\M_2\end{Bmatrix}=\begin{Bmatrix}F_{x2}^{①}\\F_{y2}^{①}\\M_2^{①}\end{Bmatrix}+\begin{Bmatrix}F_{x2}^{②}\\F_{y2}^{②}\\M_2^{②}\end{Bmatrix}$$

其中，左边即为结点 2 的荷载列向量 $\boldsymbol{P}_2$，右边两列阵则分别为单元①和单元②在 2 端的杆端力列向量 $\boldsymbol{F}_2^{①}$ 和 $\boldsymbol{F}_2^{②}$，故上式可简写为：

$$P_2 = F_2^{①} + F_2^{②} \tag{1-22b}$$

根据式(1-21),上述杆端力列向量可用杆端位移列向量来表示:

$$\begin{cases} F_2^{①} = k_{21}^{①}\boldsymbol{\delta}_1^{①} + k_{22}^{①}\boldsymbol{\delta}_2^{①} \\ F_2^{②} = k_{22}^{②}\boldsymbol{\delta}_2^{②} + k_{23}^{②}\boldsymbol{\delta}_3^{②} \end{cases} \tag{1-22c}$$

再根据结点处的变形连续条件,应该有:

$$\begin{cases} \boldsymbol{\delta}_2^{①} = \boldsymbol{\delta}_2^{②} = \boldsymbol{\Delta}_2 \\ \boldsymbol{\delta}_1^{①} = \boldsymbol{\Delta}_1 \\ \boldsymbol{\delta}_3^{②} = \boldsymbol{\Delta}_3 \end{cases} \tag{1-22d}$$

将式(1-22c)和式(1-22d)代入式(1-22b),得到以结点位移表示的结点 2 的平衡方程:

$$P_2 = k_{21}^{①}\boldsymbol{\Delta}_1 + (k_{22}^{①} + k_{22}^{②})\boldsymbol{\Delta}_2 + k_{23}^{②}\boldsymbol{\Delta}_3 \tag{1-22e}$$

同理,对于结点 1,3,4 都可以列出类似的方程。把 4 个结点的方程汇集在一起,就有

$$\begin{cases} P_1 = k_{11}^{①}\boldsymbol{\Delta}_1 + k_{12}^{①}\boldsymbol{\Delta}_2 \\ P_2 = k_{21}^{①}\boldsymbol{\Delta}_1 + (k_{22}^{①} + k_{22}^{②})\boldsymbol{\Delta}_2 + k_{23}^{②}\boldsymbol{\Delta}_3 \\ P_3 = k_{32}^{②}\boldsymbol{\Delta}_2 + (k_{33}^{②} + k_{33}^{③})\boldsymbol{\Delta}_3 + k_{34}^{③}\boldsymbol{\Delta}_4 \\ P_4 = k_{43}^{③}\boldsymbol{\Delta}_3 + k_{44}^{③}\boldsymbol{\Delta}_4 \end{cases} \tag{1-23}$$

写成矩阵形式则为:

$$\begin{Bmatrix} \boldsymbol{P}_1 = \begin{Bmatrix} F_{x1} \\ F_{y1} \\ M_1 \end{Bmatrix} \\ \boldsymbol{P}_2 = \begin{Bmatrix} F_{x2} \\ F_{y2} \\ M_2 \end{Bmatrix} \\ \boldsymbol{P}_3 = \begin{Bmatrix} F_{x3} \\ F_{y3} \\ M_3 \end{Bmatrix} \\ \boldsymbol{P}_4 = \begin{Bmatrix} F_{x4} \\ F_{y4} \\ M_4 \end{Bmatrix} \end{Bmatrix} = \begin{bmatrix} k_{11}^{①} & k_{12}^{①} & 0 & 0 \\ k_{21}^{①} & k_{22}^{①} + k_{22}^{②} & k_{23}^{②} & 0 \\ 0 & k_{32}^{②} & k_{33}^{②} + k_{33}^{③} & k_{34}^{③} \\ 0 & 0 & k_{43}^{③} & k_{44}^{③} \end{bmatrix} \begin{Bmatrix} \boldsymbol{\Delta}_1 = \begin{Bmatrix} u_1 \\ v_1 \\ \psi_1 \end{Bmatrix} \\ \boldsymbol{\Delta}_2 = \begin{Bmatrix} u_2 \\ v_2 \\ \psi_2 \end{Bmatrix} \\ \boldsymbol{\Delta}_3 = \begin{Bmatrix} u_3 \\ v_3 \\ \psi_3 \end{Bmatrix} \\ \boldsymbol{\Delta}_4 = \begin{Bmatrix} u_4 \\ v_4 \\ \psi_4 \end{Bmatrix} \end{Bmatrix} \tag{1-24}$$

这就是用结点位移表示的所有结点的平衡方程,它表明了结点外力与结点位移之间的关系,通常称为结构的原始刚度方程。"原始"是表示尚未进行支撑条件处理。式(1-24)可简写为:

$$\boldsymbol{P} = \boldsymbol{K}\boldsymbol{\Delta} \tag{1-25}$$

式中:

$$\boldsymbol{K} = \begin{bmatrix} K_{11} & K_{12} & K_{13} & K_{14} \\ K_{21} & K_{22} & K_{23} & K_{24} \\ K_{31} & K_{32} & K_{33} & K_{34} \\ K_{41} & K_{42} & K_{43} & K_{44} \end{bmatrix} = \begin{bmatrix} k_{11}^{①} & k_{12}^{①} & 0 & 0 \\ k_{21}^{①} & k_{22}^{①} + k_{22}^{②} & k_{23}^{②} & 0 \\ 0 & k_{32}^{②} & k_{33}^{②} + k_{33}^{③} & k_{34}^{③} \\ 0 & 0 & k_{43}^{③} & k_{44}^{③} \end{bmatrix} \tag{1-26}$$

称为结构的原始刚度矩阵,也称为结构的总刚度矩阵(简称总刚)。它的每个子块都是 3×3

阶方阵,故 K 为 12×12 阶方阵,其中每一元素的物理意义就是当其所在列对应的结点位移分量等于 1(其余结点位移分量为零)时,其所在行对应的结点外力分量所应有的数值。

结构的原始刚度矩阵 K 具有如下性质:

(1)对称性。这从反力互等原理不难理解。

(2)奇异性。这是由于在建立方程(1-24)时,还没有考虑结构的支撑约束条件,结构还可以有任意刚体位移,故其结点位移的解答不是唯一的。这就表明结构原始刚度矩阵是奇异的,其逆矩阵不存在。因此,只有在引入了支撑条件,对结构的原始刚度方程进行修改之后,才能求解未知的结点位移,这将在 1.2.3 讨论。下面来分析结构原始刚度矩阵的组成规律。

对照前面式(1-22a)和式(1-26)不难看出,只需把每个单元刚度矩阵的 4 个子块按其两个下标号码逐一送到结构原始刚度矩阵中相应的位置上去,就可得到结构原始刚度矩阵。简单地说就是,各单刚子块"对号入座"就形成总刚。以单元②的 4 个子块为例,其入座位置如图 1-7 所示。一般来说,某单刚子块 k_{ij}^e 就应被送到总刚(以子块形式表示的)中第 i 行 j 列的位置上去。

在对号入座时,具有相同下标的各单刚子块,即在总刚中被送到同一位置上的各单刚子块就要叠加;而在没有单刚子块入座的位置上则为零子块。

为了讨论方便,将主对角线上的子块称为主子块,其

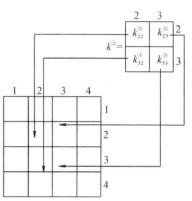

图 1-7　单刚组集成总刚

余子块称为副子块;同交于一个结点的各杆件称为该结点的相关单元;而两个结点之间有杆件直接相连者称为相关结点。于是可见:

(1)总刚中的主子块 K_{ii} 是由结点 i 的各相关单元的主子块叠加求得,即 $K_{ii}=\sum k_{ii}^e$ 。

(2)总刚中的副子块 K_{im} ,当 i、m 为相关结点时即为联结它们单元的相应副子块,即 $K_{im}=k_{im}^e$;当 i、m 为非相关结点时即为零子块。

1.2.3　支撑条件的引入

前面已经建立了图 1-6 所示刚架的原始刚度方程即式(1-23):

$$
\begin{matrix}
\text{未知} \\
\text{已知} \\
\\
\text{已知} \\
\text{未知}
\end{matrix}
\begin{Bmatrix} \boldsymbol{P}_1 \\ \boldsymbol{P}_2 \\ \boldsymbol{P}_3 \\ \boldsymbol{P}_4 \end{Bmatrix}
=
\begin{bmatrix}
k_{11}^{①} & k_{12}^{①} & 0 & 0 \\
k_{21}^{①} & k_{22}^{①}+k_{22}^{②} & k_{23}^{②} & 0 \\
0 & k_{23}^{②} & k_{33}^{②}+k_{33}^{③} & k_{34}^{③} \\
0 & 0 & k_{43}^{③} & k_{44}^{③}
\end{bmatrix}
\begin{Bmatrix} \boldsymbol{\Delta}_1 \\ \boldsymbol{\Delta}_2 \\ \boldsymbol{\Delta}_3 \\ \boldsymbol{\Delta}_4 \end{Bmatrix}
\begin{matrix}
\text{已知} \\
\text{未知} \\
\\
\text{未知} \\
\text{已知}
\end{matrix}
\tag{1-27}
$$

并已指出由于尚未考虑支撑条件,结构还可以有任意的刚体位移,因而原始刚度矩阵是奇异的,其逆矩阵不存在,故尚不能由式(1-27)求解结点位移。

在式(1-23)中,$\boldsymbol{P}_2$、$\boldsymbol{P}_3$ 是已知的结点荷载,与之相应的 $\boldsymbol{\Delta}_2$、$\boldsymbol{\Delta}_3$ 是待求的未知结点位移;$\boldsymbol{P}_1$、$\boldsymbol{P}_4$ 是未知的支座反力,与之相应的 $\boldsymbol{\Delta}_1$、$\boldsymbol{\Delta}_4$ 则是已知的结点位移。由于结点 1,4 均为固定端,故支撑约束条件为:

$$
\begin{Bmatrix} \boldsymbol{\Delta}_1 \\ \boldsymbol{\Delta}_4 \end{Bmatrix}
=
\begin{Bmatrix} 0 \\ 0 \end{Bmatrix}
\tag{1-28}
$$

将其代入式(1-24)，由矩阵的乘法运算可得

$$\left\{\begin{matrix} \boldsymbol{P}_2 \\ \boldsymbol{P}_3 \end{matrix}\right\} = \left[\begin{matrix} k_{22}^{①} \mid k_{22}^{②} & k_{23}^{②} \\ k_{32}^{②} & k_{33}^{②}+k_{33}^{③} \end{matrix}\right] \left\{\begin{matrix} \boldsymbol{\Delta}_2 \\ \boldsymbol{\Delta}_3 \end{matrix}\right\} \qquad (1-29)$$

和

$$\left\{\begin{matrix} \boldsymbol{P}_1 \\ \boldsymbol{P}_4 \end{matrix}\right\} = \left[\begin{matrix} k_{12}^{①} & 0 \\ 0 & k_{43}^{③} \end{matrix}\right] \left\{\begin{matrix} \boldsymbol{\Delta}_2 \\ \boldsymbol{\Delta}_3 \end{matrix}\right\} \qquad (1-30)$$

式(1-29)就是引入支撑条件后的结构刚度方程，亦即位移法的典型方程，它也常简写成式(1-25)的形式。但此时的 $\boldsymbol{P}$ 只包括已知结点荷载，$\boldsymbol{\Delta}$ 只包括未知结点位移，此时的矩阵 K 即为从结构的原始刚度矩阵中删去与已知为零的结点位移对应的行和列而得到，称为结构的刚度矩阵，或称为缩减的总刚。

当原结构为几何不变体系时，引入支承条件后即消除了任意刚体位移，因而结构刚度矩阵为非奇异矩阵；反之，若此时结构刚度矩阵仍奇异，则表明原结构是几何可变的或瞬变的，于是可由式(1-24)解出未知的结点位移，即

$$\boldsymbol{\Delta} = \boldsymbol{K}^{-1}\boldsymbol{P} \qquad (1-31)$$

结点位移一旦求出，便可由单元刚度方程计算各单元的内力。结构坐标系中的杆端力计算式为式(1-18)，再由式(1-11)可求得局部坐标系中的杆端力：

$$\bar{\boldsymbol{F}}^e = \boldsymbol{T}\boldsymbol{F}^e = \boldsymbol{T}k^e\boldsymbol{\Delta}^e \qquad (1-32)$$

1.2.4　等效结点荷载

到目前为止，我们所讨论的只是荷载作用在结点上的情况。但在实际问题中，不可避免地会遇到非结点荷载，对于这种情况，可以按叠加法来处理，即

$$\boldsymbol{P}_i = \boldsymbol{P}_{Ei} + \boldsymbol{P}_{Di} \qquad (1-33)$$

式中：$\boldsymbol{P}_i$ 为综合结点荷载；$\boldsymbol{P}_{Di}$ 为直接作用在结点上的荷载；$\boldsymbol{P}_{Ei}$ 为非结点荷载的等效结点荷载。

任一结点 i 上的等效结点荷载都是汇聚于该结点所有单元固端力反向力的和，即

$$\boldsymbol{P}_{Ei} = \left\{\begin{matrix} F_{xEi} \\ F_{yEi} \\ M_{Ei} \end{matrix}\right\} = \left\{\begin{matrix} -\sum F_{xFi}^e \\ -\sum F_{yFi}^e \\ -\sum M_{Fi}^e \end{matrix}\right\} = -\sum \boldsymbol{F}_{Fi}^e \qquad (1-34)$$

在结构坐标系中的固端力应为

$$\boldsymbol{F}_F^e = \boldsymbol{T}^T\bar{\boldsymbol{F}}_F^e \qquad (1-35)$$

各单元的最后杆端力将是综合结点荷载作用下的杆端力与固端力之和，即

$$\boldsymbol{F}^e = k^e\boldsymbol{\Delta}^e + \boldsymbol{F}_F^e \qquad (1-36)$$

$$\bar{\boldsymbol{F}}^e = \boldsymbol{T}k^e\boldsymbol{\Delta}^e + \bar{\boldsymbol{F}}_F^e \qquad (1-37)$$

1.2.5　计算步骤和算例

通过上面的讨论，可将平面杆件系统的矩阵位移法的计算步骤归纳如下：

(1)对结点和单元进行编号，选定结构坐标系和局部坐标系；

(2)建立单元刚度矩阵；

（3）形成结构原始刚度矩阵；

（4）计算固端力、等效结点荷载及综合结点荷载；

（5）引入支撑条件，修改结构原始刚度方程；

（6）解结构刚度方程，求出结点位移；

（7）计算各单元杆端力。

【**例 1-1**】　试求图 1-8 所示刚架的内力。已知各杆材料及截面相同。$E = 2 \times 10^8\,\mathrm{kN/m^2}$，$I = 32 \times 10^{-5}\,\mathrm{m^4}$，$A = 1 \times 10^{-2}\,\mathrm{m^2}$。

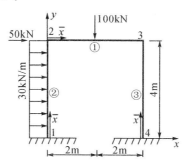

图 1-8　平面刚架矩阵位移法算例

解：（1）将单元、结点编号，确定坐标系，如图 1-8 所示。各单元始末端的结点编号如表 1-2 所示。

表 1-2　结点编号

单元	始末端结点号	
	i	j
①	2	3
②	1	2
③	4	3

（2）求出各单元在结构坐标系中的单元刚度矩阵。

单元刚度矩阵中各元素数值计算：

$$\frac{EA}{l} = \frac{2 \times 10^8 \times 1 \times 10^{-2}}{4} = 500 \times 10^3\,\mathrm{kN/m}$$

$$\frac{12EI}{l^3} = \frac{12 \times 2 \times 10^8 \times 32 \times 10^{-5}}{4^3} = 12 \times 10^3\,\mathrm{kN/m}$$

$$\frac{6EI}{l^2} = 24 \times 10^3\,\mathrm{kN}, \quad \frac{4EI}{l} = 64 \times 10^3\,\mathrm{kN \cdot m}, \quad \frac{2EI}{l} = 32 \times 10^3\,\mathrm{kN \cdot m}$$

对于单元①，$\alpha = 0$，$\cos \alpha = 1$，$\sin \alpha = 0$，可算得

$$k^{①} = \begin{bmatrix} k_{22}^{①} & k_{23}^{①} \\ k_{32}^{①} & k_{33}^{①} \end{bmatrix} = 10^3 \begin{bmatrix} 500 & 0 & 0 & -500 & 0 & 0 \\ 0 & 12 & 24 & 0 & -12 & 24 \\ 0 & 24 & 64 & 0 & -24 & 32 \\ -500 & 0 & 0 & 500 & 0 & 0 \\ 0 & -12 & -24 & 0 & 12 & -24 \\ 0 & 24 & 32 & 0 & -24 & 64 \end{bmatrix}$$

13

对于单元②和③，$\alpha=90°,\cos \alpha=0,\sin \alpha=1$，可算得

$$k^{②}=\begin{bmatrix} k_{11}^{②} & k_{12}^{②} \\ k_{21}^{②} & k_{22}^{②} \end{bmatrix}=k^{③}=\begin{bmatrix} k_{44}^{③} & k_{43}^{③} \\ k_{34}^{③} & k_{33}^{③} \end{bmatrix}=10^{3}\begin{bmatrix} 13 & 0 & -24 & -13 & 0 & 24 \\ 0 & 500 & 0 & 0 & -500 & 0 \\ -24 & 0 & 64 & 24 & 0 & 32 \\ -12 & 0 & 24 & 12 & 0 & 24 \\ 0 & -500 & 0 & 0 & 500 & 0 \\ -24 & 0 & 32 & 24 & 0 & 64 \end{bmatrix}$$

（3）将各单刚子块对号入座，形成结构原始刚度矩阵。将以上各单刚子块对号入座即得总刚：

$$K=\begin{matrix} 1 & 2 & 3 & 4 \\ \begin{bmatrix} k_{11}^{②} & k_{12}^{②} & 0 & 0 \\ k_{21}^{②} & k_{22}^{①}+k_{22}^{②} & k_{23}^{①} & 0 \\ 0 & k_{32}^{①} & k_{33}^{①}+k_{33}^{③} & k_{34}^{③} \\ 0 & 0 & k_{43}^{③} & k_{44}^{③} \end{bmatrix} & \begin{matrix}1\\2\\3\\4\end{matrix} \end{matrix}$$

$$=10^{3}\begin{bmatrix} 12 & 0 & -24 & -12 & 0 & -24 & & & & & \\ 0 & 500 & 0 & 0 & -500 & 0 & & 0 & & 0 & \\ -24 & 0 & 64 & 24 & 0 & 32 & & & & & \\ -12 & 0 & 24 & 512 & 0 & 2 & -500 & 0 & 0 & & \\ 0 & -500 & 0 & 0 & 512 & 24 & 0 & -12 & 24 & & 0 \\ -24 & 0 & 32 & 24 & 24 & 128 & 0 & -24 & 32 & & \\ & & & -500 & 0 & 0 & 512 & 0 & 24 & -12 & 0 & 24 \\ & 0 & & 0 & -12 & -24 & 0 & 512 & -24 & 0 & -500 & 0 \\ & & & 0 & 24 & 32 & 24 & -24 & 128 & -24 & 0 & 32 \\ & & & & & & -12 & 0 & -24 & 12 & 0 & -24 \\ & 0 & & & 0 & & 0 & -500 & 0 & 0 & 500 & 0 \\ & & & & & & 24 & 0 & 32 & -24 & 0 & 64 \end{bmatrix}$$

（4）计算非结点荷载作用下的各单元固端力、等效结点荷载及综合结点荷载。各单元在其局部坐标系中的固端力为：

$$\{\overline{\boldsymbol{F}}_{F}^{①}\}=\begin{Bmatrix} \overline{\boldsymbol{F}}_{F2}^{①} \\ \overline{\boldsymbol{F}}_{F3}^{①} \end{Bmatrix}=\begin{Bmatrix} \overline{N}_{F2}^{①} \\ \overline{Q}_{F2}^{①} \\ \overline{M}_{F2}^{①} \\ \overline{N}_{F3}^{①} \\ \overline{Q}_{F3}^{①} \\ \overline{M}_{F3}^{①} \end{Bmatrix}=\begin{Bmatrix} 0 \\ 50 \\ 50 \\ 0 \\ 50 \\ -50 \end{Bmatrix}$$

$$\{\overline{\boldsymbol{F}}_F^{②}\} = \left\{\begin{array}{c} \overline{\boldsymbol{F}}_{F1}^{②} \\ \overline{\boldsymbol{F}}_{F2}^{②} \end{array}\right\} = \left\{\begin{array}{c} \overline{N}_{F1}^{②} \\ \overline{Q}_{F1}^{②} \\ \overline{M}_{F1}^{②} \\ \overline{N}_{F2}^{②} \\ \overline{Q}_{F2}^{②} \\ \overline{M}_{F2}^{②} \end{array}\right\} = \left\{\begin{array}{c} 0 \\ 60 \\ 40 \\ 0 \\ 60 \\ -40 \end{array}\right\}$$

$$\{\overline{\boldsymbol{F}}_F^{③}\} = 0$$

由式(1-35)，并将单元①的 $\alpha = 0^{0}$，单元②、单元③的 $\alpha = 90^{0}$ 代入计算，可得各单元在结构坐标系中的固端力：

$$\{\boldsymbol{F}_F^{①}\} = \left\{\begin{array}{c} \boldsymbol{F}_{F2}^{①} \\ \boldsymbol{F}_{F3}^{①} \end{array}\right\} = \begin{bmatrix} 1 & 0 & 0 & & & \\ 0 & 1 & 0 & & 0 & \\ 0 & 0 & 1 & & & \\ & & & 1 & 0 & 0 \\ & 0 & & 0 & 1 & 0 \\ & & & 0 & 0 & 1 \end{bmatrix} \left\{\begin{array}{c} 0 \\ 50 \\ 50 \\ 0 \\ 50 \\ -50 \end{array}\right\} = \left\{\begin{array}{c} 0 \\ 50 \\ 50 \\ 0 \\ 50 \\ -50 \end{array}\right\}$$

$$\{\boldsymbol{F}_F^{②}\} = \left\{\begin{array}{c} \boldsymbol{F}_{F1}^{②} \\ \boldsymbol{F}_{F2}^{②} \end{array}\right\} = \begin{bmatrix} 0 & -1 & 0 & & & \\ 1 & 0 & 0 & & 0 & \\ 0 & 0 & 1 & & & \\ & & & 0 & -1 & 0 \\ & 0 & & 1 & 0 & 0 \\ & & & 0 & 0 & 0 \end{bmatrix} \left\{\begin{array}{c} 0 \\ 60 \\ 40 \\ 0 \\ 60 \\ -40 \end{array}\right\} = \left\{\begin{array}{c} 0 \\ 60 \\ 40 \\ 0 \\ 60 \\ -40 \end{array}\right\}$$

$$\{\boldsymbol{F}_F^{③}\} = 0$$

由式(1-34)可求出结点 2,3 上的等效结点荷载为：

$$\boldsymbol{P}_{E2} = -(\boldsymbol{F}_{F2}^{①} + \boldsymbol{F}_{F2}^{②}) = -\left\{\begin{array}{c} 0 \\ 50 \\ 50 \end{array}\right\} - \left\{\begin{array}{c} -60 \\ 0 \\ -40 \end{array}\right\} = \left\{\begin{array}{c} 60 \\ -50 \\ -10 \end{array}\right\}$$

$$\boldsymbol{P}_{E3} = -(\boldsymbol{F}_{F3}^{①} + \boldsymbol{F}_{F3}^{③}) = -\left\{\begin{array}{c} 0 \\ 50 \\ -50 \end{array}\right\} - \left\{\begin{array}{c} 0 \\ 0 \\ 0 \end{array}\right\} = \left\{\begin{array}{c} 0 \\ -50 \\ 50 \end{array}\right\}$$

再由式(1-33)求得综合结点荷载为：

$$\boldsymbol{P}_2 = \left\{\begin{array}{c} 60 \\ -50 \\ -10 \end{array}\right\} + \left\{\begin{array}{c} 50 \\ 0 \\ 0 \end{array}\right\} = \left\{\begin{array}{c} 110 \\ -50 \\ -10 \end{array}\right\}$$

$$\boldsymbol{P}_3 = \left\{\begin{array}{c} 0 \\ -50 \\ 50 \end{array}\right\} + \left\{\begin{array}{c} 0 \\ 0 \\ 0 \end{array}\right\} = \left\{\begin{array}{c} 0 \\ -50 \\ 50 \end{array}\right\}$$

于是，结构的结点外力列向量为：

$$\boldsymbol{P}=\begin{Bmatrix} \boldsymbol{P}_1 \\ \boldsymbol{P}_2 \\ \boldsymbol{P}_3 \\ \boldsymbol{P}_4 \end{Bmatrix}=\begin{Bmatrix} F_{x1} \\ F_{y1} \\ M_1 \\ F_{x2} \\ F_{y2} \\ M_2 \\ F_{x3} \\ F_{y3} \\ M_3 \\ F_{x4} \\ F_{y4} \\ M_4 \end{Bmatrix}=\begin{Bmatrix} F_{x1} \\ F_{y1} \\ M_1 \\ 110 \\ -50 \\ -10 \\ 0 \\ -50 \\ 50 \\ F_{x4} \\ F_{y4} \\ M_4 \end{Bmatrix}$$

这里要说明的是,对支座结点 1、4,同样可按式(1-34)和式(1-33)算出其等效结点荷载和综合结点荷载,但注意上式中的 $\boldsymbol{P}_1$、$\boldsymbol{P}_4$ 应是综合结点荷载与支座反力的代数和,而其中支座反力仍为未知量,又由于在引入支承条件时,$\boldsymbol{P}_1$、$\boldsymbol{P}_4$ 将被删去或修改,故在此可不必计算支座结点 1、4 的等效结点荷载及综合结点荷载。

(5)引入支撑条件,修改原始刚度方程。结构的原始刚度方程为:

$$\boldsymbol{P}=\boldsymbol{K\Delta}\quad\begin{Bmatrix} F_{x1} \\ F_{y1} \\ M_1 \\ 110 \\ -50 \\ -10 \\ 0 \\ -50 \\ 50 \\ F_{x4} \\ F_{y4} \\ M_4 \end{Bmatrix}=10^3\begin{bmatrix} 12 & & & -12 & 0 & -24 & & & & & & \\ 0 & & & 0 & -500 & 0 & & & & & 0 & \\ -24 & & & 24 & 0 & 32 & & & & & & \\ -12 & 0 & 24 & 512 & 0 & 24 & -500 & 0 & 0 & & & \\ 0 & -500 & 0 & 0 & 512 & 24 & 0 & -12 & 24 & & & \\ -24 & 0 & 32 & 24 & 24 & 128 & 0 & -24 & 32 & & & \\ & & & -500 & 0 & 0 & 512 & 0 & 24 & & & \\ & 0 & & 0 & -12 & -24 & 0 & 512 & -24 & & 0 & \\ & & & 0 & 24 & 32 & 24 & -24 & 128 & & & \\ & & & & & & -12 & 0 & -24 & & & \\ & 0 & & & 0 & & 0 & -500 & 0 & & & \\ & & & & & & 24 & 0 & 32 & & & \end{bmatrix}\begin{Bmatrix} u_1 \\ v_1 \\ \psi_1 \\ u_2 \\ v_2 \\ \psi_2 \\ u_3 \\ v_3 \\ \psi_3 \\ u_4 \\ v_4 \\ \psi_4 \end{Bmatrix}$$

结点 1 和 4 为固定端,故已知:

$$\boldsymbol{\Delta}_1=\begin{Bmatrix} u_1 \\ v_1 \\ \psi_1 \end{Bmatrix}=\begin{Bmatrix} 0 \\ 0 \\ 0 \end{Bmatrix},\qquad \boldsymbol{\Delta}_4=\begin{Bmatrix} u_4 \\ v_4 \\ \psi_4 \end{Bmatrix}=\begin{Bmatrix} 0 \\ 0 \\ 0 \end{Bmatrix}$$

在原始刚度矩阵中删去与上述零位移对应的行和列,同时在结点位移列向量和结点外力列向量中删去相应的行,得到结构的刚度方程为:

$$\begin{Bmatrix} 110 \\ -50 \\ -10 \\ 0 \\ -50 \\ 50 \end{Bmatrix} = 10^3 \begin{bmatrix} 512 & 0 & 24 & -500 & 0 & 0 \\ 0 & 512 & 24 & 0 & -12 & 24 \\ 24 & 24 & 128 & 0 & -24 & 32 \\ -500 & 0 & 0 & 512 & 0 & 24 \\ 0 & -12 & -24 & 0 & 512 & -24 \\ 0 & 24 & 32 & 24 & -24 & 128 \end{bmatrix} \begin{Bmatrix} u_2 \\ v_2 \\ \psi_2 \\ u_3 \\ v_3 \\ \psi_3 \end{Bmatrix}$$

（6）解以上方程组，求得未知结点位移为：

$$\begin{Bmatrix} u_2 \\ v_2 \\ \psi_2 \\ u_3 \\ v_3 \\ \psi_3 \end{Bmatrix} = 10^{-6} \begin{Bmatrix} 6318\text{m} \\ -23.38\text{m} \\ -1164\text{rad} \\ 6194\text{m} \\ -176.6\text{m} \\ -508.4\text{rad} \end{Bmatrix}$$

（7）按式（1-37）计算各单元杆端力。

单元①：

$$\overline{F}^{①} = Tk^{①}\Delta + \overline{F}_F^{①} = Tk^{①} \begin{Bmatrix} \Delta_2 \\ \Delta_3 \end{Bmatrix} + \overline{F}_F^{①}$$

$$= T10^3 \begin{bmatrix} 500 & 0 & 0 & -500 & 0 & 0 \\ 0 & 12 & 24 & 0 & -12 & 24 \\ 0 & 24 & 64 & 0 & -24 & 32 \\ -500 & 0 & 0 & 500 & 0 & 0 \\ 0 & -12 & -24 & 0 & 12 & -24 \\ 0 & 24 & 32 & 0 & -24 & 64 \end{bmatrix} 10^{-6} \begin{Bmatrix} 6318 \\ -23.38 \\ -1164 \\ 6194 \\ -176.6 \\ -508.4 \end{Bmatrix} + \begin{Bmatrix} 0 \\ 50 \\ 50 \\ 0 \\ 50 \\ -50 \end{Bmatrix}$$

$$= \begin{bmatrix} 1 & 0 & 0 & & & \\ 0 & 1 & 0 & & 0 & \\ 0 & 0 & 1 & & & \\ & & & 1 & 0 & 0 \\ & 0 & & 0 & 1 & 0 \\ & & & 0 & 0 & 1 \end{bmatrix} \begin{Bmatrix} 62.0 \\ -38.3 \\ -87.1 \\ -62.0 \\ 38.3 \\ -66.1 \end{Bmatrix} + \begin{Bmatrix} 0 \\ 50 \\ 50 \\ 0 \\ 50 \\ -50 \end{Bmatrix} = \begin{Bmatrix} 62.0\text{kN} \\ 11.7\text{kN} \\ -37.1\text{kN} \cdot \text{m} \\ -62.0\text{kN} \\ 88.3\text{kN} \\ -116.1\text{kN} \cdot \text{m} \end{Bmatrix}$$

单元②：

$$\overline{F}^{②} = Tk^{②}\Delta^{②} + \overline{F}_F^{②} = Tk^{②} \begin{Bmatrix} \Delta_1 \\ \Delta_2 \end{Bmatrix} + \overline{F}_F^{②}$$

$$= T10^3 \begin{bmatrix} -12 & 0 & -24 & -12 & 0 & -24 \\ 0 & -500 & 0 & 0 & -500 & 0 \\ 24 & 0 & 64 & 24 & 0 & 32 \\ -12 & 0 & 24 & 12 & 0 & 24 \\ 0 & -500 & 0 & 0 & 500 & 0 \\ -24 & 0 & 32 & 24 & 0 & 64 \end{bmatrix} 10^{-6} \begin{Bmatrix} 0 \\ 0 \\ 0 \\ 6318 \\ -23.38 \\ -1164 \end{Bmatrix} + \begin{Bmatrix} 0 \\ 60 \\ 40 \\ 0 \\ 60 \\ -40 \end{Bmatrix}$$

17

$$
=\begin{bmatrix}
0 & 1 & 0 & & & \\
-1 & 0 & 0 & 0 & & \\
0 & 0 & 1 & & & \\
& & & 0 & 1 & 0 \\
0 & & & -1 & 0 & -0 \\
& & & 0 & 0 & 1
\end{bmatrix}
\begin{Bmatrix}
-47.9 \\
11.7 \\
114.4 \\
47.9 \\
-11.7 \\
77.1
\end{Bmatrix}
+
\begin{Bmatrix}
0 \\
60 \\
40 \\
0 \\
60 \\
-40
\end{Bmatrix}
=
\begin{Bmatrix}
11.7\text{kN} \\
107.9\text{kN} \\
154.4\text{kN}\cdot\text{m} \\
-11.7\text{kN} \\
12.1\text{kN} \\
37.1\text{kN}\cdot\text{m}
\end{Bmatrix}
$$

单元③：

$$
\bar{F}^{③}=Tk^{③}\Delta^{③}+\bar{F}_F^{③}=Tk^{③}\begin{Bmatrix}\Delta_4 \\ \Delta_3\end{Bmatrix}+\bar{F}_F^{③}
$$

$$
=T10^3\begin{bmatrix}
12 & 0 & -24 & -12 & 0 & -24 \\
0 & 500 & 0 & 0 & -500 & 0 \\
-24 & 0 & 64 & 24 & 0 & 32 \\
-12 & 0 & 24 & 12 & 0 & 24 \\
0 & -500 & 0 & 0 & 500 & 0 \\
-24 & 0 & 32 & 24 & 0 & 64
\end{bmatrix}
\begin{Bmatrix}
0 \\
0 \\
0 \\
6394 \\
-176.6 \\
-508.4
\end{Bmatrix}10^{-6}
+
\begin{Bmatrix}
0 \\
0 \\
0 \\
0 \\
0 \\
0
\end{Bmatrix}
$$

$$
=\begin{bmatrix}
0 & & & & & \\
-1 & & 0 & & & \\
0 & & & & & \\
& & & 0 & 1 & 0 \\
0 & & & -1 & 0 & 0 \\
& & & 0 & 0 & 1
\end{bmatrix}
\begin{Bmatrix}
-62.1 \\
88.3 \\
132.4 \\
62.1 \\
-88.3 \\
116.1
\end{Bmatrix}
=
\begin{Bmatrix}
88.3\text{kN} \\
62.1\text{kN} \\
132.4\text{kN}\cdot\text{m} \\
-88.3\text{kN} \\
-62.1\text{kN} \\
116.1\text{kN}\cdot\text{m}
\end{Bmatrix}
$$

刚架的弯矩如图 1-9 所示。

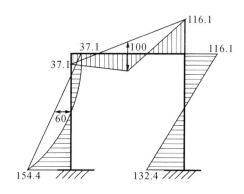

图 1-9   平面刚架算例弯矩(单位:kN·m)

1.2.6　杆系结构矩阵位移法小结

杆系结构矩阵位移法的主要解题如下。

1. 结构离散化

划分单元,对结点和单元予以编号。

2．结构描述

选定整体坐标系，输入确定结构几何、材料、荷载和支撑条件的全部数据，主要包括结点坐标、单元信息、荷载信息、约束信息以及有关的控制变量。

3．单元特性计算

根据各单元两端结点号码、结点坐标及有关信息，可以算出：

(1)局部坐标系下的单元刚度矩阵 K_E^e，包括单元跨间荷载引起的单元等效结点荷载 P_q^e 以及由温度变化引起的等效结点荷载 P_T^e，当然，若还有其他的荷载均可处理为等效结点荷载，如预应力效应、混凝土收缩、徐变效应等。

(2)整体坐标系下的单元特性，包括整体坐标系下的单元刚度矩阵 k^e、单元等效结点荷载 $\bar{P}_q^e$，它们计算公式分别为式(1-19)和式(1-37)。

4．组集结构总刚度矩阵 K

把所有单元转换后的整体坐标系下的单元刚度矩阵叠加起来，就得到结构刚度矩阵 K，即：

$$K = \sum_{e=1}^{NE} K^e$$

根据给定的支撑约束条件，把 K 分割为：

$$\begin{array}{cc} \boldsymbol{\delta}_f & \boldsymbol{\delta}_r \end{array}$$
$$\begin{bmatrix} K_{ff} & K_{fr} \\ K_{rf} & K_{rr} \end{bmatrix} \begin{matrix} \boldsymbol{\delta}_f \\ \boldsymbol{\delta}_r \end{matrix}$$

其中，δ_f 为独立结点位移列矢量；$\delta_r=0$，即受有刚性支撑约束的位移列矢量。

5．组集结点荷载总矢量 P

$$\boldsymbol{P} = \bar{\boldsymbol{P}}_D + \bar{\boldsymbol{P}}_q + \bar{\boldsymbol{P}}_T$$

式中：$\boldsymbol{P}_q = \sum_{e=1}^{NE} \bar{P}_q^e$，$\bar{\boldsymbol{P}}_T = \sum_{e=1}^{NE} \bar{P}_T^e$；$\bar{\boldsymbol{P}}_D$ 为给定的直接作用在结点上的外荷载。

根据约束，把 P 分割为 $\boldsymbol{P}_f$ 和 $\boldsymbol{P}_r$，它们分别对应 $\boldsymbol{\delta}_f$ 和 $\boldsymbol{\delta}_r$。

6．求解结点静力平衡方程组

解方程组：

$$K_{ff} \boldsymbol{\delta}_f = \boldsymbol{P}_f$$

计算出全部未知结点位移 δ_f。

7．计算单元杆端内力

设 e 号单元两端结点号为 i、j，它们在整体坐标系下的位移记为

$$\boldsymbol{\delta}^e = \begin{bmatrix} \boldsymbol{\delta}_i \\ \boldsymbol{\delta}_j \end{bmatrix}$$

则在局部坐标系下，e 号单元结点力即杆端内力为：

$$\boldsymbol{F}_E^e = K_E^e \boldsymbol{\delta}_E^e$$

因为

$$\boldsymbol{\delta}_E^e = T \boldsymbol{\delta}^e$$

故

$$\boldsymbol{F}_E^e = K_E^e \boldsymbol{T} \boldsymbol{\delta}_E^e$$

其中，T 为坐标变换矩阵。

若 e 号单元内还作用有跨间荷载及给定的温度分布，它们在局部坐标系下单元等效结点荷载分别记为 P_q^e 和 P_T^e，则

$$F_E^e = K_E^e T \delta^e - P_q^e - P_T^e$$

以上为杆系结构矩阵位移法的基本计算过程。

1.3 连续体有限单元法分析过程与程序系统

1.3.1 连续体有限单元法分析过程

有限单元法是杆系结构矩阵位移法的推广应用，在 20 世纪 50 年代起源于航空工程中飞机结构的矩阵分析。有限单元法认为一个结构可以看作是由有限个力学小单元互相连接而组成的集合体。应用有限单元法求解任意的连续体时，应把连续的求解区域分割成有限个单元，并在每个单元上指定有限个结点，一般可认为相邻单元在结点上连接构成一个整体，用以模拟或逼近求解区域进行分析。对于杆系结构（桁架、刚架），可以直接把结构本身的每个杆件作为单元。而对于连续介质，需要把原来的连续介质人为地划分为有限个块件（称为单元），各单元在结点处相连，如图 1-10 所示。各单元之间本来是整个边界相连的，而现在则认为它们彼此间仅在结点处相联结，联结点处的位移作为基本未知量。这样，就把原来无限自由度体系简化为有限自由度体系，这个过程称为连续体的有限单元离散化，即得到一个真实结构的近似力学模型，而整个的数值计算就是在这个离散化的模型上进行的。

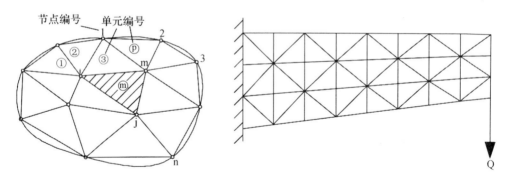

图 1-10　结构离散化

在离散化的模型上进行的数值计算是一个从部分到整体的过程，其先从分析单元入手，建立每个单元的刚度矩阵，然后再集合各单元以建立整个结构的刚度方程组（表示结点上的力与位移的关系）。这个方程组是线性代数方程组，易于求解，由此获得结构在各结点处的近似数值解答。

连续体有限单元法的分析过程，概括起来可以分为以下六个步骤：

（1）结构的离散化。将要分析的结构物分割成有限个单元体，并在单元体的指定点设置结点，使相邻单元的有关参数具有一定的连续性，并构成一个单元的集合体，以代替原来的结构。如果是桁架或刚架，可以取每根杆件作为一个单元。如果是板等连续体，就需要考虑

选择单元的形状(三角形、矩形等)和分割方案以及确定单元和结点的数目等问题,以求有效地逼近实际的连续体。这一单元形状选择与单元划分疏密关系到整个结构计算的精度高低。

(2)选择位移模式。在结构的离散化完成之后就可以对典型单元进行特性分析。此时为了能用结点位移表示单元体的位移、应变和应力(以位移作为基本未知量先求解),在分析连续体问题时,必须对单元中位移的分布做出一定的假定,也就是假定位移是坐标的某种简单的函数,这种函数称为位移模式或插值函数。

选择适当的位移函数是有限单元法分析中的关键。通常选择多项式作为位移模式。因为多项式的数学运算(微分和积分)比较方便,并且所有光滑函数的局部都可以用多项式逼近。至于多项式的项数和阶次的选择,则要考虑到单元的自由度和解的收敛性要求。一般来说,多项式的项数应等于单元的自由度数,它的阶次应包含常数项和线性项等。这里所谓单元的自由度是指单元结点独立位移的个数。

根据所选定的位移模式,就可以导出用结点位移表示单元内任一点位移的关系式,其矩阵形式是:

$$\{f\} = [N]\{\delta\}^e \tag{1-38}$$

式中:$\{f\}$ 为单元内任一点的位移列阵;$\{\delta\}^e$ 为单元的结点位移列阵;$[N]$ 为形函数矩阵,它的元素是位置坐标的函数。

在此,我们顺便指出:有限单元法比起经典的近似法具有明显的优越性。例如,在经典的里兹法中,要求选取一个函数来近似地描述整个求解区域中的位移,并须满足边界条件;而在有限单元法中则采用分块近似,只需对一种单元选择一个近似位移函数。此时,不必考虑位移边界条件,只需考虑单元之间位移的连续性就可以了。这样做当然比在整个区域中选取一个连续函数要简单得多,特别是对于复杂的几何形状或者材料性质、作用载荷有突变的结构,采用分段函数更为适宜。

(3)分析单元的力学特性。位移模式选定以后,就可以进行单元力学特性的分析,包括下面三部分内容。

①利用几何方程,由位移表达式(1-38)推导出用结点位移表示单元应变的关系式

$$\{\varepsilon\} = [B]\{\delta\}^e \tag{1-39}$$

式中:$\{\varepsilon\}$ 为单元内任一点的应变列阵;$[B]$ 为单元应变矩阵。

②利用本构方程,由应变的表达式(1-39)推导出用结点位移表示单元应力的关系式

$$\{\sigma\} = [D][B]\{\delta\}^e \tag{1-40}$$

式中:$\{\sigma\}$ 为单元内任一点的应力列阵;$[D]$ 为与单元材料有关的弹性矩阵。

③利用变分原理,建立作用于单元上的结点力和结点位移之间的关系式,即单元的平衡方程:

$$\{F\}^e = [k]^e\{\delta\}^e \tag{1-41}$$

式中:$[k]^e$ 称为单元刚度矩阵,用虚位移原理或变分原理可以导得:

$$[k]^e = \iiint [B]^T[D][B]\,dxdydz \tag{1-42}$$

式(1-42)的积分应遍及整个单元的体积。

利用变分原理还可同时导得等效结点力 $\{F\}^e$。

在以上三项中,导出单元刚度矩阵是单元特性分析的核心内容。

(4)集合所有单元的刚度,建立整个结构的平衡方程。这个集合过程包括:一将各个单元的刚度矩阵,集合成整个物体的整体刚度矩阵;二将作用于各单元的等效结点力列阵,集合成总的载荷列阵。最常用的集合刚度矩阵的方法是直接刚度法。一般来说,集合所依据的理由是要求所有相邻的单元在公共结点处的位移相等。于是得到以整体刚度矩阵$[K]$、载荷列阵$\{F\}$以及整个物体的结点位移列阵$\{\delta\}$表示的整个结构的平衡方程:

$$[K]\{\delta\}=\{F\} \tag{1-43}$$

这些方程还应考虑几何边界条件,所以要在作适当的修改之后才能够解出所有的未知结点位移。

(5)求解未知结点位移和计算单元应力。由集合起来的平衡方程组(1-43),解出未知位移。在线性平衡问题中,可以根据方程组的具体特点选择合适的计算方法。

(6)求得最后结果。可利用公式(1-40)和已求出的结点位移来计算各单元的应力,并加以整理得出所要求的结果。

1.3.2 连续体有限单元法程序系统

1. 结构化程序设计

借助计算机完成上面的结构分析过程,就需要编制计算机程序。程序系统要具备结构化、模块化的特点。

(1)结构化程序

结构化就是通常所说的结构化程序设计。结构化程序设计就是按照一组能够提高程序易读性与易维护性的规则进行程序设计的方法。结构化程序应满足以下基本要求:

①全部程序均由顺序、选择和循环三类基本结构组成;

②具有单入口、单出口的特点;

③不包含无限循环;

④没有死语句。

(2)模块化程序

将一个规模较大的程序化整为零,划分成若干个小的模块,每个模块各自具有一定的功能,执行一个方面的运算,这样的程序称为模块化结构程序。具有模块化结构的程序在程序编写、修改、增删、调试及易读性和可靠性方面都有较大的优越性。

通常我们都是把一个完整的结构分析程序划分成在一定程度上独立的若干模块(也就是小程序段)。每个模块具有完成结构分析计算过程中的某一个或几个基本步骤的功能,比如数据处理模块、计算单刚模块、总刚形成模块、解方程组模块等。各功能模块由一个主控程序模块来调用,主程序负责组织运算,通过公用区或其他方式提供资源信息。

线性结构静力分析计算程序的基本内容和步骤可表示为图 1-11 所示。图中没有包含前后处理模块,比如结果显示、结果可视化等。

图 1-11 中各模块功能说明如下:

INPUT:输入各种所需数据以及控制信息;

ASSEM:形成结构总刚度矩阵;

STIFF:形成总体坐标系下的单元刚度矩阵;

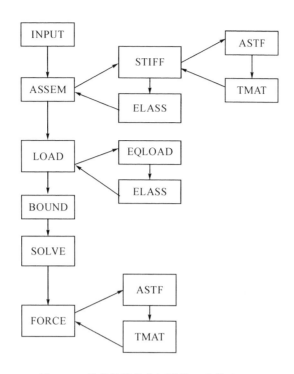

图 1-11　线弹性结构分析计算程序模块结构

ASTF：形成局部坐标系下的单元刚度矩阵；

ELASS：将单刚组集成总刚；

TMAT：局部坐标与总体坐标的转换；

LOAD：形成结点荷载项；

EQLOAD：计算非结点荷载的等效结点荷载；

BOUND：引入结点约束条件；

SOLVE：解平衡方程组，求出结点位移；

FORCE：计算单元结点力。

2. 数据管理

数据管理包括数据准备、数据输入、数据加工处理与存储、数据交换、结果分析等。

(1) 数据准备

①建立结构分析的计算模型。比如选用合适的单元去模拟实际结构、单元的离散以及确定边界条件等。

②计算模型的数字化。即通过一系列的数字来描述模型化后的结构，如单元总数、结点总数、约束条件、单元类型、单元信息、材料特性、截面特性、荷载情况等。

③数据格式化。即按程序输入数据要求，将定义结构的数据列表，建立一个或多个原始数据的输入文件。

④检查和校正数据。结构分析问题数据非常多，在模型数字化、表格化的过程中难免会有错误，因此在执行运算之前需要检查校正输入数据的正确性。因为数据太多，所以检查工作往往是利用计算机进行的。

（2）数据输入

一般简单的结构分析程序都是采用数据文件的方式进行数据的输入输出，其由使用者输入原始数据形成输入文件，程序运行结束后其结果储存到输出文件，以便对计算数据进行分析。大型的结构分析程序一般具有数据的预处理功能，有的是在结构分析程序内部具有一个数据预处理的模块，该模块的功能是读入原始结构的输入信息，按照要求产生和扩充数据，完成某些数据的检查，在显示器或打印机上显示数据产生的图形。

外部数据预处理程序（一般又称为前处理器）的功能是接受分析人员准备的必要数据，或接受其他分析程序产生的数据，按照它所服务的主结构分析程序的要求完成对数据再加工，如数据产生、检查、显示等，最后产生一个供结构分析程序计算用的输入文件。

（3）数据加工处理与存储

在结构分析程序设计中，常常采用一些方法来达到节约计算机资源的目的。

例如，一般大中型计算机的整型变量占有 4 个字节（即 32 位二进制数），能表示十进制整数的合法范围为 $-2^{31} \sim 2^{31}-1$，即 $-2147483650 \leqslant N \leqslant 2147483649$；一般微型计算机的整型变量占有 2 个字节，可表达最大的十进制整数范围为 $-2^{15} \sim 2^{15}-1$，即 $-32768 \leqslant N \leqslant 32767$。显然，将几个数值不大的整型量信息"紧缩"存储在同一整型变量内，形成一条数值较大的组合信息，将会充分地利用计算机资源。在结构有限元分析中，对某结点的约束情况一般需要用约束结点号、该结点 x 方向约束、该结点 y 方向约束三个参数来表示，如果将这些参数单独存放，就要占用计算机三个整型变量的资源。如 256 结点在 x 方向有约束，y 方向无约束，单独的信息是 256,1,0；组合后的信息是 25610，这就达到了节约 2/3 存储量的目的。

又例如，结构分析问题所形成的刚度矩阵一般都是对称的稀疏矩阵，即一些与解方程组有关的非零元素主要分布在主对角线附近，而大量的与解方程组无关的零元素是没必要存储的。因此，在结构分析程序中，往往利用矩阵的对称性只储存上三角（或下三角）的元素，达到节约一半内存的目的；又利用等带宽存储或变带宽一维存储，达到避免与计算无关的零元素占用内存的目的。

（4）数据交换

数据交换对于结构分析程序来讲，主要发生在主控制程序与各程序模块之间、程序模块与程序模块之间；对计算机来讲，主要发生在内存空间与外存空间之间。

内存空间数据传递的速度比较快，一般在内存能允许的情况下，应尽可能地利用内存空间。在内存中数据的传递主要是通过公用区、调用参数的虚实结合来完成。

由于计算机的内存总是有限的，特别是在微机上解决较为复杂的结构分析问题，内存不够是常见的问题，因此，在程序设计中还要考虑使用外存空间。利用外存空间主要是通过存取外存文件来实现。

（5）结果分析

结果分析包括中间结果分析和最终结果分析。在程序设计时要考虑设置一些中间过程的提示或中间结果的显示，主要是为了了解程序的运行过程，分析可能出现的错误，如解方程组中出现非正定情况、迭代算法中出现不收敛情况、数组越界情况、单元信息或坐标信息输错而造成的"溢出"现象等。

结果分析结束后，会产生大量的数据信息，其中有些数据是我们特别关心的，如结构的位移、应力应变、振型等。要使数据能够从数值或直观上描述结构的某些性态,就必须对数据进行整理和显示(后处理器)。

3. 结构离散化

结构离散化的基本原则有以下四点:

(1)计算模型应尽量符合实际结构的构造特点和受力特点,以保证解的真实性。

(2)保证体系的几何不变性,特别是在错综复杂的转换体系过程中更应注意,同时避免出现与实际结构受力不符的多余联结。

(3)在合理模拟的前提下,减少不必要的结点数目,以缩短计算时间,减少后处理工作量。

(4)杆系单元的划分,应根据结构的构造特点、实际问题的需要及计算精度的要求来决定。因此,用来划分单元的结点,应在以下位置设置:①各关键控制截面处。②构件交接点、转折点。③截面突变处。④不同材料结合处。⑤所有支承点(包括永久支承和临时支承)。⑥对于由等截面直杆组成的桥梁结构,除梁、柱等构件的自然交结点处必须设置结点外,杆件中间结点的多少,对计算精度并无影响;一般根据验算截面的布置以及求影响线时对单位力作用点的要求来确定所需的中间结点。⑦对于变截面杆或曲杆结构,如拱肋,要尽量细分,使折线形模型尽可能接近实际曲线结构的受力状态。⑧施工缝处。

4. 边界条件处理

在引入边界条件之前,从数学角度讲,总体刚度矩阵是奇异的;从力学上讲,该结构在空间上是任意的,即它本身存在刚体位移。事实上,如果结构不受约束,它在一组平衡力系作用之下的位移状态是不能确定的,故在组集结构整体刚度矩阵的同时,必须考虑其约束条件。

(1)一般约束条件

由于存在位移为零(刚性约束)的约束条件,就必须对前面所形成的原始整体刚度矩阵进行处理,常用的处理方法有以下三种:

①对角元赋大值法。在对应于约束位移的整体刚度矩阵的主元位置上的元素赋一大值,高出一般主值的数万倍。它的力学意义是,此处弹性抗力特别大(趋于无穷),其相应位移势必趋于零。

②整体刚度矩阵删行(列)法。由于刚性约束在结构受外力作用变形时位移始终为零,所以在形成整体刚度矩阵时就不必考虑该项位移,即从整体刚度矩阵中删去约束位移所对应的那些行和列,并且一般是在形成整体刚度矩阵的同时进行。这种方法虽然比较复杂,但降低了方程的阶数,减少了内存量,提高了计算速度。

③显示位移为零法。对于约束位移,相应整体刚度矩阵中对角元素置1,而该行该列的其余元素及荷载列阵中相应元素置零,即

$$k_{ii}=1, k_{ij}=k_{ji}=P_i=0, j=1,2,\cdots,n, j\neq i$$

不难理解,这方法等同于删行法。不过,在方程组中明显有:$\delta_i=0$。

例如,1号位移受约束时,

$$\begin{bmatrix} 1 & 0 & 0 & \cdots & 0 \\ 0 & k_{22} & & \cdots & k_{2n} \\ \vdots & \vdots & & \ddots & \vdots \\ 0 & k_{n2} & & \cdots & k_{nn} \end{bmatrix} \begin{bmatrix} \delta_1 \\ \delta_2 \\ \vdots \\ \delta_n \end{bmatrix} = \begin{bmatrix} 0 \\ P_2 \\ \vdots \\ P_n \end{bmatrix}$$

则必导致：$\delta_1 = 0$。

（2）弹性支承

对于弹性支承，都可以把它看作为弹性刚度为 s 的线弹簧，也称为弹簧单元。弹簧单元和等截面铰接杆单元在受力特征上非常相似，可以说，铰接杆单元的弹性刚度为 EA/l。在局部坐标系中，线弹簧的单元刚度矩阵为：

$$\bar{k} = \begin{bmatrix} S & -S \\ -S & S \end{bmatrix}$$

非常明显，实际结构存在一个弹性支座，无非是在此处增加一个弹性刚度为 s 的线弹簧单元。

（3）支座沉降（强迫位移）

设第 μ 号位移分量是给定位移：$\delta_\mu = d_0$（d_0 为给定值），对原刚度方程组作以下处理：

①修改荷载项：

$$P_\mu \leftarrow d_0$$
$$P_i \leftarrow P_i - K_{i\mu} d_0, \ i \neq \mu$$

②修改刚度矩阵 K：

$$K_{\mu\mu} \leftarrow 1$$
$$K_{\mu j} = K_{j\mu} \leftarrow 0, j \neq \mu$$

即把 $K_{\mu\mu}$ 置为 1 之外，第 μ 行和第 μ 列的其他元素都设置为零。

此时，刚度方程组化为：

$$K_{11}\delta_1 + \cdots + 0 \times \delta_\mu + \cdots + K_{1m}\delta_m = P_1 - K_{1\mu}d_0$$
$$K_{21}\delta_1 + \cdots + 0 \times \delta_\mu + \cdots + K_{2m}\delta_m = P_2 - K_{2\mu}d_0$$
$$\vdots$$
$$0 \times \delta_1 + \cdots + 1 \times \delta_\mu + \cdots + 0 \times \delta_m = d_0$$
$$\vdots$$
$$K_{m1}\delta_1 + \cdots + 0 \times \delta_\mu + \cdots + K_{mn}\delta_m = P_m - K_{m\mu}d_0$$

显然，上式中的第 μ 个方程为 $\delta_\mu = d_0$，而把这一条件引入原方程组的其他方程后就相当于对荷载项予以修改。

对给定的所有强迫位移分量按同样方法处理后，求解修改后的方程组即可。

至于线性方程组的解法本书不再赘述，可以参考相关书籍的高斯消去法、乔列司分解法等。

第2章 桥梁结构设计基本流程

2.1 桥梁结构设计内容与电算特点

利用桥梁结构分析软件(Dr. Bridge, MIDAS/Civil)进行桥梁设计时,一般有划分单元、按施工阶段建立计算模型、施加荷载和边界条件、求解和后处理等过程。

2.1.1 桥梁结构设计内容

桥梁结构分析的目的是要计算出桥梁结构各构件的控制截面在各种荷载作用下产生的位移、内力以及支座反力,并且按照设计规范要求对构件的强度、刚度和稳定性等进行验算。因此,根据桥梁结构的特点,其结构分析的基本内容可概括如下:

(1)桥梁一般是分阶段逐步施工完成的,结构最终受力状态往往与施工过程有着很大的关系,因而结构分析必须按实际的施工过程和结构形成的过程逐阶段进行分析,并且能够自动累加各阶段的内力和位移等。在施工阶段内应考虑的因素大致有:①结构自重;②施工临时荷载,如吊篮重量等;③预加应力;④混凝土收缩和徐变;⑤温度变化;⑥风的作用;⑦结构体系转换;⑧斜拉索或系杆等的初始张力;⑨合龙时的预顶力等。

(2)计算成桥后在二期恒载、支座不均匀沉降、混凝土长期收缩、徐变效应和温度变化等作用下的次内力和位移。

(3)计算各种活载引起的内力和位移,包括影响线或影响面的计算,以及对它们进行纵向、横向的加载等。

(4)计算各种偶然荷载(如地震等)引起的内力和位移。

(5)按规范对上述各种荷载引起的内力和位移分别进行承载能力极限状态和正常使用极限状态组合,得出最不利的荷载组合设计值。

(6)根据结构设计原理,配置预应力钢筋和普通钢筋。

(7)按规范进行强度、刚度、抗裂性、稳定性以及动力性能验算。

2.1.2 桥梁结构电算特点

1. 恒载计算特点——逐阶段形成结构体系

桥梁结构在不同的施工阶段,结构布置、边界条件和荷载条件均在发生变化。由于结构形成的过程不同,因此其恒载内力也不同,下面采用不同施工方法的铰接悬臂梁为例进行说明。如图 2-1 所示为一个右端固结、左端铰支的梁,承受满布匀布荷载 q(自重)。图中示出

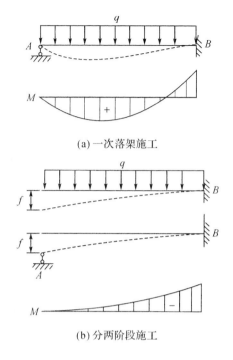

(a) 一次落架施工

(b) 分两阶段施工

图 2-1　桥梁结构的最终内力及变形与施工过程的关系

了结构分别按两种不同的施工方法(一次落架和分阶段施工)形成的桥梁结构有限元分析体系的内力和变形。

如果结构是在支架上现浇并在永久支承完成后拆除支架,则其弯矩 M 如图 2-1(a)所示。如果结构是逐段悬臂浇筑,最后再安装支座 A,则由于自重 q 及产生的挠度在悬臂施工时就已发生,因此其弯矩如图 2-1(b)所示。这时支座 A 的反力为零,因为它是在结构全部荷载和变形已发生后安装的。显然两种情况的内力和变形图完全不同。

由此可见,在进行桥梁结构分析时,必须根据实际的施工过程,分阶段逐步分析,逐步累加每一分阶段发生的内力和变形,直到全桥结构完全形成。只有这样,才能确保结构分析真实反映桥梁的实际受力状况。

2. 活载计算特点——纵向影响线加载和横向荷载分布

(1)纵向影响线加载

桥梁结构分析的另一特点是它要承受移动荷载(如汽车、火车等)的作用,且活载占了相当的比重。在进行线性分析时,最常用也是最方便的方法是采用影响线加载的方法,即先计算出控制截面的内力或位移影响线,然后在影响线上布置活载,找出最不利荷载的位置,并求出与该加载位置对应的内力和位移。对影响线加载的方法很多,常用的有等效均布荷载法、穷尽法和动态规划法等。等效均布荷载法方便于加载,即将对应各种形状影响线的活载换算成等效的均布荷载,现行铁路桥涵设计规范就采用等效荷载法,将列车荷载按影响线的长度、影响线的形状等换算成均布荷载,制成表格。等效荷载法不论是手算还是电算均使用方便,但是在计算机技术发达的今天,该方法已经被动态规划法、影响面法等更准确的计算方法替代。

无论采用哪种方法加载,都应注意在同一截面上的不同内力所对应的最不利荷载位置可能不同。例如,最大弯矩和最大剪力不一定是在同一荷载位置发生。因此,加载时应分别按各内力的最不利荷载位置求最大、最小内力及其相应的其他内力。例如,先求最大弯矩及其对应的最不利荷载位置,然后求该荷载位置时的剪力和轴力(不一定也是最大值),即与最大弯矩相应的剪力和轴力。这样求出的一组内力都是相应的内力。每个截面的内力加载结果共有 6 组(平面梁单元),如表 2-1 所示。表中两类数据主对角线上的数字是各内力的最大、最小值,其余各数字为相应的内力。

表 2-1　单元结点内力的最大值及相应值

	相应的弯矩 $M/(kN \cdot m)$	相应的轴力 N/kN	相应的剪力 Q/kN
最大弯矩 M_{max}	786.9	5.7	−143.1
最大轴力 N_{max}	731.9	6.7	−77.0
最大剪力 Q_{max}	−1043.7	−120.7	9.1
最小弯矩 M_{min}	−9709.5	−537.8	−666.9
最小轴力 N_{min}	−9654.4	−538.8	−732.9
最小剪力 Q_{min}	−7878.7	−411.3	−819.2

(2)横向荷载分布

桥梁结构是空间结构体系,这一点不仅体现在结构的几何尺寸是空间的,同时结构所受的荷载、支承边界等均是空间的。而通常在进行静力荷载作用下的结构内力及变形计算时,一般将空间结构简化为平面结构来计算。这种简化方法对恒载的影响较小,而对于移动活载,必须要考虑其空间的作用效应。此时通常采用荷载横向分布系数的办法来考虑,即按平面结构计算所得的内力与变形乘以荷载横向分布系数。

主梁各截面弯矩的横向分布系数均采用跨中截面横向分布系数来代替,计算剪力时要考虑横向分布系数沿梁纵向的变化。荷载横向分布影响线的计算方法有很多种,目前常用的有四种:①梁格法,包括刚性横梁法及考虑主梁抗扭刚度的修正刚性横梁法等;②梁系法,包括刚接梁法和铰接梁(板)法等;③比拟正交异性板法,简称 G-M 法;④杠杆法。

一般荷载横向分布的计算方法仅适用于等截面简支梁桥。为了将等截面简支梁桥的荷载横向分布方法近似地应用于变截面简支、悬臂、连续及其他体系梁桥,在计算荷载横向分布系数之前,可先将这些结构体系的计算桥跨按照等代简支梁法变换为跨度相同的等截面简支梁。等代刚度指的是在跨中施加相等的集中荷载或扭矩,等代简支梁与实际梁跨的跨中挠度或转角相等。

3. 结构分析的分层次计算

桥梁结构是由大量的构件组成的空间结构,构件之间相互影响,共同承受各种荷载。在结构分析计算中,为了使分析问题得以简化,常采用分层次的计算方法。根据荷载传递的先后次序,分别对各构件进行分析,分析中考虑其他结构(构件)的影响,这样不仅可以简化计算,而且可以更好地把握结构的受力特性。

可采用分层次计算进行分析的结构主要有以下几类。

(1)上部结构和下部结构的分层次。在桥梁结构静力分析时,通常将上部结构(主梁)和下部结构(墩台基础)分开分析。对于桥墩和主梁刚接的结构,将主梁与桥墩组成的结构和基础分开分析,而将结构之间的相互影响按某种约束关系处理。结构承受的荷载除直接作用于结构上的荷载外,还应考虑相互作用结构的影响。例如,对简支梁、连续梁等梁式结构,可分为上部结构的主梁、下部结构的墩台和基础三个大的分析结构。上部结构采用支座支撑,承受作用于梁上的荷载;桥墩(台)受基础的作用也可采用弹簧连接,桥墩承受作用于墩身的荷载,由上部的梁传来的荷载简化为作用于墩顶的集中力(力偶);基础与地基之间采用弹簧连接,承受作用于基础上的荷载,将桥墩传来的上部结构荷载和桥墩(台)荷载作用于基础。

(2)上承式拱桥的分层次。上承式拱桥主要由拱肋(圈)及拱上建筑组成,在结构分析时需要考虑拱与拱上建筑的联合作用,一般在拱肋分析时,可偏安全地不计拱上建筑的影响,将拱上建筑按作用于拱上的荷载考虑。但对于拱上建筑的分析,必须考虑拱的联合作用影响。但为了简化计算,通常对于拱式拱上建筑(见图 2-2(a)),可忽略腹拱填料和侧墙的影响,可视为刚性支承在主拱上的多跨连续拱,按连拱计算(见图 2-2(b)、(c))。而对于连续梁板式拱上建筑,拱上建筑纵向是一支撑在拱上的多跨刚架,近似计算可将行车道梁简化为刚性支承上的多跨连续梁(见图 2-3)。

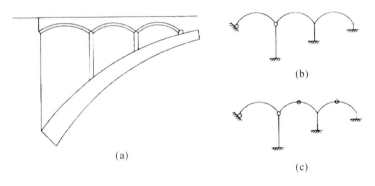

(a)

(b)

(c)

图 2-2　拱式拱上建筑的简化计算

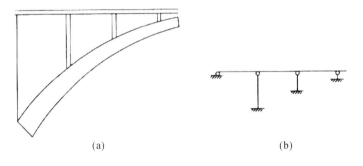

(a)

(b)

图 2-3　连续梁板式拱上建筑

(3)中、下承式拱桥的分层次。中、下承式拱桥通常由拱肋、横向联系、吊杆和桥面系组成,桥面系通常由桥面板和纵、横梁组成。根据竖向荷载传力途径,竖向荷载按桥面板传至纵梁、纵梁传至横梁、横梁传至吊杆、吊杆传至拱肋的顺序,所以在进行分析时,可采用自上而下分层次的办法进行。

桥面板一般有连续纵梁桥面板和简支梁桥面连续两种类型,对于前者,通常要验算纵梁上翼缘的纵向挠曲,同时按单向板或双向板验算桥面板承受车轮时的局部应力;对于后者,一般需计算连接筋的受力情况。

纵梁是以横梁为支点的弹性支承连续梁,其弹性常数为支点产生单位挠度所需的吊杆拉力,该挠度值中包括拱肋和吊杆的变形。若忽略拱肋和吊杆的变形,则纵梁可近似按刚性支承连续梁计算。

普通横梁承受桥面静、活载作用,一般可按简支梁进行内力计算。固定横梁要承受由拱肋和桥面传来的弯矩、扭矩和剪力,受力较为复杂,通常按固端梁进行分析。

纵梁与吊杆、拱肋组成多次超静定结构,当跨径较小时,可采用平面杆系结构进行内力计算;当跨径较大时,可采用空间有限元进行内力计算。

(4)斜拉桥分析的三层次。对大跨径斜拉桥结构的分析通常分为三个层次:第一层次为整体分析,建立包括塔、梁、墩及拉索的整体分析模型,进行恒载、活载、附加荷载作用下的静、动力整体性能分析;第二层次为梁和塔柱的三维应力分析;第三层次为局部细节构造分析,如拉索锚固区的局部应力分析。

(5)正交异性钢桥面板分析的三体系。对正交异性钢桥面板结构的分析从以下三个体系进行:第一个体系为主梁体系,是由盖板和纵肋组成主梁的上翼缘,是主梁的一部分;第二个体系为桥面体系,由纵肋、横梁和盖板组成,盖板是纵肋和横梁的共同上翼缘,该体系支撑在主梁上,仅承受桥面车轮荷载;第三个体系为盖板体系,仅指盖板,它被视作支撑在纵肋和横梁上的各向同性连续板,直接承受车轮局部荷载并把荷载传递给纵肋和横梁。

在荷载作用下,钢桥面板任意点的内力(或应力)可由上述三个基本体系的内力(或应力)经适当叠加而近似求出。

2.2　桥梁结构建模

桥梁结构建模,首先需要输入计算软件的是结构单元信息和材料特性。其中,单元类型的选择与单元划分会影响后续计算的顺利进行和计算结果的精度。

桥梁结构,一般是纵向(桥梁长度方向)尺寸比横向和竖向(横断面)尺寸大很多,在分析模型中大多简化为杆系结构,如图 2-4 所示是某连续刚构桥在第 21 施工阶段的结构电算模型。每个单元都是按一个杆件计算,单元长度根据悬臂施工的阶段长度划分。对于全桥整体来说,横截面(高度和宽度)尺寸小于跨度方向尺寸,但对一个具体单元(比如图示的最左边 11 号单元)来说,梁的高度和宽度跟单元长度尺寸是相近的。当采用平面杆系结构模型进行分析时,其空间效应就要通过横向分布系数、偏载增大系数来考虑。当采用空间结构模型分析时,桥梁电算软件会自动计入空间效应,不用考虑横向分布系数和偏载增大系数。

连续梁桥的杆系结构计算模型如图 2-5 所示。等截面或变截面预应力混凝土连续梁桥可以采用一种梁单元(①~⑫)模拟。图中杆件均用截面中心连线来表示,单元的截面参数则在桥梁电算软件(Dr. Bridge,MIDAS/Civil)的截面特性命令中输入。

拱桥的杆系结构计算模型如图 2-6 所示。下承式系杆拱桥一般采用三种单元模拟:拱肋单元(①~⑭)、系梁单元(㉘~㊶)、吊杆单元(⑮~㉗)。这三种单元的截面形状和材料特性是不同的。

斜拉桥的杆系结构计算模型如图 2-7 所示。斜拉桥一般采用三种不同的单元来模拟:

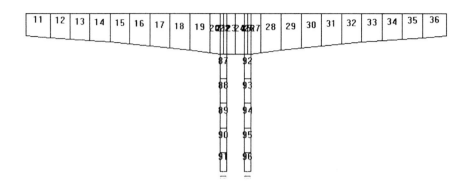

图 2-4　连续刚构桥平面杆系分析模型(某施工阶段)

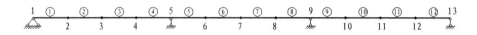

图 2-5　连续梁桥计算模型

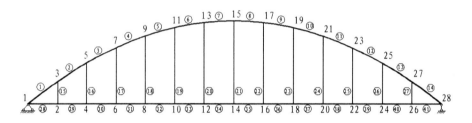

图 2-6　系杆拱桥计算模型

主梁单元(①~⑩)、桥塔单元(⑪~⑯)、斜拉索单元(⑰~㉔)。

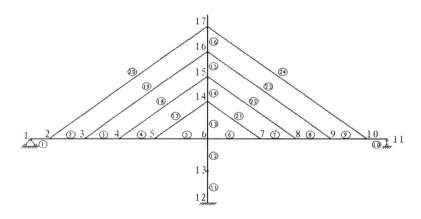

图 2-7　斜拉桥计算模型

　　但在对桥梁结构局部(比如斜拉索或吊杆的锚固区)进行受力分析时,就要采用梁、板、壳等实体单元进行建模,有时需要采用大型有限元通用软件(比如 ANSYS)进行专项计算分析。

2.2.1　桥梁结构中复杂部位建模

1. 刚臂的处理

在实际桥梁结构中,经常会遇到下列情况:

(1)几个构件刚性交会于同一结点,如图 2-8(a)和(b)所示。

(2)构件轴线偏心交会,如图 2-8(c)和(d)所示。

(3)不同受力阶段,构件截面具有不同的几何特性(如组合截面、后张顶应力构件钢束孔道灌浆前后等)。

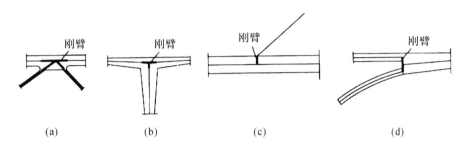

图 2-8　刚臂的处理

所有这些情况,在建立杆系分析模型时,均需进行适当的处理。对于第一种情况,刚性结点尺寸对单元内力的影响往往不能忽略,在交会区的杆端应视为刚性部分(刚臂长度范围内的梁体不发生变形);在后两种情况下,则应设置刚性联系杆件,以保证计算模型的连续性。

2. 中间铰的处理

在实际桥梁结构中,构件之间常有用铰连接的情形,如两铰拱、三铰拱、带铰或带挂梁的 T 型刚构桥等,可采用主从结点(见图 2-9)的方法予以处理,位移从属是指一结点在某一方向上具有与另一结点相同的位移。

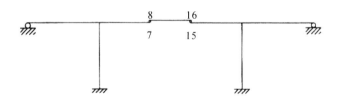

图 2-9　主从结点

图 2-9 中的 7、15 为 T 构结点,是主结点;8、16 为挂梁结点,是从结点。结点 8 从属于结点 7 的水平位移和竖向位移;结点 16 从属于结点 15 的水平位移和竖向位移。当然,中间铰的处理也可以通过梁端转角自由度的释放来解决。

3. 支座的处理

桥梁结构动力分析中,常常要求将上、下部结构联合为整体进行计算。此时,梁式桥的支座也构成了体系的中间铰。当支座是刚性支座(如弧形钢板支座、摆动支座等)时,可采用带刚臂单元和中间铰的方法处理。若支座为简易的油毡垫座,则可假定上下部结构之间不发生相对竖向位移。当采用橡胶支座时,应视支座为弹性约束,用两个弹簧杆来模拟支座,如图 2-10 所示。

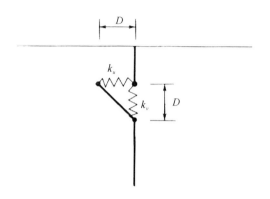

图 2-10　橡胶支座的模拟

竖向弹簧刚度根据橡胶支座的抗压性能,可用下式来计算:

$$k_v = \frac{E_0 A_0}{D} \tag{2-1}$$

水平弹簧的刚度,则根据橡胶支座的抗剪性能按下式来确定:

$$k_u = \frac{G_0 A_0}{D} \tag{2-2}$$

式中:E_0、G_0、A_0、D 分别为橡胶支座的弹性模量、剪切模量、水平面积和支座的橡胶层厚度。

4. 地基与基础的处理

当结构分析需要考虑弹性地基的作用时,可将弹性地基用弹簧杆来模拟。按照 Winkler 假设:

$$p = kw \tag{2-3}$$

式中:k 为基床系数,它表示单位铅直位移($w=1$)产生的地基应力,用弹簧杆模拟后,将 k 乘以代用的弹簧杆的作用面积,即得弹簧刚度 EA/L(L 为弹簧杆长度)。

当地基与基础间的联系用铅直弹簧杆代替后,为了保证结构的稳定,应适当加设水平连杆。在只有铅直荷载作用的情况下,其内力为零;当有水平荷载作用时(如土压力),水平连杆的位置应根据结构的受力特性来决定,或更为精确地按竖直弹簧杆的设置原理来设置水平弹簧杆。

常见的几种考虑弹性地基的基础模型如图 2-11 所示。

5. 组合结构的计算

近几年,钢—混凝土组合结构在桥梁结构中的应用越来越广,如钢管混凝土拱桥等。组合结构具有加快施工进度、充分发挥两种材料的性能、使结构受力更合理等优势。

组合结构计算时须考虑两种材料的不同材性(弹性模量不同),可按照下式进行截面换算:

$$\begin{cases} EA = E_c A_c + E_s A_s \\ EI = E_c I_c + E_s I_s \end{cases} \tag{2-4}$$

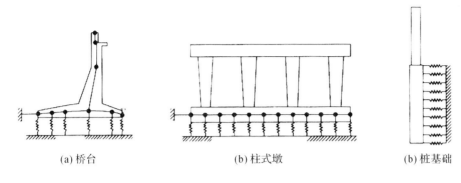

| | (a) 桥台 | (b) 柱式墩 | (b) 桩基础 |

图 2-11　地基模拟

也可直接按不同的材料进行计算。在 CAD 中画好截面图形,用不同的图层命名外层钢管和内层混凝土,赋予不同的材料特性(密度和弹性模量),然后导入桥梁电算软件中。

2.2.2　材料特性

在进行桥梁结构强度验算、应力验算时,需要材料特性数据(设计强度和弹性模量等),下面介绍桥梁结构常用的混凝土、普通钢筋、预应力钢筋的相关数据。

1. 混凝土

(1)混凝土强度等级应按边长为 150mm 立方体试件的抗压强度标准值确定。

(2)公路桥涵钢筋混凝土受力构件的混凝土强度等级不低于 C25;当采用强度标准值 400MPa 及以上钢筋时,不低于 C30。预应力混凝土构件不低于 C40。

①混凝土轴心抗压强度标准值 f_{ck} 和轴心抗拉强度标准值 f_{tk} 应按表 2-2 采用。

表 2-2　混凝土强度标准值

强度等级	C25	C30	C35	C40	C45	C50	C55	C60	C65	C70	C75	C80
f_{ck}/MPa	16.7	20.1	23.4	26.8	29.6	32.4	35.5	38.5	41.5	44.5	47.4	50.2
f_{tk}/MPa	1.78	2.01	2.20	2.40	2.51	2.65	2.74	2.85	2.93	3.00	3.05	3.10

②混凝土轴心抗压强度设计值和轴心抗拉强度设计值应按表 2-3 采用。

表 2-3　混凝土强度设计值

强度等级	C25	C30	C35	C40	C45	C50	C55	C60	C65	C70	C75	C80
f_{cd}/MPa	11.5	13.8	16.1	18.4	20.5	22.4	24.4	26.5	28.5	30.5	32.4	34.6
f_{td}/MPa	1.23	1.39	1.52	1.65	1.74	1.83	1.89	1.96	2.02	2.07	2.10	2.14

③混凝土受压或受拉时的弹性模量应按表 2-4 采用。当有可靠试验依据时,可按实测数据确定。

表 2-4　混凝土的弹性模量

混凝土强度等级	C25	C30	C35	C40	C45	C50	C55	C60	C65	C70	C75	C80
$E_c(\times10^4)/\text{MPa}$	2.80	3.00	3.15	3.25	3.35	3.45	3.55	3.60	3.65	3.70	3.75	3.80

注:当采用引气剂及较高砂率的泵送混凝土且无实测数据时,表中 C50~C80 的弹性模量乘以折减系数 0.95。

混凝土的剪切变形模量 G_c 可按表 2-4 中 E_c 值的 0.4 倍采用,混凝土的泊松比 ν_c 可取 0.2。

2. 钢筋

(1)钢筋混凝土及预应力混凝土构件中的普通钢筋宜选用 HPB300、HRB400、HRB500、HRBF400 和 RRB400 钢筋,预应力混凝土构件中的箍筋应选用其中的带肋钢筋;按构造要求配置的钢筋网可采用冷轧带肋钢筋。

(2)预应力混凝土构件中的预应力钢筋应选用钢绞线、钢丝;中、小型构件或竖、横向用预应力钢筋,可选用预应力螺纹钢筋。

①普通钢筋的抗拉强度标准值 f_{sk} 和预应力钢筋的抗拉强度标准值 f_{pk},应分别按表 2-5 和表 2-6 采用。

表 2-5　普通钢筋抗拉强度标准值

钢筋种类	符号	公称直径 d/mm	f_{sk}/MPa
HPB300	ϕ	6~22	300
HRB400 HRBF400 RRB400	Φ Φ^F Φ^R	6~50	400
HRB500	Φ	6~50	500

表 2-6　预应力钢筋抗拉强度标准值

钢筋种类		符号	公称直径 d/mm	f_{pk}/MPa
钢绞线	1×7	ϕ^S	9.5、12.7、15.2、17.8	1720、1860、1960
			21.6	1860
消除应力钢丝	光面螺旋肋	ϕ^P ϕ^H	5	1570、1770、1860
			7	1570
			9	1470、1570
预应力螺纹钢筋		ϕ^T	18、25、32、40、50	785、930、1080

②普通钢筋的抗拉强度设计值 f_{sd} 和抗压强度设计值 f'_{sd} 应按表 2-7 采用;预应力钢筋的抗拉强度设计值 f_{pd} 和抗压强度设计值 f'_{pd} 应按表 2-8 采用。

表 2-7　普通钢筋抗拉、抗压强度设计值

钢筋种类	f_{sd}/MPa	f'_{sd}/MPa
HPB300	250	250
HRB400、HRBF400、RRB400	330	330
HRB500	415	400

注:(1)钢筋混凝土轴心受拉和小偏心受拉构件的钢筋抗拉强度设计值大于 330MPa 时,仍应按 330MPa 取用;

(2)构件中配有不同种类的钢筋时,每种钢筋应采用各自的强度设计值。

表 2-8　预应力钢筋抗拉、抗压强度设计值

钢筋种类	f_{pk} /MPa	f_{pd} /MPa	f'_{pd} /MPa
钢绞线 1×7(七股)	1720	1170	390
	1860	1260	
	1960	1330	
消除应力钢丝	1470	1000	410
	1570	1070	
	1770	1200	
	1860	1260	
预应力螺纹钢筋	785	650	400
	930	770	
	1080	900	

③普通钢筋的弹性模量 E_S 和预应力钢筋的弹性模量 E_P 应按表 2-9 采用;当有可靠试验依据时,可按实测数据采用。

表 2-9　钢筋的弹性模量

钢筋种类	弹性模量 E_S (×10^5)/MPa	钢筋种类	弹性模量 E_S (×10^5)/MPa
HPB300	2.10	钢绞线	1.95
HRB400、HRB500	2.00	消除应力钢丝	2.05
HRB400、RRB400		预应力螺纹钢筋	2.00

2.3　梁式桥结构设计流程

钢筋混凝土和预应力混凝土梁式桥是桥梁工程中设计理论最成熟、应用范围最广泛的桥型之一。绝大多数中、小跨径桥梁常采用钢筋混凝土或预应力混凝土梁式结构。在 250m 以下的大、中跨径桥梁中,预应力混凝土梁式体系桥也具有相当大的竞争力。按照梁式桥的静力特性,梁式桥可分为简支梁桥、悬臂梁桥、连续梁桥、T 构桥和刚架桥五种基本体系。预应力混凝土连续梁桥的设计流程如图 2-12 所示。

2.3.1　基本尺寸拟定

1. 分跨与跨径组合

连续箱梁既具有结构连续、抗弯抗拒刚度大的优点,又可根据梁的弯矩分布采用变高度主梁,经济合理,因此在中、小跨径的梁桥方案中应用较广。随着悬臂施工法的采用,混凝土连续箱梁在主跨大于 60m 的大、中跨预应力混凝土梁桥方案中也占有绝对优势。

采用悬臂施工方法的多跨连续箱梁桥,其桥型分跨和跨径组合如下:

(1)当主梁采用多跨连续箱梁时,中间部分采用等跨布置,边跨跨径约为中跨跨径的 0.6~0.8。当边跨采用中跨跨径的 0.5 或更小时,则在桥台上要设置拉力支座。连续刚构桥的边、中跨跨径之比一般为 0.55~0.58。

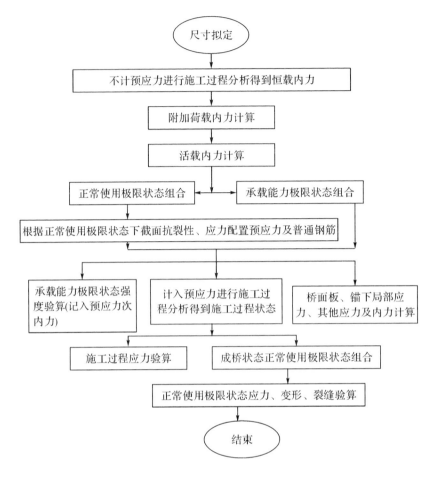

图 2-12　预应力混凝土连续梁桥设计计算流程

（2）主桥部分连续箱梁与引桥部分连续箱梁之间采用跨渡跨径连续，该跨径应为 $1/2(L_1+L_2)$（其中，L_1 为引桥连续梁跨径，L_2 为主桥连续梁跨径）。

（3）当多跨连续箱梁的跨数很多时，可以在中间若干跨的 1/4 点左右设置伸缩缝，此时一般采用等跨布置。

在初步设计时，可参考已建成桥梁的数据进行跨径布置，如《桥梁工程》（第 5 版）表 2-2-3（邵旭东编著，人民交通出版社出版）。

2. 主梁高度的拟定

（1）国内桥梁

①国内预应力混凝土简支梁桥一般做成等高度，梁高为跨径 L 的（$1/14\sim1/25$）。

②为适应连续梁内力变化，连续梁的纵向截面一般做成变高度，其底曲线可采用二次抛物线、折线和介于折线与二次抛物线之间的 $1.5\sim1.8$ 次抛物线变化形式，抛物线的变化规律应与连续梁的弯矩变化规律基本接近。根据国内已建成桥梁的资料分析，支点截面的梁高 $h_支$ 为（$1/16\sim1/18$）L（L 为中间跨跨径），一般不小于 $L/20$，跨中梁高 $h_中$ 为（$1/1.5\sim1/2.5$）$h_支$。

大跨连续刚构桥箱梁支点截面的高跨比一般为 $1/20\sim1/16$，大部分为 1/18 左右。跨中截面梁高通常为支点截面梁高的 $1/3.5\sim1/2.5$。

③在大跨径预应力混凝土连续梁桥中,除截面高度变化外,还可将截面的底板、顶板和腹板作成变厚度,以满足主梁内各截面的不同受力要求。

三跨连续梁的立面图和横断面图可参见第 6 章的图 6-1 和图 6-4。

(2)国外桥梁

根据国外资料分析,主梁梁高可按下列数据考虑:

①等高度梁的梁高:

公路桥:　　　　　　　　　　$(1/15\sim1/25)L$

铁路桥:　　　　　　　　　　$(1/16\sim1/18)L$

②变高度梁的跨中截面:　　　$h_{中}=(1/30\sim1/50)L$

③变高度梁的支点截面:

公路桥:　　　　　　　　　　$(1/16\sim1/25)L$

铁路桥:　　　　　　　　　　$(1/12\sim1/16)L$

④$h_{支}/h_{中}$:

公路桥:　　　　　　　　　　$2.0\sim3.0$

铁路桥:　　　　　　　　　　$1.5\sim2.0$

⑤采用悬臂施工的桥梁和就地浇筑的桥梁在确定梁高时应有不同的考虑,前者在施工时要比后者承受更大的恒载内力,所以当其他条件相同时,前者的梁高应该用得更大一些,用 $L/18$ 为优。

3. 箱梁截面的细部尺寸

(1)顶板和底板

箱梁截面的顶板和底板是结构承受正负弯矩的主要工作部位。顶板的宽度一般要满足桥面宽度要求(包括车行道、人行道、栏杆等)。根据实际工程设计要求,箱梁横断面可采取单箱单室、单箱多室、分离式的双箱单室等,如图 2-13 所示。

当采用悬臂施工方法时,梁的下缘特别是靠近桥墩的截面将承受很大的压应力。箱形

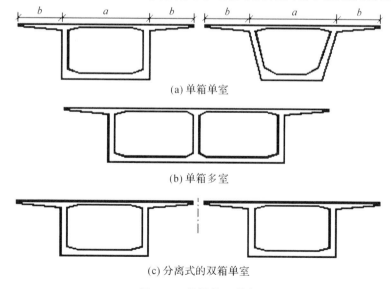

(a) 单箱单室

(b) 单箱多室

(c) 分离式的双箱单室

图 2-13　箱梁截面形式

截面的底板应提供足够大的承压面积,发挥良好的受力作用。在发生变号弯矩的截面中,顶板和底板都应各自发挥承压的作用。

底板除承受自身荷载外,还受一定的施工荷载。当采用悬臂施工法时,箱梁底板还承受挂篮底模梁后吊点的反力,设计时应考虑该力对底板和腹板的作用。

箱梁底板厚度随箱梁负弯矩的增大而逐渐加厚直至墩顶,以适应受压要求。底板除需符合使用阶段的受压要求外,在破坏阶段还宜使中和轴保持在底板以内,并有适当的富裕,一般约为墩顶梁高的 1/10～1/12。

因跨中正弯矩要求,大跨度连续箱梁底板内需配置一定数量的钢束和钢筋,此时跨中底板厚度一般在 200～250mm,跨中设铰的箱梁悬臂端底板厚度一般为 150～180mm。

确定箱形截面顶板厚度一般考虑两个因素:①满足桥面板横向弯矩的要求;②满足布置纵向预应力钢束的要求。

桥面板的悬臂长度也是调节板内弯矩的重要参数,在布置有横向预应力钢筋时,一般宜尽量外伸一些。

(2)腹板

腹板的主要功能是承受结构的弯曲剪应力与扭转剪应力所引起的主拉应力。腹板的最小厚度按下列情况考虑:

①腹板内无预应力钢束管道布置时可采用 200mm;

②腹板内有预应力钢束管道布置时可采用 250～300mm;

③腹板内有预应力钢束锚固时采用 350mm。

国外有些桥梁采用了斜置的腹板,既减小了底板的横向跨度,避免将底板做得又宽又厚;又减少了迎阳面,有利于减小温度应力。

(3)横隔板

横隔板的基本作用是增加截面的横向刚度,限制畸变应力。在支承处的横隔板还担负着承受和分布较大支承反力的作用。箱梁截面由于具有很大的抗扭刚度,所以横隔板的布置可以比肋式梁桥少一些,很多国家认为可以减少或不设置中间横隔板。

横隔板的技术,除要考虑永久支座的位置外,临时支座位置变动的影响也是不可忽视的,否则可能导致截面开裂。

(4)承托(梗腋)

在顶板与腹板接头处设置承托很有必要。承托提高了截面的抗扭刚度和抗弯刚度,减少了扭转剪应力和畸变应力。桥面板在腹板支承处的刚度加大后,可以吸收负弯矩,减少桥面板的跨中正弯矩。此外,承托使力线过渡比较缓和,减小了次应力。从构造上考虑,利用承托提供的空间布置纵向预应力筋和横向预应力筋,为减薄底板和顶板的厚度提供了构造上的保证。

2.3.2 单元划分

在电算开始之前,要根据施工过程和桥梁结构特点,对全桥结构进行单元划分,以满足后续分析过程的安装单元、添加边界条件、施加施工临时荷载等电算操作要求。单元划分时,要在施工分段点、截面变化点、桥梁支承处、局部加载点、验算截面等位置处分割梁体结构,单元长度一般跟节段拼装长度一致并满足单元类型力学性质要求。

如图 2-14 所示为某三跨连续刚构桥边跨的结构与电算模型单元划分。

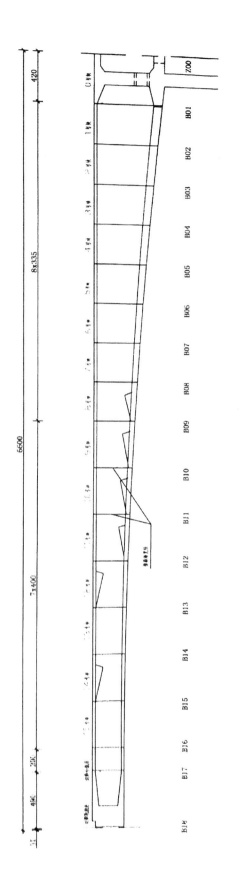

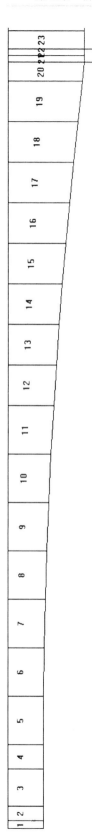

图 2-14　某三跨连续刚构桥边跨的结构与电算模型单元划分

2.3.3 恒载内力计算

恒载内力的计算就是计算上部结构自重所引起的内力响应。恒载内力一般可分为一期恒载内力与二期恒载内力。一期恒载内力的计算与桥梁结构的施工方法密切相关,不同的施工方法对应的恒载内力各不相同,不能简单地按照一次落架计算。二期恒载包括桥面铺装和桥面系荷载,可以模拟为纵向均布荷载计算。

预应力混凝土连续梁桥的施工方法主要有以下五种:满堂支架现浇法、简支转连续法、逐跨施工法、顶推施工法和悬臂浇筑(拼装)施工法。除满堂支架现浇施工外其余均为节段施工法,在计算恒载内力时要按施工阶段进行逐步分析模拟,累加得到恒载内力。

1. 满堂支架现浇法

满堂支架现浇法施工仅适用于桥墩不高且桥下地面情况适宜搭设支架的中、小跨径的预应力混凝土连续梁桥。一期恒载和二期恒载都按照一次落架的方式作用在全桥连续结构上,叠加这两个施工阶段的内力就得到结构的最终恒载内力。

2. 简支转连续法

简支转连续法施工的桥梁一期恒载作用于简支体系上,二期恒载作用于连续体系上。可以在连续梁结构全部形成后施工桥面铺装,也可以在逐跨架设的同时,对于已形成连续结构的主梁部分进行桥面铺装。各阶段荷载作用于不同结构体系之上而形成永存于最终结构的内力,然后将各截面在不同施工阶段的内力叠加,得到最终恒载内力(见图 2-15)。

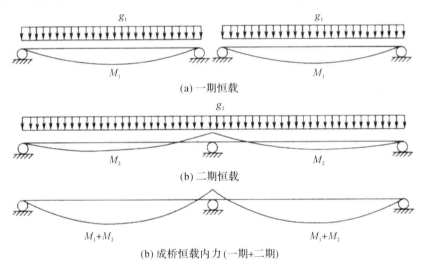

图 2-15 简支转连续的恒载内力

3. 逐孔施工法

逐孔施工法适用于等跨度的多跨连续梁,其一期恒载内力的分布情况介于满堂支架现浇法与简支转连续法两种方法之间(见图 2-16)。施工阶段与简支转连续施工方法类似,但每架设一孔就形成一个带悬臂的连续体系。各施工阶段的内力叠加得到最终的一期恒载内力(见图 2-16(d));二期恒载加载方式与一次落架情况相同(见图 2-16(e))。

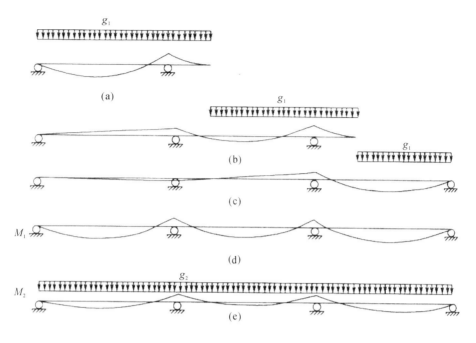

图 2-16　逐孔施工的恒载内力

4. 顶推施工法

顶推施工法施工的桥梁的结构特点为:施工过程的模拟计算和运营前期的一期恒载内力就是结构顶推就位时的内力,二期恒载作用于最终连续体系上。顶推施工过程中梁体内力不断变化,各截面出现的正、负弯矩往往比结构使用状态下自重内力更为不利,所以在顶推施工仿真分析中要模拟各顶推阶段梁体的自重荷载产生的内力,在顶推到位后还要模拟拆除大量的临时预应力筋以及补张拉最终结构所需的预应力筋。

5. 悬臂施工法

悬臂施工法是适用范围最广的施工方法,跨径为 50~200m 的连续梁或连续刚构均可以使用悬臂浇筑(拼装)的方法。悬臂施工所产生的恒载内力分布情况接近于悬臂梁桥的受力状态,正弯矩仅在跨中合拢段处出现。由于悬浇或悬拼过程中有挂篮或吊机在主梁上移动,所以进行施工过程的仿真分析时,除了模拟各节段重力之外,还要模拟施工机具的重力作用及拆除移动挂篮。悬臂施工合拢时需要体系转换。具体的施工过程及体系转换次序往往要在结构设计全部完成后才能确定。

下面以三跨连续梁为例,简要说明悬臂浇筑施工的分析过程。

(1)在主墩上悬臂浇筑混凝土(见图 2-17(a))

首先在主墩上浇筑墩顶梁体节段(零号块),用粗钢筋及临时垫块将梁体与墩身作临时锚固,然后采用施工挂篮向桥墩两侧分节段、对称平衡悬臂施工。此时桥墩上支座暂不受力,结构工作性能犹如 T 型刚构;对于边跨不对称的部分梁段则采用有支架施工。该阶段结构体系静定,外荷载为梁体自重 $q_{自}(x)$ 和挂篮重量 $P_{挂}$,其弯矩图与一般悬臂梁无异。

(2)边跨合拢(见图 2-17(b))

当边跨合拢以后,先拆除中墩临时锚固,然后可拆除支架和边跨的挂篮。此时由于结构体系发生了变化,边跨接近于一单悬臂梁,原来由支架承担的边段梁体重量转移到边跨梁体

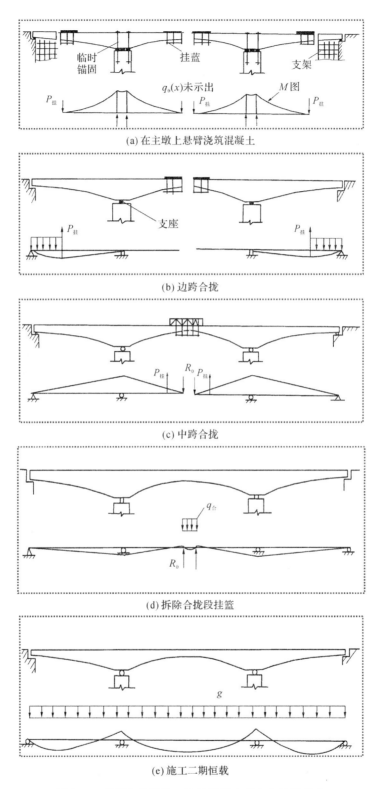

图 2-17　悬臂浇筑法施工连续梁桥自重内力计算图式

上。边跨挂篮的拆除,相当于结构承受一个向上的集中力 $P_挂$。

（3）中跨合拢（见图 2-17(c)）

当中跨合拢段上的混凝土尚未达到设计强度时,该段混凝土的自重 q 及挂篮重量 $2P_挂$ 将以 2 个集中力 R_0 的形式分别作用于两侧悬臂梁端部。由于此阶段的挂篮均向前移了,故原来向下的 $P_挂$ 现以方向向上的卸载力 $P_挂$ 作用在梁段原来的位置上。

（4）拆除合拢段挂篮（见图 2-17(d)）

全桥已经形成整体结构（超静定结构）,拆除合拢段挂篮后,原先由挂篮承担的合拢段自重转而作用于整体结构上。

（5）施加二期恒载（见图 2-17(e)）

叠加上本阶段作用在桥面上的均布二期恒载产生的内力,可得到三跨连续梁桥成桥阶段的恒载弯矩图。

以上是对每个阶段受力体系的剖析,若需知道某个阶段的累计内力时,则将该阶段的内力与在它以前几个阶段的内力进行叠加而得。成桥后的总恒载内力,是这五个阶段内力叠加的结果。

需要说明的是,实际桥梁施工中,挂篮的拆除时间往往根据施工过程的仿真计算确定,由于结构体系转换及混凝土收缩徐变的影响,挂篮拆除时间对结构的恒载内力及成桥线形有一定的影响,施工中可利用其改善恒载内力及成桥线形。因此,挂篮拆除的时间及施工中临时的配重等均需根据实际情况确定。

2.3.4 次内力计算

超静定结构在各种内外因素的综合影响下,因受到强迫的挠曲变形或轴向伸缩变形,在结构多余约束处产生约束力,从而引起结构的附加内力,或称次内力。对于简支梁桥、悬臂梁桥、T 构桥这三种静定结构,不存在附加内力。连续刚构桥最主要的附加荷载内力是由年温差引起的结构次内力。连续梁桥结构主要考虑的是桥面升降温、基础不均匀沉降、支座摩阻力以及混凝土收缩徐变产生的次内力。

1. 温度次内力

理论上,温度变化的影响,应由年温差的影响和日照温差的影响组合而成,但是考虑到在设计计算中温度的影响力还要与恒、活载内力以及其他内力进行组合。因此,一般的做法是分别计算年温差影响力和日照温差影响力,两者不叠加,取其不利者作为温度变化的影响力,与其他荷载进行组合。

在桥面板升降温计算中,可以认为桥梁纵向温度变化是一致的,这样温度场可以简化为沿桥梁截面高度方向的温度梯度形式。

我国现行公路桥涵设计规范规定,在计算年温差效应时,应从受到约束时的结构温度开始,考虑最高和最低有效温度的作用效应。在缺乏实际调查资料时,公路混凝土结构和钢结构的最高与最低有效温度标准值可按表 2-10 取用。

计算桥梁结构由于局部温差（梯度温度）引起的效应时,可采用图 2-18 所示的竖向温度梯度曲线,其桥面板表面的最高温度 T_1 的规定见表 2-11。对混凝土结构,当梁高 H 小于 400mm 时,图中 $A=H-100$ (mm)；当梁高 H 不小于 400mm 时,$A=300$mm。对带混凝土桥面板的钢结构,$A=300$mm,图中的 t 为混凝土桥面板的厚度（mm）。

表 2-10 公路桥梁结构的有效温度标准值

气候分区	钢桥面板钢桥		混凝土桥面板钢桥		混凝土、石桥	
	最高	最低	最高	最低	最高	最低
严寒地区/℃	46	−43	39	−32	34	−23
寒冷地区/℃	46	−21	39	−15	34	−10
温热地区/℃	46	−9(−3)	39	−6(−1)	34	−3(0)

注:1.气候分区以相关规范中的全国气候分区为依据;2.表中括弧内数值适用于昆明、南宁、广州、福州地区。

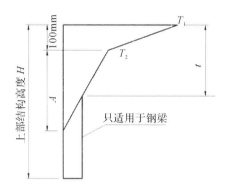

图 2-18 竖向温度梯度

表 2-11 竖向日照正温差计算的温度系数

结构类型	T_1/℃	T_2/℃
水泥混凝土铺装	25	6.7
50mm 沥青混凝土铺装层	20	6.7
100mm 沥青混凝土铺装层	14	5.5

混凝土上部结构和带混凝土桥面板的钢结构的竖向日照反温差为正温差乘以−0.5。

2. 基础沉降次内力

根据桥梁纵向基础的不同沉降情况,基础不均匀沉降产生的结构次内力有多种不利的组合形式。在数值分析中,将每一种基础沉降模拟为支座竖向位移,分别分析单种基础沉降后组合得到控制截面最不利沉降情况下的结构次内力。

3. 支座摩阻力

支座摩阻力一般情况由常年温差及汽车制动力产生。对于多跨连续梁,墩顶支座摩阻力由每联各墩支座顶部水平位移刚度确定。水平位移刚度是与墩顶水平位移刚度和支座剪切刚度有关的合成刚度。数值计算中将支座摩阻力等效为结点力来计算结构响应。应该注意的是,对于变截面连续梁,其结点竖向坐标往往不相等,所以不能忽略水平荷载所产生的结构内力。

4. 混凝土收缩徐变次内力

(1)混凝土收缩及徐变作用可按下述规定取用:

①外部超静定的混凝土结构、钢和混凝土的组合结构等应考虑混凝土收缩及徐变的作用;

②混凝土的收缩应变终极值可按现行《公路钢筋混凝土及预应力混凝土桥涵设计规范》（JTG D62-2015）的规定计算；

③混凝土徐变的计算,可假定徐变与混凝土应力呈线性关系；

④计算混凝土圬工拱圈的收缩作用效应时,如考虑徐变影响,作用效应可乘以折减系数0.45。

（2）计算方法：

考虑徐变效应的结构分析方法有 Dinehinger 方法（徐变率法）、改进的 Dinehinger 方法、Trost-Bazant 法（又称按龄期调整的有效模量法,简写 AAEM 法）等。理论上比较完善而又实用的按龄期调整的有效模量法引进老化系数的概念,将混凝土应力应变的微分方程化为代数方程,使问题的求解简单可行,并具有一定的精度。在用有限元法计算混凝土的徐变效应时,一般将结构经受混凝土徐变的过程划分成与施工过程相适应的各个时间间隔。在第 i 个时间间隔,结构的平衡方程为：

$$[K\phi]_{(i)}\{\Delta\delta\}_{(i)}=\{p\}_{(i)} \tag{2-5}$$

式中：$[K_\phi]_{(i)}$ 为由各单元刚度矩阵 $[K_\phi]_{e(i)}$ 组集而成的总刚度矩阵。在形成单元刚度矩阵时,要用按龄期调整的有效模量 $E(i,i-1)=\dfrac{E(i-1)}{1+\chi(i,i-1)\phi(i,i-1)}$ 代替材料的弹性模量进行计算。

$\{\Delta\delta\}_{(i)}$ 为在第 i 个时间间隔产生的各结点位移增量的列向量。

$\{p\}_{(i)}$ 为结构荷载增量的列向量。在形成荷载列向量时,要将各个时段的荷载乘以相应的松弛比 $\eta(i,j)$：

$$\eta(i,j)=\frac{\phi(i,j)-\phi(j-1,j)}{1+\chi(i,i-1)\phi(i,i-1)} \tag{2-6}$$

其中,$\chi(i,i-1)$ 为混凝土的老化系数；$\varphi(i,i-1)$ 为混凝土的徐变系数。

解方程组（2-5）后求得的变形与内力就考虑了混凝土的徐变效应。

铁路规范规定：对于刚架和拱等静不定结构、预应力混凝土结构及结合梁等,按降低温度的办法来考虑混凝土收缩的影响。整体灌注的混凝土结构,相当于降低温度 20℃；对于整体灌注的钢筋混凝土结构,相当于降低温度 15℃；对于分段灌注的混凝土或钢筋混凝土结构,相当于降低温度 10℃；对于装配式钢筋混凝土结构,可酌予降低温度 5~10℃。

2.3.5 活载内力计算

1. 使用阶段活载

一般计算公式为：

$$S=(1+\mu)\cdot\xi\cdot\sum m_iPy_i \tag{2-7}$$

对于汽车荷载,其计算公式为：

$$S_汽=(1+\mu)\cdot\xi\cdot(m_cq_k\Omega+m_iP_ky_i) \tag{2-8}$$

对于人群荷载,其计算公式为：

$$S_人=m_c\cdot q_r\Omega \tag{2-9}$$

式中：S 为计算截面的弯矩或剪力；μ 为汽车荷载的冲击系数；ξ 为汽车荷载横向折减系数；m_c 为跨中横向分布系数；q_k 为汽车车道荷载中,均布荷载标准值；Ω 为弯矩、剪力影响线面积;m_i为沿桥跨纵向与集中荷载位置对应的横向分布系数;P_k为车道荷载中的集中荷载标准值;y_i为沿桥跨纵向与荷载位置对应的内力影响线坐标值;q_r为纵向每延米人群荷载标准值。

可以看出,活载内力是由基本可变荷载中的列车、汽车、人群荷载作用于主梁上产生的结构内力。在桥梁结构的使用状态下,主梁具有空间结构受力特性。在实际计算中,一般引入横向分布系数,将空间结构计算转化为平面计算。横向分布系数计算可以手算,也可以电算,然后将计算结果输入软件相应的对话框中。

主梁活载内力计算分为两步:第一步求解设计主梁的荷载横向分布系数曲线;第二步将纵向内力影响线按横向分布系数修正,并按最不利位置进行活载加载,求得主梁最大活载内力。

2. 施工临时活载

施工临时活载是指结构在施工过程中其值随时间或施工阶段变化,且其变化与平均值相比不可忽略的荷载。各个施工阶段的施工活载必须视结构体系、施工设备、施工方法和施工顺序等具体条件而定,基本上可以分为分布活载、集中活载、动力活载和顺桥向活载等。

施工分布活载主要是指特定施工设备以及附属机具、装备等的分布重力,由于各个施工阶段机具设备的位置和大小都会有所变化,因此视其为随施工阶段变化的荷载,即活载。作用在实际结构上的分布活载的大小可按已经形成的桥面面积计算,一般最大取值为 500Pa(AASHTO 规范为 480Pa)。如果是平衡悬臂施工,还必须考虑两条悬臂上分布活载有 50% 差异的不利情况。

施工集中活载与分布活载一样,也主要来自特定施工设备,包括由挂篮、支架、导梁、桁架、绞车等大型设备在施工过程中施加到结构上的最大集中力。但是,集中活载的数值一般比较大,必须视具体施工情况而定。

施工动力荷载是指机械设备运转时所引起的动力作用,例如,在缓慢提升块件时,考虑块件的动力影响,必须将块件提升重力扩大 10% 或 20% 等。

顺桥向施工活载主要来自于施工设备所引起的纵向荷载。

2.3.6　作用效应组合

桥梁结构按极限状态法设计分为承载能力极限状态法设计和正常使用极限状态法设计。应按不同的组合系数对荷载效应进行组合。

1. 承载能力极限状态设计组合

公路桥涵结构按承载能力极限状态设计时,对持久设计状况和短暂设计状况应采用作用的基本组合,对偶然设计状况应采用作用的偶然组合,对地震设计状况应采用作用的地震组合,并应符合下列规定:

(1)基本组合:永久作用的设计值与可变作用设计值相组合,其效应组合表达式为:

$$S_{ud} = \gamma_0 S\Big(\sum_{i=1}^{m} \gamma_{G_i} G_{ik}, \gamma_{L1} \gamma_{Q1} Q_{1k}, \psi_c \sum_{j=2}^{n} \gamma_{Lj} \gamma_{Qj} Q_{jk} \Big) \tag{2-10a}$$

或

$$S_{ud} = \gamma_0 S\Big(\sum_{i=1}^{m} G_{id}, Q_{1d}, \sum_{j=2}^{n} Q_{jd} \Big) \tag{2-10b}$$

结构重要性系数 γ_0 按 JTG D60-2015 中表 4.1.5-1 规定的结构设计安全等级采用。

对应于设计安全等级一级、二级和三级分别取 1.1、1.0 和 0.9。其余各参数的含义参见该规范说明。

永久作用的分项系数 γ_{G_i} 根据作用效应对结构的承载能力不利和有利情况,分别取用不同的值。混凝土和圬工结构重力、钢结构重力(混凝土桥面板)、预加力、土重力在作用效应对结构承载能力不利时分项系数取 1.2,有利时分项系数取 1.0。

汽车荷载效应(含汽车冲击力、离心力)的分项系数 γ_{Q1},当采用车道荷载计算时取 1.4,当采用车辆荷载计算时取 1.8。当某个可变作用在效应组合中其效应值超过汽车荷载效应时,则该作用取代汽车荷载,其分项系数取 1.4;对专为承受某作用而设置的结构或装置,设计时该作用的分项系数取 1.4;计算人行道板和人行道栏杆的局部荷载,其分项系数也取 1.4。

在作用效应组合中除汽车荷载效应(含汽车冲击力、离心力)、风荷载外的其他第 j 个可变作用效应的分项系数取 1.4,但风荷载的分项系数取 1.1。

通常有以下几种组合方式,设计时采用最不利组合内力值(汽车荷载采用车道荷载时):

1.2×恒荷载＋1.4×汽车荷载;

1.2×恒荷载＋0.5×基础沉降＋1.4×汽车荷载＋0.75×1.4×人群荷载;

1.2×恒荷载＋1.4×汽车荷载＋0.75×1.4×人群荷载;

1.2×恒荷载＋1.4×汽车荷载＋0.75×(1.4×人群荷载＋1.1×风荷载);

1.2×恒荷载＋1.4×汽车荷载＋0.75×(1.4×人群荷载＋1.4×温度作用)。

(2)偶然组合。永久作用标准值与可变作用某种代表值、一种偶然作用设计值相组合;与偶然作用同时出现的可变作用,可根据观测资料和工程经验取用频遇值或准永久值。

(3)作用地震组合的效应设计值应按现行《公路工程抗震规范》(JTG B02)的有关规定计算。

2. 正常使用极限状态设计组合

公路桥涵结构按正常使用极限状态设计时,应根据不同的设计要求,采用作用的频遇组合或准永久组合,并应符合以下规定:

(1)频遇组合。永久作用标准值与汽车荷载频遇值、其他可变作用准永久值相组合。频遇组合的效应设计值可按下式计算:

$$S_{fd} = S\left(\sum_{i=1}^{m} G_{ik}, \psi_{f1} Q_{1k}, \sum_{j=2}^{n} \psi_{qj} Q_{jk} \right) \tag{2-11}$$

可变作用的频遇值系数针对汽车荷载(不计冲击力)、人群荷载、风荷载、温度梯度作用、其他作用,分别取值 0.7、1.0、0.75、0.8、1.0。比如,在预应力混凝土结构抗裂验算或者根据抗裂要求估算预应力钢筋面积时,需要采用频遇组合设计值,一般选取的组合为:

1.0×恒荷载＋0.7×汽车荷载(不计冲击力)＋1.0×人群荷载＋0.8×温度作用

(2)准永久组合。永久作用标准值与可变作用准永久值组合。准永久作用组合的效应设计值的计算式为:

$$S_{qd} = S\left(\sum_{i=1}^{m} G_{ik}, \sum_{j=1}^{n} \psi_{qj} Q_{jk} \right) \tag{2-12}$$

准永久值系数针对汽车荷载(不计冲击力)、人群荷载、风荷载、温度梯度作用、其他作用,分别取值 0.4、0.4、0.75、0.8、1.0。

2.3.7 预应力钢筋的估算与布置

1. 预应力钢筋估算

预应力混凝土梁一般以抗裂性控制设计。预应力束配置一般是根据正常使用极限状态下的截面抗裂性要求进行的。

(1)对于全预应力混凝土构件,按照正截面抗裂性要求估算预应力钢筋数量,计算公式为:

$$\frac{M_s}{W}-0.85N_{pe}\left(\frac{1}{A}+\frac{e_p}{W}\right)\leqslant 0 \tag{2-13}$$

$$N_{pe}\geqslant\frac{M_s}{0.85\left(\dfrac{W}{A}+e_p\right)} \tag{2-14}$$

$$A_p\geqslant\frac{N_{pe}}{(1-0.2)\sigma_{con}} \tag{2-15}$$

式中:M_s 为正常使用极限状态频遇组合效应设计值(kN·m),按式(2-11)计算;A,W 为全截面面积和抵抗矩(m^2,m^3);e_p 为预应力钢筋合力作用点至截面重心轴的距离(m);N_{pe} 为满足抗裂要求所需要的有效预压力(kN);σ_{con} 为预应力钢筋张拉控制应力,对 1860MPa 钢绞线可取 1395MPa;A_p 为满足抗裂要求所需的预应力钢筋估算面积(m^2)。

对于常用的 $\phi^j15.24$ 钢绞线($7\phi5$),面积按 $A_1=1.39cm^2$ 计算,在按式(2-15)确定所需的预应力钢筋面积 A_p 之后,按下式计算所需要的预应力钢筋总根数 n:

$$n=\frac{A_p\times10^6}{139} \tag{2-16}$$

然后根据每束根数计算预应力钢筋的束数(束数=总根数/每束根数)。

如图 2-19 所示为预应力混凝土 T 型梁桥预应力钢筋锚固端照片(预应力钢筋总根数为 18 根,每束设置 6 根 $\phi^j15.24$,共 3 束,配套锚具为 OVM15-6)。

(2)对于 A 类部分预应力混凝土构件,式(2-15)中的 N_{pe} 按下式计算:

$$N_{pe}\geqslant\frac{M_s-0.7f_{tk}W}{\dfrac{W}{A}+e_p} \tag{2-17}$$

式中:f_{tk} 为混凝土轴心抗拉强度标准值(MPa)。

2. 预应力钢筋布置

合理确定预加力作用点(一般近似地取为预应力钢筋截面重心)的位置对预应力混凝土梁是很重要的。以全预应力混凝土简支梁为例,在弯矩最大的跨中截面处,应尽可能使预应力钢筋的重心降低(即尽量增大偏心距 e_p 值),使其产生较大的预应力负弯矩来平衡外荷载引起的正弯矩。预应力钢束布置的原则为:

(1)预应力钢筋的布置,应使其中心线不超出束界范围。

(2)预应力钢筋弯起的角度,应与所承受的剪力变化规律相配合。弯起的曲线可采用圆弧线、抛物线或悬链线。公路桥梁中多采用圆弧线。《公路桥规》规定,后张预应力混凝土构件的曲线形预应力钢筋,其曲率半径应符合以下规定:

①钢丝束、钢绞线束的钢丝直径小于等于 5mm 时,钢束曲线半径不宜小于 4m;钢丝直

图 2-19　预应力混凝土 T 型梁桥预应力钢筋锚固端

径大于 5mm 时,钢束曲线半径不宜小于 6m。

②精轧螺纹钢筋直径小于等于 25mm 时,钢束曲线半径不宜小于 12m;螺纹钢筋直径大于 25mm 时,钢束曲线半径不宜小于 15m。

对于连续梁或连续刚构桥等超静定结构,预应力引起的压力线与预应力束的重心线不再重合,因此简支梁中的束界概念不能简单地照搬到超静定结构中。可以考虑直接用压力线和压力线限制区指导调束。预应力梁中的压力线是指预应力合力的线形。它的性质是:起伏形状与预应力索一致;移动方向与预应力索一致。压力线限制区是指为满足梁的上、下缘应力规定,压力线不得越出的区域。它的性质是:必须有一定的高度;如果上、下边界交叉,表示此范围内预应力不足;如果限制区把压力线全部包围仍有较大宽度富裕,表示此范围预应力可以减少一些。这样,在实际设计中,预应力索的配置是多还是少、预应力索形状如何调整,在压力线和限制区一目了然,极大地简化了设计。

另外,对采用悬臂浇筑或拼装方法施工的桥梁,结合施工过程配置各施工阶段所需的预应力钢束也是很重要的。图 2-20 为连续梁桥在不同施工方法时预应力钢筋布置。

2.3.8　结构安全验算

对预应力结构,在预应力配束之后,应该对结构进行各种验算,包括施工阶段应力验算,结构正常使用极限状态下的变形、裂缝验算,营运阶段应力验算,全梁承载能力极限状态下的强度验算,以及其他锚下局部应力和桥面板承载能力验算等。对非预应力结构,也要进行类似的验算,以保证结构的安全。

全预应力混凝土结构,在作用频遇组合下控制的正截面受拉边缘不允许出现拉应力;对 A 类预应力混凝土结构,截面出现的拉应力不得引起裂缝。因此,这两种结构不必进行裂缝验算。而对于钢筋混凝土结构和 B 类预应力混凝土结构,则必须要进行裂缝验算。

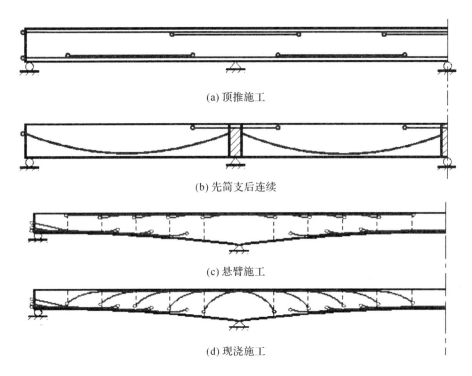

(a) 顶推施工

(b) 先简支后连续

(c) 悬臂施工

(d) 现浇施工

图 2-20 在不同施工方法时连续梁桥预应力钢筋布置

1. 预应力混凝土受弯构件抗裂验算

《公路钢筋混凝土及预应力混凝土桥涵设计规范》(JTG 3362-2018)第 6.3.1 条规定:预应力混凝土受弯构件应按下列规定进行正截面和斜截面抗裂验算。

(1)正截面混凝土拉应力应符合下列要求:

①全预应力混凝土构件:

预制构件 $\sigma_{st} \leqslant 0.85\sigma_{pc}$ (2-18a)

分段浇筑或砂浆接缝的纵向分块构件 $\sigma_{st} \leqslant 0.80\sigma_{pc}$ (2-18b)

②A 类预应力混凝土构件:

$$\sigma_{st} - \sigma_{pc} \leqslant 0.7f_{tk}$$ (2-19a)

$$\sigma_{lt} \leqslant \sigma_{pc}$$ (2-19b)

③B 类预应力混凝土受弯构件在结构自重作用下控制截面受拉边缘不得消压。

(2)斜截面混凝土主拉应力应符合下列要求:

①全预应力混凝土构件:

预制构件 $\sigma_{tp} \leqslant 0.6f_{tk}$ (2-20a)

现场浇筑(包括预制拼装)构件 $\sigma_{tp} \leqslant 0.4f_{tk}$ (2-20b)

②A 类和 B 类预应力混凝土构件:

预制构件 $\sigma_{tp} \leqslant 0.7f_{tk}$ (2-21a)

现场浇筑(包括预制拼装)构件 $\sigma_{tp} \leqslant 0.5f_{tk}$ (2-21b)

式中:σ_{st} 为在作用频遇组合下构件抗裂验算截面边缘混凝土的法向拉应力;σ_{lt} 为在作用准永久组合下构件抗裂验算截面边缘混凝土的法向拉应力;σ_{pc} 为扣除全部预应力损失后的预加

力在构件抗裂验算边缘产生的混凝土预压应力；σ_{tp} 为由作用频遇组合和预加力产生的混凝土主拉应力；f_{tk} 为混凝土抗拉强度标准值。

2. 持久状况预应力混凝土构件应力验算(JTG 3362-2018 第 7.1.5 条和 7.1.6 条规定)

(1)使用阶段预应力混凝土受弯构件正截面混凝土压应力应符合下列规定：

未开裂构件　　　　　　　　　　$\sigma_{kc} \leqslant 0.50 f_{ck} - \sigma_{pt}$　　　　　　　　　(2-22a)

允许开裂构件　　　　　　　　　$\sigma_{cc} \leqslant 0.50 f_{ck}$　　　　　　　　　　　(2-22b)

(2)混凝土的主压应力应符合下列规定：

$$\sigma_{cp} \leqslant 0.6 f_{ck} \tag{2-23}$$

(3)受拉区预应力钢筋的最大拉应力：

①体内预应力钢绞线、钢丝：

未开裂构件　　　　　　　　　　$\sigma_{pe} \leqslant 0.65 f_{pk} - \sigma_p$　　　　　　　　(2-24a)

允许开裂构件　　　　　　　　　$\sigma_{p0} \leqslant 0.65 f_{pk} - \sigma_p$　　　　　　　(2-24b)

②体外预应力钢绞线：

$$\sigma_{pe,ex} \leqslant 0.60 f_{pk} \tag{2-25}$$

③预应力螺纹钢筋：

未开裂构件　　　　　　　　　　$\sigma_{pe} \leqslant 0.75 f_{pk} - \sigma_p$　　　　　　　　(2-26a)

允许开裂构件　　　　　　　　　$\sigma_{p0} \leqslant 0.75 f_{pk} - \sigma_p$　　　　　　　(2-26b)

式中：f_{ck} 为混凝土轴心抗压强度标准值；σ_{pt} 为由预加力产生的混凝土法向拉应力；σ_{pe} 为全预应力混凝土和 A 类预应力混凝土受弯构件，受拉区预应力钢筋扣除全部预应力损失后的有效预应力；f_{pk} 为预应力钢筋抗拉强度标准值；σ_p 为正截面承载力计算中纵向预应力钢筋的应力或应力增量。

3. 挠度验算(JTG 3362-2018 第 6.5.3 条和 6.5.5 条规定)

(1)受弯构件在使用阶段的挠度应考虑长期效应的影响，即按荷载频遇组合计算，并乘以挠度长期增长系数。

(2)钢筋混凝土和预应力混凝土受弯构件，由汽车荷载(不计冲击力)和人群荷载频遇组合在梁式桥主梁产生的最大挠度不应超过计算跨径的 1/600；在梁式桥主梁悬臂端产生的最大挠度不应超过悬臂长度的 1/300。

(3)预应力混凝土受弯构件的预拱度可按下列规定设置：

①当预加力产生的长期反拱值大于按荷载频遇组合计算的长期挠度时，可不设预拱度；

②当预加力产生的长期反拱值小于按荷载频遇组合计算的长期挠度时，应设预拱度，其值应按该项荷载的挠度值与预加力长期反拱值之差采用。

2.4　拱桥结构设计流程

拱桥是工程中应用最广泛的桥型之一。拱桥的形式多样，构造各有差异，通常按照桥面位置可分为上承式拱桥、中承式拱桥和下承式拱桥；按照拱脚受力分为有推力拱桥、无推力拱桥、恒载无推力而后期荷载有推力拱桥等类型。图 2-21 和图 2-22 分别为上承式肋拱桥和下承式肋拱桥的布置。

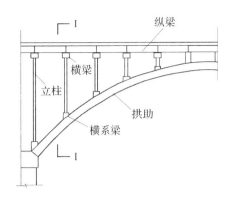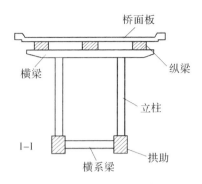

图 2-21 上承式肋拱桥

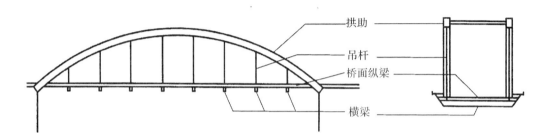

图 2-22 下承式肋拱桥

拱桥的设计计算包括静力计算、稳定计算、桥面系二次应力计算、局部应力分析、疲劳验算、抗风抗震分析和施工控制计算等,静力计算是其他各项计算的基础。在静力计算中,拱桥与梁桥在受力性能上具有本质区别。如果拱轴线设计得合理,可以使拱肋以承压为主,而弯矩、剪力较小。拱桥的设计计算可按照图 2-23 所示的流程进行。

2.4.1 合理拱轴线的确定

拱轴线的形状直接影响拱桥的受力状态。理论上最理想的拱轴线是与拱桥上荷载的压力线相吻合,这时主拱肋上只有轴向压力,而无弯矩和剪力作用,称为合理拱轴线。这样的拱轴线可以充分发挥材料的强度。但事实上由于拱桥所承受的荷载很复杂,并不存在真正的合理拱轴线,所以在设计中一般采用恒载的压力线作为拱轴线。恒载在各项荷载中所占的比例越大,这种选择的效果就越好。常用的拱轴线方程有二次抛物线、高次抛物线、悬链线(适用于实腹式上承式拱桥)、圆弧线。在跨径 l 确定之后,矢跨比(f/l)就是拱轴线方程中的主要参数。矢跨比取值范围一般为 $1/7 \sim 1/4$。对于悬链线方程,在跨径和矢跨比确定之后,悬链线的形状取决于拱轴系数 m。

但是,对于超静定拱桥,弹性压缩、温度变化和材料收缩等因素将在拱内产生弯矩,合理选择拱轴线的目标是尽量使拱内控制截面的弯矩减小。

2.4.2 各部尺寸拟定

对于 $60 \sim 90$m 跨径常用的下承式拱桥,桥跨结构由拱肋、悬吊结构和横向联结系三部分组成。中承式拱桥的桥面系一部分用吊杆悬挂在拱肋下,另一部分用刚架立柱支承在拱

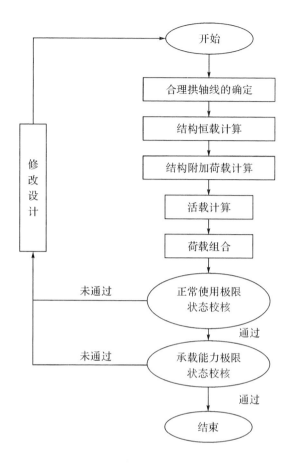

图 2-23　拱桥设计计算流程

肋上。

1. 拱肋

中、下承式拱桥的主要承重构件是两个分离式的拱肋,可以是平行拱肋,也可以做成倾斜的提篮拱。拱肋的截面形状可以选用矩形、工字形、箱形或钢管混凝土截面(见图 2-24)。根据桥梁跨径和荷载等级,钢管混凝土拱肋可以用单钢管截面、双钢管哑铃形截面、多钢管格构式截面(三钢管、四钢管、六钢管)。

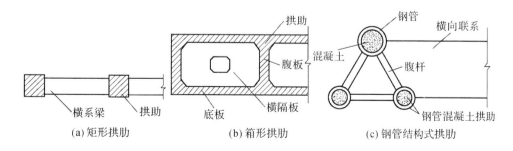

图 2-24　拱肋截面形状

截面沿拱轴的变化规律可以为等截面或变截面。有时为了增强肋拱的横向刚度和稳定,可将拱脚段的肋宽增大。其截面尺寸的拟定及配筋与上承式肋拱一样。

矩形截面的拱肋施工简单,一般用于中、小跨径的拱桥,拱肋的高度为跨径的 1/70～1/40,肋宽为肋高的 1/2～1 倍;工字形和箱形截面常用于大跨径的拱肋。拱顶肋高的拟定采用下列经验公式:

(1)跨径 $l_0 \leqslant 100m$ 时

$$h_d = \frac{1}{100} l_0 + \Delta \tag{2-27}$$

式中:l_0 为拱的净跨径;Δ 为取 0.6～1.0m,跨径大时选用上限。

(2)当跨径 100m $< l_0 \leqslant$ 300m 时

$$h_d = \frac{1}{100} l_0 + \alpha \Delta \tag{2-28}$$

式中:l_0 为拱的净跨径;α 为高度修正系数,取值范围为 0.6～1.0;Δ 为常数,取值范围为 2.0～2.5m。

2. 吊杆

拱桥吊杆常用的材料有平行钢丝束和钢绞线两种。一般根据吊杆承受的桥面系重量(横梁、系梁、桥面板、桥面铺装等)乘以安全系数(2.5～4)的值大于等于破断索力,参照厂家数据(见表 2-12 至表 2-14)选用吊杆拉索型号。

表 2-12　钢绞线吊杆索体主要技术参数

拉索型号	公称截面积 /cm²	索体单位重量 /(kg/m)	索体外径 /mm	公称破断索力 /kN
GJ15-3	4.2	4.73	50	780
GJ15-4	5.6	5.93	54	1040
GJ15-5	7.0	7.32	65	1300
GJ15-6	8.4	8.56	65	1560
GJ15-7	9.8	9.79	65	1820
GJ15-9	12.6	13.21	85	2340
GJ15-12	16.8	16.65	85	3120
GJ15-15	21.0	21.42	105	3900
GJ15-19	26.6	25.84	105	4940
GJ15-22	30.8	30.59	117	5720
GJ15-25	35.0	34.69	126	6500
GJ15-27	37.8	36.81	126	7020
GJ15-31	43.4	41.89	130	8060
GJ15-37	51.8	50.28	145	9620

表 2-13　吊杆镀锌钢丝拉索技术参数($\phi5$ 钢丝)

拉索型号	公称截面积 /cm^2	索体单位重量 /(kg/m)	索体外径 /mm	公称破断索力 /kN
PES5-19	3.73	3.7	39	623
PES5-37	7.26	6.8	49	1213
PES5-55	10.80	9.6	55	1803
PES5-61	11.98	10.8	59	2000
PES5-73	14.33	12.8	63	2394
PES5-85	16.69	14.6	65	2787
PES5-91	17.87	15.8	69	2984
PES5-109	21.40	18.5	72	3574
PES5-121	23.76	20.4	75	3968
PES5-127	24.94	21.7	79	4164
PES5-139	27.29	23.7	82	4558
PES5-151	29.65	25.4	83	4951

表 2-14　吊杆镀锌钢丝拉索技术参数($\phi7$ 钢丝)

拉索型号	公称截面积 /cm^2	索体单位重量 /(kg/m)	索体外径 /mm	公称破断索力 /kN
PES7-37	14.24	12.8	65	2378
PES7-55	21.17	18.3	72	3535
PES7-61	23.48	20.5	77	3920
PES7-73	28.09	24.2	82	4692
PES7-85	32.71	28.0	87	5463
PES7-91	35.02	30.4	93	5848
PES7-109	41.95	35.7	97	7005
PES7-121	46.57	39.7	103	7777
PES7-127	48.88	42.2	109	8162
PES7-139	53.49	45.7	111	8933
PES7-151	58.11	49.2	113	9705
PES7-163	62.73	53.2	118	10476
PES7-187	71.97	60.8	125	12018
PES7-199	76.58	64.5	128	12790
PES7-211	81.20	68.6	133	13561

吊杆间距由构造要求和经济与美观等因素决定,一般为 4~10m,通常吊杆取等间距。

3. 系梁与桥面纵、横梁

系梁断面一般为矩形或箱形截面。系梁的截面高度一般比预应力混凝土简支梁桥小,可取为跨径的 1/30~1/40,宽度是高度的 2/3 左右。

横梁的布置一般是沿桥跨纵向在每对吊杆下设置一道横梁。对于双肋拱桥,单根横梁的设计可按简支(实际是弹性支承)在吊杆位置的预应力混凝土简支梁进行。横梁的计算跨度方向是拱桥的宽度方向,横梁计算跨径较小,横梁的断面一般为矩形、T型或箱形截面,其高跨比可参照预应力混凝土简支梁桥选用。根据横梁间距的不同,横梁高度可取拱肋间距(横梁跨径)的 $1/15 \sim 1/10$,为满足搁置和连接桥面板的需要,横梁上缘宽度不宜小于60cm。端横梁和中间横梁由于作用和位置的不同,在构造设计上要有所区别。

桥面小纵梁(行车道板)一般是简支在左右两根横梁上、跨径 $4 \sim 10m$ 的板梁,可按钢筋混凝土简支板梁设计。

2.4.3 恒载内力计算

拱桥的恒载内力计算应考虑实际施工方法、施工步骤与预应力张拉情况,并计入随施工发展的收缩徐变影响,分阶段进行。

拱桥的施工大致可以归纳为两大类:有支架施工和无支架施工。有支架施工主要用于中小跨径的石拱桥和钢筋混凝土拱桥、下承式钢管混凝土系杆拱桥(现浇混凝土拱桥及混凝土预制块砌筑的拱桥);无支架施工主要用于大跨度拱桥。常用的无支架施工方法有缆索吊装施工法、悬臂施工法和转体施工法。在施工过程中,尤其是在无支架施工的各个阶段,拱桥的结构和受力状态是各不相同的,而且还将影响全桥建成后拱桥的受力状况,甚至有时施工阶段的受力是起控制作用的。因此,必须对拱桥进行施工过程的仿真计算,该计算中最后一个阶段的内力状态就是恒载内力状态,它有别于按一次落架方法得到的内力状态。

施工过程仿真计算应按实际施工方法分别处理。

1. 有支架施工法

有支架施工法中一期恒载和二期恒载都是按照一次落架的方式作用在桥跨结构上,所以这种施工方法的计算只需叠加以上两个施工阶段的内力。

某三肋式中承式连续梁拱组合式桥梁(见图 2-25),主桥分跨为 $20m+60m+20m$,拱肋截面在桥面以上部位为钢管混凝土,桥面以下部分为钢筋混凝土,纵向加劲梁为预应力混凝土矩形截面梁。该桥的施工采用满堂支架现浇施工,顺序如下。

图 2-25 满堂支架现浇施工连续梁拱组合式桥梁

(1)支架现浇边跨纵梁、墩顶拱座部分,以及该部位的横梁。该阶段主要荷载为纵梁、墩顶拱座及横梁自重。支架可通过约束结点竖向位移来实现,最好是通过设置单向压力支座型约束(或单元),即只能承受压力而不能承受拉力的约束(或单元)。模型如图 2-26(a)所示。

(2)支架现浇中跨部分纵梁、横梁,并张拉部分纵梁预应力钢束。荷载为该部分纵梁、横梁自重和预应力荷载。模型如图 2-26(b)所示。

(3)浇注桥面板,待浇注后 7 天,张拉部分纵向预应力钢束。该阶段主要荷载为桥面板自重、纵向预应力。桥面板与纵梁、横梁连接为一体,属于局部受力构件。为此,在建模中模拟为只对结构有质量贡献而无刚度贡献的刚性单元(与横梁之间通过铰连接),或者只考虑其重量即可(平面模型)。模型如图 2-26(c)所示。

(4)架设钢管拱肋、安装吊杆,张拉部分纵向预应力钢束、张拉吊杆。该阶段荷载为钢管拱肋自重、吊杆自重、预应力荷载和吊杆张拉力。模型如图 2-26(d)所示。

(5)灌注钢管拱肋内的混凝土,浇注 10 天后张拉最后部分纵向预应力钢束。该阶段荷载为拱肋混凝土自重和纵向预应力荷载。模型如图 2-26(e)所示。

(6)铺筑桥面铺装,拆除支架。其主要荷载为桥面铺装自重、支架部位结点施加支反力的反向荷载。模型如图 2-26(f)所示。

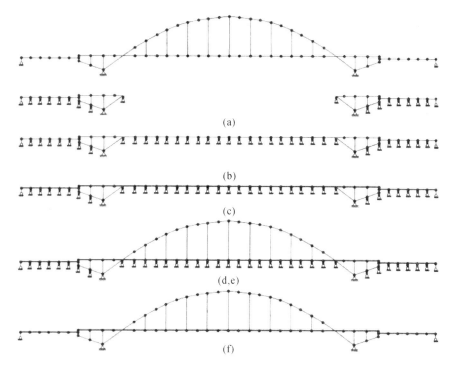

(a)

(b)

(c)

(d,e)

(f)

图 2-26　拱桥有支架施工法

建模中,计算图式轴线采用截面形心的连线,多根杆件汇集于一点但不交汇,采用刚臂相连。如果吊杆的模拟程序中没有拉索单元(只有受拉单元),那么可采用一般的二力杆单元,即与拱肋、纵梁之间铰接的无抗弯刚度的杆单元。

2. 缆索吊装施工法

缆索吊装施工法一般是由一孔桥的两端向中间对称进行,当各个构件吊装就位,并将各接头位置调整到规定标高以后,放松施工吊索,各接头合拢后撤去扣索。施工仿真分析要对拱桥施工过程的受力进行计算,至合拢后桥面系施工完成阶段即可得到恒载内力状态。

缆索吊装施工中,临时施工系统包括两部分:缆索吊装系统和斜拉扣挂系统(见图 2-27)。缆索吊装系统分析计算时,首先,需要确定作用在主索上的自重均布荷载和集中荷载,根据悬索理论确定出最大吊重时的主索垂度和张力,以及架设空缆时的初始张力和初始垂度。由于主索的线形和张力是相互影响的,需要采用循环迭代方法进行求解。其次,由吊装荷载的不同位置,求解各个工况下对应的索力值和弦切角,将索力等效为结点力施加于主塔上,再考虑风荷载的影响,进行主塔的强度及稳定性分析。

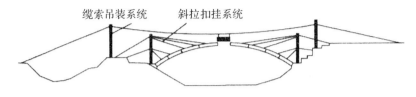

图 2-27　缆索吊装施工

对斜拉扣挂系统计算分析时,按照拱肋节段吊装顺序,假设合拢拆索后所有的拱肋节段前端点均达到设计标高(考虑预拱度后),则可依次计算出各个吊装阶段扣索的索力值,同时可对扣塔、拱肋的强度和稳定性进行分析。

图 2-28 为一座采用缆索吊装施工的拱桥施工顺序及分析模型,结构分析过程主要分为以下 6 个阶段。

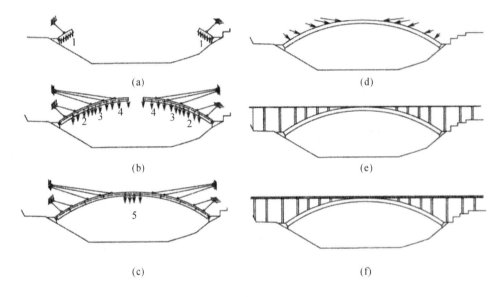

图 2-28　缆索吊装施工过程

(1)从桥台开始,左右同时安装靠近拱脚的拱肋节段 1,该段拱肋与拱座、扣索之间采用铰接,荷载为该段拱肋自重及安装临时荷载,如图 2-28(a)所示。

(2)依次安装拱肋节段 2、3、4,以及肋间的横梁(横撑),荷载为结构自重及安装临时荷载,如图 2-28(b)所示。

(3)安装中间合拢拱肋节段 5,以及对应部位的横梁,荷载为结构自重及安装临时荷载,如图 2-28(c)所示。

(4)浇注接缝混凝土,拆除扣索。此时拱脚部位的铰接变为刚结,扣索部位施加反向扣索拉力,如图 2-28(d)所示。

(5)施工拱上建筑。荷载为拱上建筑部分自重,如图 2-28(e)所示。

(6)施工桥面构造。荷载为桥面构造自重,如图 2-28(f)所示。

3. 转体施工法

转体施工法是将拱圈分为两个半跨,分别在两岸利用地形作简单支架,现浇或拼装半拱;再用扣索一端锚固于拱肋端部(靠近拱顶),另一端经拱上支架至桥台处锚固;之后张紧扣索,使拱肋脱架;接着借助台身间预设的滑道(即转盘装置),慢速将拱肋平转就位;最后进行拱肋合拢。这种施工方法在转体过程中用扣索拉力代替另一半拱推力,与肋重及肋上支架的竖直反力、台身自重等形成平衡,并在该状态下将拱肋的受力状态调整到不出现拉应力。因此,在施工仿真分析中需要反复计算每个截面的应力,以调整肋上支点的位置和高程来达到良好的受力状态。

成桥以后,再在实际结构上作用二期恒载。二期恒载内力与前期结构内力相叠加得到拱桥结构的恒载内力状态。

2.4.4　次内力、活载内力以及作用效应组合

1. 次内力计算

在各种内外因素的综合影响下,超静定拱结构内会产生附加内力(次内力)。外部因素包括基础沉降、温度变化等;内部因素包括混凝土材料的徐变与收缩等。超静定拱桥附加内力的计算方法与梁式桥相同,在此不再重述。

2. 活载内力计算

拱桥活载的内力计算和梁式桥的计算步骤基本相同,但拱桥冲击系数的计算与梁式桥是不同的。对于双肋拱桥单肋面的平面杆系结构,横向分布系数可按杠杆法计算,计算图式如图 2-29 所示。

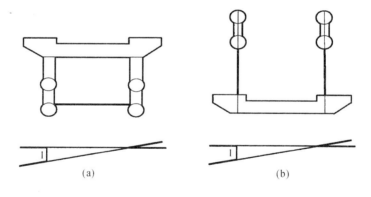

图 2-29　双肋拱横向分布计算图式(杠杆法)

3. 作用效应组台

在拱桥设计中,应根据建桥地区的各种条件和结构特性,按可能发生的最不利情况进行荷载组合,包括恒载内力、次内力、活载内力等,分别求出最大内力值,然后进行验算。荷载组合可按与连续梁桥相同的方法和要求进行。要针对拱肋、吊杆、系梁不同的验算要求进行相应的组合。计算出的组合设计值为下一步的验算提供必要的组合内力和位移数据。

2.4.5 系梁、横梁设计

1. 系梁设计

《公预规》(JTG 3362-2018)的 4.4.14 规定：系杆拱当其拱肋截面的抗弯刚度与系杆截面的抗弯刚度的比值小于 1/100 时，拱肋可视为仅承受轴向压力的柔性拱肋；当拱肋截面的抗弯刚度与系杆截面的抗弯刚度的比值大于 100 时，系杆可视为仅承受轴向拉力的系杆。上述杆件的结点均可视为铰接。系杆拱当其拱肋截面的抗弯刚度与系杆截面的抗弯刚度比值为 1/100～100 时，系杆与拱肋应视为刚性连接，此时荷载引起的弯矩在系杆和拱肋之间应按抗弯刚度分配。

系梁预应力钢筋面积可按正截面抗裂要求，按式(2-29)计算所需施加的预应力 N_{pe}，然后按式(2-15)计算预应力筋面积 A_p：

$$\left(\frac{N_s}{A}+\frac{M_s}{W}\right)\leqslant 0.85\left(\frac{N_{pe}}{A}+\frac{N_{pe}\cdot e_p}{W}\right) \tag{2-29}$$

2. 横梁设计

在平面杆系计算模型中，横梁和桥道系的自重是由两根吊杆传递给拱肋的。而横梁本身的设计需要单独建模计算。对于双肋拱桥，单根横梁的设计可按简支（实际是弹性支承）在横桥向两个吊杆上的预应力混凝土简支梁进行内力计算、配置预应力钢筋和安全验算。横梁的计算跨度方向是拱桥的宽度方向，作用在横梁上的活载是汽车车辆的左轮和右轮的轮胎集中荷载，需要按照所求截面内力影响线，根据设计车道数将轮胎荷载布置在影响线的最不利位置上。单根横梁的设计工作可以手算，也可以单独建模电算。计算简图如图 2-30 所示。

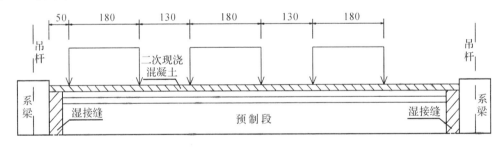

图 2-30　横梁计算图式(单位:cm)

一旦横梁各控制截面的内力求出后，就可以按照预应力混凝土简支梁桥的相关规定（本书的 2.3.6～2.3.8）进行作用效应组合、估算和配置预应力钢筋以及结构安全验算。

2.4.6 拱肋安全验算

拱桥在施工阶段或成拱过程中，应验算各阶段的截面强度和拱的稳定性。

1. 强度验算

(1)上承式拱桥强度验算要点：

①强度验算即作用效应组合值与结构抗力的比较。当求出了各种作用的内力后，便可进行最不利情况下的作用效应组合。

②作用效应组合按照规范采用,在车道荷载引起的拱圈正弯矩参与组合时,应适当折减,拱顶、拱跨 1/4 折减系数 0.7,拱脚应乘以 0.9,中间各个截面的正弯矩折减系数可用直线插入法确定。

③大跨度拱桥应验算拱顶、拱跨 3/8、拱跨 1/4 和拱脚四个截面;对于中、小跨径拱桥,拱跨 1/4 截面可不验算;特大跨径拱桥,除以上四个截面外,需视截面配筋情况,另行选择截面进行验算。

④按偏心受压构件验算。主拱圈的截面形式虽然各异,但它们都属于偏心受压构件。对于不同材料的(圬工、钢筋混凝土、钢管混凝土、钢)截面强度,则应遵循不同桥梁设计规范中的规定,分别按极限状态法或者容许应力法进行验算。

(2)中、下承式拱桥强度验算。中、下承式拱桥主拱圈截面强度验算的具体方法与普通型上承式拱桥并无大的区别。在计算活载对单个拱肋的作用效应时,要计算横向分布系数。横向分布系数的计算方法一般采用杠杆法或者偏心压力法。

2. 稳定性验算

(1)上承式拱桥的稳定性验算

拱圈或拱肋的稳定性验算分为纵向稳定(又称面内稳定)和横向稳定(又称面外稳定或侧倾稳定)。跨径不大的实腹式拱桥可以不验算其纵、横向稳定性;在拱上建筑完成后再卸落拱架的大、中跨径拱桥,由于拱上建筑与主拱圈的共同作用,不致产生纵向失稳。此时,无须验算拱的纵向稳定性。

采用无支架施工或在拱上建筑完成前就脱架的拱桥,应验算拱的纵向稳定。当拱圈宽度小于跨径的 1/20 时,应验算拱的横向稳定。

①纵向稳定性验算。当拱的长细比不大,且矢跨比在 0.3 以下时,钢筋混凝土拱的纵向稳定性验算可表达为强度校核形式,即将拱肋换算为相当长度的压杆(见图 2-31),按平均轴力采用钢筋混凝土轴向受压构件强度计算公式:

$$\gamma_0 N_d \leqslant 0.9\varphi(f_{cd}A + f'_{sd}A'_s) \tag{2-30}$$

$$N_d = \frac{H_d}{\cos\varphi_m} \tag{2-31}$$

式中:N_d 为轴向力组合设计值;H_d 为拱的水平推力组合设计值;φ_m 为拱脚至拱顶连线与水平线的夹角,$\cos\varphi_m = \dfrac{1}{\sqrt{1+4(f/l)^2}}$;$\varphi$ 为轴压构件的稳定系数,按表 2-15 采用;f_{cd},f'_{sd} 为混

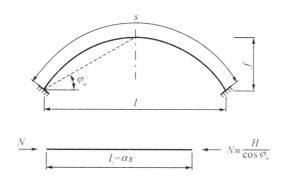

图 2-31　拱肋纵向稳定验算

注:图中的 s 为拱圈的拱轴线长度,α 对于三铰拱、两铰拱和无铰拱时分别取 0.58、0.54 和 0.36。

凝土抗压强度设计值和纵向钢筋抗压强度设计值；A，A'_s为构件截面面积、全部纵向钢筋截面面积。

表 2-15　钢筋混凝土构件的纵向弯曲系数 φ

l_0/b	≤8	10	12	14	16	18	20	22	24	26	28
$l_0/2r$	≤7	8.5	10.5	12	14	15.5	17	19	21	22.5	24
l_0/i	≤28	35	42	48	55	62	69	76	83	90	97
φ	1.0	0.98	0.95	0.92	0.87	0.81	0.75	0.70	0.65	0.60	0.56
l_0/b	30	32	34	36	38	40	42	44	46	48	50
l_0/d	26	28	29.5	31	33	34.5	36.5	38	40	41.5	43
l_0/r	104	111	118	125	132	139	146	153	160	167	174
φ	0.52	0.48	0.44	0.40	0.36	0.32	0.29	0.26	0.23	0.21	0.19

注：表中 l_0 为构件计算长度，b 为矩形截面短边尺寸，r 为圆形截面直径，i 为截面最小回转半径。

②横向稳定性验算。拱的横向稳定性验算，目前尚无成熟的计算方法，工程上常用与纵向稳定相似的公式来验算拱的横向稳定性，即：

$$N_j \leqslant \frac{N_L}{\gamma_m} \qquad (2\text{-}32)$$

式中：N_j 为按承载能力极限状态组合计算的平均轴向力；N_L 为拱丧失横向稳定时的临界轴向力；γ_m 为横向稳定安全系数，一般为 4～5。

对于拱圈或采用单肋合拢时的拱肋，丧失横向稳定时的临界轴向力，常用竖向均布荷载作用下，等截面抛物线双铰拱的横向稳定公式计算：

$$N_L = \frac{H_L}{\cos \varphi_m} \qquad (2\text{-}33)$$

式中：φ_m 为半拱的弦与水平线的夹角，$\cos \varphi_m = \dfrac{1}{\sqrt{1+4(f/l)^2}}$；$H_L$ 为临界推力，$H_L = K_2 \dfrac{EI_y}{8fl}$，其中，$I_y$ 为单根拱肋对自身竖轴的惯性矩；K_2 为临界荷载系数，与矢跨比、拱端固定方式等有关，在设计中，为了简化计算工作，K_2 值可偏安全地按表 2-16 确定。

表 2-16　临界荷载系数 K_2 值

f/l	0.1	0.2	0.3
K_2	28.0	40.0	36.5

理论与实践证明：无铰拱的临界荷载比有铰拱大得多。悬链线无铰拱的横向稳定性的精确计算方法是做空间有限元电算分析；手算时，可偏安全地采用两铰拱的计算公式，或者近似采用圆弧无铰拱的计算公式计算临界轴向力。

对于肋拱或无支架施工时采用双肋合龙的拱肋，在验算横向稳定性时，可视为组合压杆（见图 2-32），组合压杆的长度等于拱轴长度 s。

临界轴向力可按下式计算：

$$N_L = \frac{\pi^2 E_a I_y}{l_0^2} \qquad (2\text{-}34)$$

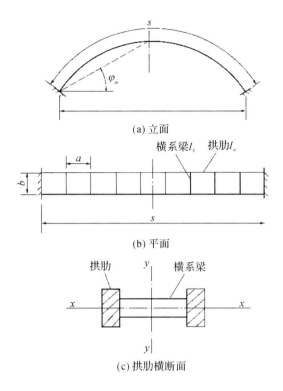

图 2-32　拱肋稳定计算示意

式中：I_y 为两拱肋对桥纵轴（$y-y$ 轴）的惯性矩；E_a 为拱肋材料的弹性模量；l_0 为组合压杆计算长度：$l_0 = \rho \cdot \alpha \cdot s$；其中，$\alpha$ 为与支承条件相关的系数，无铰拱为 0.5，两铰拱为 1.0；S 为拱轴线长度；ρ 为考虑剪力对稳定的影响系数：

$$\rho = \sqrt{1 + \frac{\pi^2 E_a I_y}{L_j^2}\left(\frac{ab}{12 E_b I_b} + \frac{a^2}{24 E_a I_a} \cdot \frac{1}{1-\beta} + \frac{na}{b A_b G}\right)}$$

$$L_j = \alpha S$$

$$\beta = \frac{N_L \cdot a^2}{2\pi^2 E_a I_a}$$

其中，a 为横系梁的间距；b 为两拱肋中距，即横系梁的计算长度；I_a 为单根拱肋对自身重心轴（与 $y-y$ 轴平行）的惯性矩；I_b 为单根横系梁对自身重心轴（与 $y-y$ 轴平行）的惯性矩；E_b 为横系梁的弹性模量；G 为横系梁的剪切模量；A_b 为横系梁的截面积；n 为与横系梁截面形状有关的系数，矩形截面取 1.20，圆形截面取 1.11；β 为考虑节间稳定的系数，与临界力有关，当横系梁足以保证节间稳定时，可以略去。

（2）中、下承式拱桥的稳定性验算

①纵向稳定性验算。目前，关于中、下承式拱桥的纵向稳定性验算，与上承式拱桥的验算方法基本相同，可参考式（2-30）计算。

②横向稳定性验算。迄今尚无成熟的关于肋拱横向稳定性的计算方法，一般是依靠试验方法或近似计算方法求解。

· 对于具有横向风撑连接的肋拱稳定性验算，可以按上承式拱桥的横向稳定性近似计算式(2-32)计算。

· 对于无风撑连接且为柔性吊杆的抛物线肋拱稳定性验算,可按下面的侧倾临界均布荷载 q_{cr} 的近似计算公式计算,即:

$$q_{cr} = K \frac{EJ_y}{l^3} \tag{2-35}$$

式中:EJ_y 为拱肋平面外抗弯刚度;l 为主拱计算跨进;K 为侧倾临界荷载系数,或者侧倾稳定系数,它与矢跨比(f/l)和弯扭刚度比 $\lambda(=EJ_y/GI_d)$ 有关,如表 2-17 所示。

表 2-17　侧倾系数 K

	λ		
	0.7	1.0	1.3
0.1	28.5	28.5	28.0
0.2	41.5	41.0	40.0
0.3	40.0	38.5	36.5

实际上拱肋所承受的并不完全是均布荷载,故在应用式(2-35)时,可根据实际拱顶处的最大水平推力 $H_{max} = H_恒 + H_活$ 按式(2-36)进行换算,以求得等效的均布荷载 q_e,即

$$q_e = \frac{8f}{l^2} H_{max} \tag{2-36}$$

并要求

$$q_e < q_{cr} \tag{2-37}$$

· 当考虑吊杆"非保向力效应"后,侧倾系数需要修正。在进行初步设计时,可以偏安全地先按式(2-35)求出 q_{cr} 值,然后乘以 2.5 的增大系数,即

$$q'_{cr} = 2.5K \frac{EJ_y}{l^3} \tag{2-38}$$

式中:K 仍按表 2-17 查找,供确定初步设计方案时参考。

需要指出的是,以上所讲的拱桥稳定性验算是基于稳定性理论的近似手算方法。借助大型空间有限元软件可以电算分析桥梁结构的稳定性。

2.5　斜拉桥设计流程

2.5.1　设计计算流程

斜拉桥的设计计算包括静力计算、稳定计算、桥面系二次应力计算、局部应力分析、疲劳验算、抗风抗震分析和施工控制计算等,静力计算是其他各项计算的基础。

一般来说,斜拉桥的静力计算过程就是一个结构的设计过程。在进行斜拉桥的结构布置时,拉索索力是未知的,无法精确确定拉索的面积。计算中往往先根据初估的拉索面积和结构布置,采用广义弯曲能量最小原理等简单方法,确定一个初步的成桥恒载状态,并得到相应的成桥索力和拉索面积;再将拉索面积替换成初估值,进行活载内力和其他附加内力计算,确定结构在最不利荷载组合下的受力状态。根据最不利荷载组合下斜拉桥合理受力的

要求,通过索力调整,重新确定成桥恒载合理状态,然后以此为目标来确定施工过程中的控制参数,如索力张拉值和立模标高等。可见,斜拉桥静力计算的过程还是确定成桥合理恒载状态的过程。

　　静力计算完成后,结构的所有构件尺寸被确定,结构的恒载内力状态为已知,施工过程中恒载和结构徐变收缩引起的变形通过立模标高或制作放样得以调整,结构的构型为设计构型。在此基础上可以进行抗风抗震分析、稳定计算、桥面二次应力与局部应力分析、疲劳验算和结构安全性检验。斜拉桥的结构计算可归结为如图 2-33 所示的流程。

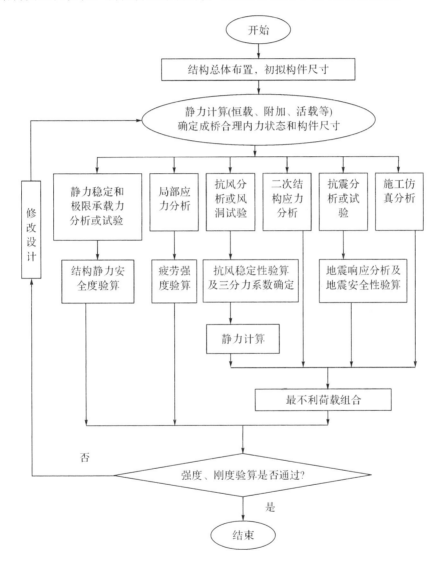

图 2-33　斜拉桥设计计算流程

2.5.2　合理成桥状态确定

　　斜拉桥一般采用悬臂法施工,其合理成桥状态必须包括力的状态和线型状态。力的状态包括主梁、塔、斜拉索以及墩台的受力状态,取决于结构的恒载分布、拉索索力和支座反力。线型状态主要指主梁的成桥标高。主梁的成桥标高由纵断面设计决定,可通过立模标高(悬浇施工)或制作放样线形(悬拼施工)来满足要求,在成桥状态计算时可不考虑。塔的偏位往往由塔的受力决定。因此,确定合理成桥状态主要是指合理的成桥恒载受力状态。

(1)确定斜拉桥合理成桥恒载受力状态一般要满足以下原则:

①索力分布。索力要分布均匀,但又有较大的灵活性。通常短索的索力小,长索的索力大,呈递增趋势,但局部地方应允许索力有突变。如 0 号索(当为全漂浮体系的桥型)和 1 号索的索力通常用较大的值。在所有的索中,索力不宜太大或太小。

②主梁弯矩。主梁弯曲内力常是混凝土斜拉桥设计中的控制内力。钢梁往往不受弯矩控制。在成桥状态下,主梁的恒载弯矩要控制在"可行域"范围内。

③主塔弯矩。主塔弯矩通常是大跨径钢梁斜拉桥设计中的控制内力。在恒载状态下,主塔弯矩应考虑活载和混凝土后期收缩徐变的影响。在活载作用下,主塔往河跨侧的弯矩一般比岸侧大,并且混凝土后期收缩徐变的影响往往使塔侧偏。因此,在成桥恒载状态下,塔宜向岸侧有一定的预弯矩,并根据塔的徐变侧偏量设置反向预偏量。

④边墩和辅助墩支座反力。边墩和辅助墩支座反力在恒载下应具备足够的压力储备,最好在活载下不出现负反力。但这种受力,通常要求由配重来满足,否则就需设置拉力支座以抵抗负反力。

(2)确定斜拉桥的成桥恒载受力状态,不能简单地通过一次落架计算获得,而要通过试算和结构调整(包括恒载分布调整与索力的调整过程)才能获得,其计算步骤如下:

①初拟结构尺寸。包括桥型布置,主要截面尺寸,边、中跨配重,二期恒载大小,钢材型号,混凝土强度等级,以及施工过程中需配置的前期预应力等基本数据的拟定。

②用弯曲能量最小原理确定成桥状态。根据成桥恒载分布,用弯曲能量最小法可以得到一个主梁和主塔弯矩均比较小,且索力也基本处于均匀的成桥状态,但少数索的索力可能不合理,因此这种成桥状态并不是最终目标。然而,这是后面进行合理成桥状态调整的基础。

③索力调匀。对②中获得的成桥状态进行调索。该步调整后得到的成桥状态的特点是:索力匀称,主梁和塔中弯矩较小。

④计算主梁内力包络图。根据③调整后得到的成桥状态和索力,并考虑活载效应将恒载索力放大一定倍数(一般可取 1.2)后作为设计索力,计算出拉索面积并替代原面积,进行后期内力计算。除了车辆荷载和其他可变荷载(温度、风等)响应外,还应包括营运过程中的混凝土收缩徐变影响力。由于③获得的成桥状态并非最终结果,并且也未计算施工过程的影响,因此,混凝土收缩徐变的计算是近似的。

⑤预应力混凝土斜拉桥的预应力设计。对于预应力混凝土斜拉桥,先根据③获得的成桥状态主梁恒载轴力 N 和④的主梁内力包络图,计算主梁合理预加力 N_y,然后布置主梁中的预应力束。

⑥塔、梁成桥恒载弯矩可行域。在③获得的成桥状态基础上加入配置好的预应力,获得一个新的成桥状态,相应的主梁轴力 $N+N_y$。根据 $N+N_y$ 并结合④得到的塔、梁活载应力包络图,计算塔、梁弯矩可行域。

⑦塔、梁弯矩调整。在⑥获得的成桥状态基础上通过对成桥索力的调整,使塔、梁成桥

恒载弯矩落在弯矩可行域内,并且尽量在域内居中,或根据设计要求居于有利位置。

⑧成桥状态检验。根据⑦的计算结果,计算新的主梁弯矩可行域,并检查调整后的主梁成桥恒载弯矩是否落在弯矩可行域内;另外,还需对主塔、斜拉索、边墩与辅助墩的受力进行检验,如果都满足了要求,则说明由⑦确定的成桥状态是可行的;否则,根据检验情况,对不满足要求的部分进行调整,转入⑦。如果需要修改基本数据(如梁塔索的几何尺寸、材料参数等),则需转入②。

2.5.3　静力计算的一般规定

(1)用平面计算图式进行结构静力分析时,要计算横向分布对结构的影响;要考虑空间索索力,由平面杆系算出的索力还原为空间索索力。

(2)箱形截面的主梁,应考虑约束扭转的影响,计算扭转、翘曲、畸变的影响。

(3)计入非线性影响。对于钢梁斜拉桥和组合梁斜拉桥,因跨径大,梁的刚度相对较小,一般要计入结构几何非线性的影响。

对于混凝土梁斜拉桥,跨径小于 200m 时,一般可以不计几何非线性的影响,当采用极柔的梁(如板)时,则要酌情考虑;跨径大于 200m 及采用轻型截面(如高度很小的肋板式桥面)时,几何非线性对结构内力影响较大,要考虑其影响。根据国内外对典型斜拉桥的几何非线性分析得出,天津永和大桥(双塔 260m 预应力混凝土斜拉桥)的非线性分析结果表明弯矩可增大 5%~10%;武汉长江二桥(双塔 400m 预应力混凝土斜拉桥)考虑几何线性和不考虑几何非线性的最大差值为 15%~18%,一般为 10% 左右;挪威 Helgeland 桥(双塔 425m 预应力混凝土斜拉桥),因梁高仅 1.2m,为主跨的 1/354,计入几何非线性影响,主梁弯矩增大约 50%;苏通大桥考虑几何非线性影响(大位移、$p-\Delta$ 效应、斜拉索垂度效应)后,主塔弯矩相差 51.7%,主梁控制截面应力增大 71.9%。

至于材料非线性影响,主要是指混凝土材料的 $\sigma-\varepsilon$ 并非直线,一般在设计新桥时不必考虑。

(4)组合梁斜拉桥中,主梁由钢梁和混凝土板组合而成,由于混凝土收缩、徐变的影响,在承受活载、温度作用以及预应力时,内力会引起重分布,必须计入。

(5)计入基础变位的影响。根据当地地基的特点,确定基础的沉陷差,计算引起结构的内力,与此同时,也要避免假定发生过大的沉陷差,形成材料浪费。

(6)确保一根斜拉索脱落或断索后,主梁应力的增加不超过相应设计应力的 10%。其意图是,除了断索后索力应符合容许应力外,还对主梁应力作了规定,以确保安全,避免梁应力的过大波动。

(7)对指定的一些部位进行局部分析,例如,锚下区、组合梁剪力键部位、钢混结合部以及塔梁墩固结部位。

2.5.4　结构内力计算与变形计算

1.恒载内力

从理论上讲,恒载内力就是前面所论述的成桥合理内力状态,但由于施工过程与确定合理内力时有所不同,因此,两者实际上是比较接近但又有所差别的。

斜拉桥恒载可分为一期恒载和二期恒载。一期恒载是指结构在合拢完成后、桥面铺装前形成的结构内力,可根据施工过程分析得到。二期恒载是指结构合龙后桥面铺装等引起的荷载,由于斜拉桥在承受这部分荷载作用时结构已形成一个整体,其各部分的受力按刚度分配,线性分析时,只需进行一次落架计算;若要进行几何非线性分析,则可将一期恒载状态作为计算初始态进行计算。斜拉桥的成桥内力是一期恒载内力与二期恒载内力的累加。

2. 活载内力

活载是在斜拉桥结构形成后作用于结构的,线性计算方法与其他桥梁计算无异;作几何非线性分析时,应该以恒载状态作为分析的初态进行活载内力分析。

活载的非线性计算方法有线性挠度理论和有限位移法两种。线性挠度理论是在初始内力状态下直接计算影响线并找出最不利加载位置,一次性加载分析而得。有限位移法则须在加载过程中对影响区进行迭代才能得到最终结果。对于600m以下的斜拉桥,选用线性挠度理论计算一般都能满足工程要求。

3. 附加内力

作用在斜拉桥上的其他广义荷载还有静风荷载、各种温变荷载和塔、墩基础沉降等。对这些荷载进行几何非线性分析,必须以恒载状态作为初始状态进行计算。

4. 作用效应组合

如果整个结构计算中采用线性方法,则斜拉桥的内力组合方法与梁式桥相同;如果结构计算采用非线性方法,则由于各种荷载共同作用于结构产生的响应与相应荷载分别作用于结构产生的响应之和是不同的,这就为内力组合带来了理论障碍。但考虑到活载、附加荷载计算时都以恒载为初态,而恒载在斜拉桥中的比重又占据所有荷载的大部分,因此在内力组合时,仍可采用各项荷载响应的加权代数和来计算其荷载组合。

5. 变形计算

斜拉桥的恒载变形是在施工过程中通过预拱度加以消除的,验算的斜拉桥变形主要指活载变形,包括主梁挠度和主塔水平位移。我国《公路斜拉桥设计细则》(JTG/T D65-01-2007)中对斜拉桥变形的要求也是指汽车荷载(不计冲击力)引起的主梁变形,具体规定为:对混凝土主梁斜拉桥,$f \leqslant \dfrac{L}{500}$;对钢主梁、钢组合梁和混合梁斜拉桥,$f \leqslant \dfrac{L}{400}$;其中,$f$ 为主梁竖向变形,L 为主跨跨径。

2.6 悬索桥设计流程

2.6.1 悬索桥的受力特征与计算流程

悬索桥是由主缆、加劲梁、主塔、鞍座、锚锭、吊索等构件构成的柔性悬吊组合体系。成桥时,主要由主缆和主塔承受结构自重,加劲梁恒载受力由施工方法决定。成桥后,结构共同承受外荷作用,受力按刚度分配。

主缆是结构体系中的主要承重构件,是几何可变体,主要承受张力作用。主缆不仅可以通过自身弹性变形,而且可以通过其几何形状的改变来影响体系平衡,表现出大位移非线性的力学特征,这是悬索桥区别于其他桥梁结构的重要特征之一。主缆在恒载作用下具有很大的初始张拉力,能对后续结构形状提供强大的"重力刚度",这是悬索桥跨径得以不断增大、加劲梁高跨比得以减小的根本原因。

主塔是悬索桥抵抗竖向荷载的主要承重构件,在恒载作用下,以轴向受压为主;在活载作用下,以压弯为主,呈梁柱构件特征。由于主塔水平抗推刚度相对较小,塔顶水平位移主要由中、边跨主缆水平分力的平衡条件决定。因而,塔内弯矩大小取决于塔的弯曲刚度。

加劲梁是悬索桥保证车辆行驶、提供结构刚度的二次结构,主要承受弯曲内力。由悬索桥施工方法可知,加劲梁的弯曲内力主要来自结构二期恒载和活载。大跨度悬索桥加劲梁的挠度是从属于主缆的,随着跨度的增大,加劲梁的功能退化为将活载传至主缆,其自身抗弯刚度对结构刚度的影响也逐渐减小。

吊索是将加劲梁自重、外荷载传递到主缆的传力构件,是联系加劲梁和主缆的纽带,承受轴向拉力。吊索内恒载轴力的大小,既决定了主缆在成桥状态的真实索形,也决定了加劲梁的恒载弯矩,是研究悬索桥成桥状态的关键。

锚锭是锚固主缆的结构,它将主缆中的拉力传递给地基,通常采用重力式锚或隧道式锚。重力式锚用自重抵抗主缆的垂直分力,用锚底摩阻力或嵌固阻力来抵抗主缆水平分力。隧道锚则直接将主缆拉力传给周围基岩。在悬索桥结构分析中,常将主缆的锚固点作固定约束处理。

悬索桥的静力计算过程也是一个设计过程,静力计算应该包括两大内容:一是悬索桥在各种荷载作用下的内力状态;二是悬索桥在恒载作用下的构形(主要是指主缆的构形)以及在成桥后荷载作用下的变形。

根据悬索桥的结构特点可将其设计计算归结为图 2-34 的流程。

2.6.2　确定主要构件基本尺寸与恒载构形

悬索桥的主梁尺寸是由车道布置要求和抗风要求确定的,可以在设计中最先得到其尺寸和载重。根据活载在结构中的比例、主缆和吊索的安全系数取值,便可相继初步确定主缆面积和吊索面积。主塔不仅要承受恒载作用下的竖向力(包括塔自重),还要承受活载作用下的竖向力和弯矩,因此,在初拟尺寸前应做一次初步分析。由于实际结构中内塔的弯曲刚度提供的塔水平抗推刚度远比主缆的作用小,因此其基本图式可取为图 2-35 的形式。

在这一基本图式中,可以计算出活载作用下塔顶的水平位移、主缆和吊杆的最不利活载内力等。用这一方法计算得到的结果,可以修正前面初估的活载对主缆、吊杆的影响值,从而修正初估的主缆、吊索面积,更重要的是得到了塔顶的水平位移值 δ。主塔设计时,只要给定塔的形式,就可方便地得到塔的纵向活载弯矩。由此还可兼顾其他附加荷载的可能效应,这样全桥结构的初步尺寸即可拟定。

确定悬索桥恒载构形就是在已知基本设计参数和施工方法的前提下,计算主缆与吊索交点位置及主缆与鞍座的切点坐标。可以采用先分析吊索恒载轴力,再求主缆平衡位置,最后确定主缆与鞍座切点位置的三步分析方法。

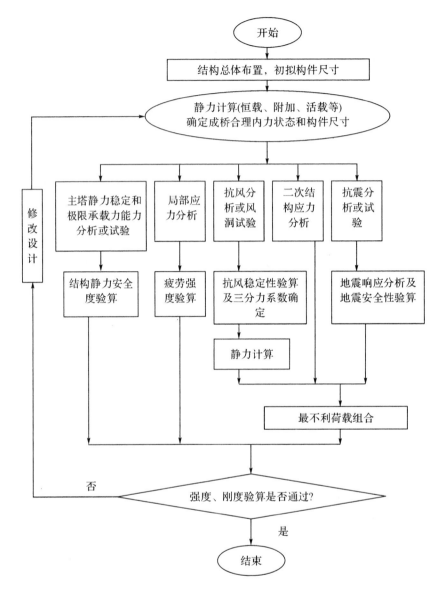

图 2-34 悬索桥设计计算流程

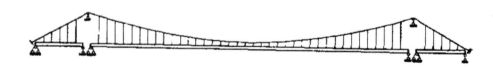

图 2-35 悬索桥初步分析基本图式

2.6.3 悬索桥内力与变形计算

1. 恒载内力

悬索桥恒载可分为一期恒载和二期恒载,一期恒载是指结构在吊梁完成后,梁连接前,形成的结构重力。在这一阶段,悬索桥塔、梁、主缆、吊索的受力是静定的。在确定悬索桥拉索构形时,便可得到各部分的受力情况。二期恒载是指悬索桥主梁连接过程和完成连接后,桥面铺装、主缆缠丝等引起的荷载,由于悬索桥在承受这部分荷载作用时,结构形成一个整体,其各部分的受力要按刚度分配。计算时可将一期恒载状态作为计算初始态,进行几何非线性分析而得到。悬索桥的内力是一期恒载内力与二期恒载内力的累加。

2. 活载内力

活载是在悬索桥形成后作用于结构的,因此,应该以恒载状态作为几何非线性分析的初态进行活载内力分析。活载的计算方法有线性挠度理论和有限位移理论两种。线性挠度理论是在初始内力状态下直接计算影响线并找出最不利加载位置,一次性加载分析而得;有限位移理论则必须在加载过程中对影响区进行迭代才能得到最终结果。对于千米级悬索桥,选用线性挠度理论即有足够精度。

3. 附加内力

作用在悬索桥上的其他广义荷载还有静风荷载、各种温变荷载、锚碇变位与塔、墩基础沉降等。对这些荷载进行分析,必须以恒载作用下的状态作为初始状态进行几何非线性分析。

4. 内力组合

由于悬索桥的受力状态表现为非线性,各种荷载共同作用于结构产生的响应与相应荷载分别作用于结构产生的响应之和是不同的,这就为内力组合带来了理论障碍。

但考虑到活载、附加荷载计算时都以恒载为初态,而恒载在悬索桥中的比重又占据所有荷载的大部分,因此,在内力组合时仍采用各项荷载的响应的加权代数和来计算其荷载组合。

5. 变形计算

由于悬索桥的恒载变形是在施工过程中消除的,目前验算的悬索桥变形主要指活载变形,包括活载引起的主梁挠度和主塔水平位移。活载是在悬索桥形成后作用于结构的,因此应该以恒载状态作为几何非线性分析的初态进行活载变形分析。

2.7　常用桥梁工程软件介绍

常用的桥梁设计平面计算软件有桥梁结构分析综合系统(BSACS 程序)、桥梁博士系统(Dr. Bridge 计算程序)、公路桥梁结构设计系统(GQJS 计算程序)、MIDAS/Civil 等。大型通用有限元分析软件则有 ANSYS、ABAQUS 等。通用软件可以进行空间复杂结构的静力、动力、稳定性等计算分析,但不具备桥梁计算所需要的移动荷载影响线加载和预应力效应计算等功能。

2.7.1　公路桥梁结构设计系统(GQJS 计算程序)

公路桥梁结构设计系统的前身是由交通部组织行业专家联合开发的桥梁综合程序(GQZJ 程序),在 DOS 系统平台下操作。1978 年投入试用,1980 年通过交通部公路总局技术鉴定。通过近 30 年的推广应用,在工程上得到广泛的使用与验证。后经交通部公路科学研究所的移植和改进,于 1998 年 8 月正式推出 Windows 版(该版本称为 GQJS 4.0),定名为"公路桥梁结构设计系统",采用 Fortran Power Station 4.0 作为软件开发工具和 VISU-AL BASIC 5.0 等新技术,使软件使用更加方便,性能更加稳定。至 2001 年 4 月推出 GQJS 7.0 版,2001 年 8 月通过国家软件测评中心的高级确认测试,测试结果为优秀。2002 年 3 月推出 GQJS 8.0 版本。该系统的功能更加完善,操作十分方便,可以直接在 Windows95/Windows98/Windows2000 系统下运行,并有 WindowsNT 网络运行功能。一些大型设计院从 DOS 版本开始就使用该程序。

该系统适用于任意可作为平面杆系处理的桥梁结构体系。桥梁材料可以是预应力混凝土、钢筋混凝土、混凝土和钢结构及其不同构件采用不同材料类型组合。结构体系可分阶段形成,各阶段可具有不同的静力图式。系统可模拟施工阶段的各种工作状态及其施工阶段的各种计算荷载,可对施工阶段和使用阶段进行综合分析。

该系统的用户界面十分友好,采用了全新的动态可视化交互界面技术、智能化结构数据自动生成技术。数据输入通过各种控制按钮输入各种信息,可以通过数据检验功能模块进行数据图形检验。输出结果可通过激活结构浏览模块按钮观察计算结果。浏览模块包括快速搜索查询内力、应力、位移的数值,绘制各项计算结果的曲线图、包络图、彩色应力云图等。

2.7.2 Doctor Bridge 计算软件

Doctor Bridge 计算软件由同济大学周宗泽及其开发组经多年开发完成的桥梁结构设计施工计算软件。软件全部代码采用 C++语言,以 MFC 基类库为基础,采用了面向对象的设计方法,运用于 Windows 工作平台。其界面友好,操作方便。在每个对话框的右下角都有"帮助"项,可随时针对每个命令进行查询。

该软件具有强大的直线桥梁、平面斜、弯和异形桥梁的设计与施工计算功能,能进行各种结构体系的恒载与活载的线性与非线性结构响应计算,能够实现复杂的截面施工操作,能够有效地模拟施工中采用的临时支架和挂篮设备,能够进行结构上下部共同作用的分析。基于空间梁单元,还可对结构进行空间效应分析。软件中同样考虑有钢筋混凝土、预应力混凝土、钢结构及其各种组合截面的收缩、徐变和温变影响的分析。

该软件的前处理功能可运用数据库输入技术,通过数据的对称、平移、拟合、复制和快速修改等工具大大缩短了用户编辑原始数据的时间。数据编辑同步以图形和文字的方式显示,使用户能够随时看到已经输入的数据。图形的显示包括结构的平面、三维几何外形及计算模型、钢束位置、荷载描述等,大大加强了原始数据的即时图形检错功能。该系统在后处理的输出结果功能上也是十分完善。系统采用详尽输出思路,所有中间计算结果都能根据用户的索引和要求格式以图形、表格或可编辑的文本格式随时输出。为便于系统将来图纸的输出,还开发了一套专用的图形编辑系统。软件的首页如图 2-36 所示。在对话框的左上角"计算类别"一栏有 4 个单选项:只计算内力位移、估算结构配筋面积、全桥结构安全验算、优化计算拉索面积。一般的设计计算流程是:先进行内力计算,然后根据内力组合(自动组合或手动组合)结果,进行预应力钢筋估束计算(手算),再选择"全桥结构安全验算"命令,输入预应力钢筋信息进行计算。如果验算不通过,则根据计算结果修改设计,直至各项验算指标达到规范要求。如果是针对设计好的图纸进行审核验算,则直接进行全桥结构安全验算,可跳过内力计算环节。

图 2-36　Doctor Bridge 计算软件首页

2.7.3　Midas/Civil 计算软件

Midas/Civil 计算软件是一个通用的空间有限元分析软件,可适用于桥梁结构、地下结构、工业建筑、飞机场、大坝、港口等结构的分析与设计。

特别是针对桥梁结构,MIDAS/Civil 结合国内的规范与习惯,在建模、分析、后处理、设计等方面提供了很多的便利功能,目前已为各大公路、铁路部门的设计院所采用。

MIDAS/Civil 的主要特点如下:

(1)提供菜单、表格、文本、导入 CAD 和部分其他程序文件等灵活多样的建模功能,并尽可能使鼠标在画面上的移动量达到最少,从而使用户的工作效率达到最高。

(2)提供中国、美国、英国、德国、欧洲、日本、韩国等国家的材料和截面数据库,以及混凝土收缩和徐变规范。

(3)提供桁架、一般梁/边截面梁、平面应力/平面应变、只受拉/只受压、间隙、钩、索、加劲板轴对称、板(厚板/薄板、面内/面外厚度、正交各向异性)、实体单元(六面体、楔形、四面体)等工程实际时所需的各种有限元模型。

(4)提供静力分析(线形静力分析、热应力分析)、动力分析(自由振动分析、反应谱分析、时程分析)、静力弹塑性分析、动力弹塑性分析、动力边界非线性分析、几何非线性分析(P-delta 分析、大位移分析)、优化索力、屈曲分析、移动荷载分析(影响线/影响面分析)、支座沉降分析、热传导分析(热传导、热对流、热辐射)、水化热分析(温度应力、管冷)、施工阶段分析、联合截面施工阶段分析等功能。

(5)在后处理中,可以根据设计规范自动生成荷载组合,也可以添加和修改荷载组合。

(6)可以输出各种反力、位移、内力和应力的图形、表格和文本。提供静力和动力分析的动画文件;提供移动荷载追踪器的功能,可找出指定单元发生最大内力(位移等)时,移动荷载作用的位置;提供局部方向内力的合力功能,可将板单元或实体单元上任意位置的接点力组合成内力。

(7)可在进行结构分析后对多种形式的梁、柱截面进行设计和验算。

第3章 装配式预应力混凝土简支T梁桥设计示例

本章介绍预应力混凝土简支T梁桥的设计流程与电算步骤,所用软件为Dr. Bridge。

3.1 设计基本资料

桥梁配跨:6孔30m预应力混凝土简支T梁桥,全桥立面布置如图3-1所示。

施工方法为支架现浇。

设计规范:《公路桥涵设计通用规范》(JTG D60-2015);《公路钢筋混凝土及预应力混凝土桥涵设计规范》(JTG 3362-2018)。设计荷载:公路-Ⅱ级;人群荷载3.5kN/m²。桥面宽度:全宽9m=净(7m)+人行道(2×0.75m)+护栏(2×0.25m)。

材料:主梁混凝土采用C50混凝土,预应力钢筋采用ϕ^s15.20钢绞线。

3.2 尺寸拟定与单元划分

3.2.1 尺寸拟定

对于本桥6跨等跨径等高度的简支梁,这里取一跨30m简支T梁进行电算分析。标准跨径30m的简支梁,扣除两端伸缩缝的一半尺寸(2个2cm),实际梁长29.96m,支座位置可设置在梁端往里38cm(或48cm),这样,桥梁计算跨径就是29.20m(或29.00m)。

本例桥宽9m,行车道7m,两侧人行道各宽0.75m,护栏0.25m。考虑到两侧护栏可以在边主梁悬臂部分外挑10cm,因此桥梁全宽按8.8m设置4片T梁,每片T梁宽220cm(其中预制梁宽160cm,横向现浇湿接头60cm),主跨横断面布置如图3-2所示。

对于单片T梁,梁高按跨径的1/15取值,可拟定梁高为200cm(3000/15),梁宽为220cm,其中预制梁段宽160cm,湿接头宽60cm(两侧各留1cm拼接缝),再拟定顶板、肋板厚度,最后确定的T梁跨中横断面和支点横断面如图3-3所示。

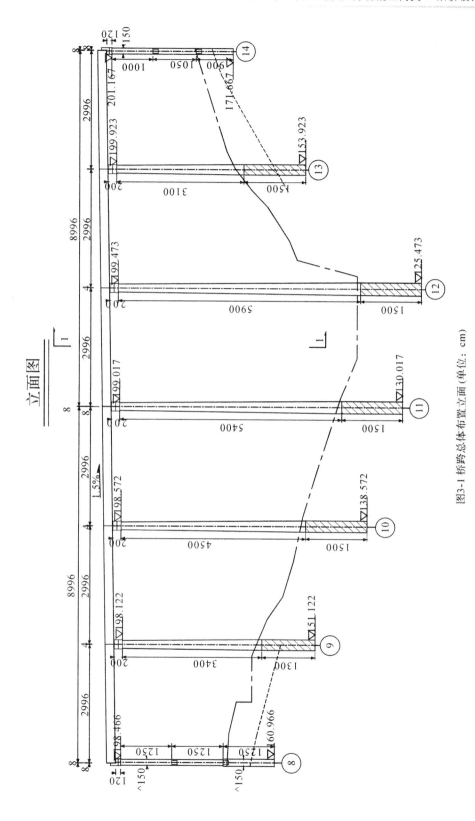

图3-1 桥跨总体布置立面 (单位: cm)

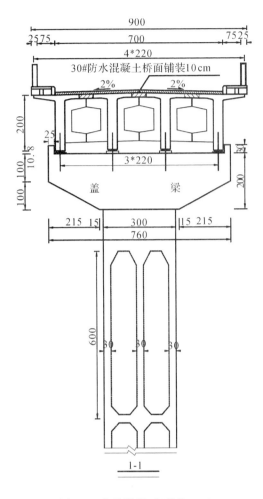

图 3-2 主跨横断面(单位:cm)

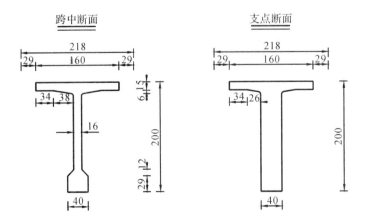

图 3-3 T梁断面尺寸拟定(单位:cm)

3.2.1 单元划分

梁端、支座位置、截面变化处、临时荷载作用点、控制截面等位置都必须设置结点,其余位置主要根据有限元的单元力学要求及计算精度进行划分。本例计算模型全长29.96m,划分为 14 个单元,15 个结点,如图 3-4 所示。左右支座处各 0.38m 两个单元;左右两端的 4.6m 长度范围变截面段各划分为 2 个单元,单元长度2.3m;中间 20m 等截面段划分为 8 个单元,单元长度2.5m。30m 简支 T 梁构造图如图 3-5 所示。

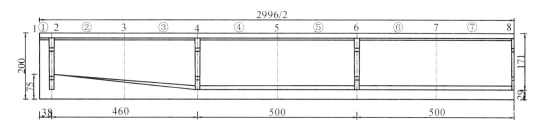

图 3-4　30m T 梁单元划分(半跨)

计算出所有结点坐标,为下一步的数据输入做好准备。本例假定坐标系原点在 T 梁左上角,则各结点截面上缘坐标如表 3-1 所示。

表 3-1　各结点截面上缘坐标

结点号	1	2	3	4	5	6	7	8
x	0	0.38	2.68	4.98	7.48	9.98	12.48	14.98
y	0	0	0	0	0	0	0	0
结点号	9	10	11	12	13	14	15	
x	17.48	19.98	22.48	24.98	27.28	29.58	29.96	
y	0	0	0	0	0	0	0	

3.3　内力与位移计算

预应力混凝土桥梁的计算过程一般有:结构内力计算、预应力钢筋估算和配置、结构验算三个过程。本节讲述内力计算与作用效应组合,为 3.4 的预应力钢筋配置提供控制截面内力组合设计值。

3.3.1 输入总体信息

打开桥梁博士软件,点击"文件"→"新建项目组",弹出对话框,如图 3-6 所示。

右键单击"新项目组",选择"创建项目[N]",弹出对话框,如图 3-7 所示。

点击"浏览",选择项目保存的路径(prj 文件),并输入项目名称"简支 T 梁桥",项目类型选择直线桥梁设计计算,点击"确定",即出现如图 3-8 所示对话框。

在"桥梁工程描述"栏输入桥梁名称"30m 简支 T 梁";由于首先进行结构内力计算,为

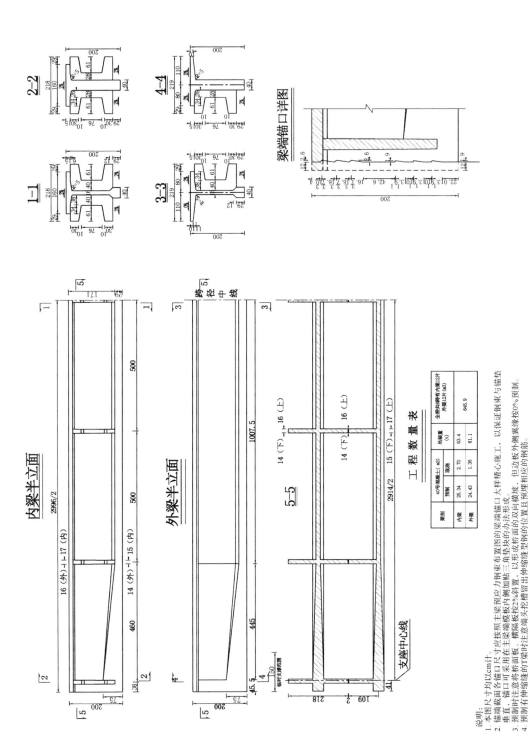

工 程 数 量 表

梁别	40号混凝土(m3)		吊重量(t)	全桥边跨有内橡12片
	预制钢	现浇		外橡12片(t/3)
内梁	25.34	2.70	63.4	645.9
外梁	24.43	1.35	61.1	

图3-5 30 简支 T 梁一般构造

说明:
1. 本图尺寸均以cm计。
2. 锚口截面各锚口尺寸应按照主梁预应力钢束布置图的梁端锚口大样精心施工,以保证钢束与锚垫垂直。锚口可采用在主梁端模板内侧加贴三角垫块的办法来形成。
3. 预制时注意各格桥面板。横隔板按2%斜置。以形成桥面的双向横坡。但边板外侧翼缘按0%预制。
4. 预制有伸缩缝的T梁时注意端头挖槽留出伸缩缝型钢的位置且预埋相应的钢筋。

图 3-6　新建项目组

总体信息

图 3-7　创建项目

图 3-8　"输入总体信息"对话框

预应力估算和配置提供数据,所以在计算类别中选择"只计算内力位移";相对湿度为 0.8,计算内容不勾选"计算预应力"。梁柱非线性及几何非线性两个选项一般在计算大跨径桥梁中使用。计算细节控制信息中,选择桥面为"竖直截面",规范选择"中交 15"规范。

需要说明的是,对于新设计的一座桥梁,要两次进行桥梁电算:钢筋估算之前的内力位移计算和配筋之后的全桥结构安全验算。如果是对某一设计完成的桥梁(设计图纸齐全)进行验算,则只进行一次桥梁电算:在"计算类别"中要选择"全桥结构安全验算",在"计算内容"中勾选"计算预应力"。后面再重新打开这个新建的项目组或者打开以前建立的模型,在打开桥梁博士软件后,点击"文件"→"打开项目组",在弹出的对话框(见图 3-9)中,找到此前建立的计算模型(prj 文件),点击"打开",就出现此前建好的模型(见图 3-10)。

小贴士 1:鼠标右击图形显示区,会弹出显示选择框,可以显示单元、阶段、钢束、三维图形等,还可以切换背景颜色(黑或白)。

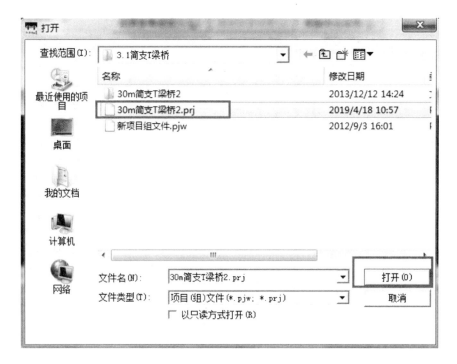

图 3-9　打开既有模型文件

图 3-10　全部选定单元几何图

3.3.2　输入内力计算信息

总体信息输入完毕之后,接着分步输入"单元信息"、"预应力束信息"、"施工阶段信息"、"使用阶段信息"等内力计算所需要的数据,然后执行项目计算,就可以求出控制截面预应力估束所需要的作用效应组合设计值。以上的各部分信息输入顺序是随机的,可左击"数据"或右击"更新显示"来切换。如图 3-11 所示。

1. 输入单元信息

在弹出的菜单中选择输入单元信息,进入"输入单元信息"对话框,如图 3-12 所示。

单元性质选择"预应力砼构件",勾选"全预应力构件"、"现场浇注构件"和"是否桥面单

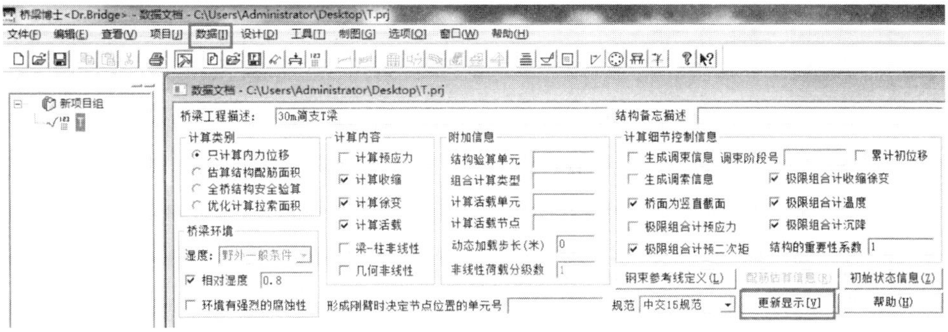

图 3-11　"输入数据"对话框

图 3-12　"输入单元信息"对话框

元"。如果没有选择"全预应力构件",则表示该模型为 A 类预应力构件,没有勾选"现场浇注构件"则为预制构件,选择"该单元为桥面单元"则在布置活荷载时可以直接布置在该单元上。

在 3.2 节,已将全长 29.96m 的 T 梁划分为 14 个单元,由于单元数量不多,可从左至右逐个建立单元。对于单元及结点数量较多的连续梁等桥型,可以先建立全桥一半的单元,再使用快速编辑器中的"对称"功能建立桥梁的另一半单元。同时计算好每个单元的结点号及结点坐标,为下一步的数据输入做好准备。本例假定坐标系原点在 T 梁左上角,则各结点截面上缘坐标如表 3-1 所示,不勾选"截面高度中点处坐标",表示按截面上缘坐标作为结点坐标输入。

每个单元的左右结点号在图 3-12 的一区中输入,注意单元结点的坐标为单元截面顶缘处对应的坐标。对应的结点坐标在一区下面的左端和右端对话框输入,分别点击图 3-12 中间位置"截面描述"下的"左截面"和"右截面",依次输入相应单元的左截面和右截面特征(见图 3-13)。单元"材料类型"选择为与设计规范对应的 C50 混凝土。截面几何描述,有"图形输入"、"节线输入"、"特殊输入"、"坐标输入"等方式可供选择。

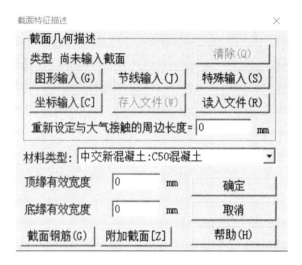

单元信息

图 3-13 "截面特征描述"对话框

桥博截面库中存在该实例中的 T 型截面,因此该截面可采用图形输入,点击"图形输入",弹出"截面几何描述"对话框(见图 3-14),按照图 3-4 和图 3-5 输入该截面的几何尺寸,同样输入右截面,完成一个单元的输入。点击"添加单元"按钮,依次输入下一个单元的左右

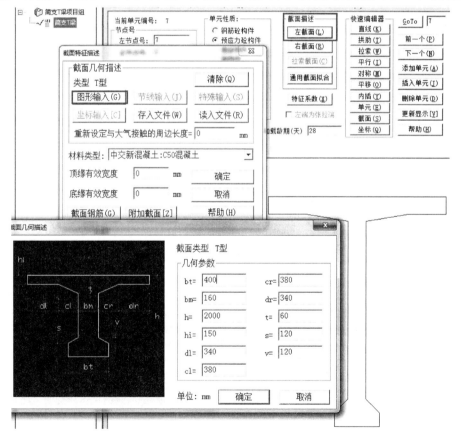

图 3-14 "单元 7 左截面图形输入"对话框

结点号、左右结点坐标、左右截面特征。直至所有单元输入完毕。

1－7 单元编辑完成之后，也可采用快速编辑器中的"对称"功能，弹出"单元组对称操作"对话框，如图 3-15 所示，生成 8－14 单元。至此，可以显示全桥三维图形，如图 3-16 所示。

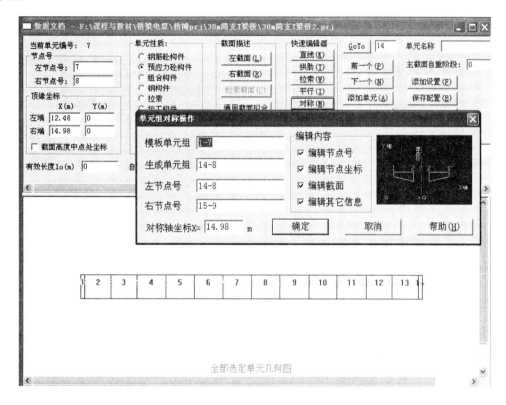

图 3-15　"单元组对称操作"对话框

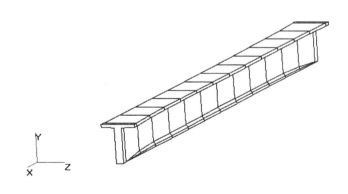

图 3-16　全桥三维图形

一旦选择"图形输入"后，就会显示软件单元库所有的单元类型，如图 3-17 所示。根据自己设计所拟定的单片梁横断面尺寸，选择相应的图形，输入几何尺寸就可以了，正如本例中的 T 梁单元。

如果图形库中没有设计的单元形状，就要选择其他方式输入几何特性。"特殊输入"是

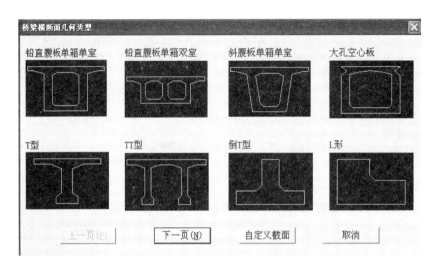

图 3-17　软件中单元库截面类型

指手工计算好截面中性轴、截面面积、截面惯性矩等几何信息后，直接输入对话框，如图 3-18所示，一般在钢管混凝土等特殊截面输入中使用。"坐标输入"适合于单箱多室截面几何信息的输入。"节线输入"适用于各种形式的截面，尤其适合于 T 型截面，只需输入截面上各宽度变化点处的高度和宽度（在宽度突变处高度输入相差 1mm）。如本例中的单元 7 左截面输入数据如图 3-19 所示。对于多室箱梁等截面，将各腹板宽度相加可作为节线宽度。

图 3-18　"特殊截面输入"对话框

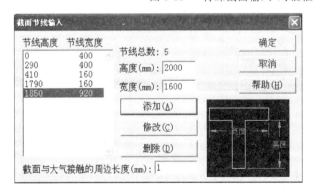

单元7左截面

图 3-19　"截面节线输入"对话框

小贴士 2：在单元输入时，利用"快速编辑器"可快速输入单元信息（见图 3-20），建立电算模型。其使修改单元截面几何特征、单元材料特性、钢筋信息等非常快捷。

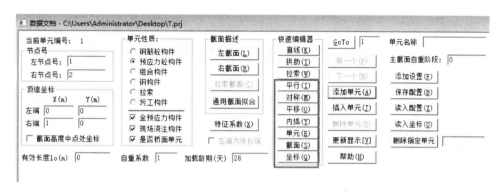

图 3-20　单元输入"快速编辑器"对话框

2. 输入施工信息

由于桥梁设计计算的第一阶段是"只计算内力位移"，所以在完成"输入单元信息"后，跳过"输入钢束信息"，接着输入"施工信息"和"使用信息"。只有在内力计算结束之后，根据内力组合设计值来配置预应力束，第二次用软件计算时，再输入"预应力钢束信息"，并计入预应力效应，进行全桥结构安全验算。

当输入窗口切换为"输入施工信息"时，即出现图 3-21 对话框。

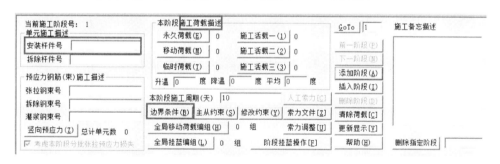

图 3-21　"施工信息"对话框

本桥为满堂支架现浇施工，全桥施工过程可简单划分为三个施工阶段：混凝土浇筑阶段（满堂支架）、预应力张拉阶段（根据张拉顺序又可细分施工阶段）和成桥阶段，分别标记为第 1 施工阶段、第 2 施工阶段和第 3 施工阶段。在目前进行的"只计算内力位移"电算时，预应力钢筋还没有计算出来，就跳过第二施工阶段，按施工阶段 1 和施工阶段 3 计算，即整个施工过程模拟为两个施工阶段。

第一施工阶段：满堂支架现浇整片 T 梁，安装全部单元 1－14（系统自动计入自重效应），升降温度为 8℃，施工周期为 28 天，点击边界条件，输入各单元的边界条件，2 号结点水平方向和竖直方向均加以约束，其余 1－15 结点只是竖直方向约束。如图 3-22 所示。

小贴士 3：如果是预制安装，则第一施工阶段的边界条件模拟为简支梁的支承形式，即在 2 号结点和 14 号结点加约束条件，其余各结点不加任何约束。

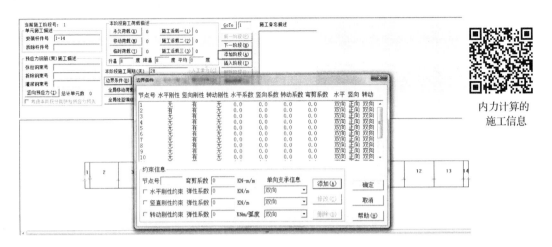

内力计算的
施工信息

图 3-22　第一施工阶段输入信息

点击添加阶段,依次输入其余各阶段的施工信息。在第二施工阶段,要把每片 T 梁的湿接头重量(60cm 宽、15cm 厚的线荷载为:0.6×0.15×25＝2.25kN/m)和 10cm 厚桥面铺装重量(0.1×2.2×25＝5.5kN/m)总计 7.75kN/m 作为永久荷载的均布荷载输入,边界条件是:按照简支梁计算图式,在支座位置处设置相应的约束,即结点 2 水平与竖直方向约束,结点 14 是竖直方向约束,其余结点没有约束。输入永久荷载当中的二期恒载,即桥面铺装等,在手工计算后按单元均布荷载输入(一期恒载即结构自重在第一施工阶段被自动计入),所有桥面单元(1~14 号单元)都要加载。二期恒载输入如图 3-23 所示。

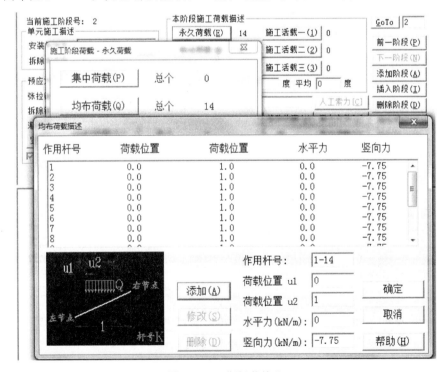

图 3-23　二期恒载输入

3. 输入使用信息

左击"数据"或右击"更新显示"来切换输入界面。

(1)"使用阶段输入信息"对话框

图 3-24 为"使用阶段输入信息"对话框,假定:收缩徐变天数为 1000 天, 升温温差为 30,降温温差为 20,输入到相应对话框中。下面介绍"非线性温 度"、"活荷载描述"、"自定义组合"等信息输入。由于简支梁是静定结构,不 均匀沉降不产生二次内力,所以暂不输入"不均匀沉降"信息。

使用信息

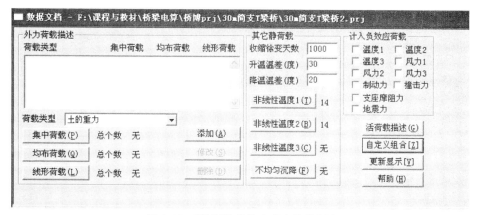

图 3-24　"使用阶段输入信息"对话框

(2)非线性温度输入

可以定义"非线性温度 1"为正温差,"非线性温度 2"为负温差(正、负温差也可以互换定 义,组合时不同时计入正、负温差效应),按照 2.3.4 中"(1)温度次内力"相关规定输入。本 例桥面铺装为水泥混凝土铺装(见图 3-2),查表 2-11 得:$T_1=25℃$,$T_2=6.7℃$。点击"非线 性温度 1",选择"输入方法"为"高度为距上缘距离","杆件号"为 1—14,温度值有 3 组(见 表 3-2),分别为:"温度值为 25℃,左、右界限高度为 0℃;温度值为 6.7℃,左、右界限高度为 100;温度值为 0℃,左、右界限高度为 400",分三次分别输入并点击"添加",最后点击"确 定",如图 3-25 所示。

表 3-2　竖向日照温差计算的温度系数

左(右)界线高度/mm	正温差系数/℃	负温差系数/℃
0	25	-12.5
100	6.7	-3.35
400	0	0

点击"非线性温度 2",输入反温差,可取正温差的一半输入,选择高度为距上缘距离,杆 件号为 1—14,温度值有 3 组,分别为:"温度值为 -12.5℃,左、右界限高度为 0;温度值为 -3.35℃,左、右界限高度为 100;温度值为 0℃,左、右界限高度为 400",分别点击"添加", 再点击"确定"。

(3)输入活荷载相关信息

点击图 3-24 中的"活荷载描述",出现如图 3-26 所示对话框。

根据设计基本资料,"人群集度"输入:3.5,"满人总宽度"输入:8.5,"人行道宽度"输入

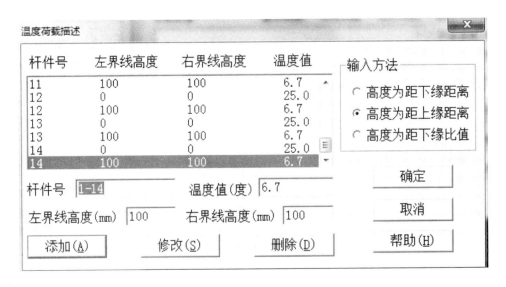

图 3-25 "非线性温度 1"输入

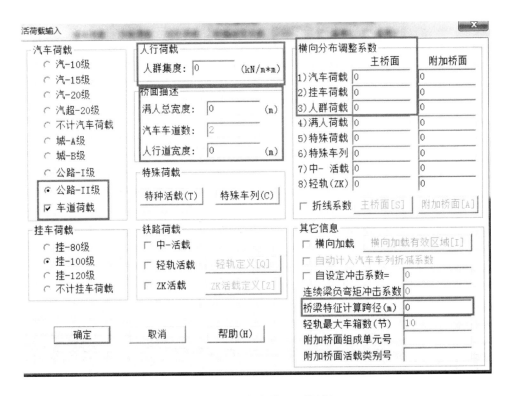

图 3-26 "活荷载输入"对话框

0.75,"桥梁特征计算跨径"输入 29.20。横向分布系数则要先计算再输入。

跨中截面荷载横向分布系数可以手工计算后输入,也可以采用软件自带程序进行计算。点击"设计"→"横向分布",弹出"横向分布系数计算"对话框,如图 3-27 所示。

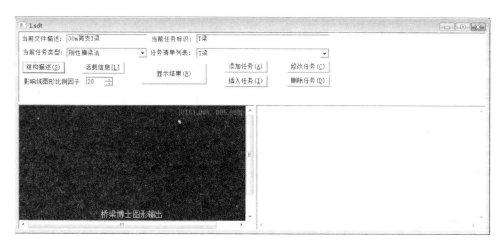

图 3-27　"横向分布系数计算"对话框

手工计算采用偏心压力法(刚性横梁法)。本算例中演示荷载位于跨中时 1 号边梁的汽车荷载横向分布系数 m_{cq} 和人群荷载横向分布系数 m_{cr} 的计算过程,跨中横断面如图 3-3 所示,横向分布系数计算步骤如下(未计入抗扭刚度影响):

①求荷载横向分布影响线竖标。

本桥各根主梁的横截面均相等,梁数为 $n=4$,梁间距为 2.2m,则

$$\sum_{i=1}^{4} a_i^2 = a_1^2 + a_2^2 + a_3^2 + a_4^2 = 3.3^2 + 1.1^2 + (-1.1)^2 + (-3.3)^2 = 24.2\text{m}^2,$$

所以 1 号梁在两个边主梁处的横向影响线的竖标值为:

$$\eta_{11} = \frac{1}{n} + \frac{a_1^2}{\sum_{i=1}^{n} a_i^2} = \frac{1}{4} + \frac{3.3^2}{24.2} = 0.25 + 0.45 = 0.7$$

$$\eta_{14} = \frac{1}{n} + \frac{a_1 a_4}{\sum_{i=1}^{n} a_i^2} = \frac{1}{4} + \frac{3.3 \times (-3.3)}{24.2} = 0.25 - 0.45 = -0.2$$

②绘出荷载横向分布影响线,并按最不利位置布载,如图 3-28 所示。

人行道缘石至 1 号梁轴线的距离 Δ 为:$\Delta = 1.2\text{m} - 0.75\text{m} - 0.25\text{m} = 0.2\text{m}$。荷载横向分布影响线的零点至 1 号梁的距离为 x,可按比例关系求得 x,即

$$\frac{x}{0.7} = \frac{3 \times 2.2 - x}{0.2},\text{解得 } x = 5.13333\text{m}$$

并据此计算出对应各荷载点的影响线竖标 η_q 和 η_r。

③计算荷载横向分布系数 m_c。

1 号梁的活载横向分布系数分别计算如下:

汽车荷载

$$m_{cq} = \frac{1}{2} \sum \eta_q = \frac{1}{2} \times (\eta_{q1} + \eta_{q2} + \eta_{q3} + \eta_{q4})$$
$$= \frac{1}{2} \times \frac{0.7}{5.13333}(4.83333 + 3.03333 + 1.73333 - 0.06667)$$
$$= 0.6091$$

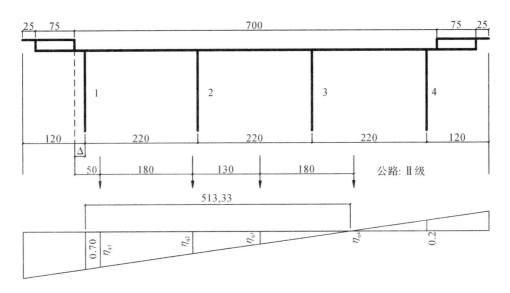

图 3-28　刚性横梁法计算横向分布系数(尺寸单位:cm)

人群荷载

$$m_{cr} = \eta_r = \frac{\eta_{11}}{x}x_r = \frac{0.7}{5.13333} \times (5.13333 + 0.2 + 0.375) = 0.7784$$

求得 1 号梁的各种横向分布系数后,在图 3-26 的"横向分布调整系数"对话框中,"汽车荷载"主桥面输入 0.6091,"人群荷载"主桥面输入"0.7784",计算就可得到各类荷载分布下1 号边梁的最大荷载值。

(4)内力组合

内力组合可以选用软件默认组合。桥梁博士软件中提供了自动组合和自定义组合两种操作方式。

软件默认设置为自动组合,组合包括承载能力极限状态 6 种组合和正常使用极限状态6 种组合,自定义组合有 3 种。系统默认组合规定:承载能力极限状态组合 I 为基本组合;正常使用极限状态组合 I 为准永久组合;正常使用极限状态组合 II 为频遇组合,预应力估束的计算内力要采用频遇组合值。

在"使用阶段输入信息"对话框中点击"自定义组合",出现如图 3-29 所示的对话框,对于各种单项荷载可以选择需要的组合系数,并确定该荷载是属于〈必选〉组合还是〈可选〉组合,可选组合则表示按最不利进行组合,必选组合则属于不论是否不利均要组合。图中所示自组合 I 是按照频遇组合的各项系数输入的,为后面的预应力钢筋估算提供组合弯矩设计值。

至此,使用信息输入完毕,所有数据输入工作结束。

3.3.3　执行项目计算及输出计算结果

1. 执行项目计算

点击"项目"→"输入数据诊断",如图 3-30 所示,系统诊断无误后,点击"项目"→"执行项目计算",如图 3-31 所示。如果是同一个模型第二次计

内力计算

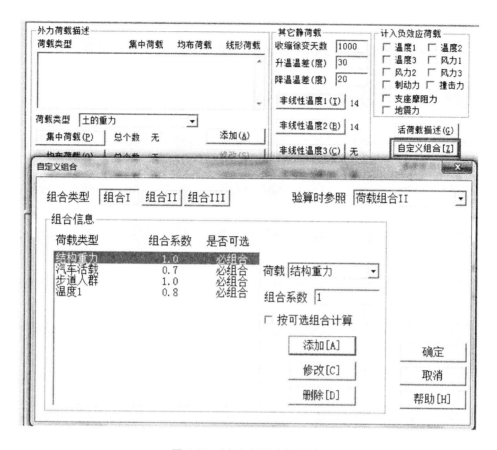

图 3-29 "自定义组合"对话框

图 3-30 "诊断系统输出"对话框

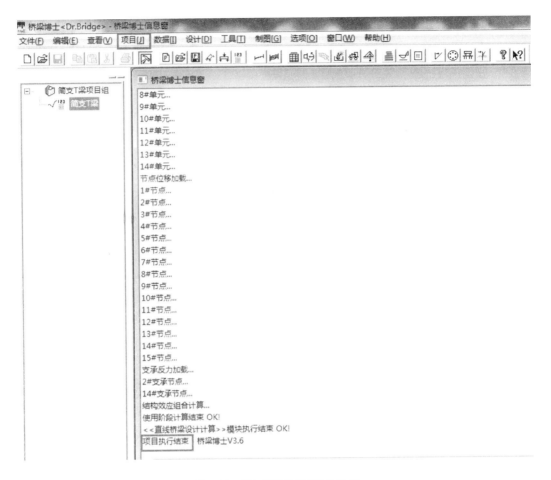

图 3-31 "执行项目计算"对话框

算,则选择"重新执行项目"。

2. 输出计算结果

项目执行计算完毕后即可查看结果。此时,"数据"下拉菜单,输入命令变成浅色,输出命令变成深色,如图 3-32 所示。如果需要修改模型重新计算,则点击"输入项目原始信息",就可以从头修改所有输入数据。依次选择"输出总体结果信息"、"输出单元结果信息"、"输出施工阶段结果"、"输出使用阶段结果"、"输出文本数据结果",查看相应的计算结果,分别如图 3-33 至图 3-37 所示。在单元输出结果中,针对每个单元的左截面和右截面,可以看到各单项作用的内力位移值和各种组合的内力位移值。

选择"输出文本数据结果"命令,可以输出 txt 文件,保存在指定文件夹中,为后续编写计算书提供数据,如图 3-37 所示,其中"输出组合类型号"中填 1—6 分别代表组合 I—组合 VI,7—9 表示自定义组合。对话框中"附加输出单元号"表示输出"单元截面应力"等。本阶段只要输出内力就可以,所以在"内力输出单元号"中填写"1—14",即全部的梁单元。

图 3-32　"输出信息"对话框

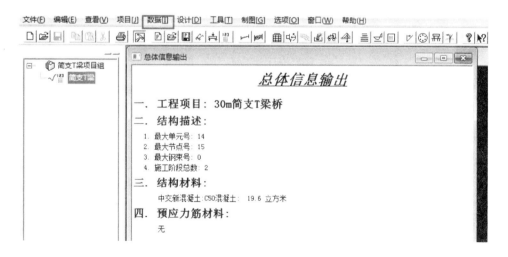

图 3-33　"输出总体结果信息"对话框

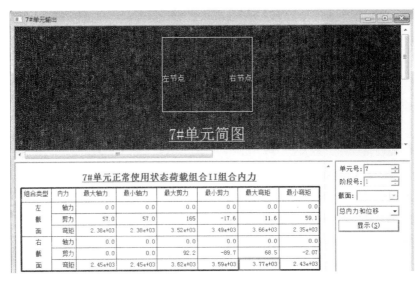

图 3-34 "输出单元结果信息"对话框

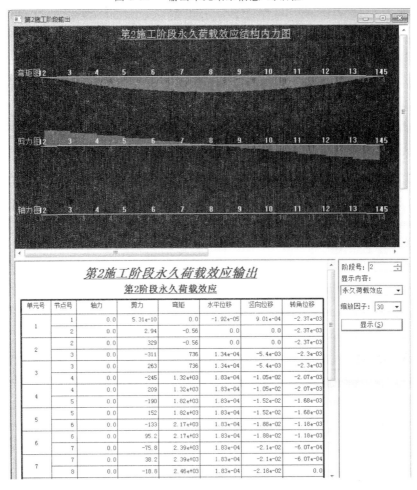

图 3-35 "输出施工阶段结果"对话框

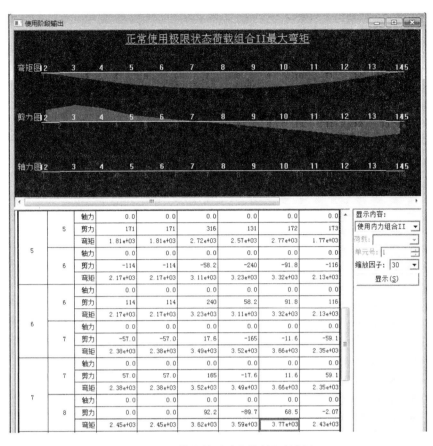

图 3-36　"输出使用阶段结果"对话框

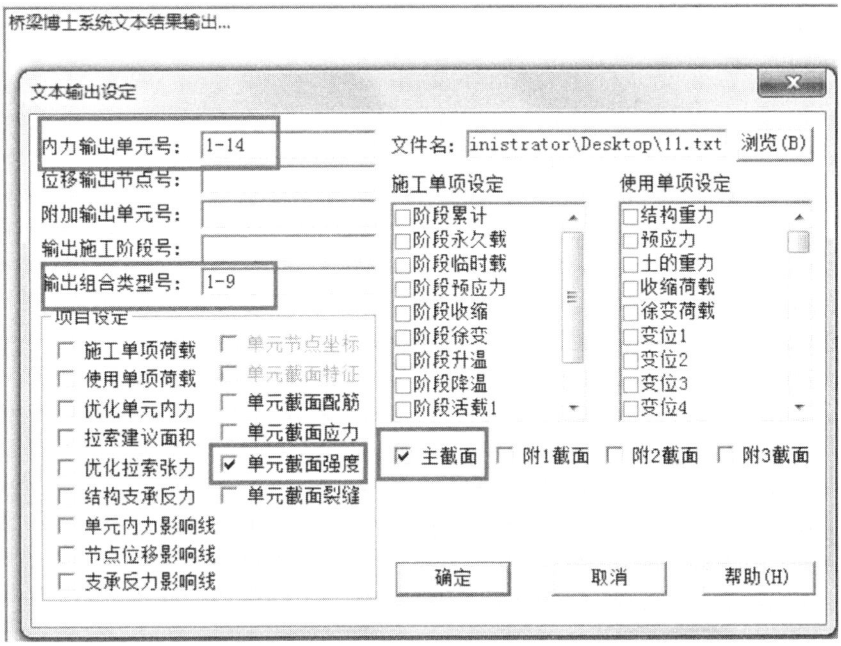

图 3-37　"输出文本数据结果"对话框

以下为文本数据输出部分结果：

桥梁博士系统文本结果输出　　　项目名称:D:\课程与教材\内力计算\简支 T 梁

输出单元号:1-14

输出结点号:

输出附加内容单元号:

输出阶段号:

输出组合类型:1-9

＊ ＊

正常使用阶段内力位移输出

＊ ＊

承载能力极限状态荷载组合Ⅰ内力结果:

单元号＝1，左结点号 ＝ 1

内力性质	最大轴力	最小轴力	最大剪力	最小剪力	最大弯矩	最小弯矩
轴力	0.000e+000	0.000e+000	0.000e+000	0.000e+000	0.000e+000	0.000e+000
剪力	0.000e+000	0.000e+000	0.000e+000	0.000e+000	0.000e+000	0.000e+000
弯矩	0.000e+000	0.000e+000	0.000e+000	0.000e+000	0.000e+000	0.000e+000

单元号 ＝ 1，右结点号 ＝ 2

内力性质	最大轴力	最小轴力	最大剪力	最小剪力	最大弯矩	最小弯矩
轴力	−1.035e−011	−1.242e−011	−1.242e−011	−1.035e−011	−1.035e−011	−1.242e−011
剪力	1.262e+001	1.515e+001	3.368e+002	1.262e+001	1.262e+001	3.369e+002
弯矩	−2.411e+000	−2.893e+000	−1.043e+002	−2.411e+000	−2.411e+000	−1.043e+002

单元号 ＝ 2，左结点号 ＝ 2

内力性质	最大轴力	最小轴力	最大剪力	最小剪力	最大弯矩	最小弯矩
轴力	6.186e−012	5.155e−012	6.186e−012	5.155e−012	5.155e−012	6.186e−012
剪力	4.213e+002	3.511e+002	8.282e+002	3.469e+002	3.511e+002	4.255e+002
弯矩	−2.893e+000	−2.411e+000	−3.592e+000	−2.411e+000	−2.411e+000	−1.043e+002

单元号 ＝ 2，右结点号 ＝ 3

内力性质	最大轴力	最小轴力	最大剪力	最小剪力	最大弯矩	最小弯矩
轴力	6.187e−012	5.156e−012	5.156e−012	6.187e−012	6.187e−012	5.156e−012
剪力	−3.406e+002	−2.838e+002	−2.597e+002	−7.101e+002	−7.103e+002	−2.880e+002
弯矩	8.696e+002	7.247e+002	1.284e+003	1.628e+003	1.648e+003	6.312e+002

单元号 ＝ 3，左结点号 ＝ 3

内力性质	最大轴力	最小轴力	最大剪力	最小剪力	最大弯矩	最小弯矩
轴力	6.092e−012	5.077e−012	6.092e−012	5.077e−012	6.092e−012	5.077e−012
剪力	3.406e+002	2.838e+002	7.101e+002	2.591e+002	7.103e+002	2.880e+002
弯矩	8.696e+002	7.247e+002	1.628e+003	1.284e+003	1.648e+003	6.312e+002

单元号 ＝ 3，右结点号 ＝ 4

内力性质	最大轴力	最小轴力	最大剪力	最小剪力	最大弯矩	最小弯矩
轴力	6.092e−012	5.077e−012	5.077e−012	6.092e−012	6.092e−012	5.077e−012
剪力	−2.736e+002	−2.280e+002	−1.767e+002	−6.062e+002	−5.957e+002	−2.321e+002
弯矩	1.574e+003	1.312e+003	2.384e+003	2.936e+003	2.991e+003	1.226e+003

单元号 ＝ 4，左结点号 ＝ 4

内力性质	最大轴力	最小轴力	最大剪力	最小剪力	最大弯矩	最小弯矩
轴力	5.973e−012	4.977e−012	5.973e−012	4.977e−012	5.973e−012	4.977e−012
剪力	2.736e+002	2.280e+002	6.062e+002	1.767e+002	5.957e+002	2.321e+002
弯矩	1.574e+003	1.312e+003	2.936e+003	2.384e+003	2.991e+003	1.226e+003

单元号 = 4，右结点号 = 5

内力性质	最大轴力	最小轴力	最大剪力	最小剪力	最大弯矩	最小弯矩
轴力	5.973e−012	4.977e−012	4.977e−012	5.973e−012	5.973e−012	4.977e−012
剪力	−2.052e+002	−1.710e+002	−8.980e+001	−4.986e+002	−2.110e+002	−1.751e+002
弯矩	2.173e+003	1.811e+003	3.348e+003	4.019e+003	4.141e+003	1.734e+003

单元号 = 5，左结点号 = 5

内力性质	最大轴力	最小轴力	最大剪力	最小剪力	最大弯矩	最小弯矩
轴力	6.647e−012	5.539e−012	6.647e−012	5.539e−012	6.647e−012	5.539e−012
剪力	2.052e+002	1.710e+002	4.986e+002	9.122e+001	2.110e+002	1.751e+002
弯矩	2.173e+003	1.811e+003	4.019e+003	3.348e+003	4.140e+003	1.734e+003

单元号 = 5，右结点号 = 6

内力性质	最大轴力	最小轴力	最大剪力	最小剪力	最大弯矩	最小弯矩
轴力	6.647e−012	5.539e−012	5.539e−012	6.647e−012	6.647e−012	5.539e−012
剪力	−1.368e+002	−1.140e+002	−1.622e+000	−3.918e+002	−9.495e+001	−1.181e+002
弯矩	2.600e+003	2.167e+003	4.071e+003	4.761e+003	4.965e+003	2.099e+003

单元号 = 6，左结点号 = 6

内力性质	最大轴力	最小轴力	最大剪力	最小剪力	最大弯矩	最小弯矩
轴力	6.407e−012	5.339e−012	6.407e−012	5.339e−012	6.407e−012	5.339e−012
剪力	1.368e+002	1.140e+002	3.918e+002	1.618e+000	9.496e+001	1.181e+002
弯矩	2.600e+003	2.167e+003	4.760e+003	4.071e+003	4.965e+003	2.099e+003

单元号 = 6，右结点号 = 7

内力性质	最大轴力	最小轴力	最大剪力	最小剪力	最大弯矩	最小弯矩
轴力	6.407e−012	5.339e−012	5.339e−012	6.407e−012	6.407e−012	5.339e−012
剪力	−6.840e+001	−5.700e+001	9.351e+001	−2.860e+002	2.111e+001	−6.113e+001
弯矩	2.857e+003	2.381e+003	4.612e+003	5.170e+003	5.461e+003	2.321e+003

单元号 = 7，左结点号 = 7

内力性质	最大轴力	最小轴力	最大剪力	最小剪力	最大弯矩	最小弯矩
轴力	6.952e−012	5.794e−012	6.952e−012	5.794e−012	6.952e−012	5.794e−012
剪力	6.840e+001	5.700e+001	2.860e+002	−9.350e+001	−2.110e+001	6.113e+001
弯矩	2.857e+003	2.381e+003	5.170e+003	4.612e+003	5.461e+003	2.321e+003

单元号 = 7，右结点号 = 8

内力性质	最大轴力	最小轴力	最大剪力	最小剪力	最大弯矩	最小弯矩
轴力	6.952e−012	5.794e−012	6.952e−012	5.794e−012	6.952e−012	5.794e−012
剪力	4.320e−011	3.600e−011	1.862e+002	−1.813e+002	1.372e+002	−4.133e+000
弯矩	2.942e+003	2.452e+003	5.306e+003	4.766e+003	5.627e+003	2.401e+003

正常使用极限状态荷载组合 II 内力结果：

单元号 = 1，左结点号 = 1

内力性质	最大轴力	最小轴力	最大剪力	最小剪力	最大弯矩	最小弯矩

轴力	0.000e+000	0.000e+000	0.000e+000	0.000e+000	0.000e+000	0.000e+000
剪力	0.000e+000	0.000e+000	0.000e+000	0.000e+000	0.000e+000	0.000e+000
弯矩	0.000e+000	0.000e+000	0.000e+000	0.000e+000	0.000e+000	0.000e+000

单元号＝1，右结点号＝2

内力性质	最大轴力	最小轴力	最大剪力	最小剪力	最大弯矩	最小弯矩
轴力	−1.035e−011	−1.035e−011	−1.035e−011	−1.035e−011	−1.035e−011	−1.035e−011
剪力	1.262e+001	1.262e+001	1.734e+002	1.262e+001	1.262e+001	1.733e+002
弯矩	−2.411e+000	−2.411e+000	−5.307e+001	−2.411e+000	−2.411e+000	−5.307e+001

单元号＝2，左结点号＝2

内力性质	最大轴力	最小轴力	最大剪力	最小剪力	最大弯矩	最小弯矩
轴力	5.155e−012	5.155e−012	5.155e−012	5.155e−012	5.155e−012	5.155e−012
剪力	3.511e+002	3.511e+002	5.508e+002	3.490e+002	3.511e+002	3.832e+002
弯矩	−2.411e+000	−2.411e+000	−2.741e+000	−2.411e+000	−2.411e+000	−5.308e+001

单元号＝2，右结点号＝3

内力性质	最大轴力	最小轴力	最大剪力	最小剪力	最大弯矩	最小弯矩
轴力	5.156e−012	5.156e−012	5.156e−012	5.156e−012	5.156e−012	5.156e−012
剪力	−2.838e+002	−2.838e+002	−2.718e+002	−4.658e+002	−4.655e+002	−2.859e+002
弯矩	7.247e+002	7.247e+002	1.004e+003	1.102e+003	1.106e+003	6.780e+002

单元号＝3，左结点号＝3

内力性质	最大轴力	最小轴力	最大剪力	最小剪力	最大弯矩	最小弯矩
轴力	5.077e−012	5.077e−012	5.077e−012	5.077e−012	5.077e−012	5.077e−012
剪力	2.838e+002	2.838e+002	4.658e+002	2.715e+002	4.655e+002	2.859e+002
弯矩	7.247e+002	7.247e+002	1.102e+003	1.004e+003	1.106e+003	6.780e+002

单元号＝3，右结点号＝4

内力性质	最大轴力	最小轴力	最大剪力	最小剪力	最大弯矩	最小弯矩
轴力	5.077e−012	5.077e−012	5.077e−012	5.077e−012	5.077e−012	5.077e−012
剪力	−2.280e+002	−2.280e+002	−2.024e+002	−3.917e+002	−3.865e+002	−2.301e+002
弯矩	1.312e+003	1.312e+003	1.846e+003	1.980e+003	2.006e+003	1.269e+003

单元号＝4，左结点号＝4

内力性质	最大轴力	最小轴力	最大剪力	最小剪力	最大弯矩	最小弯矩
轴力	4.977e−012	4.977e−012	4.977e−012	4.977e−012	4.977e−012	4.977e−012
剪力	2.280e+002	2.280e+002	3.917e+002	2.024e+002	3.865e+002	2.301e+002
弯矩	1.312e+003	1.312e+003	1.980e+003	1.846e+003	2.006e+003	1.269e+003

单元号＝4，右结点号＝5

内力性质	最大轴力	最小轴力	最大剪力	最小剪力	最大弯矩	最小弯矩
轴力	4.977e−012	4.977e−012	4.977e−012	4.977e−012	4.977e−012	4.977e−012
剪力	−1.710e+002	−1.710e+002	−1.306e+002	−3.156e+002	−1.720e+002	−1.731e+002
弯矩	1.811e+003	1.811e+003	2.575e+003	2.718e+003	2.774e+003	1.772e+003

单元号＝5，左结点号＝5

内力性质	最大轴力	最小轴力	最大剪力	最小剪力	最大弯矩	最小弯矩
轴力	5.539e−012	5.539e−012	5.539e−012	5.539e−012	5.539e−012	5.539e−012
剪力	1.710e+002	1.710e+002	3.156e+002	1.313e+002	1.720e+002	1.731e+002

弯矩	1.811e+003	1.811e+003	2.718e+003	2.575e+003	2.774e+003	1.772e+003

单元号 = 5，右结点号 = 6

内力性质	最大轴力	最小轴力	最大剪力	最小剪力	最大弯矩	最小弯矩
轴力	5.539e−012	5.539e−012	5.539e−012	5.539e−012	5.539e−012	5.539e−012
剪力	−1.140e+002	−1.140e+002	−5.820e+001	−2.398e+002	−9.181e+001	−1.161e+002
弯矩	2.167e+003	2.167e+003	3.111e+003	3.231e+003	3.325e+003	2.133e+003

单元号 = 6，左结点号 = 6

内力性质	最大轴力	最小轴力	最大剪力	最小剪力	最大弯矩	最小弯矩
轴力	5.339e−012	5.339e−012	5.339e−012	5.339e−012	5.339e−012	5.339e−012
剪力	1.140e+002	1.140e+002	2.398e+002	5.820e+001	9.181e+001	1.161e+002
弯矩	2.167e+003	2.167e+003	3.231e+003	3.111e+003	3.325e+003	2.133e+003

单元号 = 6，右结点号 = 7

内力性质	最大轴力	最小轴力	最大剪力	最小剪力	最大弯矩	最小弯矩
轴力	5.339e−012	5.339e−012	5.339e−012	5.339e−012	5.339e−012	5.339e−012
剪力	−5.700e+001	−5.700e+001	1.762e+001	−1.645e+002	−1.163e+001	−5.907e+001
弯矩	2.381e+003	2.381e+003	3.485e+003	3.521e+003	3.656e+003	2.351e+003

单元号 = 7，左结点号 = 7

内力性质	最大轴力	最小轴力	最大剪力	最小剪力	最大弯矩	最小弯矩
轴力	5.794e−012	5.794e−012	5.794e−012	5.794e−012	5.794e−012	5.794e−012
剪力	5.700e+001	5.700e+001	1.645e+002	−1.762e+001	1.164e+001	5.907e+001
弯矩	2.381e+003	2.381e+003	3.521e+003	3.485e+003	3.656e+003	2.351e+003

单元号 = 7，右结点号 = 8

内力性质	最大轴力	最小轴力	最大剪力	最小剪力	最大弯矩	最小弯矩
轴力	5.794e−012	5.794e−012	5.794e−012	5.794e−012	5.794e−012	5.794e−012
剪力	3.600e−011	3.600e−011	9.217e+001	−8.973e+001	6.854e+001	−2.067e+000
弯矩	2.452e+003	2.452e+003	3.620e+003	3.595e+003	3.767e+003	2.426e+003

3.4　预应力束的估算与布置

预应力估算一般可以只对控制截面估算，简支梁预应力估算的控制截面为跨中截面，本例为结点 8 截面（见图 3-4），查看 7 单元的右截面或 8 单元的左截面计算结果就可获得跨中截面的计算内力。

3.4.1　预应力钢束的估算

根据《公路钢筋混凝土及预应力混凝土桥涵设计规范》（JTG 3362-2018）规定，预应力混凝土梁应满足使用荷载下的应力要求和承载能力极限状态下的正截面强度要求。因此，预应力筋的数量估算可从这两方面综合确定。由于预应力估算后配置预应力时还要满足构造要求和合理性要求，并要满足承载能力极限状态和正常使用极限状态的验算，所以对结果的精确程度相对粗略，一般按照正常使用极限状态的抗裂要求估算预应力束的数量。

本简支 T 梁桥按全预应力混凝土受弯构件设计，按照式（2-14）和式（2-15）估算预应力钢筋面积。估算时需要知道计算弯矩，根据前面内力计算结果可知，承载能力基本组合时跨中截面弯矩为 5627kN·m，正常使用频遇组合下跨中截面弯矩为 3767kN·m。

还需要跨中截面的几何特性，这可以根据图 3-3 的截面图形尺寸进行计算，也可以由电算软件自动计算结果查得各截面的几何特性。在"输出施工阶段结果"对话框中，选择"原始输入信息"，就会出现"结构特征列表"，如图 3-38 所示。它有各结点截面的面积、抗弯惯性矩、中性轴距下缘位置等截面几何特征值。

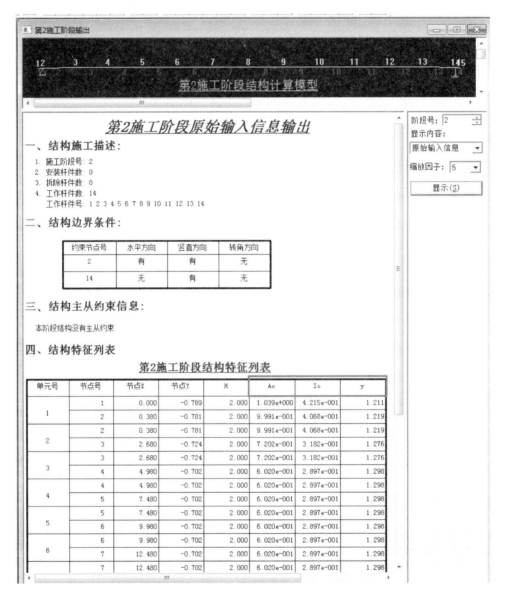

图 3-38 "第 2 施工阶段原始输入信息"输出

对于后面估算预应力钢筋面积时需要跨中截面的截面特性，从该输出对话框可以查到（结点 8），截面积 $A = 0.6020\text{m}^2$，截面惯性矩 $I_0 = 0.2897\text{m}^4$，截面中性轴距截面下缘距离 1.298m，则截面下缘抵抗矩为 $W_F = 0.2897/1.298 = 0.2232\text{m}^3$。

　　假定预应力钢筋束中心距截面下缘 0.17m（按三排考虑，满足波纹管排列），则预应力钢筋束偏心距为 $e_p = 1.298 - 0.17 = 1.128$m。

　　式（2-14）中的 M_s 则为正常使用极限状态频遇组合效应设计值，根据 3.3 的计算结果，选取控制截面（跨中 8 号结点截面）的相应组合值。将以上数据代入式（2-14）得到：

$$N_{pe} \geqslant \frac{M_s}{0.85\left(\dfrac{W}{A} + e_p\right)} = \frac{3767}{0.85\left(\dfrac{0.2232}{0.602} + 1.128\right)}$$

$$= 2643\text{kN}$$

再按式（2-15）估算预应力钢筋面积：

$$A_y \geqslant \frac{N_{pe}}{0.8\sigma_{con}} = \frac{2643 \times 10^3}{0.8 \times (0.75 \times 1860 \times 10^6)} = 2.368 \times 10^{-3}\text{m}^2 = 2368\text{mm}^2$$

　　选取 $\phi^s 15.24(7\phi 5)$ 钢绞线，一根面积为 139mm²，则总共需要的钢绞线根数 $n = \dfrac{2368}{139} = 18$ 根，选取 3 根一束，则所需要的预应力钢筋束数为 6 束。

3.4.2　预应力钢筋的布置

　　连续梁预应力筋束的配置除满足《公预规》构造及受力要求外，还应考虑以下原则：

　　（1）应选择适当的预应力束筋的型式与锚具型式，对不同跨径的梁桥结构，要选用预加力大小适当的预应力束筋，以达到合理的布置型式。避免造成因预应力束筋与锚具型式选择不当，而使结构构造尺寸加大。当预应力束筋选择过大，每束的预加力不大，造成大跨结构中布束过多，而构造尺寸限制布置不下时，则要求增大截面。

　　（2）预应力束筋的布置要考虑施工的方便性，不能像钢筋混凝土结构中任意切断钢筋那样去切断预应力束筋，而导致在结构中布置过多的锚具。由于每根束筋都是一巨大的集中力，这样锚下应力区受力较复杂，因而必须在构造上加以保证。

　　（3）预应力束筋的布置，既要符合结构受力的要求，又要注意在超静定结构体系中避免引起过大的结构次内力。

　　（4）预应力束筋配置，应考虑材料经济指标的先进性，这往往与桥梁体系、构造尺寸、施工方法的选择都有密切关系。

　　（5）预应力束筋应避免使用多次反向曲率的连续束，因为会引起很大的摩阻损失，降低预应力束筋的效益。

　　（6）预应力束筋的布置，不但要考虑结构在使用阶段的弹性受力状态的需要，而且要考虑结构在破坏阶段时的需要。

　　根据前面预应力钢筋估束计算结果，实际配置 6 束 $\phi^s 15.24$ 钢绞线，预应力钢筋的截面积为 $A_y = 6 \times 3 \times 139 = 2502$mm² > 2463mm²。

　　为了第二次应用桥梁博士软件进行全桥结构安全验算，需要设置好每束预应力钢筋从起点到终点的坐标值或者其中直线段长度、起弯点、弯曲半径，画好预应力钢筋大样图，如图 3-39 所示。

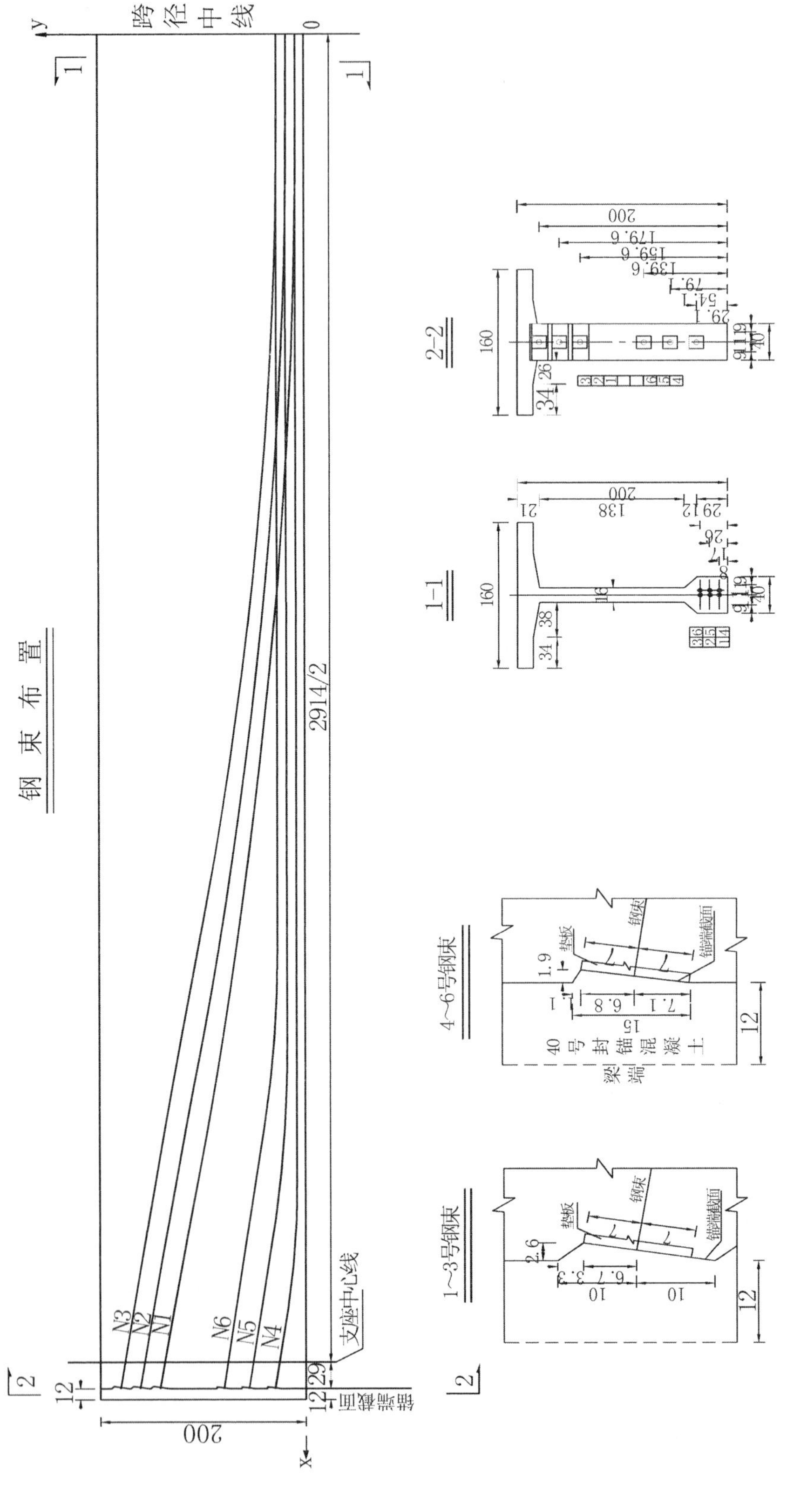

图3-39 钢束布置1

钢 束 坐 标 值 （单位：cm）

钢束号	竖直坐标	0（跨中截面）	50	100	150	200	250	300	350	400	450	500	550	600	650	700	750	800	850	900	950	1000	1050	1100	1150	1200	1250	1300	1350	1400	1485（锚端截面）
1	y	8.0	8.0	8.0	8.1	8.7	9.5	10.7	12.0	14.3	16.5	19.2	22.2	25.0	29.3	33.4	37.7	42.7	47.8	53.4	59.3	65.5	72.2	79.2	86.6	94.3	102.2	110.1	118.1	126.0	139.6
2	y	17.0	17.0	17.0	17.2	17.7	18.7	20.1	21.9	24.1	26.7	29.8	33.2	37.1	41.3	46.0	51.1	56.7	62.6	68.9	75.7	82.9	90.5	98.5	106.4	114.3	122.2	130.1	138.1	146.0	159.6
3	y	26.0	26.0	26.0	26.2	26.8	28.0	29.6	31.7	34.3	37.3	40.9	44.9	49.4	54.4	59.9	65.9	72.4	79.4	86.8	94.7	102.6	110.5	118.5	126.4	134.3	142.2	150.1	158.1	166.0	179.6
4	y	8.0	8.0	8.0	8.0	8.0	8.0	8.0	8.0	8.0	8.0	8.0	8.0	8.0	8.0	8.0	8.0	8.0	8.0	8.0	8.0	8.0	8.0	8.0	8.0	8.0	8.0	8.6	11.5	17.0	29.1
5	y	17.0	17.0	17.0	17.0	17.0	17.0	17.0	17.0	17.0	17.0	17.0	17.0	17.0	17.0	17.0	17.0	17.0	17.0	17.0	17.0	17.0	17.0	17.0	17.4	19.3	22.9	28.2	35.0	42.0	54.1
6	y	26.0	26.0	26.0	26.0	26.0	26.0	26.0	26.0	26.0	26.0	26.0	26.0	26.0	26.0	26.0	26.0	26.0	26.0	26.0	26.0	26.0	26.7	29.1	33.2	39.0	46.0	53.0	60.0	67.0	79.1

单片梁工程数量表

钢束号	钢束长 (m)	数量 (束)	钢束重 (kg)	总重 (kg)
1		1	103.54	
2	31.32	1	103.54	
3		1	103.54	619.68
4		1	103.02	
5	31.16	1	103.02	
6		1	103.02	

说明：

1. 本图尺寸均以cm计。
2. 工程数量表中的钢束长度，已计入每端各70cm的工作长度。
3. 预应力束由3 门15.24mm钢绞线组成，钢绞线强度要满足1860MPa要求，每束两端同时张拉，采用OVM15-3锚具，55的波纹管。
4. 预应力束的张拉顺序为：1、6、2、5、3、4。

图3-39 钢束布置2

3.5 全桥结构安全验算

3.5.1 输入结构安全验算信息

1. 输入总体信息

预应力估算和布置完成后,需要进行安全验算。打开内力计算时保存的 prj 文件。计算类别中选择"全桥结构安全验算";计算内容中选择"计算预应力"、"计算收缩"、"计算徐变"、"计算活荷载"。其余同"内力计算"环节。如图 3-40 所示。如果是针对某一设计好的桥梁进行验算,则可直接从本节开始计算。

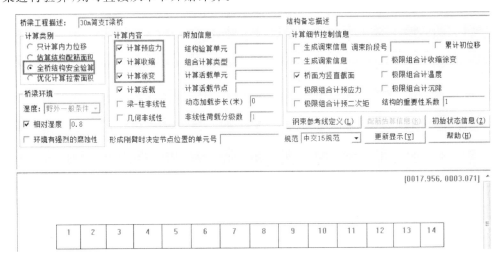

图 3-40 全桥结构安全验算对话框

2. 输入单元信息

利用前面计算内力的模型,不需要重新输入。

3. 输入钢束信息

在数据编辑区点击右键,选择"输入钢束信息",进入"钢束信息输入"对话框,如图 3-41 所示。

钢束信息

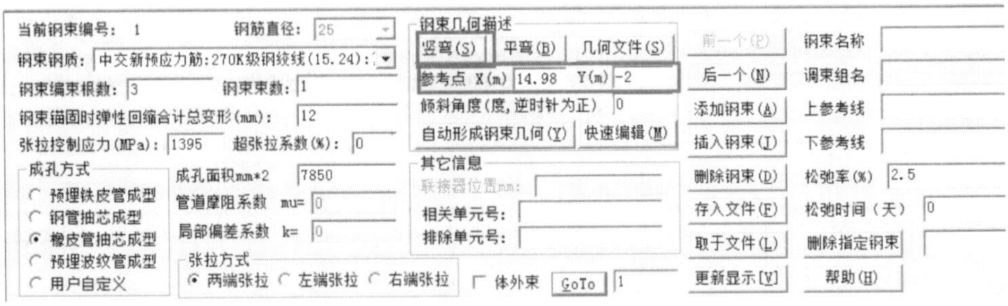

图 3-41 "钢束信息输入"对话框

选择钢束钢质、钢束编束根数和钢束束数。以 N1 为例，采用 OVM15-3 锚具，则钢束编束根数为 3，整个截面共有 1 道 N1 的孔道，则钢束束数为 1。"锚固时弹性回缩合计总变形"采用两端张拉时为 12mm，一端张拉时为 6mm，可按《公桥规》(2015) 第 6.2.3 条取值。成空面积为孔道的截面积，按 55mm 波纹管直径计算为 $7850mm^2$。张拉控制应力按 0.75 标准强度计算为 1395MPa。参考点 $x=14.98, y=-2$（表示钢绞线输入的坐标原点在跨中位置截面顶缘，钢绞线坐标以向右向下为正，全跨关于跨中对称），松弛率为 2.5。

上述信息定义完毕后，点击图 3-41"竖弯"按钮，输入钢束竖弯坐标。在"钢束竖弯几何参数输入"对话框中可以选择"导线输入"、"相对坐标输入"、绝对坐标输入（前面两者都不选）。本例可以利用图 3-39 中钢束坐标表（该表格将每束钢绞线细分成很多段，以直代曲。一般情况下是"直线＋曲线"的形式，此时就要输入曲线半径），在几何参数中直接输入各转折点的坐标，如图 3-42 所示。点击确定后，更新显示，在图形对话框内，点击右键，选择"钢束几何图形"，就会显示刚刚输入的 N1 钢束立面图，如图 3-43 所示。点击"添加钢束"，依次输入其余钢束（N2～N6）。

图 3-42　"钢束竖弯几何参数输入"对话框

4. 输入施工信息

本桥分三个施工阶段，在"内力计算"部分，我们输入了阶段 1——满堂支架浇筑、阶段 3——成桥阶段，这里要补充输入阶段 2——预应力束张拉阶段。如图 3-44 所示，在数据编辑区点击"插入阶段"，即增加了预应力张拉阶段 2，输入相应阶段的数据。输入张拉钢束号为 1、6、2、5（以空格隔开），灌浆钢束号为 1、6、2、5，修改边界条件为简支梁边界条件。

安全验算的
施工信息

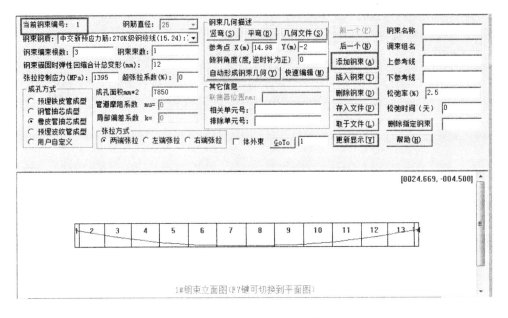

图 3-43　钢束 N1 立面图

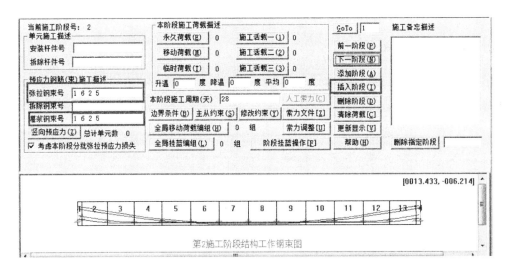

图 3-44　"第 2 施工阶段输入"对话框

修改第 3 施工阶段输入信息,输入张拉钢束号为 3、4(以空格隔开),灌浆钢束号为 3、4。此时会显示所有张拉的 6 束预应力钢筋,如图 3-45 所示。

5. 输入使用信息

使用阶段信息一般没有变化,可以跟内力计算阶段一样,输入信息不修改。

至此,全桥结构安全验算所有数据输入工作结束,下面就可以进行计算并查看计算结果。

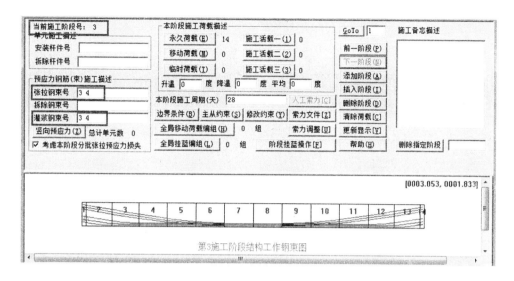

图 3-45　第 3 施工阶段输入对话框

3.5.2　计算结果分析

点击"项目"→"输入数据诊断"。系统诊断无误后,点击"项目"→"执行项目计算"。如果是同一个模型第二次计算,则选择"重新执行项目"。

执行桥梁博士软件计算后,可以通过两个途径分析计算结果,途径一为通过数据菜单中依次选择总体信息输出、单元信息输出、钢束信息输出、施工阶段信息输出和使用阶段信息输出来查看并分析计算结果;途径二为选择"输出文本数据结果"命令,输出 txt 文件进行计算结果分析。

1. 指定单元验算

如果是针对性地分析某些控制截面的验算结果,可以在"数据"下拉菜单中选择"输出单元结果信息"。比如本例,想查看跨中截面安全验算是否通过,就选择 7 号单元右截面或 8 号单元左截面(均为跨中 8 号结点截面),可以查看"施工应力验算"、"使用阶段验算"、"极限强度验算"结果,如图 3-46 至图 3-48 所示。

2. 所有单元验算

此时,采用"输出文本数据结果"比较方便。

(1)单元截面强度验算

点击"输出文本数据结果"命令,如图 3-49 所示,在"附加输出单元号"中输入需要输出截面强度验算的单元,在"输出组合类型号"中输入组合号,"项目设定"中勾选"单元截面强度",勾选主截面,可以输出截面强度的 txt 文件。

结果输出

图 3-46　"8 号单元施工应力验算"结果输出

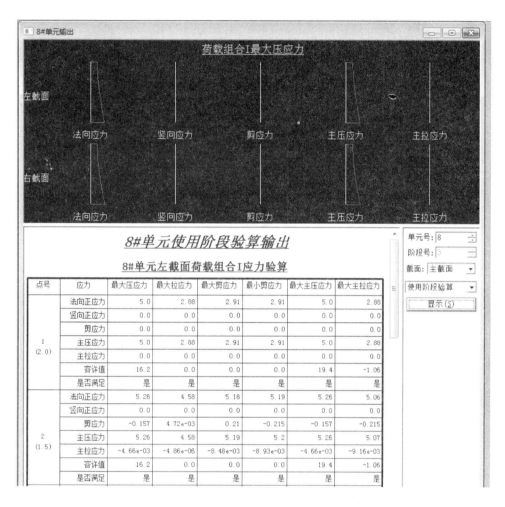

图 3-47　"8 号单元使用阶段验算"结果输出

8#单元输出

8#单元简图

8#单元极限强度验算输出

8#单元承载能力极限状态强度验算(左截面)

组合类型	内力	最大轴力	最小轴力	最大弯矩	最小弯矩
I	Nj	0.0	0.0	0.0	0.0
	Qj	18.8	18.8	-115	22.9
	Mj	724	724	3.55e+03	672
	受力性质	下拉受弯	下拉受弯	下拉受弯	下拉受弯
	R	5.63e+03	5.63e+03	5.63e+03	5.63e+03
	是否满足	是	是	是	是
	开裂弯矩Mcr	3.87e+03	3.87e+03	3.87e+03	3.87e+03
	尚需HRB335	0.0	0.0	0.0	0.0
	是否满足	是	是	是	是
II	Nj	0.0	0.0	0.0	0.0
	Qj	0.0	0.0	0.0	0.0
	Mj	0.0	0.0	0.0	0.0
	受力性质	下拉受弯	下拉受弯	下拉受弯	下拉受弯
	R	5.63e+03	5.63e+03	5.63e+03	5.63e+03
	是否满足	是	是	是	是
	开裂弯矩Mcr	3.87e+03	3.87e+03	3.87e+03	3.87e+03
	尚需HRB335	0.0	0.0	0.0	0.0
	是否满足	是	是	是	是
III	Nj	0.0	0.0	0.0	0.0
	Qj	0.0	0.0	0.0	0.0
	Mj	0.0	0.0	0.0	0.0
	受力性质	下拉受弯	下拉受弯	下拉受弯	下拉受弯
	R	5.63e+03	5.63e+03	5.63e+03	5.63e+03
	是否满足	是	是	是	是

单元号：8
阶段号：3
截面：主截面
极限强度验算
显示(S)

图 3-48 "8号单元极限强度验算"结果输出

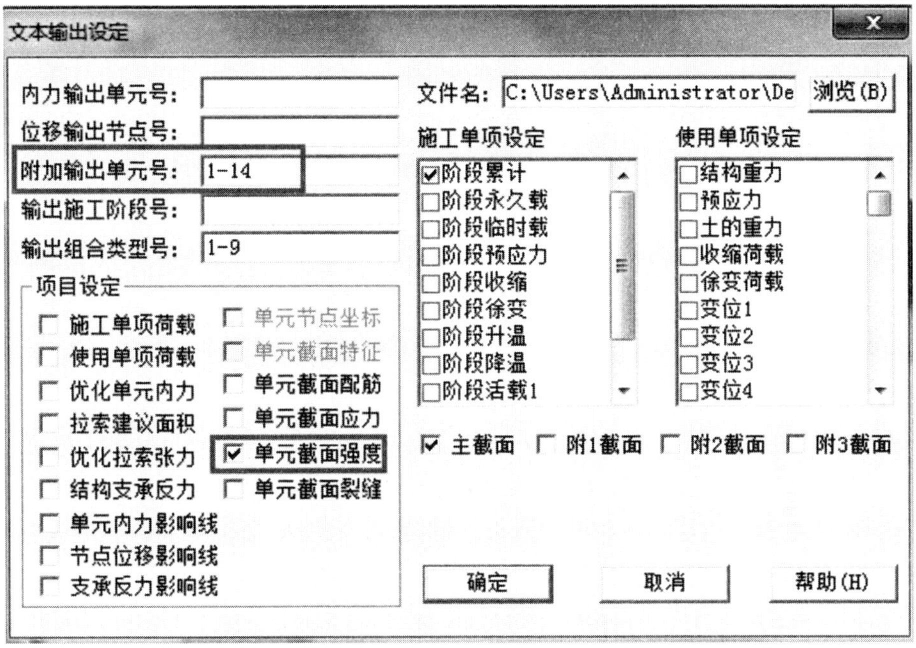

图 3-49"单元截面强度"文本输出设定

桥梁博士系统文本结果输出　　　　项目名称:D:\简支 T 梁

输出单元号:

输出结点号:

输出附加内容单元号:1-14

输出阶段号:

输出组合类型:1-9

* *

指定单元截面强度验算输出

* *

1#单元左截面:

荷载组合 I

类型	性质	Nj	Mj	R
最大轴力	下拉受弯	−4.989e−012	2.090e−011	1.609e+002
最小轴力	下拉受弯	−5.987e−012	2.508e−011	1.609e+002
最大弯矩	下拉受弯	−5.987e−012	2.508e−011	1.609e+002
最小弯矩	下拉受弯	−4.989e−012	2.090e−011	1.609e+002

荷载组合 IV

类型	性质	Nj	Mj	R
最大轴力	下拉受弯	−4.989e−012	2.090e−011	1.609e+002
最小轴力	下拉受弯	4.989e−012	2.090e−011	1.609e+002
最大弯矩	下拉受弯	−4.989e−012	2.090e−011	1.609e+002
最小弯矩	下拉受弯	−4.989e−012	2.090e−011	1.609e+002

荷载组合 VI

类型	性质	Nj	Mj	R
最大轴力	下拉受弯	$-4.989e-012$	$2.090e-011$	$1.609e+002$
最小轴力	下拉受弯	$-4.989e-012$	$2.090e-011$	$1.609e+002$
最大弯矩	下拉受弯	$-4.989e-012$	$2.090e-011$	$1.609e+002$
最小弯矩	下拉受弯	$-4.989e-012$	$2.090e-011$	$1.609e+002$

自组合 I

类型	性质	Nj	Mj	R
最大轴力	下拉受弯	$-4.989e-012$	$2.090e-011$	$1.609e+002$
最小轴力	下拉受弯	$-4.989e-012$	$2.090e-011$	$1.609e+002$
最大弯矩	下拉受弯	$-4.989e-012$	$2.090e-011$	$1.609e+002$
最小弯矩	下拉受弯	$-4.989e-012$	$2.090e-011$	$1.609e+002$

通过比较承载能力极限状态荷载各组合的组合内力 M_j 与结构本身的抗力 R 来验算是否满足截面强度要求。规范 JTG 3362-2018 规定，以上数据当 $R \geqslant M_j$ 时截面强度满足要求。

（2）正常使用极限状态下混凝土应力验算

点击"输出文本数据结果"命令，如图 3-50 所示，在"附加输出单元号"中输入需要输出截面应力验算的单元，在"输出组合类型号"中输入组合号，"项目设定"中勾选"单元截面应力"，勾选"主截面"，可以输出正常使用极限状态下混凝土法向压应力验算、混凝土法向拉应力验算、混凝土主应力验算等截面应力验算的 txt 文件。

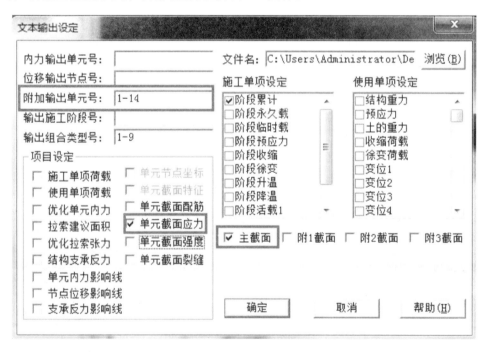

图 3-50 "单元截面应力"文本输出设定

桥梁博士系统文本结果输出　　　项目名称:D:\简支 T 梁

输出单元号:

输出结点号:

输出附加内容单元号:1-14

输出阶段号:

输出组合类型:1-9

＊＊＊＊＊＊＊＊＊＊＊＊＊＊＊＊＊＊＊＊＊＊＊＊＊＊＊＊＊＊＊＊＊＊＊

指定单元截面应力输出

＊＊＊＊＊＊＊＊＊＊＊＊＊＊＊＊＊＊＊＊＊＊＊＊＊＊＊＊＊＊＊＊＊＊＊

正常使用阶段应力计算结果

使用阶段荷载组合 1 应力:

主截面:

单元号	结点号	上缘最大	上缘最小	下缘最大	下缘最小	最大主压	最大主拉
1	1	0	0	0	0	0.153	−0.153
1	2	1.97	1.87	4.42	4.22	4.42	−0.29
2	2	1.97	1.87	4.42	4.22	4.42	−0.00534
2	3	2.69	2.1	7.93	6.47	7.93	−0.0143
3	3	2.69	2.1	7.93	6.47	7.93	−0.0143
3	4	3.69	2.57	10.3	7.61	10.3	−0.0407
4	4	3.69	2.57	10.3	7.61	10.3	−0.0407
4	5	4.19	2.63	10.6	7	10.6	−0.034
5	5	4.19	2.63	10.6	7	10.6	−0.034
5	6	4.51	2.63	11	6.69	11	−0.0218
6	6	4.51	2.63	11	6.69	11	−0.0218
6	7	4.82	2.75	10.6	5.93	10.6	−0.0238
7	7	4.82	2.75	10.6	5.93	10.6	−0.0238
7	8	5	2.88	10.2	5.5	10.2	−0.00916
8	8	5	2.88	10.2	5.5	10.2	−0.00916
8	9	4.82	2.75	10.6	5.93	10.6	−0.0246
9	9	4.82	2.75	10.6	5.93	10.6	−0.0246
9	10	4.51	2.63	11	6.69	11	−0.0359
10	10	4.51	2.63	11	6.69	11	−0.0359
10	11	4.19	2.63	10.6	6.99	10.6	−0.0352
11	11	4.19	2.63	10.6	6.99	10.6	−0.0352
11	12	3.7	2.57	10.4	7.61	10.4	−0.0598
12	12	3.7	2.57	10.4	7.61	10.4	−0.0598
12	13	2.68	2.1	7.93	6.48	7.93	−0.0144
13	13	2.68	2.1	7.93	6.48	7.93	−0.0144
13	14	1.97	1.87	4.42	4.22	4.42	−0.00534
14	14	1.97	1.88	4.42	4.22	4.42	−0.288
14	15	0	0	0	0	0.145	−0.145

使用阶段荷载组合 2 应力:

主截面：

单元号	结点号	上缘最大	上缘最小	下缘最大	下缘最小	最大主压	最大主拉
1	1	4.43	−2.21	1.18	−0.59	4.43	−2.21
1	2	6.37	−0.802	5.68	2.81	6.37	−0.656
2	2	6.37	−0.802	5.68	2.81	6.37	−0.37
2	3	7.2	−0.402	9.2	3.58	9.2	−0.0931
3	3	7.2	−0.402	9.2	3.58	9.2	−0.0931
3	4	8.39	0.154	11.5	3.45	11.5	−0.159
4	4	8.39	0.154	11.5	3.45	11.5	−0.159
4	5	9.14	0.289	11.8	2.13	11.8	−0.124
5	5	9.14	0.289	11.8	2.13	11.8	−0.124
5	6	9.66	0.354	12.1	1.25	12.1	−0.0825
6	6	9.66	0.354	12.1	1.25	12.1	−0.0825
6	7	10.1	0.494	11.7	0.284	11.7	−0.0776
7	7	10.1	0.494	11.7	0.284	11.7	−0.0775
7	8	10.3	0.613	11.4	−0.182	11.4	−0.0384
8	8	10.3	0.613	11.4	−0.182	11.4	−0.0384
8	9	10.1	0.494	11.7	0.276	11.7	−0.0804
9	9	10.1	0.494	11.7	0.277	11.7	−0.0803
9	10	9.67	0.352	12.1	1.25	12.1	−0.114
10	10	9.67	0.352	12.1	1.25	12.1	−0.114
10	11	9.16	0.289	11.8	2.1	11.8	−0.128
11	11	9.16	0.289	11.8	2.1	11.8	−0.128
11	12	8.4	0.155	11.5	3.44	11.5	−0.203
12	12	8.4	0.155	11.5	3.44	11.5	−0.203
12	13	7.2	−0.401	9.2	3.59	9.2	−0.0939
13	13	7.2	−0.401	9.2	3.59	9.2	−0.0939
13	14	6.37	−0.802	5.68	2.82	6.37	−0.37
14	14	6.37	−0.797	5.68	2.82	6.37	−0.656
14	15	4.43	−2.21	1.18	−0.59	4.43	−2.21

使用阶段自定义荷载组合1应力：

主截面：

单元号	结点号	上缘最大	上缘最小	下缘最大	下缘最小	最大主压	最大主拉
1	1	4.43	4.43	1.18	1.18	4.43	−1.6
1	2	6.37	6.27	5.68	5.53	6.37	−0.656
2	2	6.37	6.27	5.68	5.53	6.37	−0.0657
2	3	7.29	6.21	9.2	7.28	9.2	−0.0924
3	3	7.29	6.21	9.2	7.28	9.2	−0.0924
3	4	8.52	6.55	11.5	7.8	11.5	−0.156
4	4	8.52	6.55	11.5	7.8	11.5	−0.156
4	5	9.29	6.61	11.8	6.69	11.8	−0.121
5	5	9.29	6.61	11.8	6.69	11.8	−0.121

5	6	9.81	6.61	12.1	6.03	12.1	−0.0816
6	6	9.81	6.61	12.1	6.03	12.1	−0.0816
6	7	10.3	6.74	11.7	5.03	11.7	−0.0787
7	7	10.3	6.74	11.7	5.03	11.7	−0.0787
7	8	10.5	6.87	11.4	4.5	11.4	−0.0402
8	8	10.5	6.87	11.4	4.5	11.4	−0.0402
8	9	10.3	6.74	11.7	5.03	11.7	−0.0816
9	9	10.3	6.74	11.7	5.03	11.7	−0.0816
9	10	9.82	6.61	12.1	6.03	12.1	−0.114
10	10	9.82	6.61	12.1	6.03	12.1	−0.114
10	11	9.31	6.61	11.8	6.67	11.8	−0.126
11	11	9.31	6.61	11.8	6.67	11.8	−0.126
11	12	8.53	6.55	11.5	7.79	11.5	−0.201
12	12	8.53	6.55	11.5	7.79	11.5	−0.201
12	13	7.29	6.21	9.2	7.29	9.2	−0.0931
13	13	7.29	6.21	9.2	7.29	9.2	−0.0931
13	14	6.37	6.27	5.68	5.53	6.37	−0.0683
14	14	6.37	6.28	5.68	5.53	6.37	−0.655
14	15	4.43	4.43	1.18	1.18	4.43	−1.6

根据规范 JTG 3362-2018 第 7.1.5 条和 7.1.6 条规定：

①使用阶段受压区混凝土的最大压应力应不超过 $0.50f_{ck}=0.5\times32.4=16.2MPa$；

②混凝土的主压应力应不超过 $0.60f_{ck}=0.6\times32.4=19.44MPa$；

③正截面不得出现拉应力(即法向正应力不出现负值,桥梁博士软件中,拉为负,压为正)；

④斜截面主拉应力不得超过 $0.4f_{tk}=0.4\times2.65=1.06MPa$。

由输出单元的应力结果可见,输出单元正常使用状态混凝土应力均满足要求。

(3)预应力筋拉应力验算

在"数据"菜单中点击"输出钢束结果信息"命令,即可得每根钢束在各荷载组合下的结果,如图 3-51 所示。

根据规范 JTG 3362-2018 第 7.1.5 条规定,在使用荷载作用下,构件中预应力钢筋的应力(扣除全部预应力损失)应不超过 $0.65f_{pk}=0.65\times1860=1209MPa$。

(4)变形验算

根据规范 JTG 3362-2018 第 6.5.3 规定,预应力混凝土受弯构件在短期使用荷载作用下的长期最大竖向挠度的允许值,不应超过计算跨径的 1/600,即 4.867cm(2920/600)。

点击"输出文本数据结果"命令,如图 3-52 所示,在"输出结点号"中输入需要输出截面位移的单元,在"项目选定"中勾选"使用单项荷载",在"使用单项设定"中勾选"汽车 MaxQ"和"人群 MaxQ",勾选"主截面",可以输出正常使用状态下单项使用荷载汽车和人群荷载作用下的最大竖向位移的 txt 文件。

也可在"输出使用阶段结果"中,点击"使用位移组合",如图 3-53 所示,输出跨中截面竖向位移,进行挠度验算。跨中挠度 2.97cm,小于允许值 4.87cm(2920/600)。

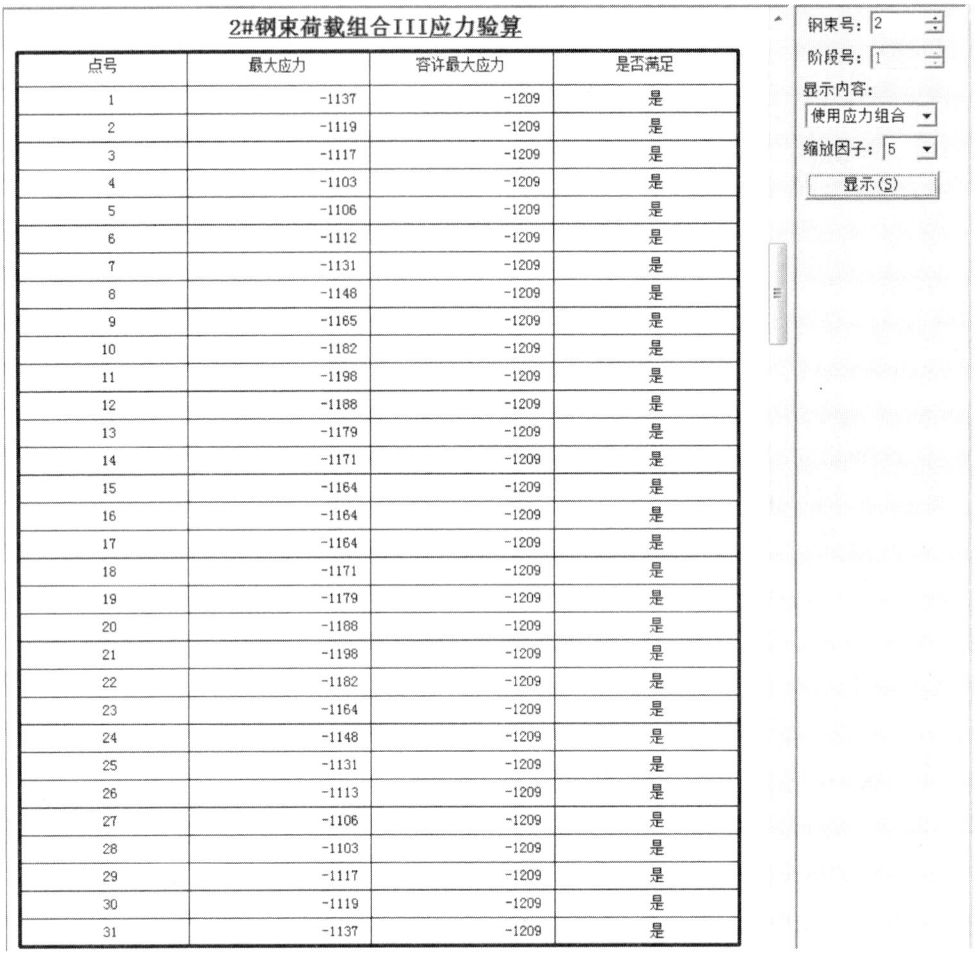

2#钢束荷载组合III应力验算

点号	最大应力	容许最大应力	是否满足
1	-1137	-1209	是
2	-1119	-1209	是
3	-1117	-1209	是
4	-1103	-1209	是
5	-1106	-1209	是
6	-1112	-1209	是
7	-1131	-1209	是
8	-1148	-1209	是
9	-1165	-1209	是
10	-1182	-1209	是
11	-1198	-1209	是
12	-1188	-1209	是
13	-1179	-1209	是
14	-1171	-1209	是
15	-1164	-1209	是
16	-1164	-1209	是
17	-1164	-1209	是
18	-1171	-1209	是
19	-1179	-1209	是
20	-1188	-1209	是
21	-1198	-1209	是
22	-1182	-1209	是
23	-1164	-1209	是
24	-1148	-1209	是
25	-1131	-1209	是
26	-1113	-1209	是
27	-1106	-1209	是
28	-1103	-1209	是
29	-1117	-1209	是
30	-1119	-1209	是
31	-1137	-1209	是

图 3-51　2＃钢束荷载组合Ⅲ应力验算

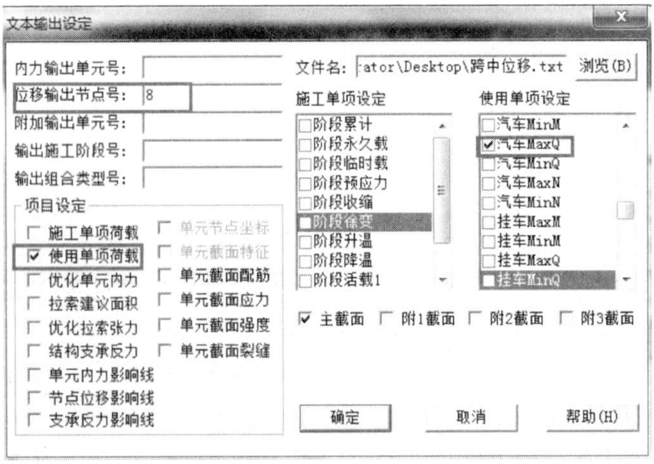

图 3-52　“文本输出设定”对话框

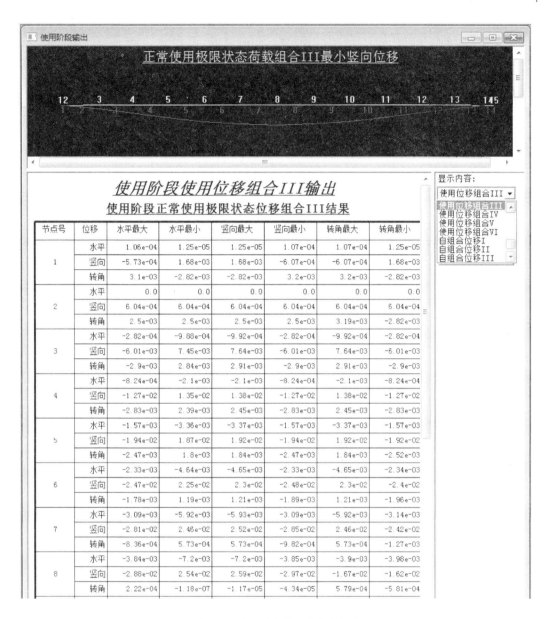

图 3-53　"使用阶段输出"对话框

至此,30m 预应力混凝土简支 T 梁桥的设计计算完成,结构安全验算满足规范要求。

第4章 简支转连续梁桥设计示例

本章以 4×25m 先简支后连续预应力混凝土小箱梁桥为例,着重介绍应用 Midas/Civil 软件进行建模和计算的全过程。

4.1 设计计算要点及步骤

简支转连续梁桥在结构受力和构造上有三个突出的特点:第一,结构整体由预制段和湿接缝现浇组成;第二,在施工过程中,结构由双排支座转化为单排支座;第三,体系转换前为简支梁桥,体系转换后为连续梁桥。

简支转连续梁桥在施工过程中,先将预制梁放置在临时支座上,张拉底部预应力钢束;这一阶段,梁体主要承担梁体自重和先期预应力,收缩徐变产生的变形较大。接下来在接缝处现浇混凝土,张拉顶部预应力钢束,并变换支座;同时,这一阶段收缩变形受到约束,产生收缩徐变的二次内力。这两种因素会导致整体结构的内力重分布,即在体系转换之后,整体结构为连续梁的受力体系。总体而言,简支转连续梁桥具有施工简单、工期短、造价低和伸缩缝少等优点,是中小型跨径预应力混凝土桥梁的较优选择。

简支转连续小箱梁桥设计计算一般有以下几个步骤:

(1)根据地质、地形、水文、通航、气候及周边环境要求拟定桥位。

(2)根据桥梁设计原则拟定结构形式、桥梁长度、跨数、孔数及主要截面尺寸等方案,并绘制出拟定方案的相关图纸。

(3)在 Midas 软件中按图纸建立材料特性、截面特性和桥梁模型。桥梁应按结构受力体系建立边界条件,并添加自重和预应力等恒载,汽车荷载、人群荷载、温度梯度等活载。

(4)预应力钢束数量估算及布置。根据 Midas 模型内力运行分析结果,按规范进行作用效应组合,根据抗裂性要求进行预应力束的估算,估算各个截面的预应力钢束束数,计算有效预应力。钢束布束应满足间距、最小弯曲半径要求。在 Midas 模型中输入预应力钢束特征值、钢束形状及钢束预应力。

(5)在 Midas 的 PSC 中进行施工阶段法向压应力钢筋验算,受拉区钢筋拉应力验算,使用阶段混凝土正截面抗裂验算、使用阶段斜截面抗裂验算、使用阶段正截面压应力验算、使用阶段斜截面主压应力验算、使用阶段正截面抗弯验算和使用阶段斜截面抗剪验算。

设计重点及步骤

4.2　设计基本资料

4.2.1　桥梁线形布置

平曲线半径:无平曲线。

竖曲线半径:20km,纵坡为:0.3%。

4.2.2　技术标准

桥梁共三联,第一联跨径为:(25+25+25+25+25)m,第二联跨径为:(25+25+25+25+25)m,第三联跨径为:(25+25+25+25+25)m,桥梁总体布置立面图如图 4-1 所示。

荷载标准:公路—Ⅰ级;

桥面净宽:净 16.9m+2×1.0m 护栏,桥梁横断面布置如图 4-2 所示。

结构重要性系数:1.1。

小箱梁总体布置如图 4-3 至图 4-5 所示。小箱梁梁高参考预应力混凝土简支梁,按跨径的 1/18 取为 1.4m。

4.2.3　主要材料

混凝土:25m 预应力小箱梁采用 C50 混凝土,人行道板、栏杆、墩帽、墩身、桥墩承台、台帽、台身、桥头搭板采用 C30 混凝土,基桩、桥台承台采用 C25 水下混凝土。

预应力钢绞线:采用符合 ASTM-920 的低松弛高强钢绞线,直径为 15.2mm,截面积为 139mm^2,标准强度 f_{pk}=1860MPa,弹性模量 E_p=1.95×10^5 MPa。

普通钢筋:采用符合 GB 1499-84 标准的钢筋,直径≥12mm 者采用 HRB335 热轧螺纹钢筋,直径<12mm 者采用 R235 热轧圆钢筋。

锚具:OVM15-5 钢铰锚、BM15-4 钢铰锚、BM15-5 钢铰锚。

预应力管道:采用预埋金属波纹管成型。

支座:采用普通板式橡胶支座及四氟乙烯板式氯丁橡胶支座。

伸缩缝:采用 GQF-Z80 型伸缩缝。

桥面铺装:采用 10cm 厚的 C50 混凝土和 10cm 厚的沥青混凝土铺装。

4.2.4　施工方式

简支转连续小箱梁桥的施工流程如下(见图 4-6):

(1)预制箱型主梁,待混凝土强度达到 90%设计强度后,张拉正弯矩区预应力钢束,张拉完成后立即压浆并及时清理主梁的底板通气孔,待水泥浆强度达到设计强度的 90%后拆除模板。

(2)安装临时支座及永久支座,将预制箱型主梁使用吊车和运梁车将预制梁体运送给架梁机,架梁机将预制梁安装在临时支座上,安装状态为简支状态。

(3)将梁端凿毛并绑扎接头段钢筋,选择在气温不超过 20℃进行主梁接头的混凝土浇筑工作。先对称浇筑桥梁两侧的湿接缝,再浇筑中间的湿接缝。

(4)完成主梁接头连接后,从跨中向两边浇筑现浇混凝土同时进行养护工作。

(5)待现浇混凝土强度达到100%后拆除临时支座,体系由简支转为连续梁。

(6)完成防护栏、伸缩缝、排水管、桥面铺装等桥面系施工。

4.2.5 设计计算依据

《公路工程技术标准》(JTG B01-2014)。

《公路桥涵设计通用规范》(JTG D60-2015),以下简称《通规》。

《公路钢筋混凝土及预应力混凝土桥涵设计规范》(JTG D62-2004),以下简称《公预规》。最新规范为 JTG 3362-2018。

《公路圬工桥涵设计规范》(JTG D61-2005)。

4.3 有限元模型的建立

4.3.1 定义建模环境

1. 建模方式

对于简支转连续混凝土小箱梁,通常采用梁格法建立有限元模型。梁格法的主要思路是将桥梁的上部结构等效为一个平面梁格,将纵梁刚度集中在纵向构件,将横向刚度集中在横向构件中,分析梁格的受力状态即可获取实桥的受力情况。简支转连续梁桥的横向梁格通过虚拟横梁模拟。虚拟横梁自重系数为零,弹性模量按铰接缝相应的混凝土取值,截面高度按翼缘板厚度取值。

定义建模环境

建立简支转连续小箱梁桥有限元模型有以下两种建模方式:

(1)联合截面模拟湿接缝建立模型。该方法可以模拟整个施工过程。但是,目前应用 Midas/Civil 软件暂时无法考虑预应力钢束对截面抗弯刚度的影响。

(2)建立全截面模型。该方法是采用最广的方法,但是不能较好地模拟预制阶段,且不考虑联合截面,计算预制施工阶段会累计一定的应力差。

本案例中采用方法 2(全截面模型)建立简支转连续梁桥模型。

2. 建立操作环境

(1)单击□建立新项目。

(2)点击■,文件名:连续梁桥,保存类型为:MIDAS/Civil Files(*.mcb)。

(3)点击右下角 kN ▼ cm ▼ ,将单位改为 kN,cm,单位可根据需要进行修改。

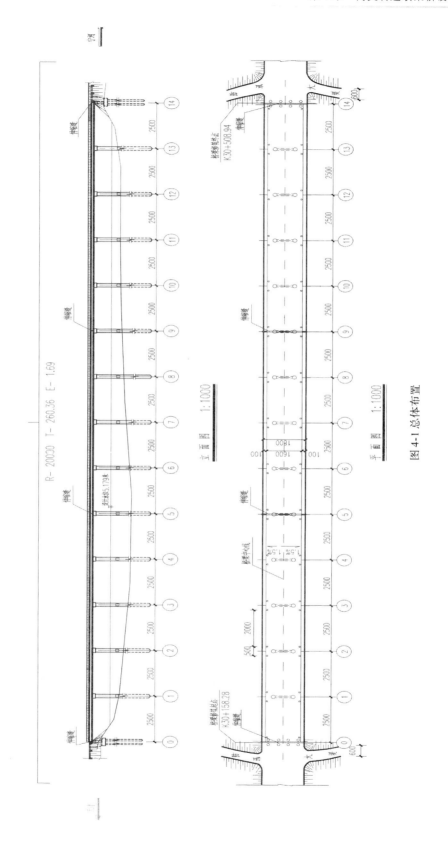

立面图　1:1000

平面图　1:1000

图 4-1 总体布置

2# 22222222222222222222222222222222222222222

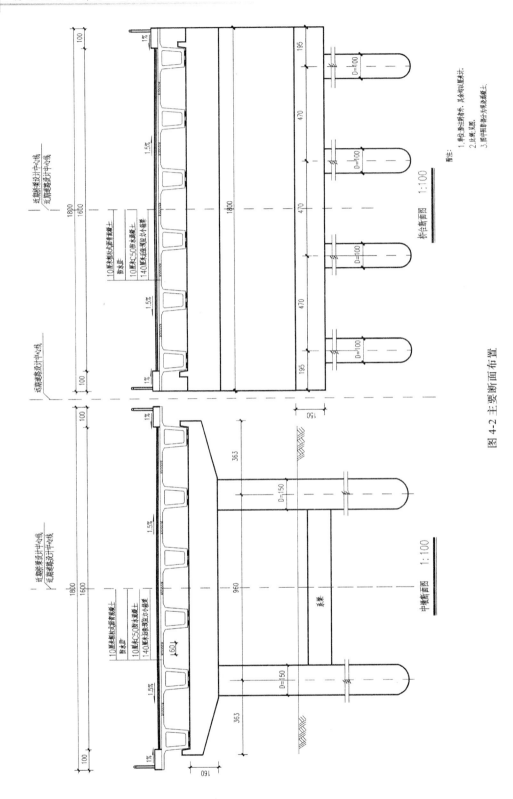

图 4-2 主要断面布置

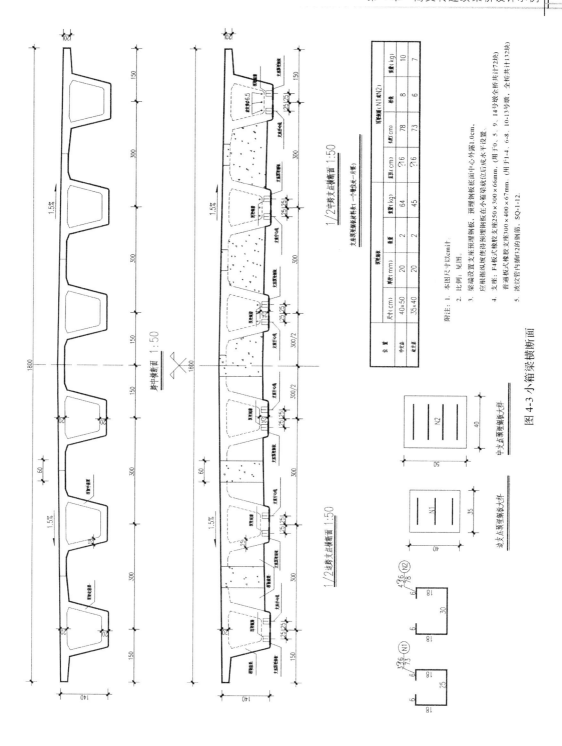

图 4-3 小箱梁横断面

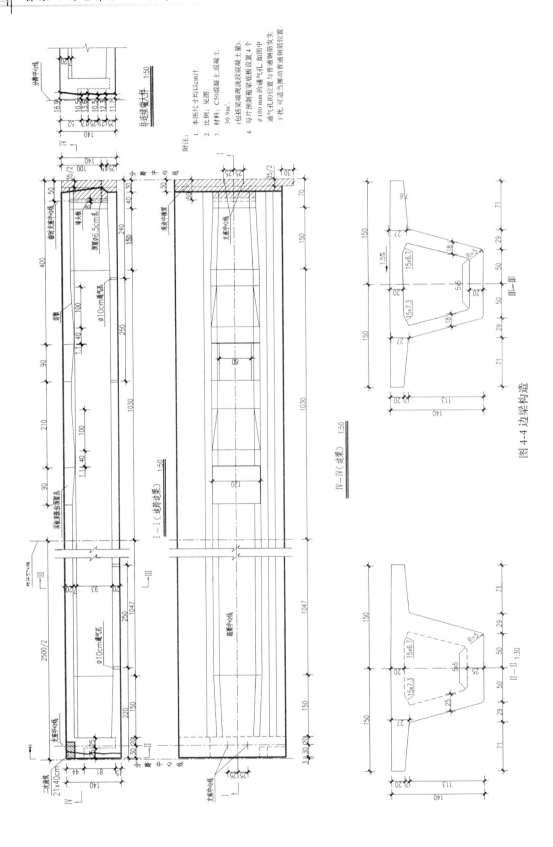

图 4-4 边梁构造

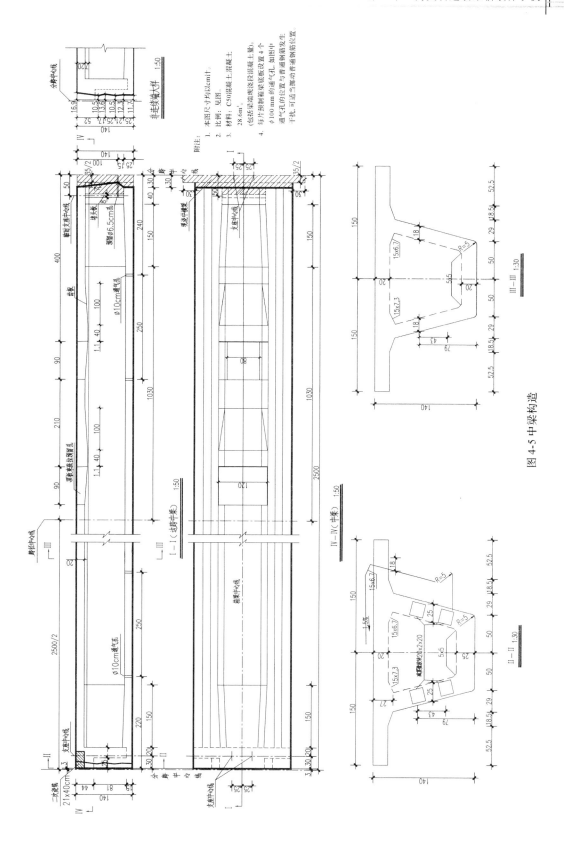

图 4-5 中梁构造

阶段	工程内容	图　示
1	1. 预制小箱梁。 2. 张拉正弯矩钢束，孔道压浆。 3. 架设小箱梁。	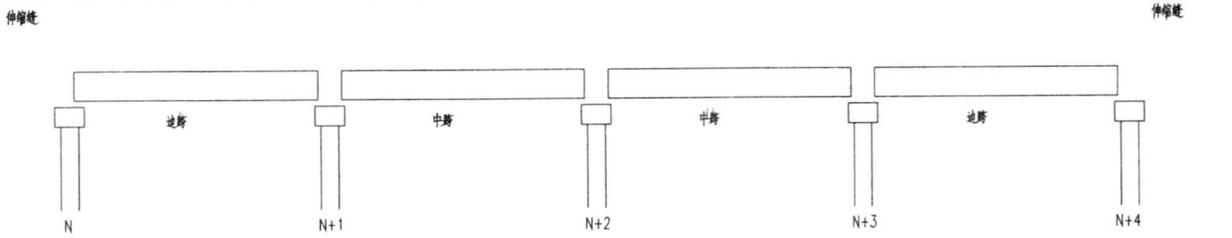
2	1. 浇筑N+1、N+3号墩上小箱梁连接键。 2. 张拉N+1、N+3号墩上负弯矩钢束，孔道压浆。	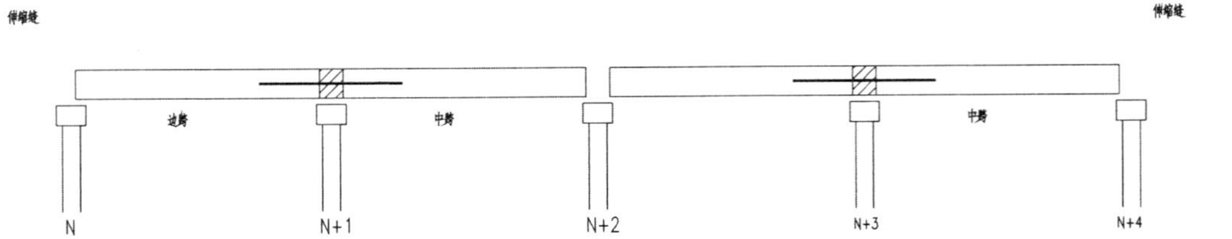
3	1. 浇筑N+2号墩上小箱梁连接键。 2. 张拉N+2号墩上负弯矩钢束，孔道压浆。	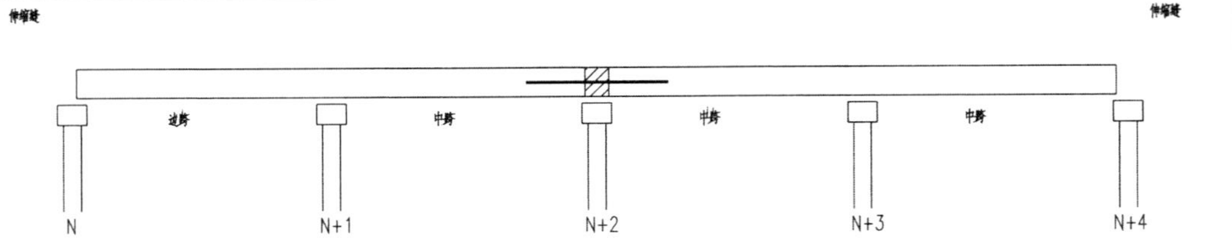
4	1. 浇筑桥面连续接缝，完成横向联结。 2. 拆除临时支座。 3. 浇筑桥面铺装混凝土。 4. 浇筑防撞护栏混凝土。	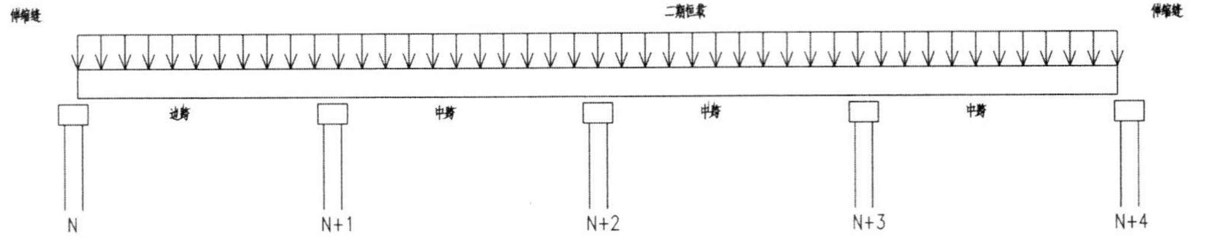

图 4-6 施工流程

4.3.2　定义材料及截面

1. 输入构件材料

结构的材料可按照表 4-1 单元材料内容输入。

表 4-1　单元材料

材料号	名称	设计类型	规范	数据库
1	C50	混凝土	JTG04(RC)	C50
2	Strandl1860	钢材	JTG04(S)	Strandl1860
3	C50 无自重	混凝土	无	

虚拟横梁采用无自重 C50,用户定义弹性模量为 $3.4500e+003kN/cm^2$,泊松比 0.2,线膨胀系数 $1.0000e-005\ 1/[C]$,容重为 $0\ kN/cm^3$

以材料号 1"C50"为例,介绍单元材料信息输入的步骤如下:

(1)点击"菜单"→"特性"→"材料特性值",按键位置如图 4-7 所示;

图 4-7　"材料特性值"位置图

(2)点击"添加(A)";

(3)点击"弹性数据"→设计类型栏选择"混凝土";

(4)在钢材规范栏选择"JTG04(RC)";

(5)在数据库栏选择"C50";

(6)点击"确认",C50、C50 无自重、Strand1860 材料特性值输入分别如图 4-8 至图 4-10 所示。

建立材料特性

2. 构件截面分类

该桥有三联小筋梁,本算例针对第二联进行建模计算。在本案例的 4 跨简支转连续小箱梁设计中,由于构造上小箱梁的底板和腹板存在变化区段,因此,需要在变化区段的起末点处建立变截面,从而截面形式分为设计截面(跨中、支点等截面)和变截面(变化区段起末点处截面)。本案算例中,边跨和中跨的构造形式亦不相同,因此,又分为边跨截面和中跨截面,具体划分如表 4-2 所示,其中,边梁 1 为图 4-4 的 Ⅱ-Ⅱ 截面,边梁 2 为图 4-4 的 Ⅲ-Ⅲ 截面;中梁 1 为图 4-5 的 Ⅱ-Ⅱ 截面,中梁 2 为图 4-5 的 Ⅲ-Ⅲ 截面。边

截面分类

梁 1-2 为边梁从左至右的第一段变截面区段;边梁 2-1 为边梁从左至右的第二段变截面区段。

图 4-8　C50 材料特性

图 4-9　C50 无自重材料特性

图 4-10　Strand1860 材料特性

表 4-2　边中跨截面分类

边(中)跨截面	边梁	边梁 1	设计截面
		边梁 2	设计截面
		边梁 1-2	变截面
		边梁 2-1	变截面
	中梁	中梁 1	设计截面
		中梁 2	设计截面
		中梁 1-2	变截面
		中梁 2-1	变截面

3. 建立设计截面

这里以边梁 1 为例说明建立设计截面的步骤：

（1）点击"菜单"→"特性"→"截面特性值"，点击"添加"；

（2）选择"设计截面"；

（3）选择"单箱多室 2"；

（4）名称中输入"边梁 1"；

（5）勾选"对称"；

（6）室数输入"1"；

（7）板宽输入"300cm"；

建立设计截面

（8）变截面拐点不勾选；

（9）剪切验算、腹板厚度均勾选"自动"；

（10）H01＝20cm，H02＝7cm，H04＝113cm，B01＝71cm，B03＝29cm，B04＝50cm，HI1＝20cm，HI2＝7.3cm，HI5＝5cm，HI6＝25cm，R2＝5cm，BI1＝25cm，BI2＝15cm，BI5＝5cm；

（11）点击"修改偏心"；

（12）修改偏心为"中-上部"，程序设定截面偏心的作用是方便建模（如配筋，布置预应力钢束等），设置偏心时截面坐标系的 x 轴正方向与单元局部方向一致；

（13）点击"适用"；

（14）点击"确认"，边梁 1 截面各部分具体输入数据如图 4-11 所示；

（15）同理其他截面可按照图纸建立，边梁 2、中梁 1 和中梁 2 的各部分数据输入如图 4-12 至图 4-14 所示。

4. 建立变截面

（1）点击"菜单"→"特性"→"截面特性值"；

（2）点击"添加"；

（3）选择"变截面"；

（4）选择"单箱多室 2"；

（5）名称填写"边梁 1-2"；

（6）修改偏心为"中-上部"；

建立变截面

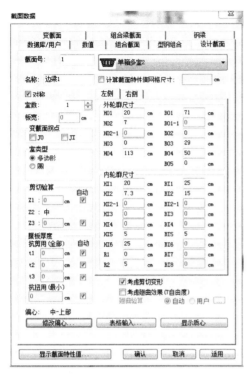
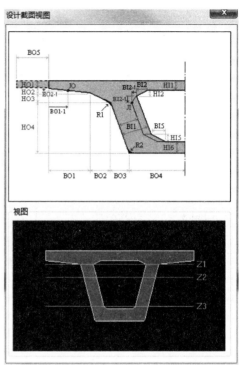

图 4-11　边梁 1 截面数据

图 4-12　边梁 2 截面数据　　　　图 4-13　中梁 1 截面数据

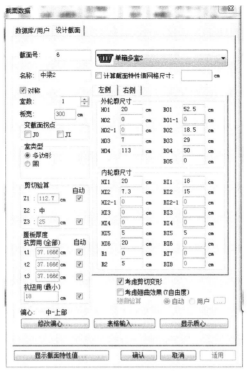

图 4-14   中梁 2 截面数据

（7）在尺寸-i 中点击"导入"，选择"边梁 1"，点击"导入"，导入截面，如图 4-15 所示；

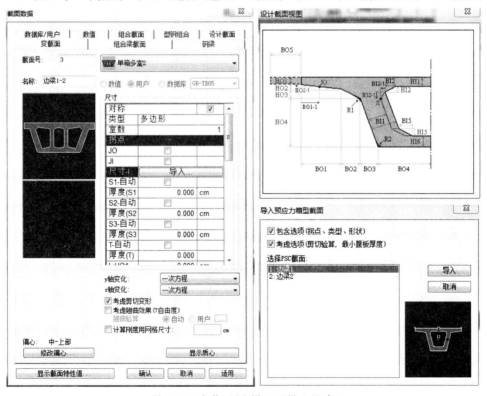

图 4-15   变截面"边梁 1-2"导入尺寸 i

（8）在尺寸-j中点击"导入"，选择"边梁 2"，点击"导入"，导入截面，如图 4-16 所示；

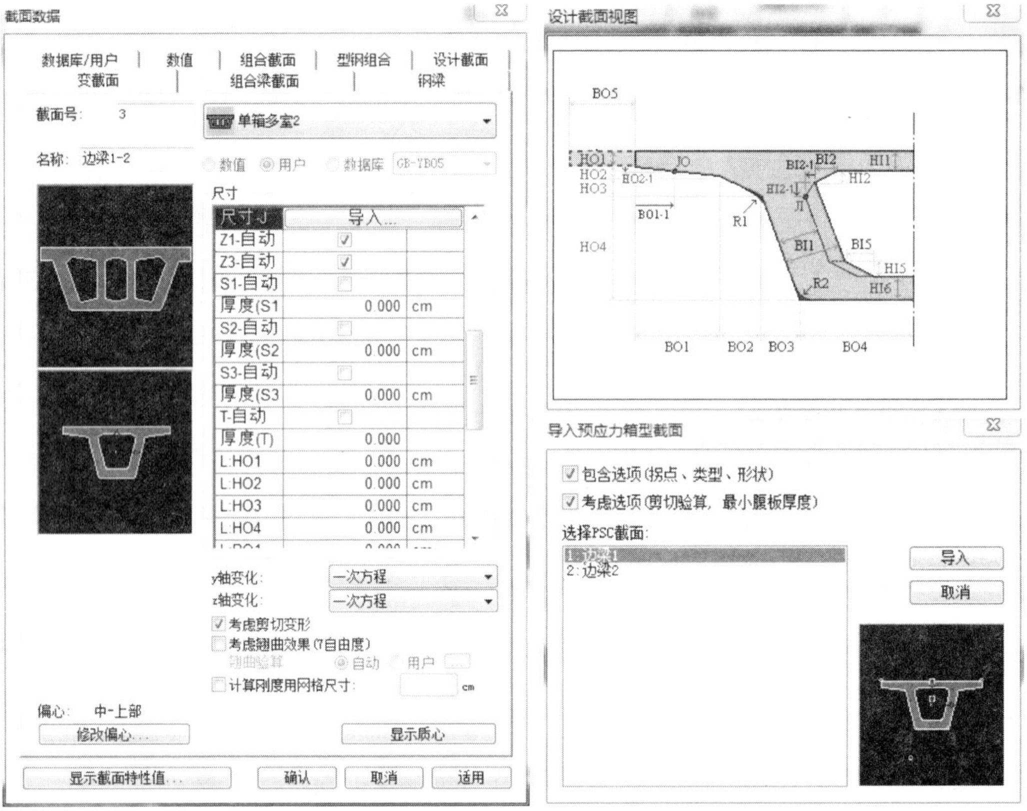

图 4-16　变截面"边梁 1-2"导入尺寸 j

（9）z 轴变化选择"一次方程"（z 轴变化为一次方程或二次方程，可以依据图纸需要进行修改）；

（10）点击"添加"；

（11）同理建立边梁 2-1、中梁 1-2、中梁 2-1。

5. 建立虚拟横梁截面

模型中，单独的小箱梁横向无联系，因此需设置虚拟横梁以模拟横向联系；虚拟横梁的厚度取湿接缝厚度或翼缘板厚度，宽度取两结点间距离。本算例桥梁中，虚设梁共设置 4 个横梁截面，在两跨之间的虚拟横梁间距为 2.34m；在单跨跨中虚拟横梁间距取 2.06m；在桥梁的起始点虚拟横梁间距取 1.17m，并设置偏心；在桥梁的终止点虚拟横梁间距取 1.17m，并设置偏心。

两跨之间的虚设梁，其宽度为 2.34m＝(1.5m－2.06m/2＋0.7m)×2。

单跨跨中的虚设梁，其宽度为 2.06m。

（1）点击"菜单"→"特性"→"截面特性值"，点击"添加"；

（2）选择"数值截面"；

（3）选择"实腹长方形截面"；

（4）名称输入"虚设梁 2.06"；

（5）在尺寸中输入 H＝0.2m；B＝2.06m；

建立虚设梁截面

（6）点击"计算截面特性值"；

（7）选择偏心"中-上部"；

（8）点击"确认"，虚设梁 2.06 尺寸数据如图 4-17 所示；

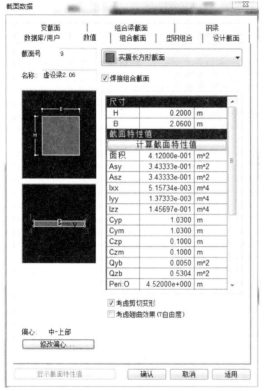

图 4-17　虚设梁 2.06 尺寸数据

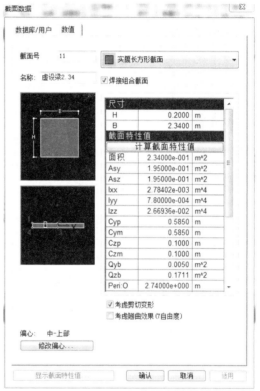

图 4-18　虚设梁 2.34 尺寸数据

（9）同理添加虚设梁 2.34、虚设梁 1.17（左）、虚设梁 1.17（右），具体参数如图 4-18 至图 4-20 所示。

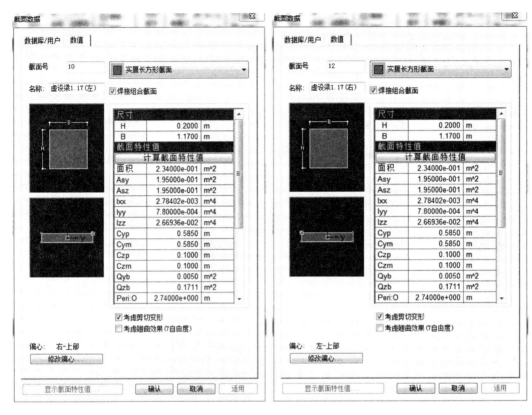

图 4-19 虚设梁 1.17(左)尺寸数据   图 4-20 虚设梁 1.17(右)尺寸数据

4.3.3 建立结构模型

在建模时,我们常用到 Midas 的快捷栏按键,如图 4-21 所示。从左到右依次为:撤销、重做、组目录、工作目录树和前次对话框、单选、窗口选择、多边形选择、全选、前次选择、选择最新建立的个体、窗口解除选择、多边形解除选择、解除所有选择、结点输入栏、单元输入栏。

图 4-21 Midas 快捷栏

结构模型需在截面型式变化处设置结点,在截面型式不发生变化区段,可进行等分或按照施工节段划分。本算例简支转连续小箱梁桥在截面的变化处建立结点,跨中截面不变区段等分为 10 份,如图 4-22 所示,具体每一截面长度如表 4-3 所示。

单元划分

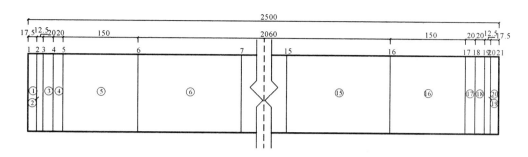

图 4-22　单跨单元划分

表 4-3　边梁间距分布

编号	截面名称	截面类型	i 端截面	j 端截面	间距/cm
1	边梁 1/中梁 1	设计截面	/	/	17.5,12.5,2@20
2	边梁 1-2/中梁 1-2	变截面	边梁 1/中梁 1	边梁 2/中梁 2	150
3	边梁 2/中梁 2	设计截面	/	/	10@206
4	边梁 2-1/中梁 2-1	变截面	边梁 2/中梁 2	边梁 1/中梁 1	150
5	边梁 1/中梁 1	设计截面	/	/	2@20,12.5,17.5

　　建立本算例小箱梁桥的基本步骤如下:建立第一跨的边梁→建立第一跨的剩余纵梁→建立第一跨跨中虚设梁→建立第二跨至第四跨的边梁和中梁→建立各跨跨中虚设梁→建立全桥端部虚设梁及两跨之间的虚设梁。

　　1. 建立单片边梁

　　首先建立第一跨桥梁的第一片梁(边梁)。由于简支转连续梁桥最终需要进行体系转换,因此,在建模过程中可预先对永久支座和临时支座进行区分,为后面的体系转换做好准备。每一跨桥梁的左侧临时支座距离单跨桥梁的结点边缘 0.175m,每一跨桥梁永久支座在单跨桥梁的最外缘。

　　(1)点击"菜单"→"结点/单元"→"建立结点",按键位置如图 4-23 所示;

图 4-23　"建立结点"位置

　　(2)在复制次数中输入"1";

　　(3)点击"适用";

　　(4)点击"菜单"→"结点"→"单元的拓展"(见图 4-24);

　　(5)拓展类型选择"结点"→"线单元";

　　(6)在快捷菜单栏点击"单选",或在结点输入栏输入结点"1"

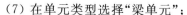,并按下Enter键;

建立单片边梁

　　(7)在单元类型选择"梁单元";

图 4-24　"单元"→"拓展"位置

（8）在材料栏选择"C50"；

（9）在截面栏选择"边梁 1"；

（10）在生成形式菜单的复制和移动，选择"任意间距"；

（11）选择"x 方向"；

（12）在间距中输入"17.5,12.5,2@20"cm；

（13）点击"适用"；

（14）在截面栏选择"边梁 1-2"；

（15）在间距中输入"150"cm；

（16）在快捷菜单栏点击"单选"，或在结点输入栏输入结点"5"　，并按下 Enter键；

（17）点击"适用"；

（18）在截面栏选择"边梁 2"；

（19）在间距中输入"10@206"cm；

（20）在快捷菜单栏点击"单选"，或在结点输入栏输入结点"6"　，并按下 Enter键；

（21）点击"适用"；

（22）在截面栏选择"边梁 2-1"；

（23）在间距中输入"150"cm；

（24）在快捷菜单栏点击"单选"，或在结点输入栏输入结点"16"　，并按下 Enter键；

（25）点击"适用"；

（26）在截面栏选择"边梁 1"；

（27）在间距中输入"2@20,12.5,17.5"cm；

（28）在快捷菜单栏点击"单选"，或在结点输入栏输入结点"17"　，并按下 Enter 键；

（29）点击"适用"；

（30）单片梁建模结束，如图 4-25 所示。

2. 建立第一跨剩余纵梁

在已建立边跨边梁的前提下，可以采用两种方法建立第一跨（边跨）剩余纵梁。方法 1：按照边跨边梁的建模方法，分别建立结点和单元，但注意需要重新建立起始结点坐标；方法 2：复制移动边跨边梁，并修改单元的截面属性。

图 4-25　单片边梁模型图

方法 1 具体步骤如下：

（1）点击"菜单"→"结点/单元"→"建立结点"；

（2）在坐标(x,y,z)中输入："0,300,0"cm；

（3）在复制次数中输入"1"；

（4）点击"适用"；

（5）采用与上面相同的方法逐步建立各根纵梁。

方法 2 具体步骤如下：

（1）点击菜单栏"全选"；

（2）点击"菜单"→"结点/单元"→"单元的复制移动"，按键位置如图 4-26 所示；

图 4-26　"单元—移动复制"位置

（3）在生成形式菜单的复制和移动，选择"任意间距"；

（4）选择"y 方向"；

（5）在间距栏输入"5@300"cm；

（6）点击"适用"；

（7）右键点击"树形菜单栏"→"工作"→"特性值"→"截面"→"边梁 1"→"激活"；

（8）点击"快捷菜单栏"→"单选"，选择图 4-27 上方框内所有点，或在单元输入栏输入 21to24 37to44 57to64 77to84 97to100；

（9）将"树形菜单栏"→"工作"→"特性值"→"截面"→"中梁 1"，拖曳至窗口内，这样即可将中梁 1 的截面形式赋予步骤(8)选中的所有单元；

（10）同理，右键点击"树形菜单栏"→"工作"→"特性值"→"截面"→
"边梁 2"→"激活"；

建立单跨箱梁

（11）激活边梁 2(6to15 26to35 46to55 66to75 86to95 106to115)，选择中间部分结点
(26to35 46to55 66to75 86to95)，拖曳中梁 2；激活边梁 1-2(5to105by20)，选择中间部分结点
(25to85by20)，拖曳中梁 1-2；激活边梁 2-1（16to116by20），选择中间部分结点

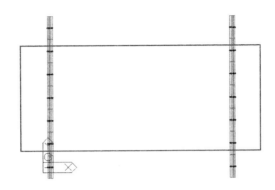

图 4-27　框选点区域俯视图

（36to96by20），拖曳中梁 2-1；

　　（12）复制完成后，效果如图 4-28 所示。

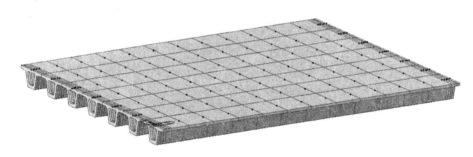

图 4-28　单跨梁（未建立虚设梁）模型

3. 建立第一跨跨中虚设梁

（1）点击"菜单"→"结点/单元"→"拓展"；

（2）单元类型选择"梁单元"；

（3）材料选择"C50 无自重"；

（4）截面选择"虚设梁 2.06"；

（5）生成形式选择"投影"；

（6）投影形式选择"将结点投影在直线上"；

（7）在结点输入栏输入结点"6to16"，或者直接点选边跨中间部分结点；

（8）在定义基准线上，点击 P1 处方框，点击结点 111 和结点 121；

（9）点击"适用"；完成后如图 4-29 所示；

（10）点击"菜单"→"结点/单元"→"交叉分割"。

（11）点击"全选"，点击"适用"。

4. 建立第二跨至第四跨纵梁

（1）点击菜单栏"全选"；

（2）点击"菜单"→"结点/单元"→"单元的复制移动"；

（3）选择"任意间距"；

（4）方向选择"x"；

建立单跨中
部虚设梁

建立全桥模型

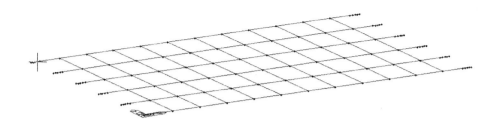

图 4-29　单跨梁(已建虚设梁)模型

(5) 在间距栏输入"3@2500"cm；

(6) 点击"适用"。

5. 建立第二跨至第四跨跨中虚设梁剩余虚设梁

(1) 点击"菜单"→"结点/单元"→"建立单元"；

(2) 材料选择 C50 无自重；

(3) 截面选择虚设梁 1.17(左)；

(4) 结点连接输入 1,106(全梁最左侧位置)；

(5) 点击"适用"；

(6) 截面选择虚设梁 2.34；

(7) 点击结点 21,126(左起第二永久支座位置)；

(8) 点击"适用"；

(9) 点击结点 146,246(左起第三永久支座位置)；

(10) 点击"适用"；

(11) 点击结点 266,366(左起第四永久支座位置)；

(12) 点击"适用"；

(13) 截面选择虚设梁 1.17(右)；

(14) 结点连接输入 386,486(全梁最右侧位置)；

(15) 点击"适用"，完成后如图 4-30 所示。

图 4-30　四跨连续梁模型

4.3.4　建立组

建立组是为了便利建模、修改和输出。例如，对于复杂的模型，当设计和分析中需要反复使用某些单元和结点时，可以将其定义为一个结构组，然后直接使用结构组名称进行选择(选择属性)、激活和钝化结构组(激活属性)。同时，定义的结构组、边界组、荷载组和钢束组

将用于施工阶段各组的激活和钝化，以表示施工过程中某些结构、钢束、边界条件等的安装和拆除。

建立结构组

1. 建立结构组

本模型建 8 个结构组，即简支梁 1、简支梁 2、简支梁 3、简支梁 4、现浇段 1、现浇段 2、现浇段 3、虚拟横梁（全）（所有虚拟横梁）。

（1）点击快捷菜单栏的工作目录树，按键位置如图 4-31 所示；

图 4-31 "工作目录树"位置

（2）左键点击"树形菜单"→"结构组"；

（3）右键点击"结构组"，选择"新建…"；

（4）在名称中输入"简支梁"，在后缀中输入"1to4"；

（5）点击"添加"；

（6）在名称中输入"现浇段"，在后缀中输入"1to3"；

（7）点击"添加"；

（8）在名称中输入"虚拟横梁"；

（9）点击"添加"；

（10）点击快捷菜单栏的单选；

（11）选择第一跨简支梁所在的所有单元和结点（见图 4-32）；或在结点输入栏输入"1to20 22to41 43to62 64to83 85to104 106to125"，在单元输入栏输入"1to19 21to39 41to59 61to79 81to99 101to119 121to175 701to705"；

（12）拖曳"组"→"结构组"→"简支梁 1"至图 4-32 图形显示框内，即可将第一跨的结点和单元建立成一个组；

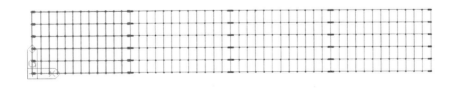

图 4-32 选择第一跨结点和单元

（13）同理定义其他各跨的结构组。

2. 建立边界组

本节建立 11 个边界组，即永久支座 1、永久支座 2、永久支座 3、永久支座 4、永久支座 5、临时支座 1、临时支座 2（左）、临时支座 2（右）、临时支座 3（左）、临时支座 3（右）、临时支座 4。

（1）左键点击"树形菜单"→"边界组"；

（2）右键点击"边界组"，选择"新建..."；

（3）在名称中输入"永久支座"；

（4）在后缀中输入"1to5"；

（5）点击"添加"；

建立边界组、荷
载组、钢束组

（6）临时支座 2、3 在体系转换时，建立临时支座 2（左），临时支座 2
（右），临时支座 3（左），临时支座 3（右），方便在不同施工阶段钝化。

3. 建立荷载组

本节建立 10 个荷载组，即自重、二期恒载、T1、T2、T3、N1、N2、N3、温度梯度（升）、温度
梯度（降）。

（1）左键点击"树形菜单"→"荷载组"；

（2）右键点击"荷载组"，选择"新建..."；

（3）在名称中输入"自重"；

（4）点击"添加"；

（5）在名称中输入"T"；

（6）在后缀中输入"1to3"；

（7）点击"添加"（此时可以添加 T1 至 T3）；

（8）同理添加二期恒载、预应力钢束 N1 至 N3 以及
温度梯度。

4. 建立钢束组

本节建立 6 个钢束组，即 T1、T2、T3、N1、N2、N3。

（1）左键点击"树形菜单"→"钢束组"；

（2）右键点击"钢束组"，选择"新建..."；

（3）在名称中输入"T"；

（4）在后缀中输入"1to3"；

（5）点击"添加"；

（6）同理添加 T2，T3，N1，N2，N3；

本节完成后，组列表如图 4-33 所示。

4.3.5　建立边界条件

边界条件中，Dx 表示沿 x 轴线位移，Rx 表示绕 x 轴
转动，Dy、Dz、Ry 和 Rz 同理。

本算例中，桥梁一联共四跨，在简支梁阶段，采用临
时支座；完成体系转换成连续梁后，采用永久支座。

以建立永久支座为例介绍支座的定义方法。所有永
久支座点如图 4-34 所示。

（1）点选结点"3、24、66、87、108"；

（2）点击"菜单"→"边界"→"一般支承"；

（3）在边界组选择"永久支座 1"；

图 4-33　树形菜单-组信息

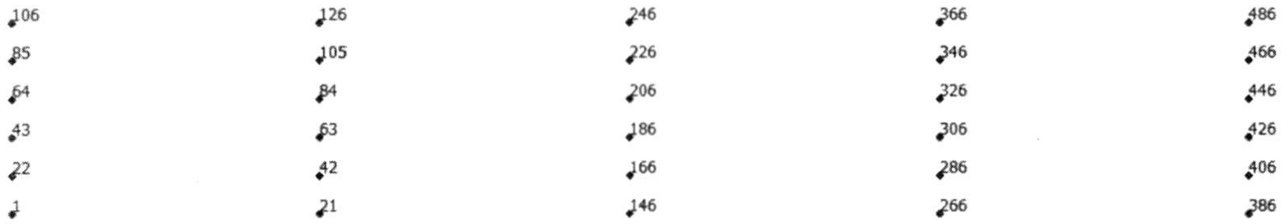

106	126	246	366	486
85	105	226	346	466
64	84	206	326	446
43	63	186	306	426
22	42	166	286	406
1	21	146	266	386

图 4-34　永久支座结点号示意

（4）勾选"Dz,Rx,Rz"；

（5）点击选择结点"45"；

（6）勾选"Dy,Dz,Rx,Rz"；

建立永久支
座边界条件

（7）点击"适用"，永久支座 1 边界条件示意如图 4-35 所示；永久支座 2
至永久支座 5 边界条件示意如图 4-36 至图 4-39 所示。

（8）点击"菜单"→"视图"→"激活全部"，或按下 Ctrl＋A；激活按键如
图 4-40 所示；

108	126	246	366	484
87	105	226	346	464
66	84	206	326	444
45	63	186	306	424
24	42	166	286	404
3	21	146	266	384

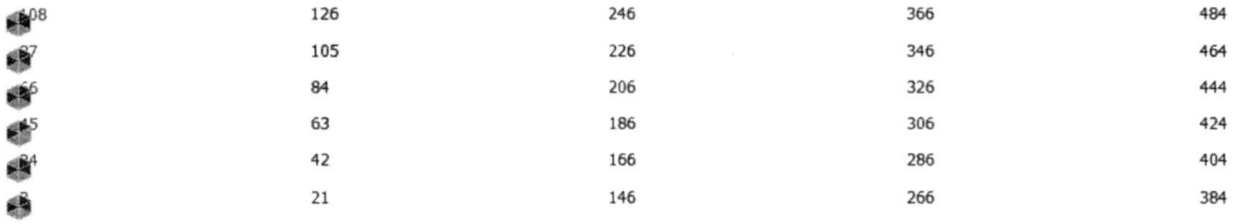

图 4-35　永久支座 1 边界条件示意

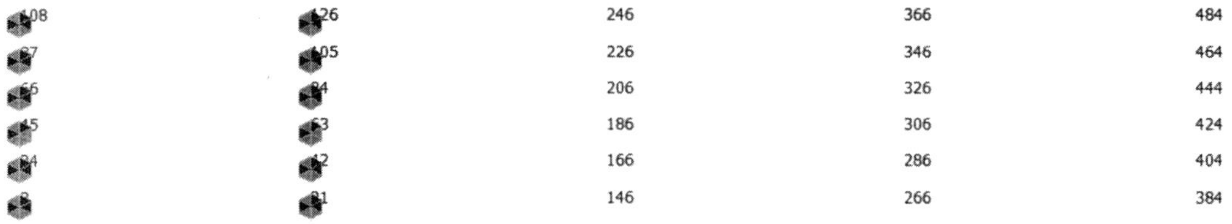

108	126	246	366	484
87	105	226	346	464
66	84	206	326	444
45	63	186	306	424
24	42	166	286	404
3	21	146	266	384

图 4-36　永久支座 2 边界条件示意

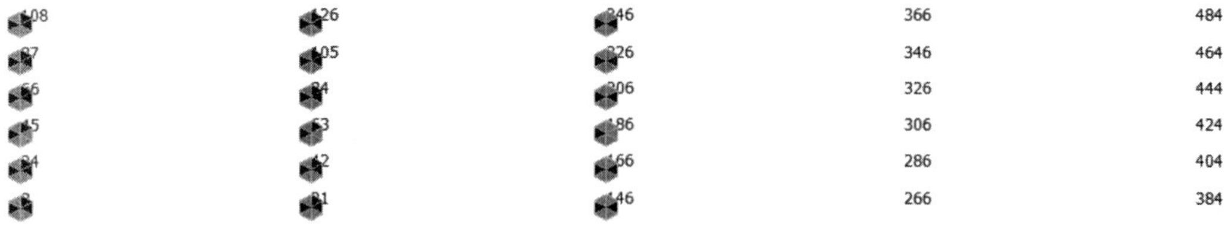

108	126	246	366	484
87	105	226	346	464
66	84	206	326	444
45	63	186	306	424
24	42	166	286	404
3	21	146	266	384

图 4-37　永久支座 3 边界条件示意

108	126	246	366	484
87	105	226	346	464
66	84	206	326	444
45	63	186	306	424
24	42	166	286	404
3	21	146	266	384

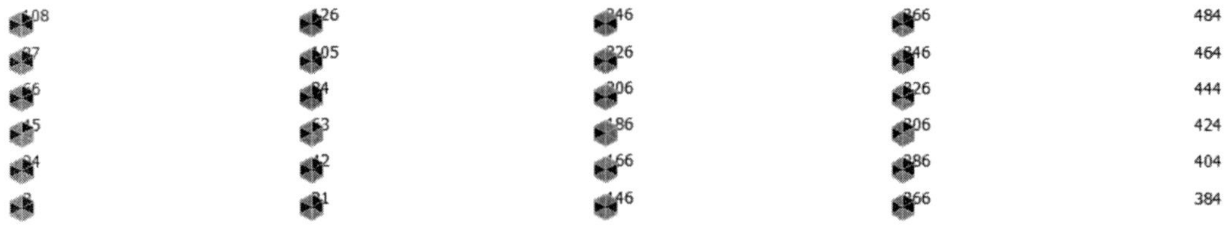

图 4-38　永久支座 4 边界条件示意

图 4-39　永久支座 5 边界条件示意

图 4-40　"激活全部"位置

（9）同理在支座位置的结点上添加临时支座。临时支座结点及边界条件如图 4-41 至图 4-44 所示。

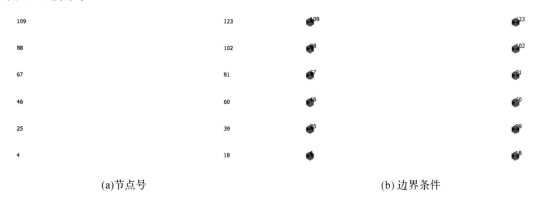

(a)节点号　　　　　　　　　　　　　(b)边界条件

图 4-41　临时支座 1 结点号及边界条件

(a)节点号　　　　　　　　　　　　　(b)边界条件

图 4-42　临时支座 2 结点号及边界条件

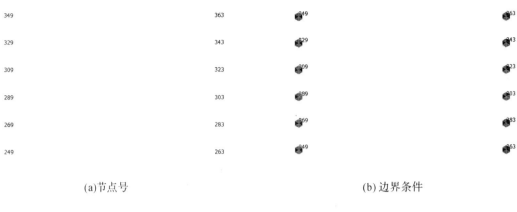

(a)节点号　　　　　　　　　　　　　　　　(b)边界条件

图 4-43　临时支座 3 结点号及边界条件

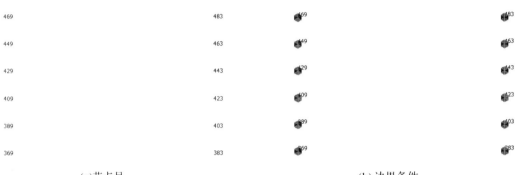

(a)节点号　　　　　　　　　　　　　　　　(b)边界条件

图 4-44　临时支座 4 结点号及边界条件

4.3.6　建立徐变/收缩模型

（1）点击"菜单"→"特性"→"徐变/收缩"，按键位置如图 4-45 所示；

图 4-45　"时间依存材料特性"→"徐变/收缩"位置

（2）点击"添加"；

（3）在名称中输入"C50"；

（4）在"28 天龄期混凝土立方体抗压强度标准值"中输入"50"MPa（＝ 50N/mm² ＝50000kN/m²）；

（5）在"环境年平均相对湿度"中输入"70％"；

建立收缩徐变

（6）构件理论厚度可填写一个较小值，这里填写了"0.001"m，这个数值可以通过下一步修改特性进行校对修正；

（7）水泥种类系数为"5"，收缩开始时的混凝土龄期为"3"day；

（8）点击"确定"，参数如图 4-46 所示；

图 4-46　徐变/收缩材料参数

（9）点击"菜单"→"特性"→"修改特性"（见图 4-47）；

图 4-47　"时间依存材料特性"→"修改特性"位置

（10）在"单元依存材料特性"中选择构件的理论厚度，选择自动计算；

（11）规范选择中国规范"a：0.5"；

（12）点击"快捷菜单栏"→"全选"；

（13）点击"适用"；

（14）点击"菜单"→"特性"→"材料连接"，按键位置如图 4-48 所示；

图 4-48　"时间依存材料特性"→"材料连接"位置

（15）在徐变和收缩中选择"C50"；

（16）在材料栏添加"C50"；

（17）点击"添加/编辑"。

4.4 结构内力计算

4.4.1 输入荷载

1. 建立静力荷载工况

定义荷载前要定义荷载工况。

建立静力
荷载工况

施工阶段荷载与其他荷载类型的区别:"施工阶段荷载"仅在施工阶段
作用,不在成桥阶段作用,而其他荷载类型既可以在施工阶段作用也可以在
成桥阶段作用。以自重为例,如果自重的荷载类型定义为"恒荷载",且自重荷载工况在施工
阶段被激活,那么在施工分析中,自重在施工阶段的作用累计在"恒荷载(CS)"中;在
POSTCS阶段(即成桥阶段),自重仍作为"恒荷载"作用在成桥模型上,其效应为"自重
(ST)"。但是自重的真实效应应该是考虑施工阶段的累加效应,即"恒荷载(CS)",而不是
"自重(ST)"。此时,如果采用自动生成荷载组合,那么"(CS)恒荷载"和"(ST)自重"作为两
个并列的荷载工况参与荷载组合,导致自重效应被重复考虑。因此,一般情况下,为了避免
荷载的重复组合,可将自重等荷载定义为施工阶段荷载。

(1)点击"菜单"→"荷载"→"静力荷载";

(2)点击"静力荷载工况",按键位置如图4-49所示;

图4-49 "静力荷载工况"位置

(3)名称输入"自重";

(4)工况中选择"所有荷载工况";

(5)类型中选择"施工阶段荷载(CS)";

(6)点击"添加";

(7)名称输入"二期恒载";

(8)工况中选择"所有荷载工况";

(9)类型中选择"施工阶段荷载(CS)";

(10)点击"添加",静力工况如图4-50所示;

(11)同理添加预应力钢束T1、T2、T3、N1、N2、N3等,采用施工阶段荷载。

2. 输入重力荷载

在静力荷载中,系统默认的混凝土材料容重为$25kN/m^3$;在实际工程中,钢筋混凝土容
重通常取为$26kN/m^3$,因此,输入自重系数时考虑重度的比值即1.04。

(1)点击"菜单"→"荷载"→"静力荷载",按键位置如图4-51所示;

(2)点击"自重";

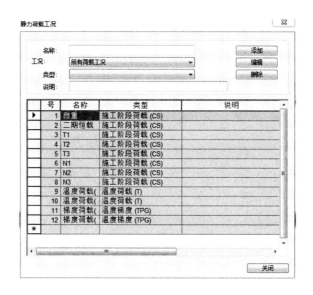

图 4-50　静力荷载工况内容

图 4-51　"自重"位置

（3）荷载工况名称选择"自重"；

（4）荷载组名称选择"自重"；

（5）自重系数栏"z:"内输入"－1.04"（表示方向向下）；

（6）点击"添加"，参数如图 4-52 所示。

3. 输入二期恒载

（1）在截面中，按住 Ctrl 键选择边梁 1、边梁 2、边梁 1-2、边梁 2-1、中
梁 1、中梁 2、中梁 1-2、中梁 2-1，点击"激活"，点击"全选"；

（2）点击"菜单"→"荷载"→"静力荷载"；

（3）选择梁荷载下的单元；

（4）荷载组名称选择"二期恒载"；

（5）选项栏选择"添加"；

（6）荷载类型栏选择"均布荷载"；

输入重力荷载

输入二期恒载

（7）这里不勾选偏心，是否勾选偏心对梁单元荷载的作用效应没有影响；

（8）数值选择"相对值"；

（9）X1 输入"0"；

（10）X2 输入"1"；

（11）W 输入"－15.25"kN/m（请注意此刻的单位需要是 kN 和 m），点击"适用"，参数
如图 4-53 所示。

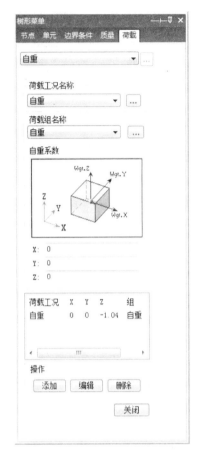

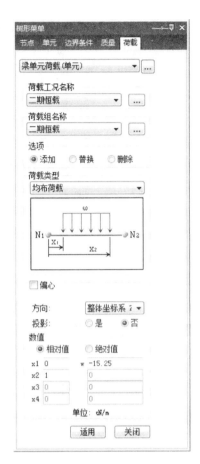

图 4-52　自重参数　　　　　　图 4-53　二期恒载参数

4. 输入温度荷载

计算温度作用时,应按照《公路桥涵设计通用规范》(JTG D60-2015)
4.3.12进行取值,竖向梯度温度如图 2-18 所示。这里介绍计算桥梁结构由
于竖向温度引起的效应。箱梁的梁高 H 大于 400mm,$A=300(\text{mm})$,分别
取 $T_1=14℃$,$T_2=5.5℃$。在 Midas 的温度计算中,截面类型选择"PSC 截
面"。此时,温度荷载实际作用 B 可自动取值,但是温度变化点的参考位置和对应温度值还
需手工输入。在两个温度变化点之间,程序截面沿高度自动按 0.1m 的高度分割后,自动输
入内插的温度值。所以,此处仅输入两组数据即可。截面偏心为顶对齐,梁截面温度梯度数
据为:

输入通度荷载

$B=$"截面",$H_1=0\text{m}$,$H_2=0.1\text{m}$,$T_1=14℃$,$T_2=5.5℃$;

$B=$"截面",$H_1=0.1\text{m}$,$H_2=0.4\text{m}$,$T_1=14℃$,$T_2=5.5℃$;

(1) 点击"菜单"→"荷载"→"温度/预应力";

(2) 点击"梁截面温度";

(3) 在荷载工况和荷载组中均选择"温度梯度(升)";

(4) 截面类型应选择"PSC 截面";

（5）勾选参考:"顶";

（6）B 选择:"截面";

（7）H1 输入"0"m;

（8）H2 输入"0.1"m;

（9）T1 输入"14"℃;

（10）T2 输入"5.5"℃;

（11）点击添加;

（12）H1 输入"0.1"m;

（13）H2 输入"0.4"m;

（14）T1 输入"5.5"℃;

（15）T2 输入"0"℃;

（16）点击"添加";

（17）同理添加降温工况。

梁截面温度输入对话框如图 4-54 和图 4-55 所示。

5. 输入移动荷载

建立移动荷载分为三个步骤:第一步定义并添加车辆荷载;第二步添加
车道线;第三步添加车辆荷载工况。

移动荷载可分为车道荷载和车辆荷载。两种荷载的分布范围不同,车
道荷载主要是沿行车方向,用于整体计算,如桥梁主梁计算。车辆荷载用于
局部计算,如横隔梁、行车道板、主梁桥面板等。

输入移动荷载

车道荷载在 Midas 模拟中可分为车道单元法和横梁联系梁法。车道单元法考虑偏心
影响后,将汽车荷载加载在车道线单元上。当定义车道单元类型时,竖向荷载（车辆荷载）以
及偏心所产生的扭矩仅加在车道参照单元上。车道单元法不考虑横向联系梁（本算例中仅
指虚设梁）的荷载分配效应。横向联系梁法是将汽车荷载加载在横向联系梁上,参考单元仅
作为确定偏心距离之用,汽车荷载加载在横向联系梁上,再根据车道线位置分配至两边的主
梁上。横向联系梁法考虑横向联系梁的荷载分配效应。

本算例简支转连续的小箱梁桥每一跨沿宽度方向由 6 片主梁和若干横隔板组成,纵梁
间横向联系必然使各片主梁在外荷载作用下参与受力的程度不同,随着移动荷载位置的变
化,某片主梁所承受的荷载也随之改变。因此,本算例采用横向联系梁法加载车道荷载。

在建立车道荷载时,需要分别建立正载工况和偏载工况。

这里要注意一点,横向联系梁法加载车道荷载需要左右都有纵梁才可以分配荷载。建
立车道荷载时,车轮横向间距为 1.8m,偏心距离为车辆间距的中心线位置。因此,在建立偏
载车道时,若当最外缘车道的偏心距离小于 0.9m 时,则车轮线无法在纵梁上显示,系统会
提示:车道线有误,没有与横梁的交叉点,此时需要在边梁上建立虚拟横梁和纵梁。本案例
中,最外缘的偏载车道距离边梁 0.9m,可不建立虚拟纵梁。

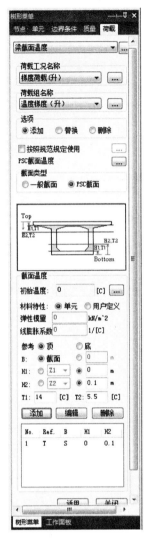 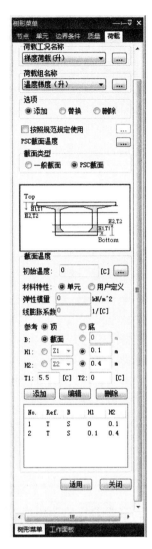

图 4-54　梁截面温度(4～5.5℃)　　　图 4-55　梁截面温度(0～5.5℃)

以正载工况为例,车辆轮间距为 1.8m,车辆间距为 1.3m,集中荷载间距为 3.1m(3.1m＝1.8m/2＋1.3m＋1.8m/2),车辆正载布置如图 4-56 所示,车辆偏载布置如图 4-57 所示。

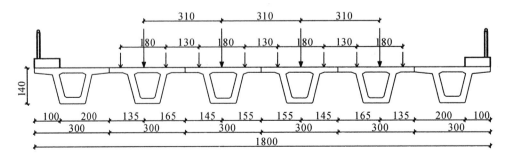

图 4-56　车辆正载布置图(单位:cm)

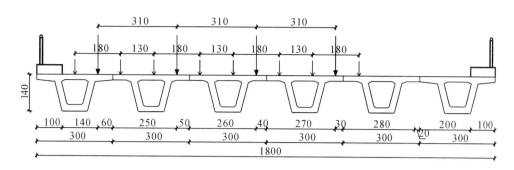

图 4-57 车辆偏载布置图(单位:cm)

(1) 新建一个结构组为"虚拟横梁(全)",将所有虚拟横梁加入该结构组;
(2) 点击"菜单"→"荷载"→"移动荷载";
(3) 移动荷载规范选择"China";
(4) 点击"菜单"→"荷载"→"移动荷载"→"车辆",点击"添加标准车辆";
(5) 添加车辆荷载选择"CH-CD",点击"确认",如图 4-58 所示定义单车道荷载;添加车辆荷载选择"CH-CL",点击"确认";
(6) 如图 4-59 所示定义车辆荷载形式;

定义车辆荷载

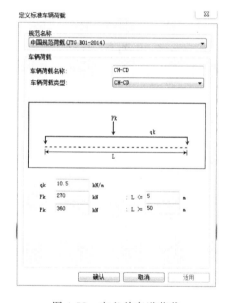

图 4-58 定义单车道荷载

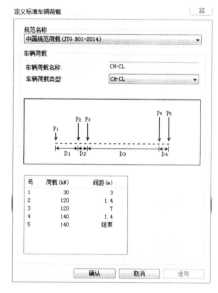

图 4-59 定义车辆荷载形式

(7) 点击"菜单"→"荷载"→"移动荷载"→"交通车道线",点击"添加";
(8) 车道名称输入"LANE1";
(9) 偏心距离选择"0.2m";
(10) 桥梁跨度选择"100m";
(11) 车辆荷载的分布选择"横向联系梁";
(12) 横向联系梁组选择"虚拟横梁(全)";

（13）车辆移动方向选择"往返"；

（14）选择"两点"；

（15）点击结点 22,406（第二片梁的左右两端）；

（16）点击"确定"；

（17）点击"菜单"→"荷载"→"移动荷载"→"交通车道线"，点击"添加"；

（18）车道名称输入"LANE2"；

（19）偏心距离选择"0.1"m；

（20）桥梁跨度选择"100"m；

（21）车辆荷载的分布选择"横向联系梁"；

（22）横向联系梁组选择"虚拟横梁（全）"；

（23）车辆移动方向选择"往返"；

（24）选择"两点"；

（25）点击结点 43,426（第三片梁的左右两端）；

（26）点击"确定"；

（27）点击"菜单"→"荷载"→"移动荷载"→"交通车道线"，点击"添加"；

（28）车道名称输入 LANE3；

（29）偏心距离选择"−0.1"m；

（30）桥梁跨度选择"100"m；

（31）车辆荷载的分布选择"横向联系梁"；

（32）横向联系梁组选择"虚拟横梁（全）"；

（33）车辆移动方向选择"往返"；

（34）选择"两点"；

（35）点击结点 64,446（第四片梁的左右两端）；

（36）点击"确定"；

（37）点击"菜单"→"荷载"→"移动荷载"→"交通车道线"，点击"添加"；

（38）车道名称输入 LANE4；

（39）偏心距离选择"−0.2"m；

（40）桥梁跨度选择"100"m；

（41）车辆荷载的分布选择"横向联系梁"；

（42）横向联系梁组选择"虚拟横梁（全）"；

（43）车辆移动方向选择"往返"；

（44）选择"两点"；

（45）点击结点 85,466（第五片梁的左右两端）；

（46）点击"确定"；加载车道示意如图 4-60 所示；

（47）点击"菜单"→"荷载"→"移动荷载"→"移动荷载工况"；

（48）点击"添加"；

（49）荷载工况名称为"车道荷载正载"；

（50）组合选择选择"组合"；

（51）点击"添加"；

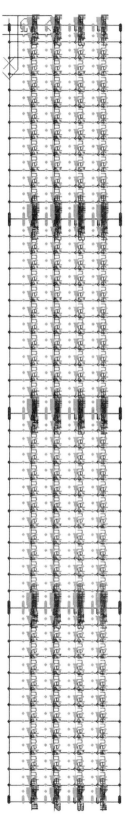

图 4-60　加载车道示意

（52）车道组选择"CH-CD(车道荷载)"；

（53）选择加载的最多车道数为"4"；

（54）添加车道"LANE1"，"LANE2"，"LANE3"，"LANE4"；

（55）点击确认，移动荷载工况如图4-61所示；

（56）同理添加偏载车道荷载工况。

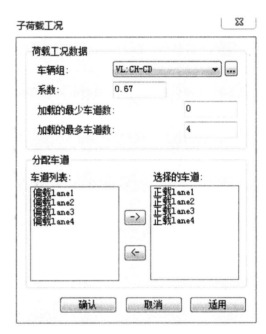

图 4-61　添加车辆荷载工况

4.4.2　分析结构基频

为计算冲击系数，先分析结构基频。

1. 输入施工阶段

（1）点击"菜单"→"荷载"→"施工阶段"→"定义施工阶段"；

（2）点击"添加"；

（3）在名称中输入"无预应力一次成桥"；

（4）在单元组列表，按住 Shift，点击"简支梁1、简支梁2、简支梁3、简支梁4、现浇段1、现浇段2、现浇段3、虚拟横梁(全)"，点击激活框下面的"添加"，如图4-62所示；

（5）在边界组列表，按住 Shift，选择"永久支座1、永久支座2、永久支座3、永久支座4、永久支座5"，点："变形前"，点击激活框下面的"添加"，如图4-63所示；

分析结构基频

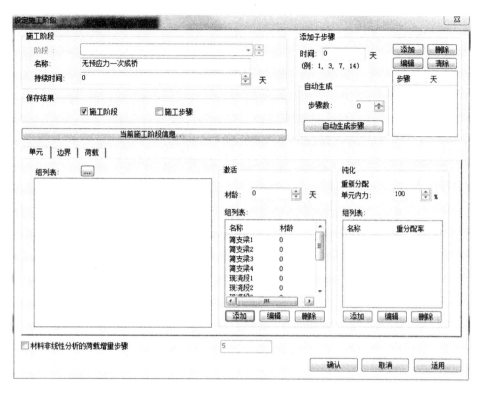

图 4-62　设定无预应力一次成桥施工阶段单元

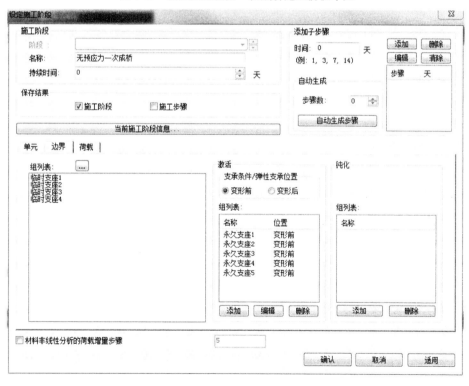

图 4-63　设定无预应力一次成桥施工阶段边界

（6）在荷载组列表，选择"自重"，选择激活时间在"开始"，点击激活框下面的"添加"；

（7）在荷载组列表，选择"二期恒载"，选择激活时间在"最后"，点击激活框下面的"添加"，如图 4-64 所示；

（8）点击"确认"。

图 4-64　设定无预应力一次成桥施工阶段荷载

2. 分析计算

（1）点击"菜单"→"结构"→"结构类型"；

（2）勾选"将自重转换为质量"→"转换为 X,Y,Z"；

（3）点击"确认"，如图 4-65 所示。

（4）点击"菜单"→"分析"→"主控数据"；

（5）模型采用截面偏心，偏心位置为中-上部，需要勾选当分析主控数据里面的"修改变截面局部坐标轴进行内力/应力计算"，如图 4-66 所示；

（6）点击"确定"；

（7）点击"菜单"→"分析"→"特征值"；

（8）在分析类型中选择"Lanczos"；

（9）在子空间迭代法的振型数量中输入"10"，如图 4-67 所示；

（10）点击"确认"；

（11）点击"分析"→"运行分析"。

3. 查看结构基频计算结果

（1）点击"结果"→"结果表格"→"周期与振型"；

图 4-65 设定结构类型

图 4-66 设定主控数据

（2）在"激活记录窗口"→"特征值模态"，勾选"模态 1－模态 10"；

（3）点击"确认"；

（4）在结果－特征值模态的窗口（见图 4-68），查看得到桥梁的各阶振动频率；

（5）第一阶固有频率为 4.369831Hz；

图 4-67　设定特征值分析控制

节点	模态	UX	UY	UZ	RX	RY	RZ
				特征值分析			

模态号	频率		周期	容许误差			
	(rad/sec)	(cycle/sec)	(sec)				
1	27.456450	4.369830	0.228842	5.2566e-082			
2	32.032184	5.098080	0.196152	2.4977e-072			
3	35.833355	5.703056	0.175345	1.6426e-066			
4	38.683013	6.156593	0.162428	5.7729e-062			
5	42.252786	6.724740	0.148705	2.4042e-057			
6	48.850413	7.774785	0.128621	1.4453e-048			
7	53.128957	8.455736	0.118263	9.5622e-043			
8	54.364751	8.652419	0.115575	5.8002e-041			
9	55.029420	8.758204	0.114179	2.4641e-040			
10	58.534019	9.315978	0.107342	3.7420e-038			

| | | | | 振型参与质量 | | | |

模态号	TRAN-X		TRAN-Y		TRAN-Z		ROTN-X		ROTN-Y		ROTN-Z	
	质量(%)	合计(%)	质量(%)	合计(%)	质量(%)	合计(%)	质量(%)	合计(%)	质量(%)	合计(%)	质量(%)	合计(%)
1	0.85	0.85	0.00	0.00	0.00	0.00	0.00	0.00	14.42	14.42	0.00	0.00
2	0.00	0.85	0.00	0.00	11.40	11.40	0.00	0.00	0.00	14.42	0.00	0.00
3	0.00	0.85	0.00	0.00	0.00	11.40	0.00	0.00	0.00	14.42	0.00	0.00
4	0.00	0.85	0.00	0.00	0.00	11.40	11.26	11.26	0.00	14.42	0.00	0.00
5	1.50	2.35	0.00	0.00	0.00	11.40	0.00	11.26	54.80	69.22	0.00	0.00
6	0.00	2.35	0.00	0.00	0.00	11.40	0.00	11.26	0.00	69.22	0.03	0.03

特征值模态 ／振型参与向量／

MIDAS/Civil ＼ 结果-[特征值模态]

图 4-68　结构特征值模态

4.4.3　估算预应力钢束数量

按正常使用极限状态正截面抗裂要求估算预应力钢束数量,这里以估算中跨跨中截面下缘所需预应力钢筋为例:

(1)点击"菜单"→"分析"→"移动荷载"。

(2)f 输入"4.369831Hz"。

(3)点击"分析"→"运行分析"。

(4)点击"菜单"→"结果"→"荷载组合"。

(5)在组合中点击"混凝土设计",点击"自动生成",选择正常使用频遇组合中包含车道

偏载和温度升温的组合:1.0 恒荷载+1.0 徐变二次+1.0 收缩二次+0.5623 车道荷载偏载
+0.8 温度效应(升温和降温各一个组合)。这里需注意,采用施工阶段分析,且自重是在施工阶段激活参与作用,但自重荷载工况的类型没有选择"施工阶段荷载",那么在进行荷载组合时,不能使用程序自动生成荷载组合,否则自重效应会被重复组合;在荷载组合中,推荐在组合中使用 Midas 的自动生成组合。

(6) 点击"菜单"→"结果"→"结果表格"→"梁单元"→"内力和应力"。

(7) 在单元中输入 10(第一跨跨中位置)。

(8) 在荷载工况/荷载组合中勾选刚才定义的荷载工况(正常使用频遇组合)。

(9) 位置勾选 J(跨中截面,单元 10 的右结点),结果如表 4-4 单元 10 内力组合:$M_s=$ 3928.86kN·m。按照构件正截面抗裂性要求估算边跨跨中预应力钢筋数量:

$$\frac{M_s}{W}-0.85N_{pe}\left(\frac{1}{A}+\frac{e_p}{W}\right)\leqslant 0$$

表 4-4　单元 10 内力组合

单元	位置	轴向/kN	剪力-y/kN	剪力-z/kN	扭矩/kNm	弯矩-y/(kN·m)	弯矩-z/(kN·m)
10	J	64.63	15.30	194.37	31.45	3928.86	44.32
10	J	−95.18	−16.65	−57.18	−29.06	2594.55	−48.59
10	J	−95.18	−16.65	194.37	31.45	3928.86	−48.59

截面特性分别为 $I=0.2834543\text{m}^4$,$A=1.243944\text{m}^2$,$y_s=C_{zp}=0.4888537\text{m}$,$y_x=C_{zn}=0.9111463\text{m}$,取预应力钢筋重心距下缘距离为0.1m,预应力钢筋的合力作用点至截面重心轴的距离为 $e_s=y_s-0.1=0.9111463-0.1=0.8111463\text{m}$。

$$W_x=\frac{I}{y_x}=\frac{0.2834543}{0.9111463}=0.3110963629\text{m}^3$$

则:$N_{pe}\geqslant\dfrac{M_s}{0.85W\left(\dfrac{1}{A}+\dfrac{e_p}{W}\right)}$

$$=\frac{3928.86\text{kN·m}}{0.85\times0.3110963629\text{m}^3\times\left(\dfrac{1}{1.243944\text{m}^2}+\dfrac{0.8111463\text{m}}{0.3110963629\text{m}^3}\right)}=4355.48(\text{kN})$$

$$A_p=\frac{N_{pe}}{(1-0.2)\sigma_{con}}=\frac{4355.48kN}{0.8\times1302M_{pa}}=4181.529\text{mm}^4$$

取每一束预应力筋 6 股,则预应力钢筋束数为 6 束$\left(\dfrac{4181.529}{6\times139}\right)$,取下缘共 6 束钢筋。

小箱梁预应力束布置如图 4-69 至图 4-71 所示。

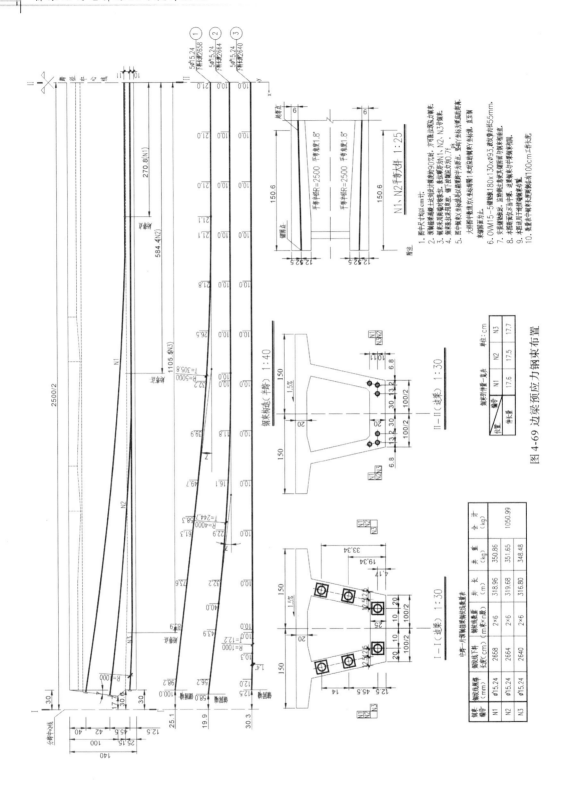

图4-69 边梁预应力钢束布置

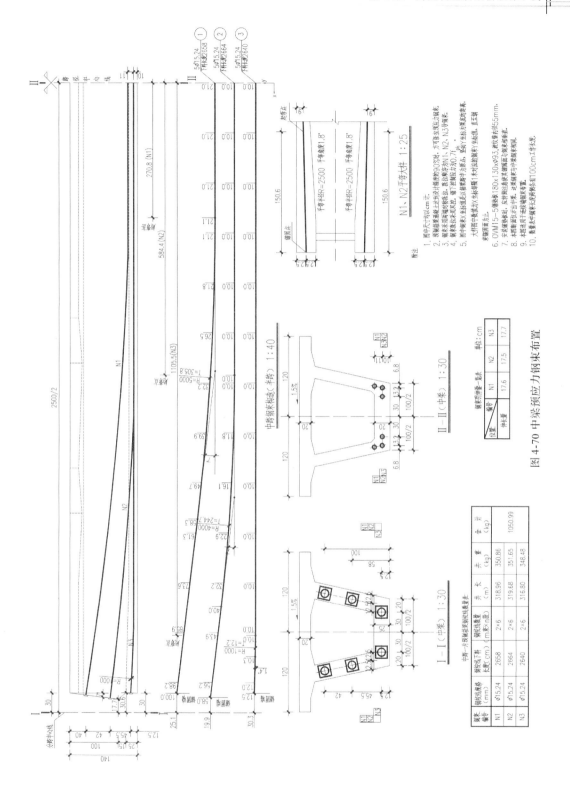

图 4-70　中梁预应力钢束布置

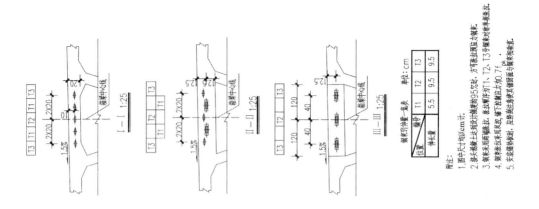

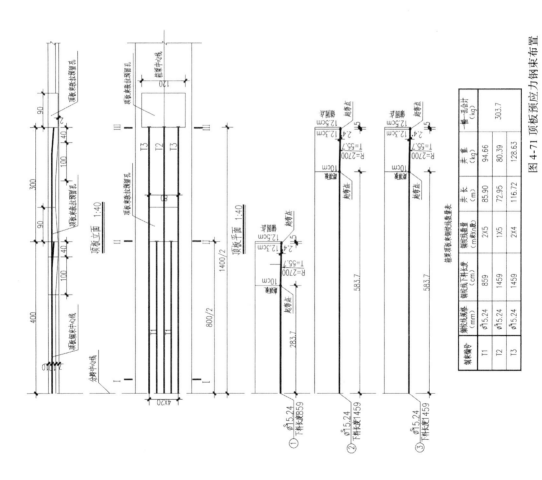

图 4-71 顶板预应力钢束布置

4.5　结构安全验算

4.5.1　输入预应力钢束

这里以底板预应力束的建立方法为例进行说明,顶板预应力钢束可按照此方法输入。

建立钢束特性

1. 建立钢束特性

(1) 点击"荷载"→"温度/预应力"→"钢束特性",按键位置如图 4-72 所示;

图 4-72　"钢束特性"位置图

(2) 点击"添加";

(3) 钢束名称输入"N";

(4) 钢束类型输入"内部(后张)";

(5) 材料选择"Strand1860";

(6) 钢束总面积选择"15.2mm",输入根数"6";

(7) 点击"确认";

(8) 导管直径输入"0.055m";

(9) 钢束松弛系数选择"JTG04";

(10) 预应力钢筋与管道壁的摩擦系数取"0.15";

(11) 管道每米局部偏差的摩擦影响系数取"0.0015"1/m;

(12) 点击"确认"(见图 4-73);

(13) 同理按图纸添加顶板钢束 T1、T2、T3。

2. 建立单根钢束形状

建立钢束形状共有两种方法:方法 1 是通过钢束形状定义;方法 2 是通过 CAD 画图后导入钢束形状生成器。

方法 1

(1) 点击"菜单"→"荷载"→"温度/预应力";

(2) 点击"钢束形状";

(3) 点击"添加";

建立钢束形状

(4) 钢束名称输入"N1-1";

(5) 在组中选择"N1";

(6) 钢束特性值选择"N";

(7) 分配单元选择"2to18";

(8) 选择"2-D";

图 4-73　钢束特性值参数

（9）曲线类型选择"圆弧"；

（10）在 X-Y 平面输入表 4-5 中数据；

表 4-5　N1 钢束 X-Y 平面

序号	X/cm	Y/cm	R/cm	倾斜	A/deg	h/cm	r/cm
1	0.2510	0.3750	0.00	无	0.00	0.00	0.00
2	0.9722	0.3977	0.00	无	0.00	0.00	0.00
3	1.3647	0.4100	25.00	无	0.00	0.00	0.00
4	1.7575	0.4100	0.00	无	0.00	0.00	0.00
5	23.2426	0.4100	0.00	无	0.00	0.00	0.00
6	23.6353	0.4100	25.00	无	0.00	0.00	0.00
7	24.0278	0.3977	0.00	无	0.00	0.00	0.00
8	24.7490	0.3750	0.00	无	0.00	0.00	0.00

（11）在 X-Z 平面输入表 4-6 中数据；

表 4-6　N1 钢束 X-Z 平面

序号	X/m	Z/m	R/m	倾斜	A/deg	h/m	r/m
1	0.2510	−0.4000	0.00	无	0.00	0.00	0.00
2	3.6497	−0.8173	0.00	无	0.00	0.00	0.00
3	6.6850	−1.1900	50.00	无	0.00	0.00	0.00
4	9.7432	−1.1900	0.00	无	0.00	0.00	0.00
5	15.2568	−1.1900	0.00	无	0.00	0.00	0.00
6	18.3150	−1.1900	50.00	无	0.00	0.00	0.00
7	21.3503	−0.8173	0.00	无	0.00	0.00	0.00
8	24.7490	−0.4000	0.00	无	0.00	0.00	0.00

（12）点击"确认"（见图 4-74）；

图 4-74 钢束形状参数

（13）同理添加 N2,N3。

方法 2

在 AutoCAD 中画出钢筋的平面布置图和立面布置图,使用合并（JOIN）将绘制的线段连成多段线,同时在 CAD 图纸中标出起始点（0,0,0）的位置。绘图尺寸需与 Midas 中尺寸匹配并保存为 DXF 文件。

（1）点击"菜单"→"工具"→"钢束形状生成器",按键位置如图 4-75 所示；

图 4-75 "钢束形状生成器"位置

（2）点击"搜索"，打开保存的 DXF 文件；

（3）选择所有图层到右侧；

（4）在钢束名称中输入"N1"；

（5）钢束特性值输入"N"；

（6）分配单元输入"2to19"；

（7）曲线类型选择"圆弧"；

（8）在 X－Z 平面内点击"选择 XZ 起始点"，点击与 Midas 模型中结点(0,0,0)对应的位置点，在顶点出现一个红色的圆圈，再选择 XZ 起始点显示为√即可；

（9）点击选择"竖弯形状"；

（10）点击"竖弯曲线"，竖弯曲线会显示为红色，在选择竖弯形状处会显示选择的曲线数目；

（11）在 X－Y 平面内点击"选择 XY 起始点"，点击与 Midas 模型中结点(0,0,0)对应的位置点，在顶点出现一个黄色的圆圈，再选择 XY 起始点显示为√即可；

（12）点击选择"竖弯形状"；

（13）点击"竖弯曲线"，竖弯曲线会显示为黄色，再选择竖弯形状处会显示选择的曲线数目，如图 4-76 所示；

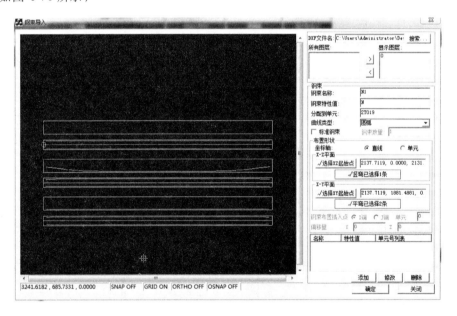

图 4-76　导入钢束 N1

（14）点击"添加"；

（15）修改钢束名称为 N2，重新选择起始点及竖弯、平弯形状，点击"添加"，如图 4-77 所示，同理添加 N3，如图 4-78 所示；

（16）点击"确认"，此时会跳出一个 mct 文件（见图 4-79），复制全部内容；

（17）打开 Midas；

复制钢束

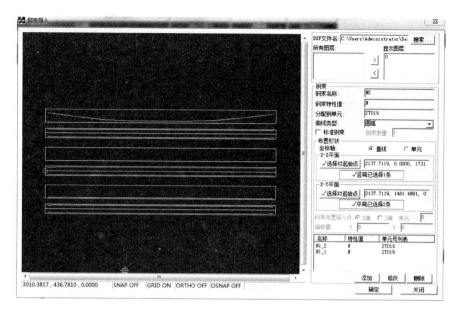

图 4-77 导入钢束 N2

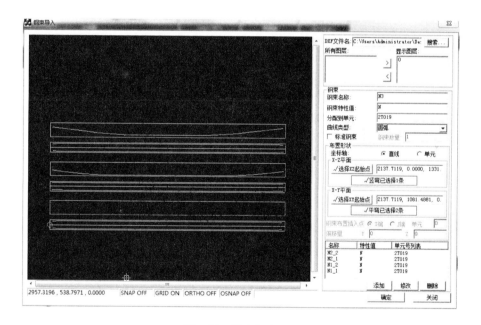

图 4-78 导入钢束 N3

（18）点击"菜单"→"工具"→"MCT 命令窗口"，位置如图 4-80 所示；

（19）将内容粘贴进框内，如图 4-81 所示，点击"运行"；

（20）此时输入的钢束未分组，可手动修改；

（21）右键点击"N1_1"→"特性"；

（22）在组中选择"N1"；

（23）点击"确认"；

（24）同理修改其他钢束。

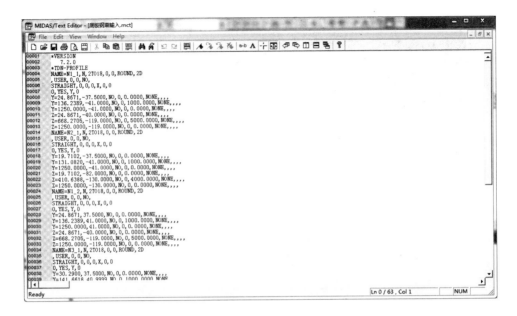

图 4-79 弹出钢束 MCT 文件图

图 4-80 "MCT 命令窗口"位置示意

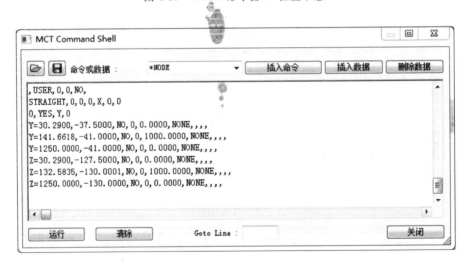

图 4-81 MCT 命令窗口导入数据

3. 复制钢束

（1）点击"菜单"→"荷载"→"温度/预应力"→"钢束形状"；

（2）点击 N 相关的钢束,点击"复制与移动"；

（3）选项为"复制"；

（4）间距为"0,300,0"cm,注意这里的逗号必须为英文字符的逗号；

（5）不勾选"分配当前单元",如图 4-82 所示；

（6）点击"确定"；

（7）点击"复制与移动"；

（8）间距为"0,600,0"cm；

（9）不勾选"分配当前单元"；

（10）点击"确定"；

（11）点击"复制与移动"；

（12）间距为"0,900,0"cm；

（13）不勾选"分配当前单元"；

（14）点击"确定"；

（15）点击"复制与移动"；

（16）间距为"0,1200,0"cm；

（17）不勾选"分配当前单元"；

（18）点击"确定"；

图 4-82　复制移动钢束形状窗口

（19）点击"复制与移动"；

（20）间距为"0,1500,0"cm；

（21）不勾选"分配当前单元"；

（22）点击"确定"；

（23）按住 Shift 点选所有钢束；

（24）点击"复制与移动"；

（25）间距为"0,2500,0"cm；

（26）不勾选"分配当前单元"；

（27）点击"确定"；

（28）点击"复制与移动"；

（29）间距为"0,5000,0"cm；

（30）不勾选"分配当前单元"；

（31）点击"确定"；

（32）点击"复制与移动"；

（33）间距为"0,7500,0"cm；

（34）不勾选"分配当前单元"；

（35）点击"确定"；

（36）其他截面的预应力钢筋可以通过该方法复制移动后修改名称及分组；

（37）所有截面添加后,全桥钢车模型如图 4-83 所示。

4. 添加预应力钢束荷载

（1）点击"菜单"→"荷载"→"温度/预应力"→"钢束预应力",按键位置如图 4-84 所示；

（2）在荷载工况名称中选择"N1"；

（3）在荷载组名称中选择"N1"；

图 4-83　添加钢束后模型

图 4-84　"钢束预应力"位置

（4）选择需要加载的所有 N1 预应力钢束，添加至右边；

（5）在张拉力中选择"应力"；

（6）先张拉"两端"；

（7）在开始点和结束点输入"1302"N/mm²（1860×0.7＝1302N/mm²）；

添加钢束荷载

（8）点击"添加"；

（9）同理添加其他钢束的预应力荷载。

4.5.2　建立施工阶段

（1）点击"菜单"→"荷载"→"施工阶段"→"定义施工阶段"；

（2）点击"添加"；

建立施工阶段

（3）在名称中输入"阶段 1"；

（4）在持续时间中输入"7"天；

（5）在单元组列表，按住 Shift 选择"简支梁 1 至简支梁 4"，选择"激活"→材龄→"7"天，点击"添加"；

（6）在边界组列表，按住 Shift 选择"临时支座 1，临时支座 2（左），临时支座 2（右），临时支座 3（左），临时支座 3（右），临时支座 4"，选择"激活"→"支撑条件/弹性支撑位置下"→"变形前"，点击"添加"；

（7）在荷载组列表，选择"自重、N1、N2、N3"，选择"激活"→"激活时间"→"开始"，点击"添加"；

（8）点击"适用"；

（9）在名称中输入"阶段 2"；

（10）在持续时间中输入"7"天；

（11）在单元组列表选择"现浇段 1、现浇段 3"，选择"激活"→材龄→"7"天，点击"添加"；

（12）在荷载组列表，选择"T1、T2、T3"，选择"激活"→"激活时间"→"开始"，点击"添

加";

（13）在边界组列表，按住 Shift 选择"临时支座 1，临时支座 2（左），临时支座 3（右），临时支座 4"，点击钝化框下面的"添加"；

（14）在边界组列表，按住 Shift 选择"永久支座 1，永久支座 2，永久支座 4，永久支座 5"，选择"激活"→"支撑条件/弹性支撑位置下"→"变形后"，点击"添加"；

（15）点击"适用"；

（16）在名称中输入"阶段 3"；

（17）在持续时间中输入"7"天；

（18）在单元组列表选择"现浇段 2、虚拟横梁（全）"，选择"激活"→材龄→"7"天，点击"添加"；

（19）在边界组列表，按住 Shift 选择"临时支座 1 至临时支座 4"，点击钝化框下面的"添加"；

（20）在边界组列表，按住 Shift 选择"永久支座 1 至永久支座 5"，选择"激活"→"支撑条件/弹性支撑位置下"→"变形后"，点击"添加"；

（21）点击"适用"；

（22）在名称中输入"阶段 4"；

（23）在荷载组列表，选择"二期恒载及温度"，选择"激活时间在开始"，点击激活框下面的"添加"；

（24）点击"确认"；

（25）点击"菜单"→"分析"→"施工阶段"；

（26）最终阶段选择"最后阶段"；

（27）索预拉力控制选择"体内力"，如图 4-85 所示；

（28）点击"确认"。

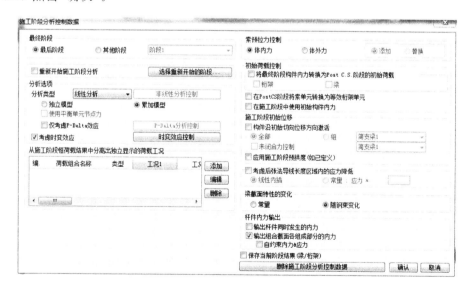

图 4-85　施工阶段分析控制数据

4.5.3 查看计算结果

Midas 在进行施工阶段分析时，自动将所有施工阶段作用的荷载组合成一个荷载工况"CS:恒荷载"；如果想查看某个或某几个施工阶段恒荷载的效应，可以将这些荷载工况从"CS:恒荷载"分离出来，生成荷载工况"CS:施工荷载"；钢束预应力、收缩徐变所产生的直接效应程序自动生成荷载工况"CS:钢束一次"、"CS:收缩一次"、"CS:徐变一次"，由于结构超静定引起的钢束预应力二次效应、收缩徐变二次效应，程序自动生成荷载工况"CS:钢束二次"、"CS:收缩二次"、"CS:徐变二次"；"CS:合计"表示所有施工荷载的效应。

上述程序自动生成的"CS"荷载工况仅适用于施工阶段结果的查看，在成桥阶段结果查看时只能通过荷载组合的方式来查看"CS"施工阶段荷载的效应。这里需要注意的是，对于收缩徐变效应，在查看位移时，需查看"CS:收缩一次"和"CS:徐变一次"，而在查看结构内力和应力时，需查看"CS:收缩二次"和"CS:徐变二次"。

（1）点击"分析"→"运行分析"，运行时可查看信息窗口中是否出现warning 的提醒，完成后，信息窗口会提示 YOUR MIDAS JOB IS SUC-CESSFULLY COMPLETED；

运行分析

（2）点击"结果"→"荷载组合"；

（3）选择"混凝土设计"，点击"自动生成"（见图 4-86）；

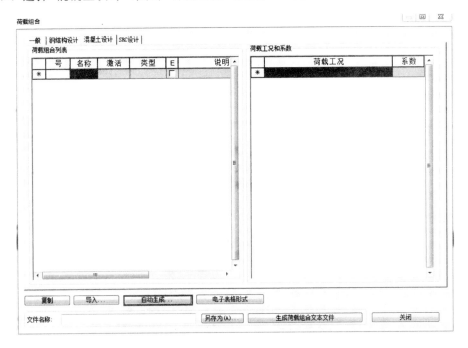

图 4-86 "荷载组合"→"自动生成"位置

（4）规范为混凝土，设计规范为"JTG D60－15"，点击"确认"（见图 4-87）；

（5）在荷载组合－混凝土设计中，可查看各种组合情况下的荷载工况和系数（见图 4-88）；

（6）点击"菜单"→"PSC"，位置如图 4-89 所示；

图 4-87　"选择荷载组合"规范

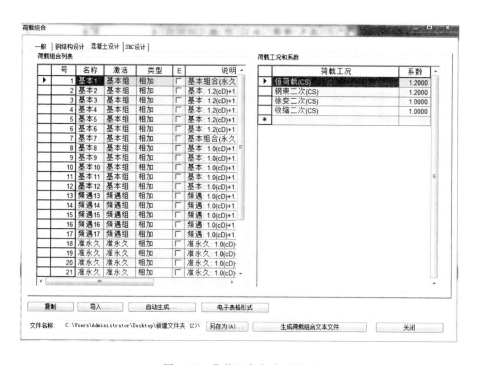

图 4-88　荷载组合完成后界面

（7）选择 JTG D62-2004，这里注意，在材料特性值、钢束特性及此处，需要全部选择相同的规范，否则将会运行失败；

（8）点击"菜单"→"PSC"→"PSC 设计材料"；

（9）点击"第一行"；

图 4-89　"PSC"位置

（10）设计规范均选择"JTG04"，修改相应的混凝土及钢材后点击"编辑"，如图 4-90 所示；

PSC 设计

图 4-90　编辑钢筋混凝土材料特性

（11）点击"菜单"→"PSC"→"输出/位置"；

（12）选择设计位置，选择"I&J"，点击"适用"；

（13）同理选择输出位置，统一选择"I&J"，点击"适用"；

（14）点击"菜单"→"PSC"→"PSC 裂缝宽度系数"；

（15）按图 4-91"PSC 裂缝宽度系数"输入后，点击"适用"。

（16）点击"菜单"→"PSC"→"运行分析"→"梁设计"，位置如图 4-92 所示。

（17）运行完成后可以点击"菜单"→"PSC"→"结果"，查看相应组合下的情况（见图 4-93）。

（18）点击"施工阶段法向压应力验算"；设计结果表格中混凝土应力压为正，拉为负。表格中验算栏显示为 OK，表示验算通过；施工阶段法向压应力验算结果如图 4-94 所示；其中，各符号用法如下：

Sig_T：截面上端应力

Sig_B：截面下端应力

Sig_TL：截面左上端应力

Sig_BL：截面左下端应力

Sig_TR：截面右上端应力

Sig_BR：截面右下端应力

图 4-91   PSC 裂缝宽度系数

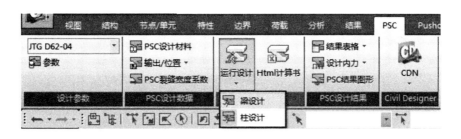

图 4-92   "PSC"→"梁设计"位置

图 4-93   "PSC"→"结果表格"位置

单元	位置	最大最小	阶段	验算	Sig_T (N/mm^2)	Sig_B (N/mm^2)	Sig_TL (N/mm^2)	Sig_BL (N/mm^2)	Sig_TR (N/mm^2)	Sig_BR (N/mm^2)	Sig_MAX (N/mm^2)	Sig_ALW (N/mm^2)
2	I[2]	最小	阶段3	OK	-0.0025	0.0026	-0.0016	0.0039	-0.0065	0.0012	-0.0065	-1.4840
2	I[2]	最大	阶段4	OK	2.5244	0.8272	2.5304	0.8057	2.5185	0.8018	2.5304	18.1440
2	J[3]	最小	阶段4	OK	-0.6388	7.9206	-0.6447	7.8545	-0.6330	7.8583	-0.6447	-1.4840
2	J[3]	最大	阶段4	OK	1.9059	8.6804	1.9117	8.5953	1.9001	8.5915	8.6804	18.1440
3	I[3]	最小	阶段3	OK	1.0361	8.5051	1.0201	8.4439	1.0522	8.4544	1.0201	-1.4840
3	I[3]	最大	阶段1	OK	3.5933	9.3111	3.5766	9.2266	3.6100	9.2375	9.3111	18.1440
3	J[4]	最小	阶段1	OK	3.6101	9.2865	3.5934	9.2023	3.6268	9.2133	9.2865	18.1440
3	J[4]	最大	阶段1	OK	0.8740	8.8195	0.8684	8.7581	0.8796	8.7618	0.8684	-1.4840
4	I[4]	最小	阶段1	OK	0.8736	8.8191	0.8769	8.7606	0.8703	8.7584	0.8703	-1.4840
4	I[4]	最大	阶段1	OK	3.6101	9.2865	3.5938	9.2024	3.6265	9.2131	9.2865	18.1440
4	J[5]	最小	阶段1	OK	0.8375	8.8762	0.8411	8.8172	0.8338	8.8148	0.8338	-1.4840
4	J[5]	最大	阶段4	OK	3.6248	9.2621	3.6084	9.1782	3.6412	9.1890	9.2621	18.1440
5	I[5]	最小	阶段1	OK	0.8421	8.8717	0.8457	8.8127	0.8384	8.8103	0.8384	-1.4840
5	I[5]	最大	阶段1	OK	0.8421	8.8717	0.8457	8.8127	0.8384	8.8103	8.8717	18.1440
5	J[6]	最大	阶段1	OK	0.6669	11.2684	0.6731	11.1909	0.6607	11.1869	11.2684	18.1440
5	J[6]	最小	阶段1	OK	0.6669	11.2684	0.6731	11.1909	0.6607	11.1869	0.6607	-1.4840
6	I[6]	最大	阶段1	OK	0.6668	11.2862	0.6585	11.2039	0.6751	11.2094	11.2862	18.1440
6	I[6]	最小	阶段1	OK	0.6668	11.2862	0.6585	11.2039	0.6751	11.2094	0.6585	-1.4840
6	J[7]	最小	阶段3	OK	0.3287	11.8528	0.3240	11.7649	0.3333	11.7680	0.3240	-1.4840
6	J[7]	最大	阶段2	OK	0.3409	11.8769	0.3385	11.7897	0.3433	11.7913	11.8769	18.1440
7	I[7]	最小	阶段2	OK	0.3242	11.8552	0.3292	11.7704	0.3192	11.7671	0.3192	-1.4840
7	I[7]	最大	阶段2	OK	0.3399	11.8783	0.3396	11.7917	0.3402	11.7919	11.8783	18.1440

施工阶段法向压应力验算

图 4-94 "PSC"→"结果表格"→"施工阶段法向压应力验算"

Sig_MAX:上述各点应力中的最大值或最小值

Sig_ALW:容许应力

(19)点击"受拉区钢筋的拉应力验算";设计结果表格中应力拉为正,压为负。表格中验算栏显示为 OK,表示验算通过;受拉区钢筋的拉应力验算结果如图 4-95 所示;其中,各符号用法如下:

钢束	验算	Sig_DL (N/mm^2)	Sig_LL (N/mm^2)	Sig_ADL (N/mm^2)	Sig_ALL (N/mm^2)
N1_1_L1	OK	1154.0589	1191.0966	1395.0000	1209.0000
N1_1_L1-复制	OK	1154.0590	1191.2446	1395.0000	1209.0000
N1_1_L1-复制-复制	OK	1154.0590	1188.9622	1395.0000	1209.0000
N1_1_L1-复制01	OK	1154.0590	1188.7623	1395.0000	1209.0000
N1_1_L1-复制01-复	OK	1154.0590	1180.5965	1395.0000	1209.0000
N1_1_L1-复制02	OK	1154.0590	1188.6792	1395.0000	1209.0000
N1_1_L2	OK	1154.0590	1185.1466	1395.0000	1209.0000
N1_1_L2-复制	OK	1154.0591	1185.8725	1395.0000	1209.0000
N1_1_L2-复制-复制	OK	1154.0590	1183.9147	1395.0000	1209.0000
N1_1_L2-复制01	OK	1154.0591	1184.0995	1395.0000	1209.0000
N1_1_L2-复制01-复	OK	1154.0590	1175.2060	1395.0000	1209.0000
N1_1_L2-复制02	OK	1154.0590	1184.0519	1395.0000	1209.0000
N1_1_L3	OK	1154.0591	1185.0490	1395.0000	1209.0000
N1_1_L3-复制	OK	1154.0592	1185.7969	1395.0000	1209.0000
N1_1_L3-复制-复制	OK	1154.0590	1183.8291	1395.0000	1209.0000
N1_1_L3-复制01	OK	1154.0591	1184.0296	1395.0000	1209.0000
N1_1_L3-复制01-复	OK	1154.0590	1175.1489	1395.0000	1209.0000
N1_1_L3-复制02	OK	1154.0590	1183.9724	1395.0000	1209.0000
N1_1_L4	OK	1154.0591	1190.9751	1395.0000	1209.0000
N1_1_L4-复制	OK	1154.0592	1191.1867	1395.0000	1209.0000
N1_1_L4-复制-复制	OK	1154.0590	1188.9340	1395.0000	1209.0000
N1_1_L4-复制01	OK	1154.0591	1188.7444	1395.0000	1209.0000

受拉区钢筋的拉应力验算

图 4-95 "PSC"→"结果表格"→"受拉区钢筋的拉应力验算"

Sig_DL:施工阶段扣除短期预应力损失后的预应力钢筋锚固端的有效预应力

Sig_LL:扣除全部预应力损失并考虑使用阶段作用标准值引起的钢束应力变化后的预应力钢筋的拉应力

Sig_ADL:施工阶段预应力钢筋锚固端张拉控制应力容许值

Sig_ALL:使用阶段预应力钢筋拉应力容许值

(20) 点击"使用阶段正截面抗裂验算";设计结果表格中应力压为正,拉为负。表格中验算栏显示为 OK,表示验算通过;结果如图 4-96 所示;其中,各符号用法如下:

单元	位置	组合名称	矩长	类型	验算	Sig_T (N/mm^2)	Sig_B (N/mm^2)	Sig_TL (N/mm^2)	Sig_BL (N/mm^2)	Sig_TR (N/mm^2)	Sig_BR (N/mm^2)	Sig_MAX (N/mm^2)	Sig_ALW (N/mm^2)
2	I[2]	频遇16	短期	MX-MAX	OK	2.6654	0.6013	2.6905	0.5861	2.6403	0.5696	0.5696	-0.0000
2	J[3]	频遇16	短期	FX-MAX	OK	2.0075	7.1174	2.0731	7.0647	1.9418	7.0216	1.9418	-0.0000
3	I[3]	频遇16	短期	MZ-MAX	OK	3.3635	7.6191	3.1976	7.4968	3.5294	7.6056	3.1976	-0.0000
3	J[4]	频遇16	短期	MZ-MAX	OK	3.4529	7.4757	3.2801	7.3521	3.6256	7.4654	3.2801	-0.0000
4	I[4]	频遇16	短期	MZ-MAX	OK	3.4529	7.4757	3.2804	7.3522	3.6254	7.4653	3.2804	-0.0000
4	J[5]	频遇16	短期	MX-MAX	OK	3.5221	7.3653	3.3547	7.2445	3.6895	7.3543	3.3547	-0.0000
5	I[5]	频遇16	短期	MX-MAX	OK	0.7997	6.5639	0.7990	6.4662	1.1333	6.5758	0.7990	-0.0000
5	J[6]	频遇14	短期	MX-MAX	OK	1.3151	7.5689	1.2691	7.5076	1.3612	7.5378	1.2691	-0.0000
6	I[6]	频遇16	短期	MY-MIN	OK	3.7810	8.3723	3.7833	8.3035	3.7787	8.3020	3.7787	-0.0000
6	J[7]	频遇16	短期	MY-MIN	OK	4.1209	7.8342	4.1196	7.7720	4.1222	7.7728	4.1196	-0.0000
7	I[7]	频遇16	短期	MY-MIN	OK	4.1151	7.8369	4.1240	7.7779	4.1061	7.7720	4.1061	-0.0000
7	J[8]	频遇16	短期	MY-MIN	OK	6.3472	3.9693	6.3299	3.9106	6.3644	3.9219	3.9106	-0.0000
8	I[8]	频遇16	短期	MY-MIN	OK	6.2194	4.2199	6.2282	4.1697	6.2107	4.1639	4.1639	-0.0000
8	J[9]	频遇17	短期	MY-MIN	OK	9.4207	2.6969	9.4382	2.6489	9.4031	2.6374	2.6374	-0.0000
9	I[9]	频遇17	短期	MY-MAX	OK	9.2971	2.9424	9.3157	2.8947	9.2784	2.8825	2.8825	-0.0000
9	J[10]	频遇17	短期	MY-MAX	OK	9.9646	1.7962	9.9801	1.7566	9.9490	1.7465	1.7465	-0.0000
10	I[10]	频遇17	短期	MY-MAX	OK	9.8257	2.0464	9.8399	2.0065	9.8116	1.9972	1.9972	-0.0000
10	J[11]	频遇17	短期	MY-MAX	OK	10.1041	1.5706	10.1291	1.5376	10.0791	1.5212	1.5212	-0.0000
11	I[11]	频遇17	短期	MY-MAX	OK	9.9611	1.8190	9.9838	1.7853	9.9384	1.7704	1.7704	-0.0000
11	J[12]	频遇17	短期	MY-MAX	OK	9.8098	2.0569	9.8374	2.0217	9.7822	2.0036	2.0036	-0.0000
12	I[12]	频遇17	短期	MY-MAX	OK	9.6666	2.3069	9.6723	2.2646	9.6609	2.2609	2.2609	-0.0000
12	J[13]	频遇17	短期	MY-MAX	OK	9.1316	3.1963	9.1516	3.1500	9.1116	3.1369	3.1369	-0.0000

使用阶段正截面抗裂验算

图 4-96　"PSC"→"结果表格"→"使用阶段正截面抗裂验算"

Sig_T:截面上端最小应力

Sig_B:截面下端最小应力

Sig_TL:截面左上端最小应力

Sig_BL:截面左下端最小应力

Sig_TR:截面右上端最小应力

Sig_BR:截面右下端最小应力

Sig_MAX:上述各点应力中最小应力

Sig_ALW:容许拉应力

(21) 点击"使用阶段正截面压应力验算";设计结果表格中应力压为正,拉为负。表格中验算栏显示为 OK,表示验算通过;验算结果如图 4-97 所示 PSC;其中,各符号用法如下:

单元	位置	组合名称	类型	验算	Sig_T (N/mm^2)	Sig_B (N/mm^2)	Sig_TL (N/mm^2)	Sig_BL (N/mm^2)	Sig_TR (N/mm^2)	Sig_BR (N/mm^2)	Sig_MAX (N/mm^2)	Sig_ALW (N/mm^2)
2	I[2]	标准27	MX-MAX	OK	5.3025	1.2493	5.3441	1.2160	5.2609	1.1888	5.3441	16.2000
2	J[3]	标准27	MY-MIN	OK	4.4062	9.4974	4.5192	9.4244	4.2931	9.3503	9.4974	16.2000
3	I[3]	标准27	MY-MIN	OK	6.1062	10.1393	5.8273	9.9458	6.3851	10.1287	10.1393	16.2000
3	J[4]	标准27	MY-MIN	OK	6.1700	10.0870	6.1457	9.9775	6.1944	9.9934	10.0870	16.2000
4	I[4]	标准27	MY-MIN	OK	6.1700	10.0870	6.1460	9.9776	6.1940	9.9933	10.0870	16.2000
4	J[5]	标准27	MY-MIN	OK	6.1871	10.0587	6.1647	9.9503	6.2096	9.9650	10.0587	16.2000
5	I[5]	标准27	MY-MIN	OK	3.6429	9.2569	3.6205	9.1716	3.6654	9.1863	9.2569	16.2000
5	J[6]	标准27	MY-MIN	OK	3.7612	10.8788	3.7411	10.7845	3.7814	10.7977	10.8788	16.2000
6	I[6]	标准27	MY-MIN	OK	6.2497	11.6545	6.2542	11.5450	6.2452	11.5420	11.6545	16.2000
6	J[7]	标准27	MY-MIN	OK	6.3896	11.4872	6.3887	11.3802	6.3905	11.3808	11.4872	16.2000
7	I[7]	标准27	MY-MIN	OK	6.3809	11.4906	6.3941	11.3882	6.3677	11.3795	11.4906	16.2000
7	J[8]	标准27	MY-MIN	OK	6.6895	11.0548	6.6904	10.9559	6.6886	10.9554	11.0548	16.2000
8	I[8]	标准27	MY-MIN	OK	6.6825	11.0570	6.6951	10.9619	6.6699	10.9537	11.0570	16.2000
8	J[9]	标准27	MY-MAX	OK	10.8336	3.7712	10.8629	3.6921	10.8042	3.6728	10.8629	16.2000
9	I[9]	标准27	MY-MAX	OK	10.6148	4.2079	10.6422	4.1281	10.5874	4.1102	10.6422	16.2000
9	J[10]	标准27	MY-MAX	OK	11.4385	2.7933	11.4650	2.7221	11.4119	2.7047	11.4650	16.2000
10	I[10]	标准27	MY-MAX	OK	11.1920	3.2388	11.2132	3.1658	11.1709	3.1520	11.2132	16.2000
10	J[11]	标准27	MY-MAX	OK	11.5585	2.6108	11.6021	2.5486	11.5149	2.5200	11.6021	16.2000
11	I[11]	标准27	MY-MAX	OK	11.3043	3.0547	11.3410	2.9903	11.2676	2.9662	11.3410	16.2000
11	J[12]	标准27	MY-MAX	OK	11.1631	3.2698	11.2106	3.2061	11.1157	3.1750	11.2106	16.2000
12	I[12]	标准27	MY-MAX	OK	10.9086	3.7154	10.9150	3.6382	10.9023	3.6341	10.9150	16.2000
12	J[13]	标准26	MY-MIN	OK	3.2440	12.0230	3.2111	11.9281	3.2768	11.9497	12.0230	16.2000
	J[13]	标准26	MY-MIN	OK	3.2431	12.0310	3.2231	11.9406	3.2631	11.9536	12.0310	16.2000

使用阶段正截面压应力验算

图 4-97　"PSC"→"结果表格"→"使用阶段正截面压应力验算"

Sig_T:截面上端最大应力

Sig_B:截面下端最大应力

Sig_TL:截面左上端最大应力

Sig_BL：截面左下端最大应力

Sig_TR：截面右上端最大应力

Sig_BR：截面右下端最大应力

Sig_MAX：上述各点应力中最大应力

Sig_ALW：容许压应力

（22）点击"使用阶段斜截面压应力验算"；设计结果表格中应力压为正，拉为负。表格中验算栏显示为 OK，表示验算通过；验算结果如图 4-98 所示；其中，各符号用法如下：

Sig_P1：截面位置 1 的主压应力

单元	位置	组合名称	类型	验算	Sig_P1 (N/mm^2)	Sig_P2 (N/mm^2)	Sig_P3 (N/mm^2)	Sig_P4 (N/mm^2)	Sig_P5 (N/mm^2)
2	I[2]	标准27	MX-MAX	OK	5.3472	5.2640	1.2024	1.2294	0.2408
2	J[3]	标准27	MY-MIN	OK	4.5193	4.2932	9.3503	9.4244	0.2381
3	I[3]	标准27	MY-MIN	OK	5.8344	6.3916	10.1328	9.9499	1.1377
3	J[4]	标准25	MX-MAX	OK	6.1068	6.2322	10.0027	9.9616	0.7554
4	I[4]	标准25	MX-MAX	OK	6.1072	6.2318	10.0026	9.9617	0.7556
4	J[5]	标准25	MY-MIN	OK	6.1421	6.2323	9.9699	9.9403	0.7594
5	I[5]	标准25	MY-MIN	OK	6.1687	6.2583	9.9695	9.9401	0.7933
5	J[6]	标准27	MY-MIN	OK	6.2297	6.2694	11.5152	11.5021	1.1718
6	I[6]	标准27	MY-MIN	OK	6.2542	6.2452	11.5420	11.5450	1.1401
6	J[7]	标准27	MY-MIN	OK	6.3887	6.3905	11.3808	11.3802	1.2225
7	I[7]	标准27	MY-MIN	OK	6.3941	6.3677	11.3795	11.3882	1.2247
7	J[8]	标准27	MY-MIN	OK	6.6904	6.6886	10.9554	10.9560	1.4248
8	I[8]	标准27	MY-MIN	OK	6.6951	6.6699	10.9537	10.9619	1.4294
8	J[9]	标准27	MY-MAX	OK	10.8632	10.8044	3.6735	3.6928	3.5118
9	I[9]	标准27	MY-MAX	OK	10.6424	10.5875	4.1106	4.1286	3.2009
9	J[10]	标准27	MY-MAX	OK	11.4651	11.4120	2.7051	2.7225	3.7032
10	I[10]	标准27	MY-MAX	OK	11.2132	11.1710	3.1523	3.1662	3.4738
10	J[11]	标准27	MY-MAX	OK	11.6023	11.5151	2.5209	2.5455	3.6802
11	I[11]	标准27	MY-MAX	OK	11.3413	11.2678	2.9670	2.9911	3.5928
11	J[12]	标准27	MY-MAX	OK	11.2110	11.1160	3.1763	3.2074	3.4665
12	I[12]	标准27	MY-MAX	OK	10.9151	10.9025	3.6344	3.6386	3.5154
12	J[13]	标准26	MY-MIN	OK	3.2112	3.2768	11.9497	11.9281	1.9822
13	I[13]	标准26	MY-MIN	OK	3.2232	3.2632	11.9536	11.9405	1.9855

‹│›\使用阶段斜截面主压应力验算/

Sig_P6 (N/mm^2)	Sig_P7 (N/mm^2)	Sig_P8 (N/mm^2)	Sig_P9 (N/mm^2)	Sig_P10 (N/mm^2)	Sig_MAX (N/mm^2)	Sig_AP (N/mm^2)
0.4121	0.2108	0.3602	0.5087	0.7482	5.3472	19.4400
0.2483	0.7361	0.7048	6.4000	6.3183	9.4244	19.4400
1.0201	1.8661	1.8607	7.1581	7.3211	10.1328	19.4400
0.7991	1.6317	1.6815	7.1527	7.1991	10.0027	19.4400
0.7990	1.6319	1.6813	7.1528	7.1990	10.0026	19.4400
0.7969	1.6367	1.6754	7.1407	7.1746	9.9699	19.4400
0.8623	1.6604	1.7159	7.1466	7.1832	9.9695	19.4400
1.2001	1.9646	1.9891	8.9332	8.9490	11.5152	19.4400
1.1336	1.9562	1.9507	8.9679	8.9643	11.5450	19.4400
1.2206	2.0156	2.0147	8.8554	8.8558	11.3808	19.4400
1.2077	2.0189	2.0040	8.8621	8.8519	11.3882	19.4400
1.4167	2.1032	2.0972	8.5602	8.5586	10.9560	19.4400
1.4096	2.1079	2.0908	8.5654	8.5551	10.9619	19.4400
3.5342	2.4410	2.4863	3.3750	3.3932	10.8632	19.4400
3.1687	2.1192	2.0872	3.5861	3.5634	10.6424	19.4400
3.7014	2.3350	2.3502	2.6454	2.6514	11.4651	19.4400
3.4573	2.1394	2.1284	2.8887	2.8777	11.2132	19.4400
3.6538	2.1994	2.1902	2.4597	2.4476	11.6023	19.4400
3.5827	2.2494	2.2595	2.7988	2.7973	11.3413	19.4400
3.4190	2.1378	2.0956	2.9181	2.8845	11.2110	19.4400
3.5421	2.4100	2.4509	3.3255	3.3465	10.9151	19.4400
2.0225	3.3730	3.4094	9.6084	9.6343	11.9497	19.4400
2.0227	3.3791	3.4092	9.6191	9.6369	11.9536	19.4400

图 4-98 "PSC"→"结果表格"→"使用阶段正截面主压应力验算"

Sig_P2：截面位置 2 的主压应力

Sig_P3：截面位置 3 的主压应力

Sig_P4：截面位置 4 的主压应力

Sig_P5：截面位置 5 的主压应力

Sig_P6：截面位置 6 的主压应力

Sig_P7：截面位置 7 的主压应力

Sig_P8：截面位置 8 的主压应力

Sig_P9：截面位置 9 的主压应力

Sig_P10：截面位置 10 的主压应力

Sig_MAX：上述各点中最大主压应力

Sig_AP：允许主压应力

（23）对任意表格点击"右键"，生成 Excel 文件，即可将验算结果导出。

至此，采用 Midas/Civil 进行 4×25m 简支转连续小箱梁桥的设计计算结束。

第5章 三跨变截面连续刚构桥设计示例

本章以 66＋120＋66m 预应力混凝土连续刚构桥为例,介绍了用 Dr. Bridge 软件进行建模计算的步骤与设计流程。

5.1 设计基本资料

5.1.1 技术标准与设计规范

1. 技术标准

设计速度:100km/h;

荷载等级:公路一Ⅰ级;

地震基本烈度:Ⅵ度;

设计洪水频率:1/100 年;

最高通航水位(规划):23.50m;

最低通航水位(规划):23.00m;

通航等级:Ⅳ,过江构造物按 Ⅲ 级控制。

2. 设计规范

(1)《公路工程技术标准》(JTG B01-2003)

(2)《公路桥涵设计通用规范》(JTG D60-2015)

(3)《公路钢筋混凝土及预应力混凝土桥涵设计规范》(JTG 3362-2018)

(4)《公路桥涵地基与基础设计规范》(JTG D63-2007)

(5)《公路桥位勘察设计规程》(JTJ062－91)

(6)《公路工程水文勘测设计规范》(JTG C30-2002)

(7)《公路桥涵施工技术规范》(JTJ041－2000)

5.1.2 主桥设计

1. 桥型布置与箱梁一般构造

根据桥位水文和通航要求,主跨暂定 120m,根据第 2 章 2.3.1 基本尺寸拟定内容,边跨跨径取主跨的 0.55,即 66m,则主桥上部结构为跨径 66＋120＋66m 预应力混凝土连续刚构,如图 5-1 所示。

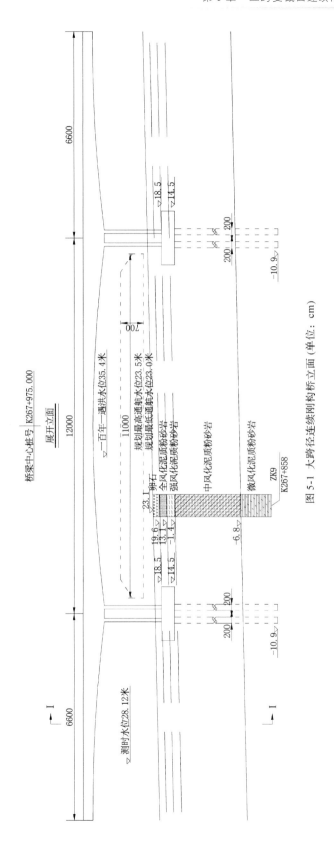

图 5-1 大跨径连续刚构桥立面 (单位: cm)

主桥桥面宽25.5m,分两幅,每幅桥箱梁采用单箱单室断面,箱梁顶板宽12.5m,底板宽7m,箱梁顶板设2%单向横坡,底板为平坡,如图5-2所示。

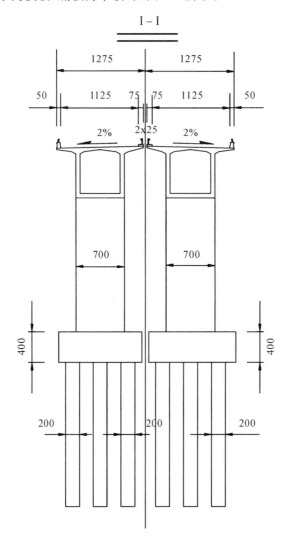

图5-2　横断面(单位:cm)

66+120+66m连续刚构墩顶0号梁段长8.4m,两个"T构"的悬臂各分为15对梁段,其梁段数及梁段长度从根部至跨中各为:8×3.35+7×4.0m,累计悬臂总长54.8m,悬臂浇筑梁段最大控制重量约为1450kN。跨中合拢段和边跨合拢段均为2m长,两个边跨现浇梁段各长4.9m,如图5-3所示。

主梁截面高度拟定。支座处(桥墩位置)截面高度取为中跨跨径的1/18,120/18=6.67,取为6.5m;跨中截面高度取为支座处梁高的1/2.2,确定至6.5/2.2=3m。箱梁高度按2次抛物线变化;箱梁顶板厚为28cm(0号块为60cm);箱梁底板根部厚为80cm(0号块为100cm),跨中为25cm,箱梁底板厚也按2次抛物线变化;腹板厚度:0号梁段为80cm,1~9梁段为60cm,10梁段由60cm线性变化至45cm,11~15梁段及合拢段为45cm,边跨现浇段由100cm线性变化至45cm,如图5-4所示。这些细部尺寸的拟定,可参见图5-5。

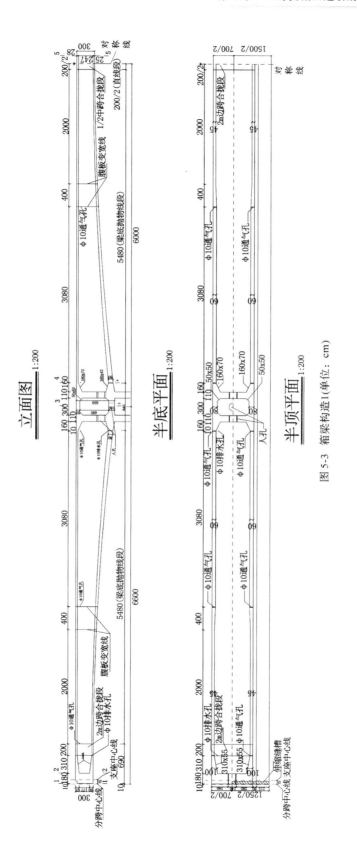

图 5-3　箱梁构造 1(单位：cm)

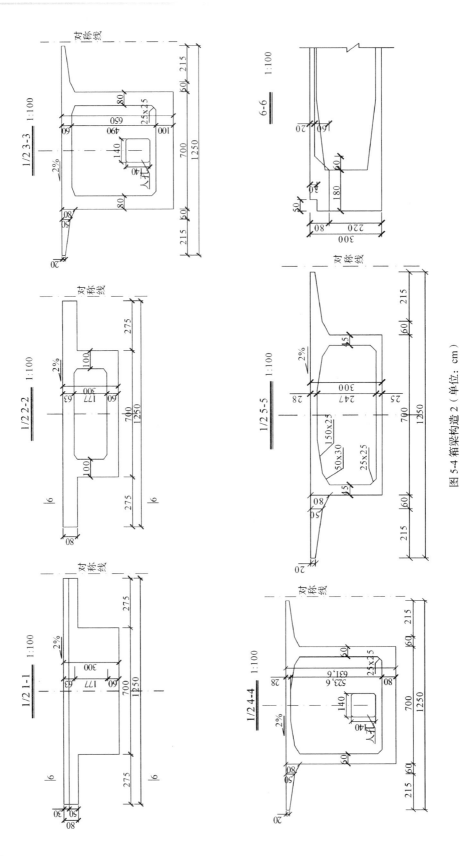

图 5-4 箱梁构造 2（单位：cm）

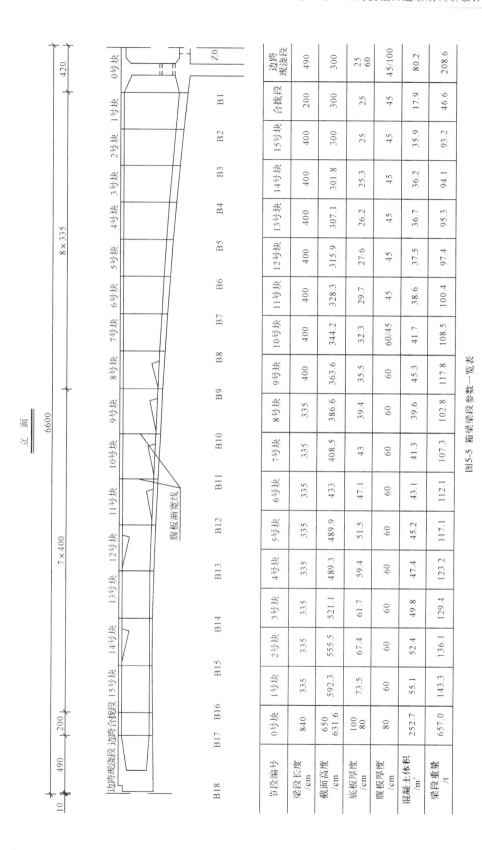

立面

节段编号	0号块	1号块	2号块	3号块	4号块	5号块	6号块	7号块	8号块	9号块	10号块	11号块	12号块	13号块	14号块	15号块	合拢段	边跨现浇段
梁段长度/cm	840	335	335	335	335	335	335	335	335	400	400	400	400	400	400	400	200	490
截面高度/cm	650 631.6	592.3	555.5	521.1	489.3	489.9	433	408.5	386.6	363.6	344.2	328.3	315.9	307.1	301.8	300	300	300
底板厚度/cm	100 80	73.5	67.4	61.7	59.4	51.5	47.1	43	39.4	35.5	32.3	29.7	27.6	26.2	25.3	25	25	25 60
腹板厚度/cm	80	60	60	60	60	60	60	60	60	60	60/45	45	45	45	45	45	45	45/100
混凝土体积/m³	252.7	55.1	52.4	49.8	47.4	45.2	43.1	41.3	39.6	45.3	41.7	38.6	37.5	36.7	36.2	35.9	17.9	80.2
梁段重量/t	657.0	143.3	136.1	129.4	123.2	117.1	112.1	107.3	102.8	117.8	108.5	100.4	97.4	95.3	94.1	93.2	46.6	208.6

图5-5 箱梁梁段参数一览表

本桥平面位于平曲线上,上构各节段长度按路中心线弧长沿径向划分,设计时钢筋布置均按路中心线处平均长度设计,施工时应根据块件具体位置和图中尺寸,对靠近块件端部的钢筋适当调整。

(1)纵向预应力钢束:纵向预应力钢束设置了顶板束(T)、墩顶下弯束(F)、边中跨底板连续束(BB、ZB)、边中跨顶板束(BT、ZT)等。各钢绞线规格、张拉力等指标详见有关图纸。锚具必须采用经交通部门鉴定的合格产品,保证可靠的锚固。

(2)竖向预应力:钢筋采用屈服强度 $\sigma_s = 750\text{MPa}$ 级直径 32mm 精轧高强螺纹粗钢筋,采用梁顶一端张拉方式,应选用相应的预应力锚具。

2. 下部构造

主墩采用双薄壁墩,单幅桥横桥向墩宽和箱梁一致,为 7m;纵桥向和箱梁 0 号块内横隔板厚度一致,为 1.1m。承台厚 4m,承台底标高按保证最低通航水位。另外,在墩身前后部设置防撞护舷。主墩采用单幅 6 根直径 2.0m 的嵌岩桩,要求桩底嵌入弱风化层 2.5d 以上。

次边墩采用薄壁墩,壁厚 2.0m;承台厚 3.5m,承台底标高按保证最低通航水位。次边墩采用单幅 4 根直径 2.0m 的嵌岩桩,要求桩底嵌入弱风化层 2.5d 以上。

3. 计算参数

计算中考虑如下因素:

合拢温度:15±5 ℃

基础不均匀沉降:2cm;

钢束松弛系数:0.3;

孔道摩阻系数:0.14～0.17,按 0.17 计算;

孔道偏差系数:0.0015;

一端锚具变形及钢束回缩值:0.006m。

4. 主要材料

(1)混凝土:主桥上部结构采用 C50 混凝土,桥面铺装采用 10cm 厚沥青混凝土,主墩墩身 C50。次边墩墩身、盖梁为 C30,承台为 C30,桩基础为 C25。

(2)预应力钢材及锚具:采用高强度低松弛 7 丝捻制的预应力钢绞线,公称直径为 15.20mm,公称面积为 140mm^2,标准强度 $f_{pk} = 1860\text{MPa}$,弹性模量 $E_p = 1.95 \times 10^5 \text{MPa}$,1000h 后应力松弛率不大于 2.5%,其技术性能必须符合中华人民共和国国家标准《预应力筋用钢绞线》(GB/T 5224-2003)的规定。其用于全桥纵向预应力钢筋和主桥横桥向预应力钢筋。纵桥向及横桥向预应力锚具按 VSL 系列锚具的技术标准设计。锚具要成套订货,不得用承包商自制的任何构件取代成套锚具的一部分,锚具的所有构件必须经过严格的质量检验。

竖向预应力采用屈服强度 $\sigma_s = 750\text{MPa}$ 级直径 32mm 精轧高强螺纹粗钢筋,张拉控制应力为 $0.9\sigma_s = 675\text{MPa}$。

(3)预应力管道:竖向预应力钢束管道均采用镀锌金属波纹管。

纵向预应力钢束采用真空吸浆工艺,管道采用与其配套的塑料波纹管。

(4)钢筋:直径≥12mm 者,采用 HRB335 级;

直径<12mm 者,采用 R235 级。

(5)支座:过渡墩顶单幅桥每端各设置 1 个 GPZ(Ⅱ)4.0DX、GPZ(Ⅱ)4.0SX 盆式橡胶支座。

(6)伸缩缝:在主桥与引桥衔接的过渡墩顶处设 D160 型伸缩缝各一道,伸缩缝安装时尽可能请生产厂家现场指导。

5.1.3　桥涵施工注意事项

1. 箱梁施工顺序

箱梁施工顺序应严格按施工程序施工,设计初步考虑单幅箱梁的两个"T"同步施工。

2. 0 号梁段的施工

墩顶 0 号梁段拟从承台顶搭架施工(亦可考虑在墩顶预埋牛腿支承的托架上施工,预埋牛腿及托架应认真设计验算)。

由于 0 号梁段混凝土方量较大,且管道、钢筋密集,为减轻托架负载和保证混凝土浇筑质量,竖向可分层浇筑,各层混凝土龄期应尽可能小,避免因各层混凝土收缩的差异导致混凝土开裂。在 0 号块顶板浇筑后,应切实注意 0 号块的浇水养生,加强块件内的通水降温、及时拆模,以避免因内外温差造成混凝土内外开裂。

3. 箱梁的悬臂施工

1~15 号梁段箱梁在挂篮上对称悬臂浇筑,设计初步考虑挂篮总重 800kN 包括模板及机具重量),空挂蓝前支点压力 1028kN,距箱梁边缘 0.5m;后锚点拉力 228kN,距前支点距离 4m。挂篮必须保证足够的承载能力和刚度,以免因挂篮变形较大而导致块件结合面的开裂。此外,挂篮尽可能轻型化和行走方便,挂篮自重加全部施工荷载重应控制在 800kN 以下。悬浇挂篮在 0 号梁段上安装完毕后,应进行预压测试,并记录预压时的弹性变形曲线,以尽可能消除非弹性变形和获得标高控制的数据。

各悬臂施工梁段要求一次浇筑完成,无论在浇筑阶段、挂篮移动或拆除阶段,均需保持对称平衡施工,在特殊情况下,一侧仅容许超重 20t。

应重视箱梁的施工观测和控制,按有关要求与科研试验项目紧密结合,做好各项参数和数据的实验和采集,做到准确的控制分析和调整,确保箱梁受力状态和线性控制在允许范围内,箱梁合拢时相对高度误差不得大于 1cm,轴线偏差不得大于 1cm。

4. 边跨现浇段的施工

边跨现浇段在托架上一次浇筑完成,托架应进行预压以确保安全和消除非弹性变形,并按实测的弹性变形量和施工控制要求,确定立模标高和预拱度。

现浇段底模安装时应按要求在过渡墩顶安设支座。

5. 箱梁合拢段的施工

箱梁的合拢是控制全桥受力状况和线形的关键工序,因此箱梁的合拢顺序、合拢温度和工艺都必须严格控制。

合拢段的施工应尽量安排在日照造成的箱梁上、下缘温差小的季节(或温度比较稳定的时间)进行。合拢段浇筑后应加强箱梁的覆盖,浇水降温养护,混凝土达到强度后应尽快张拉预应力。

合拢时要求施工控制单位、监理、施工单位做好充分准备,严格控制合拢程序,保证合拢段不发生过大的不平衡荷载及变位。

6. 桥墩施工

主墩推荐先搭设施工平台;在平台上施工桩基;以施工好的桩基为依托,采用吊箱围图
法施工承台(首先钢吊箱就位,水下混凝土封底,抽干钢吊箱内的水,按常规方法施工承台);
采用滑模或翻模施工墩身。承台施工时还应切实注意采用可靠的降低水化热的措施。

5.2　内力计算

5.2.1　输入总体信息

本桥为双幅桥,以下建模计算以及预应力钢筋估算和全桥结构安全验算均按单幅桥
进行。

打开桥梁博士软件,点击"文件"→"新建项目组",弹出对话框,如图 5-6 所示。

总体信息

图 5-6　新建项目组

在新建项目组中右键点击,选择"创建项目",弹出对话框,如图 5-7 所示。

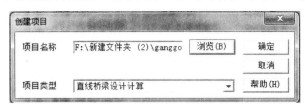

图 5-7　"创建项目"对话框

点击"浏览",选择项目保存路径,并输入项目名称,项目类型选择"直线桥梁设计计算",
点击"确定",进入"输入总体信息"对话框,如图 5-8 所示。

在"桥梁工程描述"栏输入桥梁的名称"66+120+66 连续刚构",计算类别中选择"只计
算内力位移",相对湿度为 0.8,计算内容中勾选"计算收缩"、"计算徐变"、"计算活载"。计
算细节控制信息中勾选"桥面为竖直截面"、"极限组合计预应力"、"极限组合计二次矩"、"极

图 5-8　"输入总体信息"对话框

限组合计收缩徐变"、"极限组合计温度"、"极限组合计沉降"。规范选择"中交 15 规范"。

5.2.2　输入单元信息

1. 输入箱梁单元

左击菜单栏"数据"，或者右击"更新显示"，选择"输入单元特征信息"，进入"输入单元信息对话框"，如图 5-9 所示。单元性质选择"预应力砼构件"，勾选"全预应力构件"、"现场浇注构件"、"是否桥面单元"。如果没有勾选"全预应力构件"，则表示该单元为 A 类预应力构件。

图 5-9　"输入单元信息"对话框

输入单元左、右结点坐标以及截面特征信息时，先要对桥梁结构进行单元划分。将全桥划分为 106 个单元，其中桥面单元为 1～86，从左至右按顺序排列（33～43 号单元与 44～86 号单元关于跨中截面对称）；桥墩单元 87～106，如图 5-10 所示。通过截面输入的方式建立 1～43 号单元，使用快速编辑器中的"对称"命令建立 44～86 号单元。而非桥面单元（桥墩单元）采用截面输入的方式建立。1～43 单元的坐标见表 5-1，坐标原点在跨中顶面位置。墩梁固结处以刚臂连接（同一结点号，不同坐标）来模拟。两个桥墩（每个桥墩为双薄壁墩）共 20 个单元的坐标如表 5-2 所示。如果是连续梁桥，则不需要对桥墩建模。

点击"左截面"，弹出"截面几何描述"对话框，材料类型选择"中交新混凝土：C50 混凝土"。由图 5-4 可知，本例中 1 号单元为实心箱型断面，可以采用"坐标输入"，也可以采用"节线输入"。点击"节线输入"，弹出"截面节线输入"对话框，节线高度和节线宽度依次输入 0 和 7000、2199 和 7000、2200 和 12500、3000 和 12500，如图 5-11 所示，点击"确定"，返回"单元输入"对话框，采用同样方式输入右截面。1、2、21、22、25、26 号单元均为实心箱型断面，其中 21、22、25、26 号单元"人孔"可不在模型中建出。

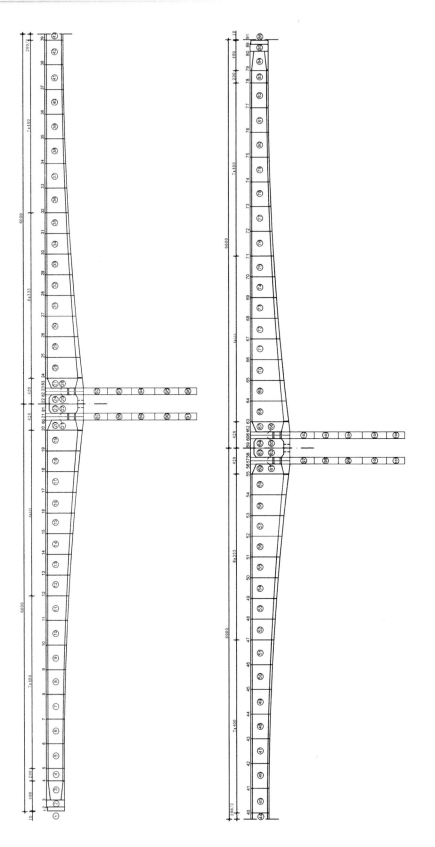

图 5-10 结构单元划分

表 5-1　箱梁单元（1～43 号）结点坐标

单元号	结点号	x	y	备注
1	1	−125.9	0	
	2	−125.25	0	支座
2				
	3	−124.1	0	
3				
	4	−121	0	
4				
	5	−119	0	
5				
	6	−115	0	
6				
	7	−111	0	
7				
	8	−107	0	
8				
	9	−103	0	
9				
	10	−99	0	
10				
	11	−95	0	
11				
	12	−91	0	
12				
	13	−87.65	0	
13				
	14	−84.3	0	
14				
	15	−80.95	0	
15				
	16	−77.6	0	
16				
	17	−74.25	0	
17				
	18	−70.9	0	
18				
	19	−67.55	0	
19				
	20	−64.2	0	
20				
	80	−62.6	0	

单元号	结点号	x	y	备注
21				
	21	-62.05	0	
22				
	81	-61.5	0	
23				
	22	-60	0	
24				
	82	-58.5	0	
25				
	23	-57.95	0	
26				
	83	-57.4	0	
27				
	24	-55.8	0	
28				
	25	-52.45	0	
29				
	26	-49.1	0	
30				
	27	-45.75	0	
31				
	28	-42.4	0	
32				
	29	-39.05	0	
33				
	30	-35.7	0	
34				
	31	-32.35	0	
35				
	32	-29	0	
36				
	33	-25	0	
37				
	34	-21	0	
38				
	35	-17	0	
39				
	36	-13	0	
40				
	37	-9	0	
41				

单元号	结点号	x	y	备注
	38	-5	0	
42				
	39	-1	0	
43				
	40	0	0	

表 5-2　桥墩单元(87～106)结点坐标

单元号	结点号	x	y	备注
87	21	-62.05	-6.5	
	88	-62.05	-10.5	
88				
	89	-62.05	-14.5	
89				
	90	-62.05	-18.5	
90				
	91	-62.05	-22.5	
91				
	23	-57.95	-6.5	
92				
	93	-57.95	-10.5	
93				
	94	-57.95	-14.5	
94				
	95	-57.95	-18.5	
95				
	96	-57.95	-22.5	
96				
	57	57.95	-6.5	
97				
	98	57.95	-10.5	
98				
	99	57.95	-14.5	
99				
	100	57.95	-18.5	
100				
	101	57.95	-22.5	
101				
	59	62.05	-6.5	

单元号	结点号	x	y	备注
102				
	103	62.05	-10.5	
103				
	104	62.05	-14.5	
104				
	105	62.05	-18.5	
105				
	106	62.05	-22.5	
106				
	107	62.05	-25.5	

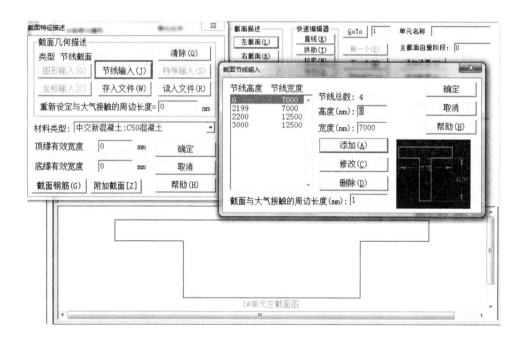

图 5-11　"截面节线输入"对话框

对于本桥中大量单箱单室箱型断面,宜采用"图形输入"或者"坐标输入"。根据"图 5-5 箱梁梁段参数一览表"逐个输入单元截面几何描述。图 5-12 所示为 8 号单元左截面"图形输入"对话框输入数据。找到图形库中相同单元(单箱单室),输入相应参数。

点击快速编辑器中的"对称"按钮,弹出"单元组对称操作"对话框,模板其余单元信息 单元组为 $1\sim43$,生成单元组为 $44\sim86$,左结点号 $44\sim86$,右结点号 $45\sim87$,对称轴坐标 $x=0$,如图 5-13 所示。

2. 输入桥墩单元

点击"添加单元",输入"结点坐标",选择"截面高度中点处坐标",单元性质为"钢筋砼构

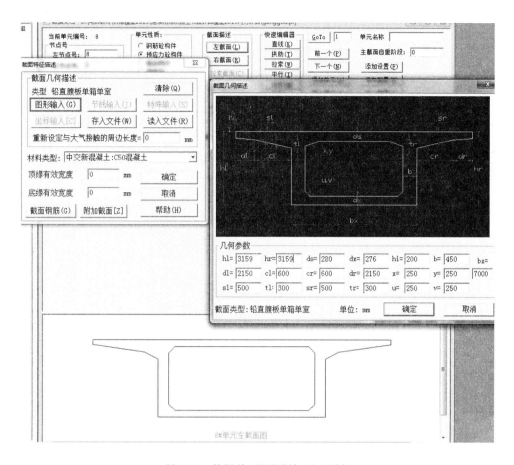

图 5-12　箱梁单元"图形输入"对话框

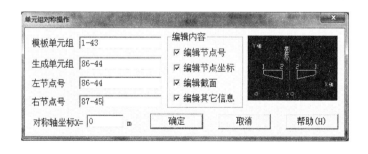

图 5-13　"单元组对称操作"对话框

件",去除是否桥面单元选项前的√,点击"左截面",截面几何描述中选择"图形输入",选择"实心矩形",输入高度"H"和宽度"B",如图 5-14 所示。

至此,全桥模型单元输入完毕,如图 5-15 所示;全桥三维图形如图 5-16 所示。

图 5-14　桥墩单元信息输入

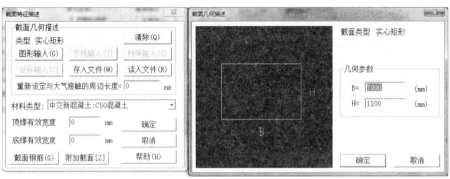

图 5-15　1/2 全桥单元模型

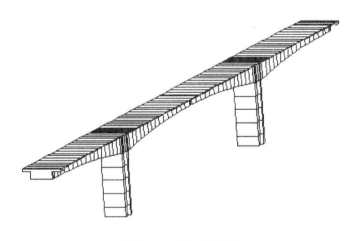

图 5-16　全桥三维图形

5.2.3　输入施工信息

左击菜单栏"数据",或者右击"更新显示",选择"输入施工信息"(由于目前是内力计算,预应力钢束还没有估算出来,因此跳过"输入钢束信息"),得到对话框如图 5-17 所示。

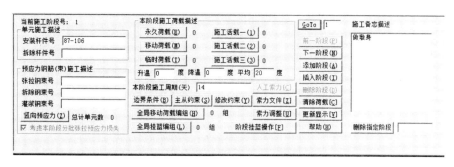

图 5-17　"输入施工信息"对话框(施工阶段 1)

1. 施工阶段划分与数据准备

按照悬臂挂篮施工的实际施工阶段,本桥共划分为 37 个施工阶段。首先是桥墩施工,然后两个墩顶的 0 号块施工(如果是连续梁桥,则把 0 号块施工作为第 1 施工阶段),然后对称悬臂施工各阶段,边跨合拢,中跨合拢,桥面铺装施工。各个施工阶段的施工阶段号以及每个施工阶段荷载如表 5-3 所示。需要说明的是,表 5-3 中"预应力钢筋张拉、灌浆"这一列此时可忽略,要在预应力钢筋估算与布置之后,在"5.4 全桥结构安全验算"时方可填入各阶段施工的钢束号。

第 1 施工阶段是桥墩施工,由于是双薄壁墩,两个桥墩有 4 个立柱,边界条件是 4 个立柱的底部固结、上端自由。

第 2 施工阶段是 0 号块施工,利用桥墩做支架、立模板、浇筑 0 号块混凝土,工期 7 天。此时,安装 0 号块杆件(20~27,60~67),边界条件同第一施工阶段。

第 3 施工阶段是 0 号块混凝土中预应力钢筋张拉,工期 1 天。此时,上一阶段安装的 0 号块杆件参与结构受力。同时,挂篮已准备就绪,4 个挂篮自重分别作用在 4 个悬臂端部结点(20,24,56,60)上。

从 1 号块施工(第 4 施工阶段)开始直至合拢前(15 号块施工完毕,电算模型中第 33 施工阶段),各节段混凝土施工工序一样,在计算模型中用两个施工阶段模拟:就是利用挂篮浇筑节段混凝土(7 天)和张拉该块混凝土预应力钢筋(1 天)。在浇筑混凝土时,不安装该节段单元杆件号,该节段混凝土湿重由挂篮承受,在桥梁博士软件计算中,简化为作用在前一块混凝土悬臂端部结点集中力(施工临时集中荷载,包括混凝土湿重和挂篮自重)。由于荷载竖向坐标以向上为正,所以此时的结点集中力以负值输入。在张拉预应力钢筋时,则要安装单元号,表示该节段混凝土参与结构受力,前面施加的施工临时荷载中的混凝土湿重要去掉,挂篮自重保持。从第 1 施工阶段到第 33 施工阶段,边界条件都一样,两个桥墩(4 个立柱)底部固结。

各段混凝土湿重可根据结构尺寸拟定进行计算,见图 5-5 当中表格最后一行"梁段重量",挂篮自重可参考同类桥梁施工挂篮估算,也可设计好本桥挂篮再详细计算。对于有些

表 5-3　施工阶段信息汇总

施工阶段	施工备忘描述	安装杆件号	施工周期/天	预应力钢束张拉、灌浆	临时荷载（集中荷载）	
					作用结点号	竖向力/kN
1	墩身施工	87～106	14			
2	浇筑节段 0	20～27 60～67	7			
3	张拉节段 0		1	1 2 21 37	20 24 56 60	−500
4	浇筑节段 1		7		20 24 56 60	−1933
5	张拉节段 1	19 28 59 68	1	3 4 22 38	20 24 56 60	−500
6	浇筑节段 2		7		19 25 55 61	−1861
7	张拉节段 2	18 29 58 69	1	5 6 23 39	19 25 55 61	−500
8	浇筑节段 3		7		18 26 54 62	−1794
9	张拉节段 3	17 30 57 70	1	7 8 24 40	18 26 54 62	−500
10	浇筑节段 4		7		17 27 53 63	−1732
11	张拉节段 4	16 31 56 71	1	9 10 25 41	17 27 53 63	−500
12	浇筑节段 5		7		16 28 52 64	−1671
13	张拉节段 5	15 32 55 72	1	11 12 26 42	16 28 52 64	−500
14	浇筑节段 6		7		15 29 51 65	−1621
15	张拉节段 6	14 33 54 73	1	13 14 27 43	15 29 51 65	−500
16	浇筑节段 7		7		14 30 50 66	−1573
17	张拉节段 7	13 34 53 74	1	15 16 28 44	14 30 50 66	−500
18	浇筑节段 8		7		13 31 49 67	−1529
19	张拉节段 8	12 35 52 75	1	17 18 29 45	13 31 49 67	−500
20	浇筑节段 9		7		12 32 48 68	−1678
21	张拉节段 9	11 36 51 76	1	19 20 30 46	12 32 48 68	−500
22	浇筑节段 10		7		11 33 47 69	−1585
23	张拉节段 10	10 37 50 77	1	31 47	11 33 47 69	−500
24	浇筑节段 11		7		10 34 46 70	−1504
25	张拉节段 11	9 38 49 78	1	32 48	10 34 46 70	−500
26	浇筑节段 12		7		9 35 45 71	−1474
27	张拉节段 12	8 39 48 79	1	33 49	9 35 45 71	−500
28	浇筑节段 13		7		8 36 44 72	−953
29	张拉节段 13	7 40 47 80	1	34 50	8 36 44 72	−500
30	浇筑节段 14		7		7 37 43 73	−1441
31	张拉节段 14	6 41 46 81	1	35 51	7 37 43 73	−500
32	浇筑节段 15		7		6 38 42 74	−1432
33	张拉节段 15	5 42 45 82	1	36 52	5 39 41 75	−500
34	边跨现浇	1 2 3 84 85 86	7		5 39 41 75	−500

续表

施工阶段	施工备忘描述	安装杆件号	施工周期/天	预应力钢束张拉、灌浆	临时荷载(集中荷载) 作用结点号	竖向力/kN
35	边跨合拢	4 83	7	54—57 66—73	39 41	−500
36	中跨合拢	43 44	7	53 58—65		
37	二期恒载		10		桥面单元永久均布荷载	−45.6(kN/m)

跨径不大的悬臂施工桥梁,各节段混凝土湿重差别不大,可简单按同一重量输入,一般取最重的节段重量(比如 1 号块)。

第 34 施工阶段,边跨现浇。第 35 施工阶段,边跨合拢。第 36 施工阶段,中跨合拢,结构体系转换为三跨连续刚构桥。第 37 施工阶段,桥面铺装施工以及安装栏杆,施加二期恒载。

2. 第 1 施工阶段(桥墩施工)

在"施工信息"对话框中安装桥墩单元,杆件号为 87～106,施工周期为 14 天,可在施工备忘描述中输入"浇筑墩身",点击"边界条件",输入各单元的边界条件,92、97、102、107 结点为固结,三向位移全部约束。编辑时,在结点号中依次输入,选择水平、竖直及转动刚性约束,点击"添加",最后点击"确定",如图 5-18 所示。

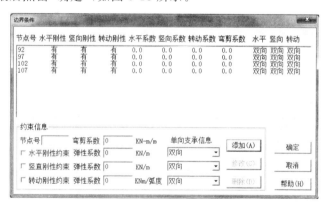

内力计算施工信息

图 5-18　"边界条件输入"对话框

3. 第 2 施工阶段(浇筑 0 号块混凝土)

第 2 施工阶段在两个桥墩上浇筑两个 0 号块,安装 0 号块杆件(20～27,60～67),工期 7 天,如图 5-19 所示。

4. 第 3 施工阶段(张拉 0 号块预应力钢筋)

第 3 施工阶段张拉 0 号块锚固的预应力钢筋。同时,为了下一节段(1 号块)混凝土施工,挂篮已准备就绪,在临时荷载中,输入 4 个挂篮自重,如图 5-20 所示。

5. 第 4 施工阶段

浇筑 1 号块混凝土(每个桥墩上对称浇筑,全桥有 4 块)。此时,1 号块的杆件(19,28,59,68)不安装(见图 5-21),混凝土重量和挂篮自重由施工荷载中的临时荷载输入(见

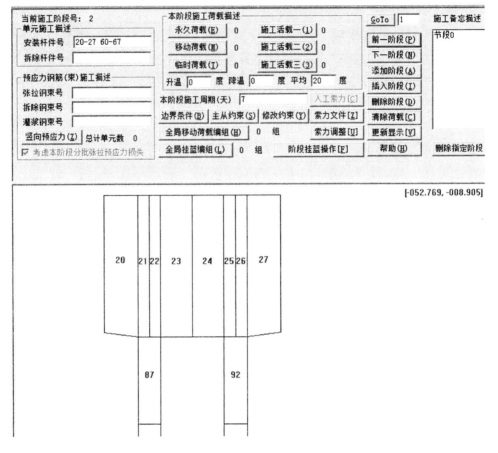

图 5-19　第 2 施工阶段信息输入

图 5-22),作用在前一阶段(0 号块)的 4 个悬臂端部结点上。

6. 第 5 施工阶段

第 5 施工阶段张拉 1 号块混凝土预应力钢筋。此时,安装 1 号块的杆件(19,28,59,68),施工临时荷载只保留挂篮自重,如图 5-23 所示。

7. 第 34 施工阶段

第 34 施工阶段是边跨现浇施工。安装杆件 1、2、3 单元和 84、85、86 单元,用相应结点约束模拟满堂支架施工。此时,悬臂端部的挂篮自重仍然要加载。

8. 第 35 施工阶段

第 35 施工阶段是边跨合拢。安装杆件 4,83,张拉预应力钢筋,边界条件修改为桥梁两边跨支座(结点号)竖向支承约束,如图 5-24 所示。

9. 第 36 施工阶段

第 36 施工阶段是中跨合拢。安装杆件 43,44,全桥呈现成桥状态,即三跨连续刚构,如图 5-25 所示。

10. 第 37 施工阶段

第 37 施工阶段是成桥,施加二期恒载(桥面铺装和栏杆重量),按永久荷载的线性均布荷载施加到桥面单元(1~86 号单元)上。桥面铺装按 10cm 沥青混凝土考虑。

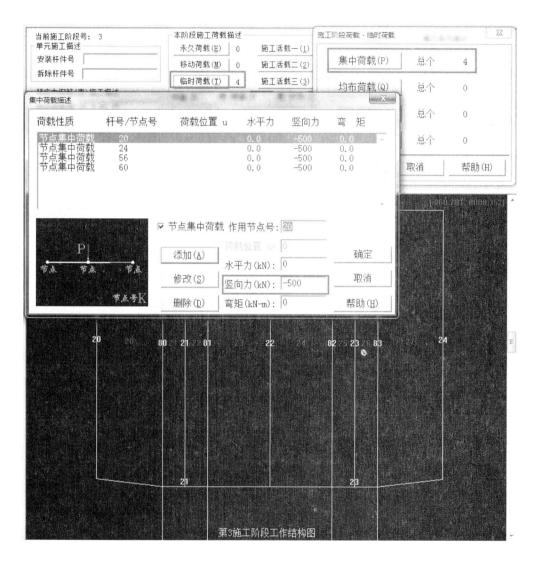

图 5-20　第 3 施工阶段信息输入

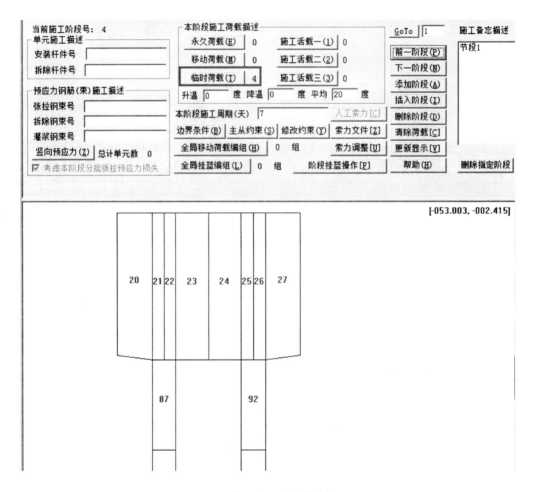

图 5-21　第 4 施工阶段信息输入

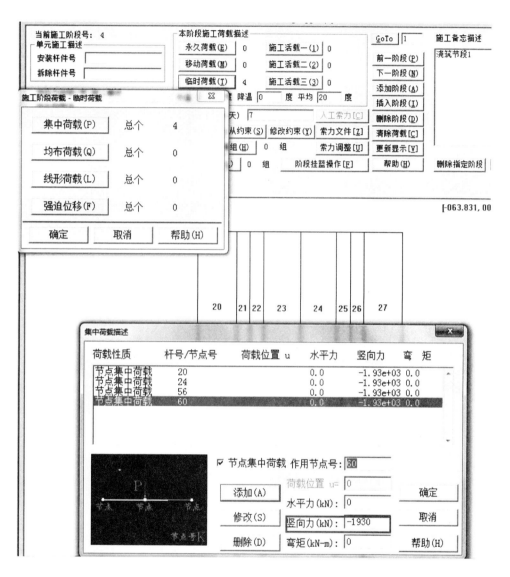

图 5-22　第 4 施工阶段施工临时荷载(1 号块混凝土湿重加挂篮自重)输入

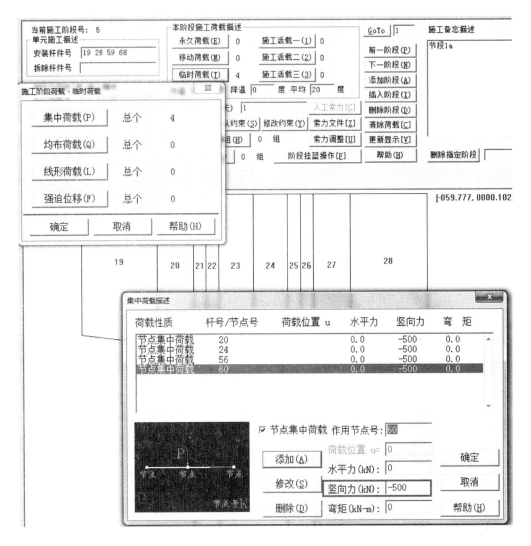

图 5-23　第 5 施工阶段信息输入

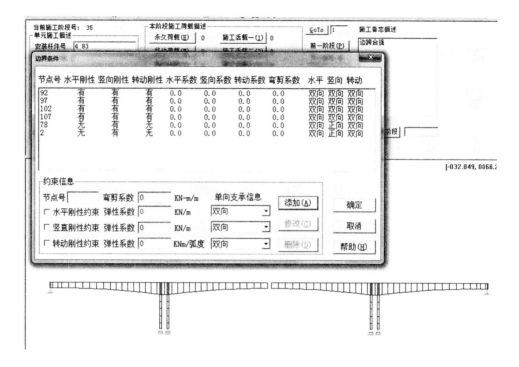

图 5-24　第 35 施工阶段信息输入

图 5-25　成桥阶段结构

5.2.4　输入使用阶段信息

1. 非线性温度

左击菜单栏"数据",或者右击"更新显示",选择"输入使用信息",进入 "使用阶段信息"对话框,如图 5-26 所示。在数据编辑区,点击"右键",在弹出菜单中选择输入使用信息,收缩徐变天数为 1000 天,升温温差为 20,降温温差为 20。

使用信息

点击"非线性温度 1",输入非线性温度(升温),选择高度为距上缘距离,杆件号为 1～86。根据规范(见表 2-11),结构类型选"100mm 沥青混凝土铺装"。温度值有三组,分别为:"温度值为 14,左右界限高度为 0;温度值为 5.5,左右界限高度为 100;温度值为 0,左右界限高度为 400",点击"确定",如图 5-27 所示。

对于反温差可取正温差的一半输入。点击"非线性温度 2",输入非线性温度(降温),选择高度为距上缘距离,杆件号为 1～86,温度值仍输入三组:"温度值为 -7,左右界限高度为 0;温度值为 -2.75,左右界限高度为 100;温度值为 0,左右界限高度为 400",点击"确定",如图 5-28 所示。

207

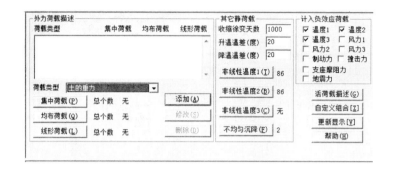

图 5-26 "使用阶段信息"对话框

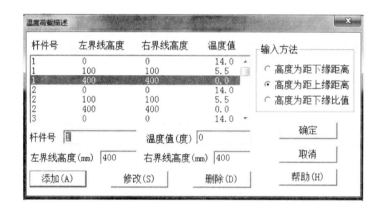

图 5-27 非线性温度 1(升温)输入

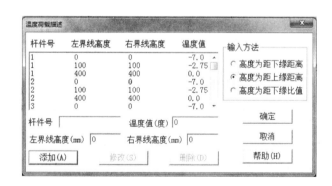

图 5-28 非线性温度 2(降温)输入

2. 不均匀沉降

点击"不均匀沉降",沉降值按 2cm 考虑输入,如图 5-29 所示。

3. 活荷载描述

点击"活荷载描述",输入"活荷载"(见图 5-30)。输入"车道荷载"(公路—Ⅰ级),"满人总宽度"(11.75m),人群集度为 0(没有人群荷载),"横向分布调整系数"中"汽车荷载"输入2.4。

以桥墩上支座负弯矩截面为例,横向分布系数的计算过程如下:

图 5-29　"不均匀沉降"设置对话框

图 5-30　"活荷载输入"描述对话框

该截面尺寸如图 5-4 中的 3—3 横断面所示,在单元划分图 5-10 中是 22 结点断面,即第 23 单元的右截面或 24 单元的左截面。该截面的抗弯惯矩 I_c 可以由桥梁博士软件中直接得到(数据→输出施工阶段结果→原始输入信息→结构特征列表,见图 5-31):

$$I_c = 127.6(\mathrm{m}^4)$$

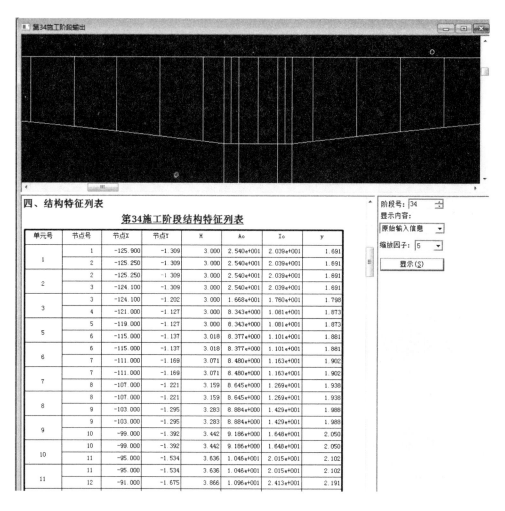

图 5-31 施工阶段各单元截面特征输出

截面尺寸换算(见图 5-32)如下:

$t_1 = 60(\mathrm{cm})$

$t_2 = \dfrac{0.5 \times 25 \times 25 + 270 \times 100}{270} = 101.157(\mathrm{cm})$

$t_3 = 80(\mathrm{cm})$

$t_4 = \dfrac{20 \times 275 + 0.5 \times 30 \times 215 + 0.5 \times (30 + 60) \times 60}{275} = 41.545(\mathrm{cm})$

$h = 650(\mathrm{cm})$

(1)单箱单室截面的抗扭惯矩 I_{T_i},表达式如下:

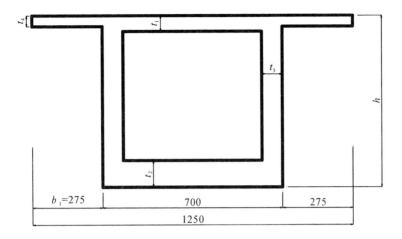

图 5-32   截面尺寸

$$I_{T_i} = \frac{4F^2}{\oint \frac{\mathrm{d}s}{t}} + \frac{2}{3} b_1 t_4^3$$

式中：F 为箱形截面中心线包围的面积；t 为板厚；b_1 为每侧悬臂板长度；d_s 为周边微段长度。

$$I_T = \frac{4 \times \left[\left(6.5 - \frac{0.6}{2} - \frac{1.0157}{2} \right) \times (7 - 0.8) \right]^2}{\left(6.5 - \frac{0.6}{2} - \frac{1.0157}{2} \right) \times \frac{1}{0.8} \times 2 + (7 - 0.8) \times \left(\frac{1}{1.0157} + \frac{1}{0.6} \right)} + \frac{2}{3} \times 2.75 \times 0.41545^3$$

$= 162.4472588 + 0.1314612401$

$= 162.57872 \, (\mathrm{m}^4)$

本次计算中不考虑抗扭惯矩换算系数和抗弯惯矩换算系数。

(2)抗扭修正系数 β 计算

$n = 2$(腹板数)

$a_i = a_1 = a_2 = 3.1 \, (\mathrm{m})$(腹板至中心线的距离)

$l_{边} = 66 \, (\mathrm{m})$， $l_{中} = 120 \, (\mathrm{m})$

$G = 0.43E$(剪切模量)

$$\beta = \frac{1}{1 + \frac{n l_{边}^2}{12} \times \frac{G}{E} \times \frac{I_{T_i}}{I_c} \times \frac{1}{\sum a_i^2}} = \frac{1}{1 + \frac{2 \times 66^2}{12} \times \frac{0.43E}{E} \times \frac{162.57872}{127.6} \times \frac{1}{2 \times 3.1^2}} = 0.0461$$

荷载位于跨中时 1 号边梁的荷载横向分布系数 m_{cq}(汽车荷载)和 m_{cr}(人群荷载)，其计算步骤如下：

① 求荷载横向分布影响线竖标。

本桥各根主梁的横截面均相等，梁数为 $n = 2$，梁间距为 $6.2\mathrm{m}$，则

$$\sum_{i=1}^{2} a_i^2 = a_1^2 + a_2^2 = 3.1^2 + 3.1^2 = 19.22\mathrm{m}^2$$

211

所以 1 号梁在两个边主梁处的横向影响线的竖标值为:

$$\eta_{11} = \frac{1}{n} + \beta\frac{a_1^2}{\sum\limits_{i=1}^{n} a_i^2} = \frac{1}{2} + 0.0461 \times \frac{3.1^2}{19.22} = 0.52305$$

$$\eta_{12} = \frac{1}{n} + \beta\frac{a_1 a_2}{\sum\limits_{i=1}^{n} a_i^2} = \frac{1}{2} + 0.0461 \times \frac{3.1 \times (-3.1)}{19.22} = 0.47695$$

②绘出荷载横向分布影响线,并按最不利位置布载,如图 5-33 所示。

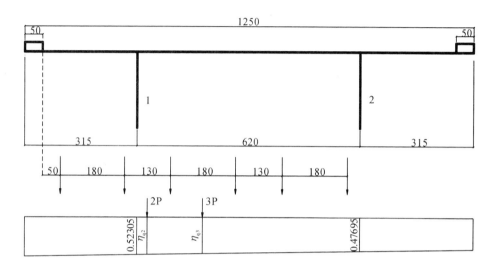

图 5-33　荷载横向分布影响线

③计算荷载横向分布系数 m_c。

1 号腹板的活载横向分布系数按荷载横向分布影响线进行内插,分别计算如下:

两行车的合力作用点所对应的竖标为:

$$\eta_{q2} = 0.5206$$
$$\eta_{q3} = 0.5128$$

对于两行车的荷载横向分布系数:

$$m_c = 2 \times 0.5206 = 1.0412$$

对于三行车的荷载横向分布系数:

$$m_c = 3 \times 0.5128 = 1.5384$$

单幅箱梁行车道宽 11.25m,布置三车道,荷载增大系数为 $0.78 \times 2 \times 1.5384 = 2.3999$,大于两车道不折减的荷载增大系数 $2 \times 1.0412 = 2.0824$,故本桥横向分布系数按 2.4 输入。

4. 自定义组合

后面估算预应力钢束时,需要用到正常使用极限状态的频遇组合内力值,系统默认"正常使用极限状态组合 II"为频遇组合,可用此组合下的内力值进行预应力估束。也可采用自定义组合值,点击"自定义组合",选择参与组合的单项荷载,按规范输入组合系数,点击"添加",再点击"确定",如图 5-34 所示。

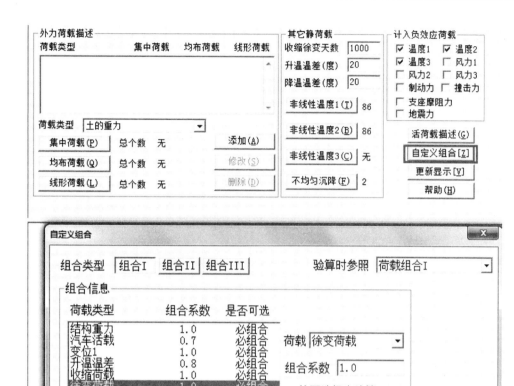

图 5-34　"自定义组合"输入对话框

5.2.5　项目执行计算及输出

执行项目计算,点击"项目"→"输入数据诊断"。输入数据诊断 OK 后,点击"项目"→"执行项目计算",若模型经过修改,则需点击"重新执行项目"。

项目执行结束(见图 5-35)后即可查看结果,可在"数据"下拉菜单中依次选择"输出总体结果信息"、"输出单元结果信息"、"输出施工阶段结果"、"输出使用阶段结果"以及"输出文本数据结果"来查看计算结果,具体操作流程可参见第 3 章相应内容。

在"输出施工阶段结果"中,选择"原始输入信息",会出现所有截面的几何特征(截面高度、截面面积、惯性矩等),如图 5-31 所示。在下一步计算预应力钢筋面积时,需要用到的截面特性可直接选用表格中数值。

内力计算

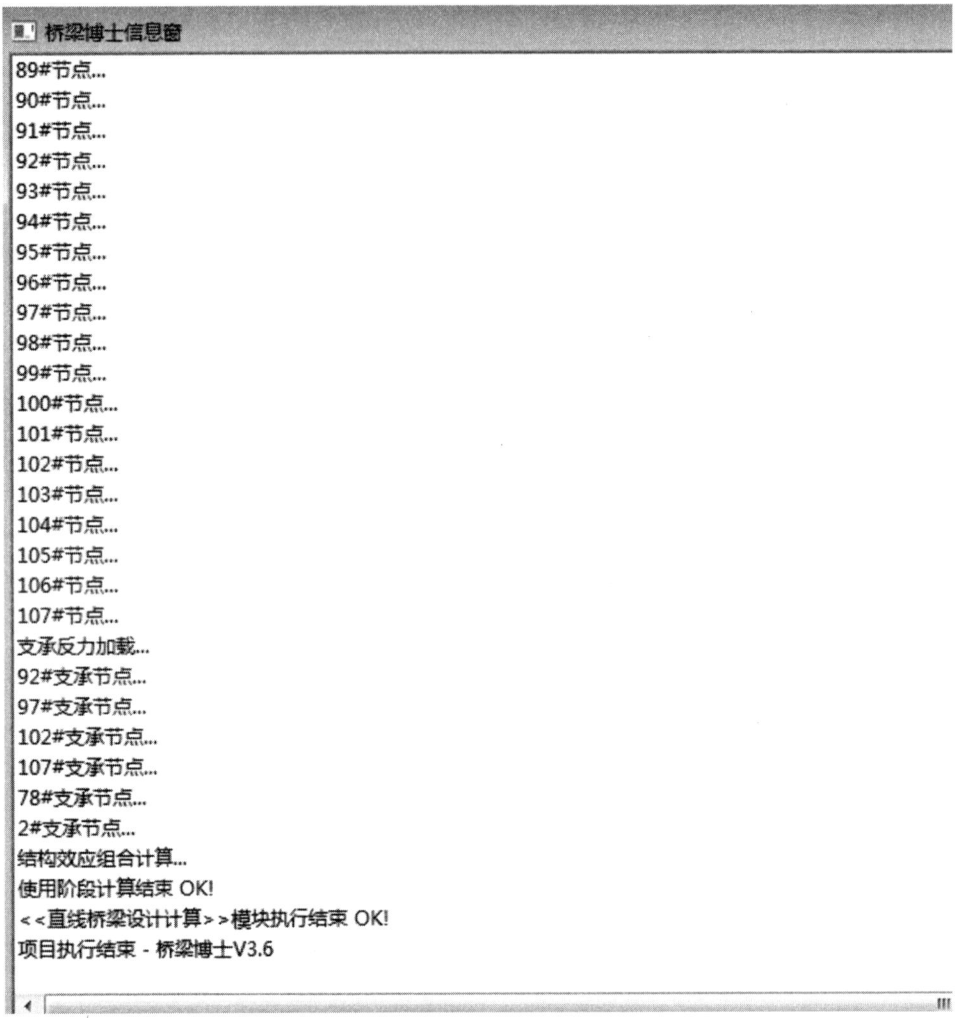

图 5-35 "项目执行结束"界面

5.3 预应力钢筋的估算与布置

箱梁单元需要配置预应力钢筋,桥墩单元需要配置普通钢筋,可以在总体信息中选择"估算结构配筋面积"来估计,也可以手工计算并布置后输入。

5.3.1 控制截面内力设计值

按正常使用极限状态的抗裂要求估算预应力钢筋的数量,计算公式为式(2-14)和式(2-15),计算内力为正常使用极限状态下的频遇组合值,系统默认为"输出使用阶段结果"中的"使用内力组合 II"的输出数值,输出结果如下:

桥梁博士系统文本结果输出

项目名称:D:\电算教材\桥博模型 2019\连续刚构桥施工节段计算模型内力计算\ganggou

输出单元号:1-43

输出结点号:

输出附加内容单元号:

输出阶段号:

输出组合类型:1-3

＊＊＊＊＊＊＊＊＊＊＊＊＊＊＊＊＊＊＊＊＊＊＊＊＊＊＊＊＊＊＊＊＊＊＊

　　　　正常使用阶段内力位移输出

＊＊＊＊＊＊＊＊＊＊＊＊＊＊＊＊＊＊＊＊＊＊＊＊＊＊＊＊＊＊＊＊＊＊＊

正常使用极限状态荷载组合 II 内力结果:

单元号＝1,左结点号＝1

内力性质	最大轴力	最小轴力	最大剪力	最小剪力	最大弯矩	最小弯矩
轴力	0.000e+000	0.000e+000	0.000e+000	0.000e+000	0.000e+000	0.000e+000
剪力	0.000e+000	0.000e+000	0.000e+000	−9.435e+002	0.000e+000	0.000e+000
弯矩	0.000e+000	0.000e+000	0.000e+000	0.000e+000	0.000e+000	0.000e+000

单元号 = 1, 右结点号 = 2

内力性质	最大轴力	最小轴力	最大剪力	最小剪力	最大弯矩	最小弯矩
轴力	7.731e−012	7.731e−012	7.731e−012	7.731e−012	7.731e−012	7.731e−012
剪力	4.589e+002	4.589e+002	1.417e+003	4.589e+002	4.589e+002	1.417e+003
弯矩	−1.492e+002	−1.492e+002	−8.734e+002	−1.492e+002	−1.492e+002	−6.651e+002

单元号 = 2, 左结点号 = 2

内力性质	最大轴力	最小轴力	最大剪力	最小剪力	最大弯矩	最小弯矩
轴力	−2.268e−011	−2.268e−011	−1.784e−009	1.593e−009	−2.268e−011	−2.268e−011
剪力	2.653e+003	2.653e+003	5.142e+003	1.916e+003	2.653e+003	2.670e+003
弯矩	−1.492e+002	−1.492e+002	−1.529e+002	−1.492e+002	−1.492e+002	−6.651e+002

单元号 = 2, 右结点号 = 3

内力性质	最大轴力	最小轴力	最大剪力	最小剪力	最大弯矩	最小弯矩
轴力	−2.268e−011	−2.268e−011	1.593e−009	−1.784e−009	−1.784e−009	1.593e−009
剪力	−1.841e+003	−1.841e+003	−1.104e+003	−4.276e+003	−4.274e+003	−1.193e+003
弯矩	2.435e+003	2.435e+003	1.613e+003	5.126e+003	5.119e+003	1.290e+003

单元号 = 3, 左结点号 = 3

内力性质	最大轴力	最小轴力	最大剪力	最小剪力	最大弯矩	最小弯矩
轴力	3.400e−011	3.400e−011	−9.673e−010	4.080e−010	−9.673e−010	4.080e−010
剪力	1.841e+003	1.841e+003	4.276e+003	1.104e+003	4.274e+003	1.193e+003
弯矩	2.435e+003	2.435e+003	5.126e+003	1.613e+003	5.119e+003	1.290e+003

单元号 = 3, 右结点号 = 4

内力性质	最大轴力	最小轴力	最大剪力	最小剪力	最大弯矩	最小弯矩
轴力	3.399e−011	3.399e−011	4.080e−010	−9.673e−010	−9.673e−010	4.080e−010
剪力	−6.914e+002	−6.914e+002	5.214e+001	−3.015e+003	−3.013e+003	−4.345e+001
弯矩	6.187e+003	6.187e+003	5.683e+003	1.585e+004	1.579e+004	3.027e+003

单元号 = 4, 左结点号 = 4

内力性质	最大轴力	最小轴力	最大剪力	最小剪力	最大弯矩	最小弯矩
轴力	$-3.440\mathrm{e}-012$	$-3.440\mathrm{e}-012$	$1.108\mathrm{e}-010$	$-4.128\mathrm{e}-011$	$1.108\mathrm{e}-010$	$-4.128\mathrm{e}-011$
剪力	$6.914\mathrm{e}+002$	$6.914\mathrm{e}+002$	$3.015\mathrm{e}+003$	$-5.214\mathrm{e}+001$	$3.013\mathrm{e}+003$	$4.345\mathrm{e}+001$
弯矩	$6.187\mathrm{e}+003$	$6.187\mathrm{e}+003$	$1.585\mathrm{e}+004$	$5.683\mathrm{e}+003$	$1.579\mathrm{e}+004$	$3.027\mathrm{e}+003$

元号 = 4，右结点号 = 5

内力性质	最大轴力	最小轴力	最大剪力	最小剪力	最大弯矩	最小弯矩
轴力	$-3.440\mathrm{e}-012$	$-3.440\mathrm{e}-012$	$-4.128\mathrm{e}-011$	$1.108\mathrm{e}-010$	$1.108\mathrm{e}-010$	$-4.128\mathrm{e}-011$
剪力	$-1.664\mathrm{e}+002$	$-1.664\mathrm{e}+002$	$6.185\mathrm{e}+002$	$-2.416\mathrm{e}+003$	$-2.415\mathrm{e}+003$	$5.709\mathrm{e}+002$
弯矩	$7.045\mathrm{e}+003$	$7.045\mathrm{e}+003$	$6.191\mathrm{e}+003$	$2.054\mathrm{e}+004$	$2.085\mathrm{e}+004$	$2.512\mathrm{e}+003$

单元号 = 5，左结点号 = 5

内力性质	最大轴力	最小轴力	最大剪力	最小剪力	最大弯矩	最小弯矩
轴力	$6.928\mathrm{e}-012$	$6.928\mathrm{e}-012$	$5.224\mathrm{e}-010$	$6.589\mathrm{e}-011$	$5.224\mathrm{e}-010$	$6.589\mathrm{e}-011$
剪力	$1.664\mathrm{e}+002$	$1.664\mathrm{e}+002$	$2.416\mathrm{e}+003$	$-6.191\mathrm{e}+002$	$2.415\mathrm{e}+003$	$-5.713\mathrm{e}+002$
弯矩	$7.045\mathrm{e}+003$	$7.045\mathrm{e}+003$	$2.054\mathrm{e}+004$	$6.191\mathrm{e}+003$	$2.085\mathrm{e}+004$	$2.512\mathrm{e}+003$

单元号 = 5，右结点号 = 6

内力性质	最大轴力	最小轴力	最大剪力	最小剪力	最大弯矩	最小弯矩
轴力	$6.928\mathrm{e}-012$	$6.928\mathrm{e}-012$	$6.589\mathrm{e}-011$	$5.224\mathrm{e}-010$	$5.224\mathrm{e}-010$	$6.589\mathrm{e}-011$
剪力	$8.855\mathrm{e}+002$	$8.855\mathrm{e}+002$	$1.754\mathrm{e}+003$	$-1.236\mathrm{e}+003$	$-5.100\mathrm{e}+002$	$1.623\mathrm{e}+003$
弯矩	$5.608\mathrm{e}+003$	$5.608\mathrm{e}+003$	$3.795\mathrm{e}+003$	$2.654\mathrm{e}+004$	$2.726\mathrm{e}+004$	$-1.828\mathrm{e}+003$

单元号 = 6，左结点号 = 6

内力性质	最大轴力	最小轴力	最大剪力	最小剪力	最大弯矩	最小弯矩
轴力	$-4.867\mathrm{e}-011$	$-4.867\mathrm{e}-011$	$2.737\mathrm{e}-010$	$-6.337\mathrm{e}-010$	$2.737\mathrm{e}-010$	$-6.337\mathrm{e}-010$
剪力	$-8.855\mathrm{e}+002$	$-8.855\mathrm{e}+002$	$1.238\mathrm{e}+003$	$-1.757\mathrm{e}+003$	$5.101\mathrm{e}+002$	$-1.623\mathrm{e}+003$
弯矩	$5.608\mathrm{e}+003$	$5.608\mathrm{e}+003$	$2.654\mathrm{e}+004$	$3.795\mathrm{e}+003$	$2.726\mathrm{e}+004$	$-1.828\mathrm{e}+003$

单元号 = 6，右结点号 = 7

内力性质	最大轴力	最小轴力	最大剪力	最小剪力	最大弯矩	最小弯矩
轴力	$-4.867\mathrm{e}-011$	$-4.867\mathrm{e}-011$	$-6.337\mathrm{e}-010$	$2.737\mathrm{e}-010$	$2.737\mathrm{e}-010$	$-6.337\mathrm{e}-010$
剪力	$1.944\mathrm{e}+003$	$1.944\mathrm{e}+003$	$2.906\mathrm{e}+003$	$-6.185\mathrm{e}+001$	$6.890\mathrm{e}+002$	$2.682\mathrm{e}+003$
弯矩	$-4.875\mathrm{e}+001$	$-4.875\mathrm{e}+001$	$-3.201\mathrm{e}+003$	$2.757\mathrm{e}+004$	$2.879\mathrm{e}+004$	$-1.038\mathrm{e}+004$

单元号 = 7，左结点号 = 7

内力性质	最大轴力	最小轴力	最大剪力	最小剪力	最大弯矩	最小弯矩
轴力	$-9.135\mathrm{e}-011$	$-9.135\mathrm{e}-011$	$3.468\mathrm{e}-010$	$7.703\mathrm{e}-011$	$3.468\mathrm{e}-010$	$7.703\mathrm{e}-011$
剪力	$-1.944\mathrm{e}+003$	$-1.944\mathrm{e}+003$	$6.294\mathrm{e}+001$	$-2.907\mathrm{e}+003$	$-6.886\mathrm{e}+002$	$-2.682\mathrm{e}+003$
弯矩	$-4.875\mathrm{e}+001$	$-4.875\mathrm{e}+001$	$2.757\mathrm{e}+004$	$-3.202\mathrm{e}+003$	$2.879\mathrm{e}+004$	$-1.038\mathrm{e}+004$

单元号 = 7，右结点号 = 8

内力性质	最大轴力	最小轴力	最大剪力	最小剪力	最大弯矩	最小弯矩
轴力	$-9.135\mathrm{e}-011$	$-9.135\mathrm{e}-011$	$7.702\mathrm{e}-011$	$3.468\mathrm{e}-010$	$3.468\mathrm{e}-010$	$7.702\mathrm{e}-011$
剪力	$3.017\mathrm{e}+003$	$3.017\mathrm{e}+003$	$4.068\mathrm{e}+003$	$1.116\mathrm{e}+003$	$1.898\mathrm{e}+003$	$3.756\mathrm{e}+003$
弯矩	$-9.967\mathrm{e}+003$	$-9.967\mathrm{e}+003$	$-1.488\mathrm{e}+004$	$2.368\mathrm{e}+004$	$2.536\mathrm{e}+004$	$-2.321\mathrm{e}+004$

单元号 = 8，左结点号 = 8

内力性质	最大轴力	最小轴力	最大剪力	最小剪力	最大弯矩	最小弯矩
轴力	$6.449\mathrm{e}-012$	$6.449\mathrm{e}-012$	$4.544\mathrm{e}-010$	$8.868\mathrm{e}-011$	$4.544\mathrm{e}-010$	$8.868\mathrm{e}-011$

| 剪力 | $-3.017\mathrm{e}+003$ | $-3.017\mathrm{e}+003$ | $-1.115\mathrm{e}+003$ | $-4.068\mathrm{e}+003$ | $-1.898\mathrm{e}+003$ | $-3.756\mathrm{e}+003$ |
| 弯矩 | $-9.967\mathrm{e}+003$ | $-9.967\mathrm{e}+003$ | $2.368\mathrm{e}+004$ | $-1.488\mathrm{e}+004$ | $2.536\mathrm{e}+004$ | $-2.321\mathrm{e}+004$ |

单元号 = 8，右结点号 = 9

内力性质	最大轴力	最小轴力	最大剪力	最小剪力	最大弯矩	最小弯矩
轴力	$6.447\mathrm{e}-012$	$6.447\mathrm{e}-012$	$8.867\mathrm{e}-011$	$4.544\mathrm{e}-010$	$4.544\mathrm{e}-010$	$8.867\mathrm{e}-011$
剪力	$4.111\mathrm{e}+003$	$4.111\mathrm{e}+003$	$5.276\mathrm{e}+003$	$2.303\mathrm{e}+003$	$3.124\mathrm{e}+003$	$4.850\mathrm{e}+003$
弯矩	$-2.422\mathrm{e}+004$	$-2.422\mathrm{e}+004$	$-3.104\mathrm{e}+004$	$1.493\mathrm{e}+004$	$1.698\mathrm{e}+004$	$-4.036\mathrm{e}+004$

单元号 = 9，左结点号 = 9

内力性质	最大轴力	最小轴力	最大剪力	最小剪力	最大弯矩	最小弯矩
轴力	$-6.671\mathrm{e}-011$	$-6.671\mathrm{e}-011$	$2.025\mathrm{e}-010$	$-2.118\mathrm{e}-010$	$2.025\mathrm{e}-010$	$-2.118\mathrm{e}-010$
剪力	$-4.111\mathrm{e}+003$	$-4.111\mathrm{e}+003$	$-2.304\mathrm{e}+003$	$-5.276\mathrm{e}+003$	$-3.125\mathrm{e}+003$	$-4.850\mathrm{e}+003$
弯矩	$-2.422\mathrm{e}+004$	$-2.422\mathrm{e}+004$	$1.492\mathrm{e}+004$	$-3.104\mathrm{e}+004$	$1.698\mathrm{e}+004$	$-4.036\mathrm{e}+004$

单元号 = 9，右结点号 = 10

内力性质	最大轴力	最小轴力	最大剪力	最小剪力	最大弯矩	最小弯矩
轴力	$-6.671\mathrm{e}-011$	$-6.671\mathrm{e}-011$	$-2.118\mathrm{e}-010$	$2.025\mathrm{e}-010$	$2.025\mathrm{e}-010$	$-2.118\mathrm{e}-010$
剪力	$5.233\mathrm{e}+003$	$5.233\mathrm{e}+003$	$6.496\mathrm{e}+003$	$3.508\mathrm{e}+003$	$4.373\mathrm{e}+003$	$5.972\mathrm{e}+003$
弯矩	$-4.289\mathrm{e}+004$	$-4.289\mathrm{e}+004$	$-5.229\mathrm{e}+004$	$1.336\mathrm{e}+003$	$3.595\mathrm{e}+003$	$-6.194\mathrm{e}+004$

单元号 = 10，左结点号 = 10

内力性质	最大轴力	最小轴力	最大剪力	最小剪力	最大弯矩	最小弯矩
轴力	$-9.692\mathrm{e}-011$	$-9.692\mathrm{e}-011$	$-3.566\mathrm{e}-010$	$4.951\mathrm{e}-010$	$-3.566\mathrm{e}-010$	$4.951\mathrm{e}-010$
剪力	$-5.233\mathrm{e}+003$	$-5.233\mathrm{e}+003$	$-3.509\mathrm{e}+003$	$-6.496\mathrm{e}+003$	$-4.374\mathrm{e}+003$	$-5.971\mathrm{e}+003$
弯矩	$-4.289\mathrm{e}+004$	$-4.289\mathrm{e}+004$	$1.318\mathrm{e}+003$	$-5.229\mathrm{e}+004$	$3.594\mathrm{e}+003$	$-6.194\mathrm{e}+004$

单元号 = 10，右结点号 = 11

内力性质	最大轴力	最小轴力	最大剪力	最小剪力	最大弯矩	最小弯矩
轴力	$-9.692\mathrm{e}-011$	$-9.692\mathrm{e}-011$	$4.951\mathrm{e}-010$	$-3.566\mathrm{e}-010$	$-3.566\mathrm{e}-010$	$4.951\mathrm{e}-010$
剪力	$6.437\mathrm{e}+003$	$6.437\mathrm{e}+003$	$7.796\mathrm{e}+003$	$4.784\mathrm{e}+003$	$5.697\mathrm{e}+003$	$7.175\mathrm{e}+003$
弯矩	$-6.619\mathrm{e}+004$	$-6.619\mathrm{e}+004$	$-7.857\mathrm{e}+004$	$-1.717\mathrm{e}+004$	$-1.489\mathrm{e}+004$	$-8.815\mathrm{e}+004$

单元号 = 11，左结点号 = 11

内力性质	最大轴力	最小轴力	最大剪力	最小剪力	最大弯矩	最小弯矩
轴力	$-6.389\mathrm{e}-011$	$-6.389\mathrm{e}-011$	$-8.302\mathrm{e}-011$	$2.355\mathrm{e}-010$	$-8.302\mathrm{e}-011$	$2.355\mathrm{e}-010$
剪力	$-6.437\mathrm{e}+003$	$-6.437\mathrm{e}+003$	$-4.786\mathrm{e}+003$	$-7.796\mathrm{e}+003$	$-5.699\mathrm{e}+003$	$-7.175\mathrm{e}+003$
弯矩	$-6.619\mathrm{e}+004$	$-6.619\mathrm{e}+004$	$-1.723\mathrm{e}+004$	$-7.857\mathrm{e}+004$	$-1.489\mathrm{e}+004$	$-8.815\mathrm{e}+004$

单元号＝11,右结点号＝12

内力性质	最大轴力	最小轴力	最大剪力	最小剪力	最大弯矩	最小弯矩
轴力	$-6.389\mathrm{e}-011$	$-6.389\mathrm{e}-011$	$2.355\mathrm{e}-010$	$-8.302\mathrm{e}-011$	$-8.302\mathrm{e}-011$	$2.355\mathrm{e}-010$
剪力	$7.733\mathrm{e}+003$	$7.733\mathrm{e}+003$	$9.187\mathrm{e}+003$	$6.137\mathrm{e}+003$	$7.109\mathrm{e}+003$	$8.471\mathrm{e}+003$
弯矩	$-9.451\mathrm{e}+004$	$-9.451\mathrm{e}+004$	$-1.103\mathrm{e}+005$	$-4.076\mathrm{e}+004$	$-3.886\mathrm{e}+004$	$-1.194\mathrm{e}+005$

单元号 = 12，左结点号 = 12

内力性质	最大轴力	最小轴力	最大剪力	最小剪力	最大弯矩	最小弯矩
轴力	$2.838\mathrm{e}-011$	$2.838\mathrm{e}-011$	$1.642\mathrm{e}-010$	$-7.341\mathrm{e}-011$	$1.642\mathrm{e}-010$	$-7.341\mathrm{e}-011$
剪力	$-7.733\mathrm{e}+003$	$-7.733\mathrm{e}+003$	$-6.119\mathrm{e}+003$	$-9.187\mathrm{e}+003$	$-7.110\mathrm{e}+003$	$-8.471\mathrm{e}+003$
弯矩	$-9.451\mathrm{e}+004$	$-9.451\mathrm{e}+004$	$-4.023\mathrm{e}+004$	$-1.103\mathrm{e}+005$	$-3.886\mathrm{e}+004$	$-1.194\mathrm{e}+005$

单元号 = 12，右结点号 = 13

内力性质	最大轴力	最小轴力	最大剪力	最小剪力	最大弯矩	最小弯矩
轴力	2.838e−011	2.838e−011	−7.341e−011	1.642e−010	1.642e−010	−7.341e−011
剪力	8.861e+003	8.861e+003	1.038e+004	7.291e+003	8.302e+003	9.599e+003
弯矩	−1.223e+005	−1.223e+005	−1.413e+005	−6.419e+004	−6.333e+004	−1.496e+005

单元号 =13，左结点号=13

内力性质	最大轴力	最小轴力	最大剪力	最小剪力	最大弯矩	最小弯矩
轴力	−1.932e−010	−1.932e−010	−8.897e−012	−1.290e−010	−8.897e−012	−1.290e−010
剪力	−8.861e+003	−8.861e+003	−7.291e+003	−1.038e+004	−8.302e+003	−9.599e+003
弯矩	−1.223e+005	−1.223e+005	−6.419e+004	−1.413e+005	−6.333e+004	−1.496e+005

单元号 = 13，右结点号 = 14

内力性质	最大轴力	最小轴力	最大剪力	最小剪力	最大弯矩	最小弯矩
轴力	−1.932e−010	−1.932e−010	−1.290e−010	−8.899e−012	−8.899e−012	−1.290e−010
剪力	1.003e+004	1.003e+004	1.163e+004	8.502e+003	9.472e+003	1.089e+004
弯矩	−1.539e+005	−1.539e+005	−1.765e+005	−9.209e+004	−9.159e+004	−1.839e+005

单元号 = 14，左结点号 = 14

内力性质	最大轴力	最小轴力	最大剪力	最小剪力	最大弯矩	最小弯矩
轴力	−3.678e−011	−3.678e−011	−5.342e−010	6.172e−010	−5.342e−010	6.172e−010
剪力	−1.003e+004	−1.003e+004	−8.502e+003	−1.162e+004	−9.472e+003	−1.089e+004
弯矩	−1.539e+005	−1.539e+005	−9.209e+004	−1.764e+005	−9.159e+004	−1.839e+005

单元号 = 14，右结点号 = 15

内力性质	最大轴力	最小轴力	最大剪力	最小剪力	最大弯矩	最小弯矩
轴力	−3.678e−011	−3.678e−011	6.172e−010	−5.342e−010	−5.342e−010	6.172e−010
剪力	1.125e+004	1.125e+004	1.294e+004	9.756e+003	1.068e+004	1.220e+004
弯矩	−1.896e+005	−1.896e+005	−2.155e+005	−1.240e+005	−1.238e+005	−2.225e+005

单元号 = 15，左结点号 = 15

内力性质	最大轴力	最小轴力	最大剪力	最小剪力	最大弯矩	最小弯矩
轴力	−2.452e−010	−2.452e−010	4.354e−010	5.013e−010	4.354e−010	5.013e−010
剪力	−1.125e+004	−1.125e+004	−9.756e+003	−1.294e+004	−1.068e+004	−1.220e+004
弯矩	−1.896e+005	−1.896e+005	−1.240e+005	−2.155e+005	−1.238e+005	−2.225e+005

单元号 = 15，右结点号 = 16

内力性质	最大轴力	最小轴力	最大剪力	最小剪力	最大弯矩	最小弯矩
轴力	−2.452e−010	−2.452e−010	5.013e−010	4.354e−010	4.354e−010	5.013e−010
剪力	1.252e+004	1.252e+004	1.427e+004	1.106e+004	1.121e+004	1.356e+004
弯矩	−2.294e+005	−2.294e+005	−2.593e+005	−1.601e+005	−1.601e+005	−2.656e+005

单元号 = 16，左结点号 = 16

内力性质	最大轴力	最小轴力	最大剪力	最小剪力	最大弯矩	最小弯矩
轴力	1.875e−011	1.875e−011	−1.041e−009	8.849e−010	−1.041e−009	8.849e−010
剪力	−1.252e+004	−1.252e+004	−1.106e+004	−1.427e+004	−1.099e+004	−1.356e+004
弯矩	−2.294e+005	−2.294e+005	−1.601e+005	−2.593e+005	−1.601e+005	−2.656e+005

单元号 = 16，右结点号 = 17

内力性质	最大轴力	最小轴力	最大剪力	最小剪力	最大弯矩	最小弯矩

内力性质	最大轴力	最小轴力	最大剪力	最小剪力	最大弯矩	最小弯矩
轴力	1.877e−011	1.877e−011	8.849e−010	−1.041e−009	−1.041e−009	8.849e−010
剪力	1.386e+004	1.386e+004	1.567e+004	1.241e+004	1.237e+004	1.530e+004
弯矩	−2.735e+005	−2.735e+005	−3.078e+005	−2.006e+005	−2.006e+005	−3.135e+005

单元号 = 17，左结点号 = 17

内力性质	最大轴力	最小轴力	最大剪力	最小剪力	最大弯矩	最小弯矩
轴力	−2.104e−011	−2.104e−011	−3.935e−010	9.817e−010	−3.935e−010	9.817e−010
剪力	−1.386e+004	−1.386e+004	−1.241e+004	−1.569e+004	−1.237e+004	−1.530e+004
弯矩	−2.735e+005	−2.735e+005	−2.006e+005	−3.074e+005	−2.006e+005	−3.135e+005

单元号 = 17，右结点号 = 18

内力性质	最大轴力	最小轴力	最大剪力	最小剪力	最大弯矩	最小弯矩
轴力	−2.105e−011	−2.105e−011	9.817e−010	−3.935e−010	−3.935e−010	9.817e−010
剪力	1.525e+004	1.525e+004	1.715e+004	1.383e+004	1.348e+004	1.683e+004
弯矩	−3.223e+005	−3.223e+005	−3.606e+005	−2.456e+005	−2.456e+005	−3.671e+005

单元号 = 18，左结点号 = 18

内力性质	最大轴力	最小轴力	最大剪力	最小剪力	最大弯矩	最小弯矩
轴力	−2.222e−010	−2.222e−010	−6.669e−010	−3.410e−010	−6.669e−010	−3.410e−010
剪力	−1.525e+004	−1.525e+004	−1.383e+004	−1.715e+004	−1.348e+004	−1.683e+004
弯矩	−3.223e+005	−3.223e+005	−2.456e+005	−3.606e+005	−2.456e+005	−3.671e+005

单元号 = 18，右结点号 = 19

内力性质	最大轴力	最小轴力	最大剪力	最小剪力	最大弯矩	最小弯矩
轴力	−2.222e−010	−2.222e−010	−3.410e−010	−6.669e−010	−6.669e−010	−3.410e−010
剪力	1.671e+004	1.671e+004	1.867e+004	1.531e+004	1.529e+004	1.839e+004
弯矩	−3.758e+005	−3.758e+005	−4.189e+005	−2.954e+005	−2.954e+005	−4.258e+005

单元号 = 19，左结点号 = 19

内力性质	最大轴力	最小轴力	最大剪力	最小剪力	最大弯矩	最小弯矩
轴力	−9.954e−011	−9.954e−011	8.766e−010	4.982e−010	8.766e−010	4.982e−010
剪力	−1.671e+004	−1.671e+004	−1.531e+004	−1.867e+004	−1.537e+004	−1.839e+004
弯矩	−3.758e+005	−3.758e+005	−2.954e+005	−4.189e+005	−2.954e+005	−4.258e+005

单元号 = 19，右结点号 = 20

内力性质	最大轴力	最小轴力	最大剪力	最小剪力	最大弯矩	最小弯矩
轴力	−9.954e−011	−9.954e−011	4.982e−010	8.766e−010	8.766e−010	4.982e−010
剪力	1.833e+004	1.833e+004	2.038e+004	1.695e+004	1.698e+004	2.013e+004
弯矩	−4.344e+005	−4.344e+005	−4.821e+005	−3.502e+005	−3.501e+005	−4.900e+005

单元号 = 20，左结点号 = 20

内力性质	最大轴力	最小轴力	最大剪力	最小剪力	最大弯矩	最小弯矩
轴力	8.201e−011	8.201e−011	−3.022e−009	5.025e−009	−3.022e−009	5.025e−009
剪力	−1.833e+004	−1.833e+004	−1.695e+004	−2.038e+004	−1.698e+004	−2.013e+004
弯矩	−4.344e+005	−4.344e+005	−3.502e+005	−4.821e+005	−3.501e+005	−4.900e+005

单元号 = 20，右结点号 = 80

内力性质	最大轴力	最小轴力	最大剪力	最小剪力	最大弯矩	最小弯矩
轴力	8.203e−011	8.203e−011	5.025e−009	−3.022e−009	−3.022e−009	5.025e−009
剪力	1.930e+004	1.930e+004	2.137e+004	1.792e+004	1.795e+004	2.114e+004

弯矩			−4.645e＋005	−4.645e＋005	−5.148e＋005	−3.787e＋005	−3.783e＋005	−5.228e＋005

单元号 ＝ 21，左结点号 ＝ 80

内力性质	最大轴力	最小轴力	最大剪力	最小剪力	最大弯矩	最小弯矩
轴力	5.127e−010	5.127e−010	1.569e−009	4.043e−010	1.569e−009	4.043e−010
剪力	−1.930e＋004	−1.930e＋004	−1.792e＋004	−2.137e＋004	−1.795e＋004	−2.114e＋004
弯矩	−4.645e＋005	−4.645e＋005	−3.787e＋005	−5.148e＋005	−3.783e＋005	−5.228e＋005

单元号 ＝ 21，右结点号 ＝ 21

内力性质	最大轴力	最小轴力	最大剪力	最小剪力	最大弯矩	最小弯矩
轴力	5.127e−010	5.127e−010	4.043e−010	1.569e−009	1.569e−009	4.043e−010
剪力	2.001e＋004	2.001e＋004	2.209e＋004	1.863e＋004	1.865e＋004	2.186e＋004
弯矩	−4.753e＋005	−4.753e＋005	−5.267e＋005	−3.887e＋005	−3.884e＋005	−5.346e＋005

单元号 ＝ 22，左结点号 ＝ 21

内力性质	最大轴力	最小轴力	最大剪力	最小剪力	最大弯矩	最小弯矩
轴力	1.879e＋003	−1.732e＋003	−5.846e＋002	7.250e＋002	−1.427e＋003	1.508e＋003
剪力	−1.917e＋004	4.787e＋003	1.079e＋004	−2.550e＋004	−7.359e＋003	−5.104e＋003
弯矩	−4.531e＋005	−4.757e＋005	−4.858e＋005	−4.437e＋005	−3.747e＋005	−5.496e＋005

单元号 ＝ 22，右结点号 ＝ 81

内力性质	最大轴力	最小轴力	最大剪力	最小剪力	最大弯矩	最小弯矩
轴力	1.879e＋003	−1.732e＋003	7.249e＋002	−5.846e＋002	−1.427e＋003	1.508e＋003
剪力	1.987e＋004	−4.078e＋003	2.622e＋004	−1.008e＋004	8.069e＋003	5.819e＋003
弯矩	−4.637e＋005	−4.734e＋005	−4.577e＋005	−4.802e＋005	−3.790e＋005	−5.528e＋005

单元号 ＝ 23，左结点号 ＝ 81

内力性质	最大轴力	最小轴力	最大剪力	最小剪力	最大弯矩	最小弯矩
轴力	1.879e＋003	−1.732e＋003	−5.846e＋002	7.249e＋002	−1.427e＋003	1.508e＋003
剪力	−1.987e＋004	4.078e＋003	1.008e＋004	−2.622e＋004	−8.069e＋003	−5.819e＋003
弯矩	−4.638e＋005	−4.734e＋005	−4.802e＋005	−4.577e＋005	−3.789e＋005	−5.528e＋005

单元号 ＝ 23，右结点号 ＝ 22

内力性质	最大轴力	最小轴力	最大剪力	最小剪力	最大弯矩	最小弯矩
轴力	1.879e＋003	−1.732e＋003	7.249e＋002	−5.846e＋002	−2.800e＋002	4.219e＋002
剪力	2.085e＋004	−3.077e＋003	2.720e＋004	−9.092e＋003	3.079e＋003	1.644e＋004
弯矩	−4.937e＋005	−4.686e＋005	−4.972e＋005	−4.663e＋005	−3.897e＋005	−5.680e＋005

单元号 ＝ 24，左结点号 ＝ 22

内力性质	最大轴力	最小轴力	最大剪力	最小剪力	最大弯矩	最小弯矩
轴力	1.879e＋003	−1.732e＋003	−5.846e＋002	7.249e＋002	−2.800e＋002	4.219e＋002
剪力	−2.085e＋004	3.077e＋003	9.092e＋003	−2.720e＋004	−3.082e＋003	−1.644e＋004
弯矩	−4.937e＋005	−4.686e＋005	−4.663e＋005	−4.972e＋005	−3.897e＋005	−5.680e＋005

单元号 ＝ 24，右结点号 ＝ 82

内力性质	最大轴力	最小轴力	最大剪力	最小剪力	最大弯矩	最小弯矩
轴力	1.879e＋003	−1.732e＋003	7.250e＋002	−5.846e＋002	−2.799e＋002	4.221e＋002
剪力	2.184e＋004	−2.107e＋003	2.818e＋004	−8.112e＋003	4.071e＋003	1.741e＋004
弯矩	−5.254e＋005	−4.649e＋005	−5.382e＋005	−4.538e＋005	−3.950e＋005	−5.929e＋005

单元号 ＝ 25，左结点号 ＝ 82

内力性质	最大轴力	最小轴力	最大剪力	最小剪力	最大弯矩	最小弯矩
轴力	1.879e+003	−1.732e+003	−5.846e+002	7.250e+002	−2.799e+002	4.221e+002
剪力	−2.184e+004	2.107e+003	8.112e+003	−2.818e+004	−4.071e+003	−1.741e+004
弯矩	−5.254e+005	−4.649e+005	−4.538e+005	−5.382e+005	−3.950e+005	−5.929e+005

单元号 = 25，右结点号 = 23

内力性质	最大轴力	最小轴力	最大剪力	最小剪力	最大弯矩	最小弯矩
轴力	1.879e+003	−1.732e+003	7.250e+002	−5.846e+002	−2.799e+002	4.221e+002
剪力	2.257e+004	−1.399e+003	2.890e+004	−7.401e+003	4.779e+003	1.813e+004
弯矩	−5.374e+005	−4.641e+005	−5.537e+005	−4.497e+005	−3.975e+005	−6.025e+005

单元号 = 26，左结点号 = 23

内力性质	最大轴力	最小轴力	最大剪力	最小剪力	最大弯矩	最小弯矩
轴力	4.032e+003	−3.153e+003	1.687e+003	−8.971e+002	−3.443e+002	1.216e+003
剪力	2.342e+004	1.908e+004	2.381e+004	1.898e+004	1.899e+004	2.358e+004
弯矩	−5.670e+005	−4.459e+005	−5.598e+005	−4.389e+005	−3.971e+005	−6.140e+005

单元号 = 26，右结点号 = 83

内力性质	最大轴力	最小轴力	最大剪力	最小剪力	最大弯矩	最小弯矩
轴力	4.032e+003	−3.153e+003	−8.970e+002	1.688e+003	−3.442e+002	1.215e+003
剪力	−2.271e+004	−1.837e+004	−1.827e+004	−2.309e+004	−1.828e+004	−2.287e+004
弯矩	−5.543e+005	−4.356e+005	−4.287e+005	−5.473e+005	−3.869e+005	−6.012e+005

单元号 = 27，左结点号 = 83

内力性质	最大轴力	最小轴力	最大剪力	最小剪力	最大弯矩	最小弯矩
轴力	4.032e+003	−3.153e+003	1.690e+003	−8.971e+002	−3.442e+002	1.215e+003
剪力	2.269e+004	1.837e+004	2.308e+004	1.827e+004	1.827e+004	2.286e+004
弯矩	−5.544e+005	−4.355e+005	−5.478e+005	−4.287e+005	−3.869e+005	−6.013e+005

单元号 = 27，右结点号 = 24

内力性质	最大轴力	最小轴力	最大剪力	最小剪力	最大弯矩	最小弯矩
轴力	4.032e+003	−3.153e+003	−8.968e+002	1.691e+003	−3.438e+002	1.216e+003
剪力	−2.170e+004	−1.740e+004	−1.730e+004	−2.209e+004	−1.732e+004	−2.185e+004
弯矩	−5.186e+005	−4.073e+005	−4.003e+005	−5.120e+005	−3.585e+005	−5.655e+005

单元号 = 28，左结点号 = 24

内力性质	最大轴力	最小轴力	最大剪力	最小剪力	最大弯矩	最小弯矩
轴力	4.032e+003	−3.153e+003	1.691e+003	−8.968e+002	−3.438e+002	1.216e+003
剪力	2.170e+004	1.740e+004	2.209e+004	1.730e+004	1.732e+004	2.185e+004
弯矩	−5.186e+005	−4.073e+005	−5.120e+005	−4.003e+005	−3.585e+005	−5.655e+005

单元号 = 28，右结点号 = 25

内力性质	最大轴力	最小轴力	最大剪力	最小剪力	最大弯矩	最小弯矩
轴力	4.032e+003	−3.153e+003	−8.956e+002	1.697e+003	−3.420e+002	1.214e+003
剪力	−2.003e+004	−1.578e+004	−1.568e+004	−2.040e+004	−1.571e+004	−2.016e+004
弯矩	−4.498e+005	−3.511e+005	−3.449e+005	−4.433e+005	−3.031e+005	−4.958e+005

单元号 = 29，左结点号 = 25

内力性质	最大轴力	最小轴力	最大剪力	最小剪力	最大弯矩	最小弯矩
轴力	4.032e+003	−3.153e+003	1.697e+003	−8.956e+002	−3.420e+002	1.214e+003

剪力	2.003e+004	1.578e+004	2.040e+004	1.568e+004	1.571e+004	2.016e+004
弯矩	−4.498e+005	−3.511e+005	−4.433e+005	−3.449e+005	−3.031e+005	−4.958e+005

单元号 = 29，右结点号 = 26

内力性质	最大轴力	最小轴力	最大剪力	最小剪力	最大弯矩	最小弯矩
轴力	4.032e+003	−3.153e+003	−8.938e+002	1.702e+003	−2.769e+002	1.215e+003
剪力	−1.852e+004	−1.432e+004	−1.421e+004	−1.887e+004	−1.501e+004	−1.859e+004
弯矩	−3.864e+005	−3.000e+005	−2.945e+005	−3.800e+005	−2.526e+005	−4.314e+005

单元号 = 30，左结点号 = 26

内力性质	最大轴力	最小轴力	最大剪力	最小剪力	最大弯矩	最小弯矩
轴力	4.032e+003	−3.153e+003	1.701e+003	−8.941e+002	−2.769e+002	1.215e+003
剪力	1.852e+004	1.432e+004	1.887e+004	1.422e+004	1.501e+004	1.859e+004
弯矩	−3.864e+005	−3.000e+005	−3.800e+005	−2.945e+005	−2.526e+005	−4.314e+005

单元号 = 30，右结点号 = 27

内力性质	最大轴力	最小轴力	最大剪力	最小剪力	最大弯矩	最小弯矩
轴力	4.032e+003	−3.153e+003	−8.916e+002	1.706e+003	−2.471e+003	3.417e+003
剪力	−1.705e+004	−1.293e+004	−1.282e+004	−1.741e+004	−1.362e+004	−1.712e+004
弯矩	−3.280e+005	−2.537e+005	−2.489e+005	−3.216e+005	−2.065e+005	−3.723e+005

单元号 = 31，左结点号 = 27

内力性质	最大轴力	最小轴力	最大剪力	最小剪力	最大弯矩	最小弯矩
轴力	4.032e+003	−3.153e+003	1.706e+003	−8.916e+002	−2.471e+003	3.417e+003
剪力	1.705e+004	1.293e+004	1.741e+004	1.282e+004	1.362e+004	1.712e+004
弯矩	−3.280e+005	−2.537e+005	−3.216e+005	−2.489e+005	−2.065e+005	−3.723e+005

单元号 = 31，右结点号 = 28

内力性质	最大轴力	最小轴力	最大剪力	最小剪力	最大弯矩	最小弯矩
轴力	4.032e+003	−3.153e+003	−8.140e+002	1.710e+003	−2.461e+003	3.414e+003
剪力	−1.567e+004	−1.160e+004	−1.148e+004	−1.602e+004	−1.156e+004	−1.568e+004
弯矩	−2.742e+005	−2.120e+005	−2.067e+005	−2.679e+005	−1.645e+005	−3.183e+005

单元号 = 32，左结点号 = 28

内力性质	最大轴力	最小轴力	最大剪力	最小剪力	最大弯矩	最小弯矩
轴力	4.032e+003	−3.153e+003	1.710e+003	−8.140e+002	−2.461e+003	3.414e+003
剪力	1.567e+004	1.160e+004	1.602e+004	1.148e+004	1.156e+004	1.568e+004
弯矩	−2.742e+005	−2.120e+005	−2.679e+005	−2.067e+005	−1.645e+005	−3.183e+005

单元号 = 32，右结点号 = 29

内力性质	最大轴力	最小轴力	最大剪力	最小剪力	最大弯矩	最小弯矩
轴力	4.032e+003	−3.153e+003	−8.036e+002	1.713e+003	−2.445e+003	3.407e+003
剪力	−1.434e+004	−1.033e+004	−1.019e+004	−1.467e+004	−1.102e+004	−1.433e+004
弯矩	−2.249e+005	−1.747e+005	−1.695e+005	−2.188e+005	−1.267e+005	−2.690e+005

单元号 = 33，左结点号 = 29

内力性质	最大轴力	最小轴力	最大剪力	最小剪力	最大弯矩	最小弯矩
轴力	4.032e+003	−3.153e+003	1.713e+003	−8.036e+002	−2.445e+003	3.407e+003
剪力	1.434e+004	1.033e+004	1.467e+004	1.019e+004	1.102e+004	1.433e+004
弯矩	−2.249e+005	−1.747e+005	−2.188e+005	−1.695e+005	−1.267e+005	−2.690e+005

单元号 ＝ 33，右结点号 ＝ 30

内力性质	最大轴力	最小轴力	最大剪力	最小剪力	最大弯矩	最小弯矩
轴力	4.032e＋003	−3.153e＋003	−7.917e＋002	1.715e＋003	−2.430e＋003	3.399e＋003
剪力	−1.305e＋004	−9.106e＋003	−8.956e＋003	−1.339e＋004	−9.071e＋003	−1.299e＋004
弯矩	−1.799e＋005	−1.417e＋005	−1.363e＋005	−1.741e＋005	−9.327e＋004	−2.240e＋005

单元号 ＝ 34，左结点号 ＝ 30

内力性质	最大轴力	最小轴力	最大剪力	最小剪力	最大弯矩	最小弯矩
轴力	4.032e＋003	−3.153e＋003	1.715e＋003	−7.917e＋002	−2.430e＋003	3.399e＋003
剪力	1.305e＋004	9.106e＋003	1.339e＋004	8.956e＋003	9.071e＋003	1.299e＋004
弯矩	−1.799e＋005	−1.417e＋005	−1.741e＋005	−1.363e＋005	−9.327e＋004	−2.240e＋005

单元号 ＝ 34，右结点号 ＝ 31

内力性质	最大轴力	最小轴力	最大剪力	最小剪力	最大弯矩	最小弯矩
轴力	4.032e＋003	−3.153e＋003	−7.785e＋002	1.717e＋003	−2.413e＋003	3.388e＋003
剪力	−1.183e＋004	−7.934e＋003	−7.757e＋003	−1.214e＋004	−7.908e＋003	−1.172e＋004
弯矩	−1.391e＋005	−1.127e＋005	−1.071e＋005	−1.336e＋005	−6.381e＋004	−1.834e＋005

单元号 ＝ 35，左结点号 ＝ 31

内力性质	最大轴力	最小轴力	最大剪力	最小剪力	最大弯矩	最小弯矩
轴力	4.032e＋003	−3.153e＋003	1.717e＋003	−7.785e＋002	−2.413e＋003	3.388e＋003
剪力	1.183e＋004	7.934e＋003	1.214e＋004	7.757e＋003	7.908e＋003	1.172e＋004
弯矩	−1.391e＋005	−1.127e＋005	−1.336e＋005	−1.071e＋005	−6.381e＋004	−1.834e＋005

单元号 ＝ 35，右结点号 ＝ 32

内力性质	最大轴力	最小轴力	最大剪力	最小剪力	最大弯矩	最小弯矩
轴力	4.032e＋003	−3.153e＋003	−7.667e＋002	1.717e＋003	−2.392e＋003	3.373e＋003
剪力	−1.065e＋004	−6.806e＋003	−6.604e＋003	−1.095e＋004	−7.507e＋003	−1.047e＋004
弯矩	−1.022e＋005	−8.762e＋004	−8.188e＋004	−9.706e＋004	−3.799e＋004	−1.469e＋005

单元号 ＝ 36，左结点号 ＝ 32

内力性质	最大轴力	最小轴力	最大剪力	最小剪力	最大弯矩	最小弯矩
轴力	4.032e＋003	−3.153e＋003	1.717e＋003	−7.667e＋002	−2.392e＋003	3.373e＋003
剪力	1.063e＋004	6.806e＋003	1.095e＋004	6.604e＋003	6.764e＋003	1.047e＋004
弯矩	−1.022e＋005	−8.762e＋004	−9.706e＋004	−8.188e＋004	−3.799e＋004	−1.469e＋005

单元号 ＝ 36，右结点号 ＝ 33

内力性质	最大轴力	最小轴力	最大剪力	最小剪力	最大弯矩	最小弯矩
轴力	4.032e＋003	−3.153e＋003	−7.514e＋002	1.717e＋003	−2.364e＋003	3.347e＋003
剪力	−9.282e＋003	−5.510e＋003	−5.270e＋003	−9.566e＋003	−6.207e＋003	−9.017e＋003
弯矩	−6.319e＋004	−6.258e＋004	−5.657e＋004	−5.858e＋004	−1.216e＋004	−1.085e＋005

单元号 ＝ 37，左结点号 ＝ 33

内力性质	最大轴力	最小轴力	最大剪力	最小剪力	最大弯矩	最小弯矩
轴力	4.032e＋003	−3.153e＋003	1.717e＋003	−7.514e＋002	−2.364e＋003	3.347e＋003
剪力	9.264e＋003	5.510e＋003	9.565e＋003	5.270e＋003	5.463e＋003	9.017e＋003
弯矩	−6.319e＋004	−6.258e＋004	−5.858e＋004	−5.657e＋004	−1.216e＋004	−1.085e＋005

单元号 ＝ 37，右结点号 ＝ 34

内力性质	最大轴力	最小轴力	最大剪力	最小剪力	最大弯矩	最小弯矩

轴力	4.032e+003	−3.153e+003	−7.358e+002	1.715e+003	−2.331e+003	3.192e+003
剪力	−8.007e+003	−4.307e+003	−4.023e+003	−8.276e+003	−4.994e+003	−7.518e+003
弯矩	−2.950e+004	−4.256e+004	−3.630e+004	−2.545e+004	8.702e+003	−7.590e+004

单元号 = 38，左结点号 = 34

内力性质	最大轴力	最小轴力	最大剪力	最小剪力	最大弯矩	最小弯矩
轴力	4.032e+003	−3.153e+003	1.715e+003	−7.358e+002	−2.331e+003	3.192e+003
剪力	7.990e+003	4.307e+003	8.276e+003	4.023e+003	4.251e+003	7.518e+003
弯矩	−2.950e+004	−4.256e+004	−2.545e+004	−3.630e+004	8.702e+003	−7.590e+004

单元号 = 38，右结点号 = 35

内力性质	最大轴力	最小轴力	最大剪力	最小剪力	最大弯矩	最小弯矩
轴力	4.032e+003	−3.153e+003	−7.202e+002	1.711e+003	−2.290e+003	3.158e+003
剪力	−6.815e+003	−3.185e+003	−2.851e+003	−7.068e+003	−3.858e+003	−6.307e+003
弯矩	−5.327e+002	−2.731e+004	−2.075e+004	2.820e+003	2.486e+004	−4.858e+004

单元号 = 39，左结点号 = 35

内力性质	最大轴力	最小轴力	最大剪力	最小剪力	最大弯矩	最小弯矩
轴力	4.032e+003	−3.153e+003	1.711e+003	−7.202e+002	−2.290e+003	3.158e+003
剪力	6.797e+003	3.185e+003	7.068e+003	2.851e+003	3.115e+003	6.307e+003
弯矩	−5.327e+002	−2.731e+004	2.820e+003	−2.075e+004	2.486e+004	−4.858e+004

单元号 = 39，右结点号 = 36

内力性质	最大轴力	最小轴力	最大剪力	最小剪力	最大弯矩	最小弯矩
轴力	4.032e+003	−3.153e+003	−7.049e+002	1.706e+003	−2.223e+003	3.094e+003
剪力	−5.650e+003	−2.091e+003	−1.700e+003	−5.889e+003	−2.012e+003	−5.116e+003
弯矩	2.382e+004	−1.660e+004	−9.777e+003	2.638e+004	3.634e+004	−2.594e+004

单元号 = 40，左结点号 = 36

内力性质	最大轴力	最小轴力	最大剪力	最小剪力	最大弯矩	最小弯矩
轴力	4.032e+003	−3.153e+003	1.706e+003	−7.055e+002	−2.223e+003	3.094e+003
剪力	5.632e+003	2.091e+003	5.889e+003	1.708e+003	2.012e+003	5.116e+003
弯矩	2.382e+004	−1.660e+004	2.638e+004	−9.920e+003	3.634e+004	−2.594e+004

单元号 = 40，右结点号 = 37

内力性质	最大轴力	最小轴力	最大剪力	最小剪力	最大弯矩	最小弯矩
轴力	4.032e+003	−3.153e+003	−6.907e+002	1.699e+003	1.818e+003	−8.977e+002
剪力	−4.507e+003	−1.018e+003	−5.732e+002	−4.732e+003	−3.866e+003	−1.053e+003
弯矩	4.362e+004	−1.013e+004	−3.279e+003	4.529e+004	4.907e+004	−1.331e+004

单元号 = 41，左结点号 = 37

内力性质	最大轴力	最小轴力	最大剪力	最小剪力	最大弯矩	最小弯矩
轴力	4.032e+003	−3.153e+003	1.699e+003	−6.908e+002	1.818e+003	−8.977e+002
剪力	4.489e+003	1.018e+003	4.732e+003	5.731e+002	3.866e+003	1.053e+003
弯矩	4.362e+004	−1.013e+004	4.529e+004	−3.279e+003	4.907e+004	−1.331e+004

单元号 = 41，右结点号 = 38

内力性质	最大轴力	最小轴力	最大剪力	最小剪力	最大弯矩	最小弯矩
轴力	4.032e+003	−3.153e+003	−6.769e+002	1.690e+003	1.824e+003	−9.437e+002
剪力	−3.377e+003	4.121e+001	5.540e+002	−3.590e+003	−3.428e+003	3.952e+001

| 弯矩 | 5.898e+004 | −8.155e+003 | −1.250e+003 | 5.969e+004 | 6.362e+004 | −1.140e+004 |

单元号 ＝ 42，左结点号 ＝ 38

内力性质	最大轴力	最小轴力	最大剪力	最小剪力	最大弯矩	最小弯矩
轴力	4.032e+003	−3.153e+003	1.690e+003	−6.765e+002	1.824e+003	−9.437e+002
剪力	3.359e+003	−4.121e+001	3.590e+003	−5.620e+002	3.427e+003	−3.952e+001
弯矩	5.898e+004	−8.155e+003	5.969e+004	−1.124e+003	6.362e+004	−1.140e+004

单元号 ＝ 42，右结点号 ＝ 39

内力性质	最大轴力	最小轴力	最大剪力	最小剪力	最大弯矩	最小弯矩
轴力	4.032e+003	−3.153e+003	−6.640e+002	1.680e+003	1.826e+003	−9.455e+002
剪力	−2.255e+003	1.093e+003	1.688e+003	−2.459e+003	−1.533e+003	1.093e+003
弯矩	6.992e+004	−1.042e+004	−3.505e+003	6.960e+004	7.337e+004	−1.369e+004

单元号 ＝ 43，左结点号 ＝ 39

内力性质	最大轴力	最小轴力	最大剪力	最小剪力	最大弯矩	最小弯矩
轴力	4.032e+003	−3.153e+003	1.680e+003	−6.640e+002	1.826e+003	−9.455e+002
剪力	2.237e+003	−1.093e+003	2.459e+003	−1.688e+003	1.533e+003	−1.093e+003
弯矩	6.992e+004	−1.042e+004	6.960e+004	−3.505e+003	7.337e+004	−1.369e+004

单元号 ＝ 43，右结点号 ＝ 40

内力性质	最大轴力	最小轴力	最大剪力	最小剪力	最大弯矩	最小弯矩
轴力	4.032e+003	−3.153e+003	−6.610e+002	1.677e+003	1.827e+003	−9.463e+002
剪力	−1.975e+003	1.356e+003	1.970e+003	−2.177e+003	−2.288e+003	1.356e+003
弯矩	7.197e+004	−1.166e+004	−4.812e+003	7.138e+004	7.528e+004	−1.492e+004

5.3.2　预应力钢筋面积的估算

根据《公路钢筋混凝土及预应力混凝土桥涵设计规范》(JTG 3362-2018)第 6.3.1 条规定，全预应力混凝土梁按作用频遇组合进行正截面抗裂性验算，有效预压力按式(2-14)计算，即

$$N_{pe} \geq \frac{M_s/W}{0.85\left(\dfrac{1}{A}+\dfrac{e_p}{W}\right)} \tag{5-1}$$

式中：计算弯矩值为正常使用极限状态的频遇组合值，见 5.3.1 的计算结果，

截面特性值（截面高度、截面面积、惯性矩、面积矩等）可由桥梁博士计算结果中施工阶段原始信息输出（见图 5-31），也可由截面设计图分别计算；钢筋估算时，截面性质近似取用全截面的性质来计算。求得 N_{pe} 值后，再确定适当的张拉控制应力 σ_{con} 并扣除相应的应力损失 σ_l（对于配高强钢丝或钢绞线的后张法构件 σ_l 约为 $0.2\sigma_{con}$），就可以估算出所需要的预应力钢筋的总面积 $A_p = N_{pe}/(1-0.2)\sigma_{con}$。$A_p$ 确定之后，则可按一束预应力钢筋的面积 A_{p1} 算出所需的预应力钢筋束数 $n_1：n_1 = A_p/A_{p1}$。A_{p1} 为一束预应力钢筋的截面面积。当采用 ϕ15.2 钢绞线时，一根 ϕ15.24 钢绞线(7ϕ5)的面积按 $A_1 = 139\text{mm}^2$ 计算，一束 $n_1\phi$15.24 预应力钢筋的面积为 $A_{p1} = n_1 \times 139\text{mm}^2$。$y_s$ 为中性轴至截面上缘距离，则预应力钢筋的合力作用点至截面中性轴的距离为 $e_p = y_s - a_p$

根据连续刚构纵向预应力钢筋配置的常用方法，正弯矩区段截面下缘（受拉侧）配预应力钢束，负弯矩区段截面上缘（受拉侧）配预应力钢束。

作为示例,这里写出 26 号单元左截面(23 结点)和 27 号单元左截面(83 结点)上缘所需预应力钢筋面积的计算过程。在桥梁博士软件中,项目计算结束后,在"输出施工阶段结果"下拉菜单中,显示内容选择"原始输入信息",可以查看"结构特征列表"(见图 5-36),读取计算截面的特征信息。注意在结构特征表中,y 表示截面中性轴至截面下缘的距离即 y_x。

单元号	节点号	节点X	节点Y	H	Ao	Io	y
20	20	-64.200	-3.193	6.316	1.835e+001	1.008e+002	3.123
	80	-62.600	-3.074	6.500	2.480e+001	1.452e+002	3.426
21	80	-62.600	-3.106	6.500	4.778e+001	1.800e+002	3.394
	21	-62.050	-3.106	6.500	4.778e+001	1.800e+002	3.394
22	21	-62.050	-3.106	6.500	4.778e+001	1.800e+002	3.394
	81	-61.500	-3.106	6.500	4.778e+001	1.800e+002	3.394
23	81	-61.500	-3.074	6.500	2.480e+001	1.452e+002	3.426
	22	-60.000	-3.174	6.500	2.145e+001	1.276e+002	3.326
24	22	-60.000	-3.174	6.500	2.145e+001	1.276e+002	3.326
	82	-58.500	-3.074	6.500	2.480e+001	1.452e+002	3.426
25	82	-58.500	-3.106	6.500	4.778e+001	1.800e+002	3.394
	23	-57.950	-3.106	6.500	4.778e+001	1.800e+002	3.394
26	23	-57.950	-3.106	6.500	4.778e+001	1.800e+002	3.394
	83	-57.400	-3.106	6.500	4.778e+001	1.800e+002	3.394
27	83	-57.400	-3.074	6.500	2.480e+001	1.452e+002	3.426
	24	-55.800	-3.193	6.316	1.835e+001	1.008e+002	3.123

图 5-36 截面结构特征列表输出

1. 23 结点截面预应力钢筋面积估算与布置

截面特征值分别为:$I=180\text{m}^4$,$A=47.78\text{m}^2$,$H=6.5\text{m}$,$y_x=3.394\text{m}$,中性轴距截面顶部距离为:$y_s=H-y_x=6.5-3.394=3.106\text{m}$,设预应力钢筋截面重心距截面顶部距离 $a_p=200\text{mm}$,则预应力钢筋的合力作用点至截面中性轴的距离为 $e_p=y_s-0.2=3.106-0.2=2.906\text{m}$。

构件全截面对上缘弹性抵抗矩为:

$$W_s=\frac{I}{y_s}=\frac{180}{3.106}=57.952(\text{m}^3)$$

$$N_{px}\geqslant\frac{M_{s\min}/W_s}{0.85\left(\frac{1}{A}+\frac{e_p}{W_s}\right)}=\frac{614000/57.952}{0.85\times\left(\frac{1}{47.78}+\frac{2.906}{57.952}\right)}=175375.53(\text{kN})$$

$$A_p=N_p/(1-0.2)\sigma_{con}=\frac{175375.53\times10^3}{0.8\times1395\times10^6}=0.157147\text{m}^2=157147(\text{mm}^2)$$

$$n_{ys}=\frac{157147}{140}=1123(\text{根}),按 1130 根钢绞线布置。$$

实际工程中,单箱两个腹板从上到下各布置 10 束 $19\phi^j15.24$ 钢绞线,则剩下的 750 根 $(1130-2\times10\times19)$ 在顶部宽度范围内布置,按 15 根 $\phi^j15.24$ 钢绞线一束布置,需布置 50 束 $15\phi^j15.24$ 钢绞线,如图 5-37 所示。

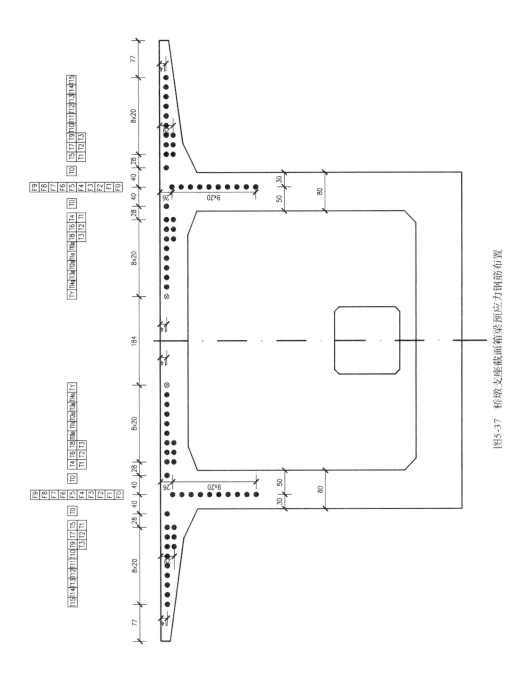

图5-37　桥墩支座截面箱梁预应力钢筋布置

2.83 结点截面预应力钢筋面积估算与布置

截面特征值分别为：$I = 145.2 \mathrm{m}^4$，$A = 24.8 \mathrm{m}^2$，$H = 6.5 \mathrm{m}$，$y_x = 3.426 \mathrm{m}$，中性轴距截面顶部距离为：$y_s = H - y_x = 6.5 - 3.426 = 3.074 \mathrm{m}$，设预应力钢筋截面重心距截面顶部距离 $a_p = 200 \mathrm{mm}$，则预应力钢筋的合力作用点至截面中性轴的距离为 $e_p = y_s - 0.2 = 3.074 - 0.2 = 2.874 \mathrm{m}$。

构件全截面对上缘弹性抵抗矩为：

$$W_s = \frac{I}{y_s} = \frac{145.2}{2.874} = 50.522 (\mathrm{m}^3)$$

$$N_{pe} \geqslant \frac{M_{smin}/W_s}{0.85\left(\dfrac{1}{A} + \dfrac{e_p}{W_s}\right)} = \frac{601300/50.522}{0.85 \times \left(\dfrac{1}{24.8} + \dfrac{2.874}{50.522}\right)} = 144041 (\mathrm{kN})$$

$$A_p = N_{pe}/(1 - 0.2)\sigma_{con} = \frac{144041 \times 10^3}{0.8 \times 1395 \times 10^6} = 0.129069 \mathrm{m}^2 = 129069 (\mathrm{mm}^2)$$

$n_{ys} = \dfrac{129069}{140} = 923$（根），此时，腹板束取 18 束 $19\phi^j 15.24$ 钢绞线，则顶部束为根数为 581 根（$923 - 18 \times 19$），在顶部宽度范围内布置，按 15 根 $\phi^j 15.24$ 钢绞线一束布置，需布置 39 束 $15\phi^j 15.24$ 钢绞线（$581/15 = 39$）。

同理，可计算其他负弯矩区段截面上缘预应力钢筋数量和正弯矩区段截面下缘预应力钢筋数量。需要注意的是，腹板束只能在桥墩 0 号块根据最大预应力钢筋的数量上递减。根据预应力筋估算结果，配置预应力筋，如图 5-38 和图 5-39 所示。预应力钢筋竖弯大样如表 5-4 所示，纵向预应力钢束材料数量见表 5-5。

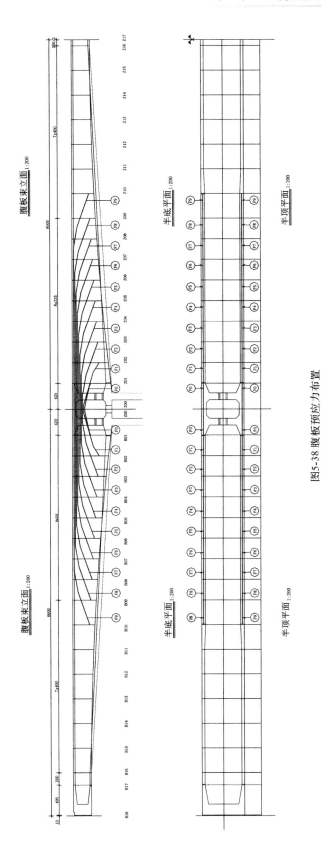

图5-38 腹板预应力布置

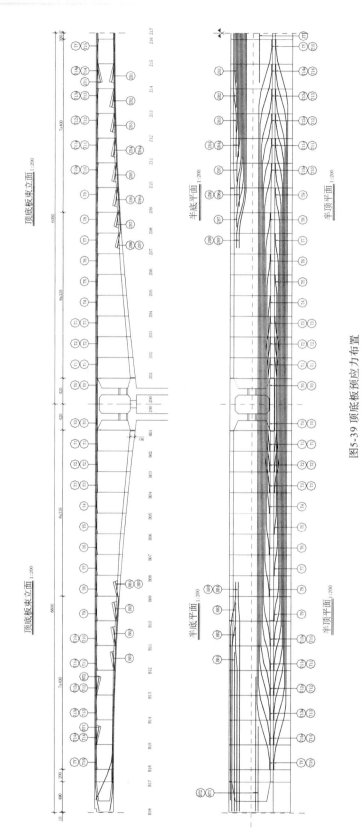

图5-39 顶底板预应力布置

表5-4 钢束竖弯大样一览

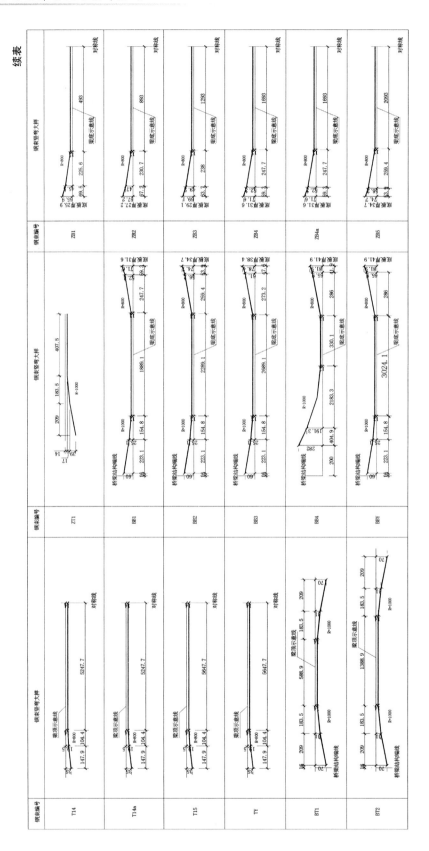

续表

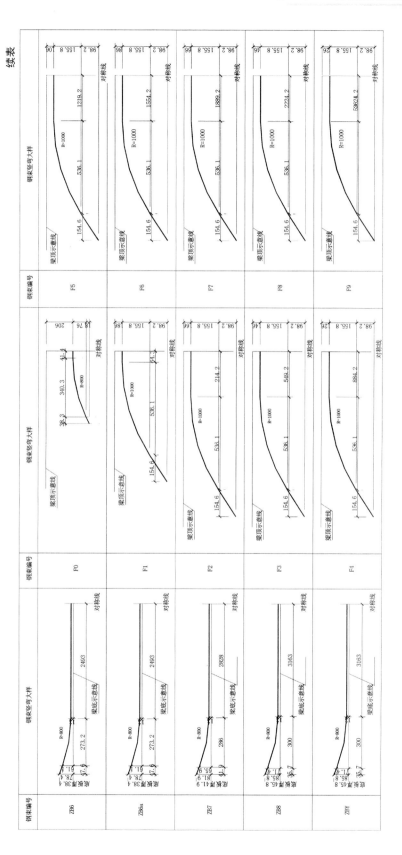

续表

附注：本表尺寸除钢束直径以毫米计及注明者外，余均以厘米计。

表5-5 纵向预应力钢束材料数量

钢束编号	钢束型号	单根长(cm)	工作长度(cm)	下料长度(cm)	根数	总长(m)	钢束引伸量(mm)	单位重(Kg/m)	总重(Kg)	合计(kg)	锚具型号	套数	塑料波纹管内径(mm)	长度(m)	合计(m)
T0	15φ^{S}15.2	842.0	160	1002.0	16	160.3	54.7	16.53	2650.1		M15-15	32	90	134.7	
T1	15φ^{S}15.2	1512.0	160	1672.0	16	267.5	98.3	16.53	4422.1		M15-15	32	90	241.9	
T2	15φ^{S}15.2	2182.0	160	2342.0	16	374.7	141.8	16.53	6194.1		M15-15	32	90	349.1	
T3	15φ^{S}15.2	2852.0	160	3012.0	16	481.9	185.4	16.53	7966.2		M15-15	32	90	456.3	
T4	15φ^{S}15.2	3522.0	160	3682.0	16	294.6	228.9	16.53	4869.1		M15-15	16	90	281.8	
T5	15φ^{S}15.2	4192.0	160	4352.0	8	348.2	272.5	16.53	5755.1		M15-15	16	90	335.4	
T6	15φ^{S}15.2	4862.0	160	5022.0	8	401.8	316.0	16.53	6641.1		M15-15	16	90	389.0	
T7	15φ^{S}15.2	5532.0	160	5692.0	8	455.4	359.6	16.53	7527.1		M15-15	16	90	442.6	
T8	15φ^{S}15.2	6202.0	160	6362.0	8	509.0	403.1	16.53	8413.1		M15-15	16	90	496.2	
T9	15φ^{S}15.2	7002.0	160	7162.0	8	573.0	455.1	16.53	9471.0		M15-15	16	90	560.2	
T10	15φ^{S}15.2	7802.0	160	7962.0	8	637.0	507.1	16.53	10529.0		M15-15	16	90	624.2	
T10a	15φ^{S}15.2	7802.0	160	7962.0	8	637.0	507.1	16.53	10529.0		M15-15	16	90	624.2	
T11	15φ^{S}15.2	8602.0	160	8762.0	8	701.0	559.1	16.53	11586.9		M15-15	16	90	688.2	
T11a	15φ^{S}15.2	8602.0	160	8762.0	8	701.0	559.1	16.53	11586.9		M15-15	16	90	688.2	
T12	15φ^{S}15.2	9402.0	160	9562.0	8	765.0	611.1	16.53	12644.8		M15-15	16	90	752.2	
T12a	15φ^{S}15.2	9402.0	160	9562.0	8	765.0	611.1	16.53	12644.8		M15-15	16	90	752.2	
T13	15φ^{S}15.2	10202.0	160	10362.0	8	829.0	663.1	16.53	13702.7		M15-15	16	90	816.2	
T13a	15φ^{S}15.2	10202.0	160	10362.0	8	829.0	663.1	16.53	13702.7		M15-15	16	90	816.2	
T14	15φ^{S}15.2	11002.0	160	11162.0	8	893.0	715.1	16.53	14760.6		M15-15	16	90	880.2	
T14a	15φ^{S}15.2	11002.0	160	11162.0	8	893.0	715.1	16.53	14760.6		M15-15	16	90	880.2	
T15	15φ^{S}15.2	11802.0	160	11962.0	8	957.0	767.1	16.53	15818.6	213052.8	M15-15	16	90	944.2	13481.0
TY	15φ^{S}15.2	11802.0	160	11962.0	8	957.0	767.1	16.53			M15-15	16	90	944.2	
BT1	15φ^{S}15.2	1399.7	160	1559.7	8	124.8	91.0	16.53	2062.6		M15-15	16	91	112.0	
BT2	15φ^{S}15.2	2199.7	160	2359.7	8	188.8	143.0	16.53	3120.5		M15-15	16	90	176.0	
ZT1	15φ^{S}15.2	2402.0	160	2562.0	4	102.5	156.1	16.53	1694.0		M15-15	8	90	96.1	

续表

钢束编号	钢束型号	单根长 (cm)	工作长度 (cm)	下料长度 (cm)	根数	总长 (m)	钢束引伸量 (mm)	单位重 (Kg/m)	总重 (Kg)	合计 (Kg)	锚具 型号	套数	内径 (mm)	塑料波纹管 长度 (m)	合计 (m)
BB1	$19\phi^s15.2$	3562.1	160	3722.1	8	297.8	231.5	20.94	6235.3		M15-19	16	100	285.0	
BB2	$19\phi^s15.2$	3414.7	160	3574.7	8	286.0	222.0	20.94	5988.3		M15-19	16	100	273.2	
BB3	$19\phi^s15.2$	3001.4	160	3161.4	8	252.9	195.1	20.94	5296.1		M15-19	16	100	240.1	
BB4	$19\phi^s15.2$	2601.0	160	2761.0	8	220.9	169.1	20.94	4625.3		M15-19	16	100	208.1	
BBY	$19\phi^s15.2$	3737.0	160	3897.0	8	311.8	242.9	20.94			M15-19		100	299.0	
ZB1	$19\phi^s15.2$	1600.1	160	1760.1	4	70.4	104.0	20.94	1474.3		M15-19	8	100	64.0	
ZB2	$19\phi^s15.2$	2400.2	160	2560.2	4	102.4	156.0	20.94	2144.4		M15-19	8	100	96.0	
ZB3	$19\phi^s15.2$	3200.5	160	3360.5	4	134.4	208.0	20.94	2814.8		M15-19	8	100	128.0	
ZB4	$19\phi^s15.2$	3200.5	160	3360.5	4	134.4	208.0	20.94	2814.8		M15-19	8	100	128.0	
ZB4a	$19\phi^s15.2$	4001.1	160	4161.1	4	166.4	260.1	20.94	3485.3		M15-19	8	100	160.0	
ZB5	$19\phi^s15.2$	4802.0	160	4962.0	4	198.5	312.1	20.94	4156.2		M15-19	8	100	192.1	
ZB6	$19\phi^s15.2$	4802.0	160	4962.0	4	198.5	312.1	20.94	4156.2		M15-19	8	100	192.1	
ZB6a	$19\phi^s15.2$	5603.2	160	5763.2	4	230.5	364.2	20.94	4827.2		M15-19	8	100	224.1	
ZB7	$19\phi^s15.2$	6274.5	160	6434.5	4	257.4	407.8	20.94	5389.6		M15-19	8	100	251.0	
ZB8	$19\phi^s15.2$	6946.2	160	7106.2	4	284.2	451.5	20.94	5952.1		M15-19	8	100	277.8	
ZBY	$19\phi^s15.2$	6946.2	160	7106.2	4	284.2	451.5	20.94			M15-19		100	277.8	
F0	$19\phi^s15.2$	870.4	160	1030.4	8	82.4	56.6	20.94	1726.2		M15-19	16	100	69.6	
F1	$19\phi^s15.2$	1625.9	160	1785.9	8	142.9	105.7	20.94	2991.7		M15-19	16	100	130.1	
F2	$19\phi^s15.2$	2259.0	160	2419.0	8	193.5	146.8	20.94	4052.3		M15-19	16	100	180.7	
F3	$19\phi^s15.2$	2934.6	160	3094.6	8	247.6	190.7	20.94	5184.1		M15-19	16	100	234.8	
F4	$19\phi^s15.2$	3602.2	160	3762.2	8	301.0	234.1	20.94	6302.4		M15-19	16	100	288.2	
F5	$19\phi^s15.2$	4272.2	160	4432.2	8	354.6	277.7	20.94	7424.8		M15-19	16	100	341.8	
F6	$19\phi^s15.2$	4942.2	160	5102.2	8	408.2	321.2	20.94	8547.2		M15-19	16	100	395.4	
F7	$19\phi^s15.2$	5612.2	160	5772.2	8	461.8	364.8	20.94	9669.6		M15-19	16	100	449.0	
F8	$19\phi^s15.2$	6282.2	160	6442.2	8	515.4	408.3	20.94	10792.0		M15-19	16	100	502.6	
F9	$19\phi^s15.2$	7082.2	160	7242.2	8	579.4	460.3	20.94	12132.1		M15-19	16	100	566.6	
总计										128182.2					6455.0

钢绞线: 3412235 kg 塑料波纹管: 19936 m 锚具: M15-15: 440套; M15-19: 304套

（预备束未计入钢绞线的工程量）

5.4　全桥结构安全验算

如果是复核先前设计好（预应力钢筋已布置好，有图纸）的桥梁，可以直接从本阶段开始进行建模计算，忽略前面的内力计算与预应力筋估束。

5.4.1　输入总体信息

打开桥梁博士软件，点击"文件"→"打开项目组"，选择内力计算时的模型文件（.prj），进入"输入总体信息"对话框，如图 5-40 所示。

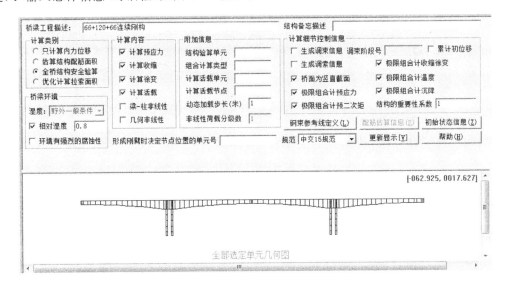

图 5-40　"输入总体信息"对话框

计算类别中选择"全桥结构安全验算"，相对湿度为 0.8，计算内容中勾选"计算预应力"、"计算收缩"、"计算徐变"、"计算活载"。计算细节控制信息中勾选"桥面为竖直截面"、"极限组合计预应力"、"极限组合计二次矩"、"极限组合计收缩徐变"、"极限组合计温度"、"极限组合计沉降"。规范选择"中交 15 规范"。

5.4.2　输入单元信息

由于单元模型与"内力计算"阶段一致，不需要重新输入。但对于普通钢筋混凝土单元（如本例中的 87－106 号桥墩单元），则要补充钢筋信息。可以逐个单元左右截面输入钢筋信息，如图 5-41 所示。也可以选择快速编辑器中的"截面"命令一次性输入（只适应各截面配筋相同的情况）。桥墩截面钢筋信息如表 5-6 所示。

安全验算及
腹板钢束

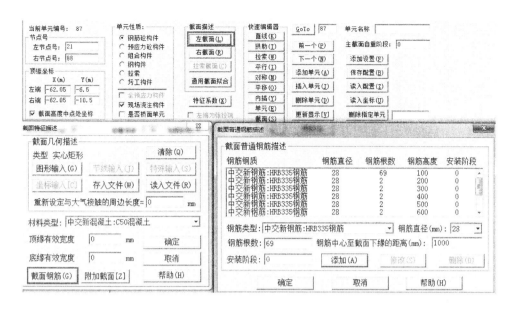

图 5-41　桥墩截面普通钢筋输入

表 5-6　桥墩截面钢筋信息

钢筋类型	钢筋直径	钢筋根数	钢筋中心至截面下缘的距离
中交新钢筋:HRB335	28	69	100
中交新钢筋:HRB335	28	2	200
中交新钢筋:HRB335	28	2	300
中交新钢筋:HRB335	28	2	400
中交新钢筋:HRB335	28	2	500
中交新钢筋:HRB335	28	2	600
中交新钢筋:HRB335	28	2	700
中交新钢筋:HRB335	28	2	800
中交新钢筋:HRB335	28	2	900
中交新钢筋:HRB335	28	69	1000

把所有钢筋输入完毕后,点击"存入文件",将截面保存为"桥墩.sec"文件,依次建立各桥墩单元。

5.4.3　输入钢束信息

要把 5.3.2 估算并布置好的预应力钢筋(腹板束、顶板束、底板束)放到已建好的桥梁结构模型中,就要借助已建好的结构模型,用结构上的点或线来定义每一束预应力钢筋的相对位置。对于腹板束和顶板束,可以直接用箱梁的纵立面顶板水平线作为参考线,选取一个桥梁结构点作为钢绞线相对坐标输入的坐标原点。底板束一般平行于箱梁结构底板,而箱梁底板是曲线,因此为了输入方便,一般需将箱梁结构底板曲线定义为预应力底板束的参考线。

1. 钢束参考线输入

在"输入总体信息"对话框中，点击"钢束参考线定义"按钮（见图5-42），定义底板钢束参考线。需要定义两条参考线，分别为边跨底板参考线和中跨底板参考线。

图 5-42 "输入总体信息"对话框

在"钢束参考线输入"对话框中，在右下角的指定单元中输入"1-13"（边跨单元），选择"梁底缘线"，即生成边跨底板钢束参考线，可把系统自动生成的参考线名称改为"边跨底板"。如图5-43所示。

图 5-43 边跨底板"钢束参考线输入"对话框

在"钢束参考线输入"对话框中，在右下角的指定单元中输入"34-53"（中跨单元），选择"梁底缘线"，即生成中跨底板钢束参考线，可把系统自动生成的参考线名称改为"中跨底板"。如图5-44所示。点击"确定"，钢束参考线输入完毕。

2. 钢束输入

结合前面的预应力钢筋布置的图纸和表格，在桥梁博士系统里，需要先对预应力钢束进行编号，再输入。

（1）腹板束

如图5-37所示，在两个桥墩附近负弯矩区段，腹板束各有20束19ϕ15.24。在桥梁博

图 5-44　中跨底板"钢束参考线输入"对话框

士软件中,需对全桥所有钢束重新编号。这里,将全桥所有腹板束编号为 $1\sim20$,其中奇数编号为左边桥墩位置腹板束,偶数编号为右边桥墩位置腹板束。左边桥墩附近钢束参考点坐标为 $(-60,0)$,右边桥墩附近钢束参考点坐标为 $(60,0)$,如图 5-45 所示。这样,1,2 号对应 F0;3,4 号对应 F1;5,6 号对应 F2;7,8 号对应 F3;9,10 号对应 F4;11,12 号对应 F5;13,14 号对应 F6;15,16 号对应 F7;17,18 号对应 F8;19,20 号对应 F9。

本例中的钢束钢质均为中交新预应力筋:270K 级钢绞线(15.24)。腹板钢束每孔道总共有 19 根钢绞线,整个截面共有 2 道 F0-L 的孔道,则钢束编束根数为 19,钢束束数为 2。钢束锚固时弹性回缩合计总变形采用两端张拉时为 12mm,一端张拉时为 6mm,可参考本例采用两端张拉,成孔面积为 7850mm^2,管道摩阻系数 0.17,局部偏差系数 0.0015,松弛率为 2.5。

上述信息定义完毕后点击"竖弯"按钮。每根钢束形状根据前面钢束大样(见表 5-4)的数据,在"竖弯"对话框中输入,在"钢束竖弯几何参数输入"对话框中不勾选导线输入,采用非导线输入,X、Y 为钢束控制点坐标,结点 R 为该点与前一点之间的曲线半径,如图 5-46 所示。输入完成后点击"确定",更新显示,在图形对话框内,点击"右键",选择"钢束几何图形",查看钢束几何形状。

(2)顶板束

在本桥计算模型中,顶板束钢束编号为 $21\sim57$。顶板束采用的是 $15\phi15.24$ 钢绞线。

$21\sim36$ 号钢束为左边桥墩顶板束,参考点坐标为 $(-60,0)$。其中,$21\sim24$ 号钢束分别对应 T0~T3 号钢束,每号 4 束;$25\sim30$ 号钢束分别对应 T4~T9　其余钢束号钢束,每号 2 束;31 号对应 T10 和 T10a,4 束;32 号对应 T11 和 T11a,4 束;33 号对应 T12 和 T12a,4 束;34 号对应 T13 和 T13a,4 束;35 号对应 T14 和 T14a,4 束;36 号对应 T15,2 束。

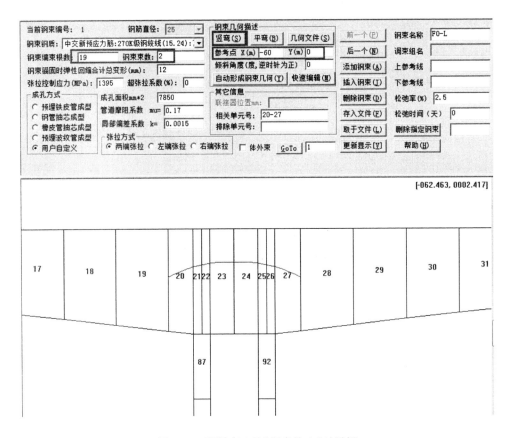

图 5-45　腹板束 1 号"钢束输入"对话框

37～52 号钢束为右边桥墩顶板束,参考点坐标为(60,0)。其中,37～40 号钢束分别对应 T0～T3 号钢束,每号 4 束;41～46 号钢束分别对应 T4～T9 号钢束,每号 2 束;47 号对应 T10 和 T10a,4 束;48 号对应 T11 和 T11a,4 束;49 号对应 T12 和 T12a,4 束;50 号对应 T13 和 T13a,4 束;51 号对应 T14 和 T14a,4 束;52 号对应 T15,2 束。

53 号对应 ZT1,2 束,为中跨合拢段顶板束,参考点坐标为(0,0)。

54～55 号对应桥梁左边跨的 BT1～BT2,2 束,为左边跨合拢段顶板钢束,参考点坐标为(-125.9,0)。

56～57 号对应桥梁右边跨的 BT1～BT2,2 束,为右边跨合拢段顶板钢束,参考点坐标为(125.9,0),如图 5-47 所示。

(3)底板束

58～73 号钢束为底板束,参考点坐标为(0,0),采用的是 19Φ15.24 钢绞线,第 60 号和第 62 号为 4 束,其余均为 2 束。

58～65 号对应 ZB8～ZB1,为中跨合拢段底板束。下参考线要选前面定义过的参考线"中跨底板",如图 5-48 所示。

66～73 号为边跨合拢段底板束。66、68、70、72 号分别对应左边跨的 BB1～BB4;67、69、71、73 号分别对应右边跨的 BB1～BB4。

至此钢束信息输入完毕。此时,可在"钢束输入"对话框中,通过逐个显示 1～73 号的钢

图 5-46　腹板束 1 号"钢束竖弯几何参数输入"对话框

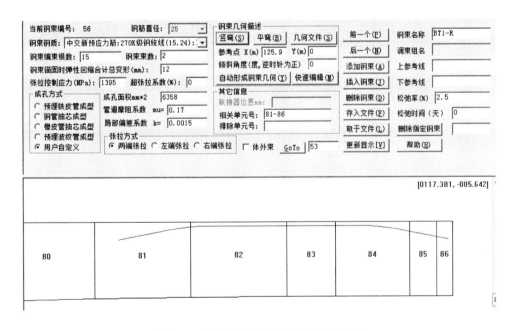

图 5-47　顶板束 56 号"钢束输入"对话框

束形状,初步检查钢束输入是否正确。后面要在施工阶段,按照施工进程分批张拉这些预应力钢筋。

图 5-48　底板束 63 号"钢束输入"对话框

5.4.4　输入施工信息

类似于 5.2.3,按施工阶段输入各阶段安装杆件号、施工周期、边界条件、施工荷载等信息。与 5.2 内力计算不同,此时需要输入预应力钢筋施工信息。各阶段预应力钢筋张拉和灌浆的表格如表 5-3 所示,表中的"预应力钢束张拉、灌浆"数据只有在预应力钢筋布置结束并在"5.4.3 输入钢束信息"完成后,才能按照施工阶段填写。本书中,可在原先内力计算模型中,在施工信息输入时,添加预应力钢筋张拉(灌浆)钢束号,如图 5-49 所示。

安全验算
施工信息

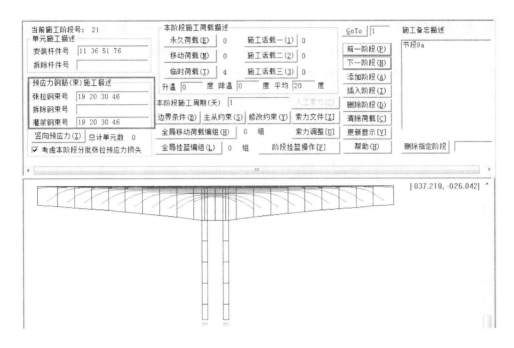

图 5-49　第 21 施工阶段"施工信息"对话框

5.4.5　输入使用阶段信息

数据同"5.2 内力计算",不需要重新输入。

5.4.6　结果输出及安全验算

1. 计算结果输出

执行项目计算,点击"项目"→"输入数据诊断"。系统诊断 OK 后,点击 "项目"→"执行项目计算"。若模型经过修改,则需点击"重新执行项目"。

安全验算

项目执行计算完毕后即可查看结果,可在数据菜单中依次选择"输出总体结果信息"、 "输出单元结果信息"、"输出钢束结果信息"、"输出施工阶段结果信息"和"输出使用阶段结 果信息"来查看计算结果。

(1)输出单元结果

在"输出单元结果信息"中,可查看指定单元的应力验算结果(见图 5-50,应力单位 MPa)、强度验算结果(见图 5-51,力的单位为 MPa,力矩单位为 kN·m)等。应力验算结果 中,桥梁博士将每个断面沿高度方向从顶面到底面分成 5 点。

(2)输出施工阶段结果

在"输出施工阶段结果信息"中,可以查看"结构特征列表"(见图 5-52)、各种荷载效应 (内力和位移,见图 5-53)。

(3)输出文本数据结果

也可用文本(txt 文件)输出计算结果。

29#单元使用阶段验算输出

29#单元左截面荷载组合I应力验算

点号	应力	最大压应力	最大拉应力	最大剪应力	最小剪应力	最大主压应力	最大主拉应力
1 (5.92)	法向正应力	12.5	10.9	12.5	12.5	12.5	10.9
	竖向正应力	0.0	0.0	0.0	0.0	0.0	0.0
	剪应力	0.0	0.0	0.0	0.0	0.0	0.0
	主压应力	12.5	10.9	12.5	12.5	12.5	10.9
	主拉应力	0.0	0.0	0.0	0.0	0.0	0.0
	容许值	16.2	0.0	0.0	0.0	19.4	-1.33
	是否满足	是	是	是	是	是	是
2 (4.44)	法向正应力	11.3	10.3	10.4	11.3	11.3	10.4
	竖向正应力	0.0	0.0	0.0	0.0	0.0	0.0
	剪应力	2.01	2.17	2.19	2.01	2.01	2.19
	主压应力	11.7	10.8	10.9	11.7	11.7	10.9
	主拉应力	-0.348	-0.436	-0.441	-0.347	-0.348	-0.441
	容许值	16.2	0.0	0.0	0.0	19.4	-1.33
	是否满足	是	是	是	是	是	是
3 (2.96)	法向正应力	10.1	9.71	9.74	10.1	10.1	9.74
	竖向正应力	0.0	0.0	0.0	0.0	0.0	0.0
	剪应力	2.32	2.2	2.37	2.18	2.34	2.37
	主压应力	10.6	10.2	10.3	10.5	10.6	10.3
	主拉应力	-0.508	-0.477	-0.545	-0.45	-0.518	-0.545
	容许值	16.2	0.0	0.0	0.0	19.4	-1.33
	是否满足	是	是	是	是	是	是

图 5-50　输出单元结果信息——应力验算结果

29#单元极限强度验算输出

29#单元承载能力极限状态强度验算(左截面)

组合类型	内力	最大轴力	最小轴力	最大弯矩	最小弯矩
I	Nj	1.9e+05	1.52e+05	1.87e+05	1.55e+05
	Qj	1.88e+04	1.21e+04	1.46e+04	1.65e+04
	Mj	1.62e+03	7.32e+04	1.2e+05	-4.71e+04
	受力性质	下拉偏压	下拉偏压	下拉偏压	上拉偏压
	R	4.01e+05	3.83e+05	3.65e+05	3.2e+05
	是否满足	是	是	是	是
	开裂弯矩Mcr	0.0	0.0	0.0	0.0
	尚需HRB335	0.0	0.0	0.0	0.0
	是否满足	是	是	是	是

图 5-51　输出单元结果信息——强度验算结果

①箱梁单元截面强度输出

点击"数据"下拉菜单中的"输出文本数据结果"命令,在"附加输出单元号"中输入指定的单元号,在"输出组合类型号"中输入组合号,"项目设定"中勾选"单元截面强度",勾选"主截面",如图 5-54 所示,可以输出截面强度的 txt 文件。

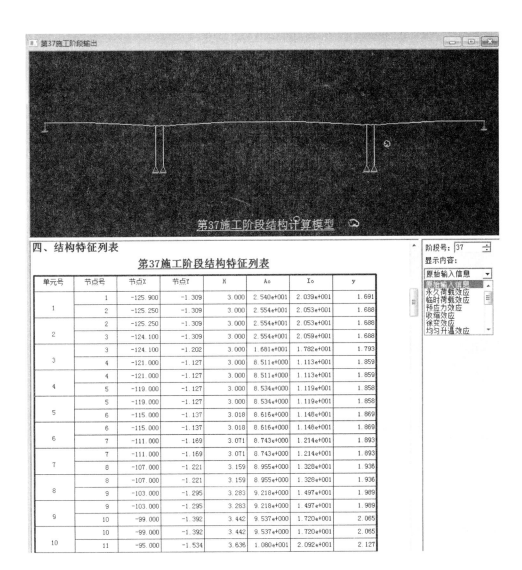

四、结构特征列表

第37施工阶段结构特征列表

单元号	节点号	节点X	节点Y	H	Ao	Io	y
1	1	-125.900	-1.309	3.000	2.540e+001	2.039e+001	1.691
	2	-125.250	-1.309	3.000	2.554e+001	2.053e+001	1.688
2	2	-125.250	-1.309	3.000	2.554e+001	2.053e+001	1.688
	3	-124.100	-1.309	3.000	2.554e+001	2.059e+001	1.688
3	3	-124.100	-1.202	3.000	1.681e+001	1.782e+001	1.793
	4	-121.000	-1.127	3.000	8.511e+000	1.113e+001	1.859
4	4	-121.000	-1.127	3.000	8.511e+000	1.113e+001	1.859
	5	-119.000	-1.127	3.000	8.534e+000	1.119e+001	1.858
5	5	-119.000	-1.127	3.000	8.534e+000	1.119e+001	1.858
	6	-115.000	-1.137	3.018	8.616e+000	1.148e+001	1.869
6	6	-115.000	-1.137	3.018	8.616e+000	1.148e+001	1.869
	7	-111.000	-1.169	3.071	8.743e+000	1.214e+001	1.893
7	7	-111.000	-1.169	3.071	8.743e+000	1.214e+001	1.893
	8	-107.000	-1.221	3.159	8.955e+000	1.328e+001	1.936
8	8	-107.000	-1.221	3.159	8.955e+000	1.328e+001	1.936
	9	-103.000	-1.295	3.283	9.218e+000	1.497e+001	1.989
9	9	-103.000	-1.295	3.283	9.218e+000	1.497e+001	1.989
	10	-99.000	-1.392	3.442	9.537e+000	1.720e+001	2.065
10	10	-99.000	-1.392	3.442	9.537e+000	1.720e+001	2.065
	11	-95.000	-1.534	3.636	1.080e+001	2.092e+001	2.127

阶段号：37

显示内容：

原始输入信息

原始输入信息
永久荷载效应
临时荷载效应
预应力效应
收缩效应
徐变效应
均匀升温效应

图 5-52　输出施工阶段结果信息——结构特征列表

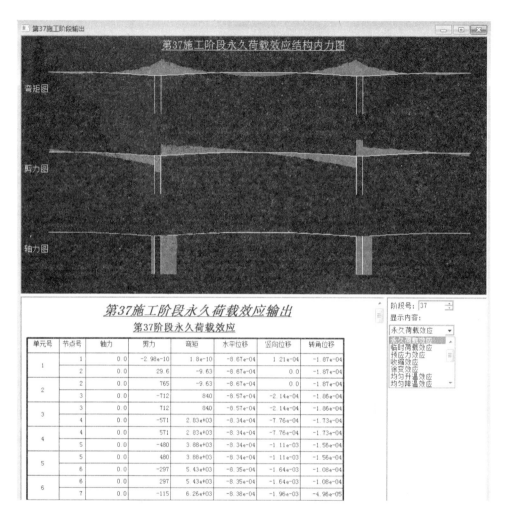

图 5-53 输出施工阶段结果信息——永久荷载效应

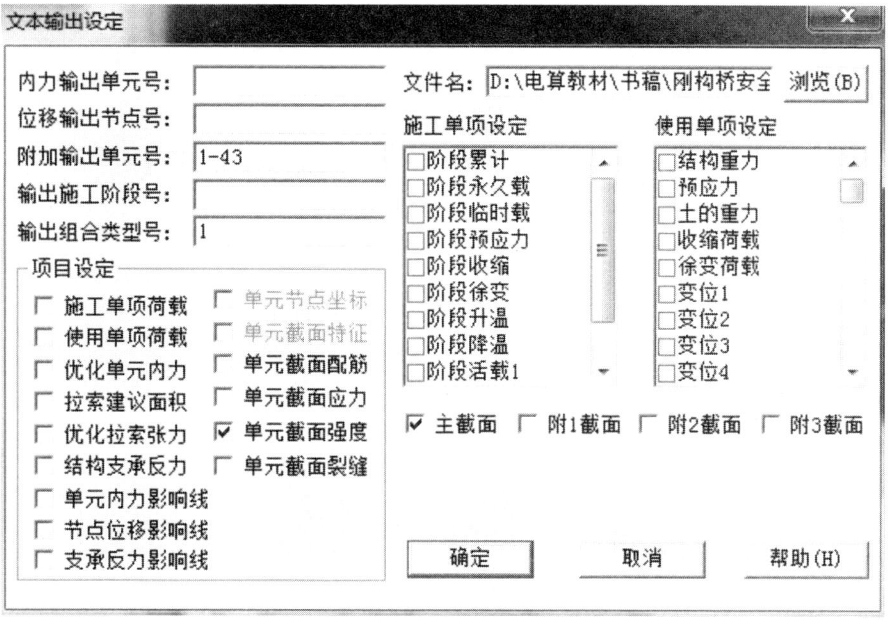

图 5-54　"单元截面强度"文本输出设定

桥梁博士系统文本结果输出如下：

项目名称:D:\电算教材\桥博模型 2019\连续刚构桥安全验算 20190703\ganggou

输出单元号:

输出结点号:

输出附加内容单元号:1-43

输出阶段号:

输出组合类型:1

* *

　　　　指定单元截面强度验算输出

* *

1#单元左截面:荷载组合 I

类型	性质	Nj	Mj	R
最大轴力	下拉受弯	0.000e+000	0.000e+000	2.460e+003
最小轴力	下拉受弯	0.000e+000	0.000e+000	2.460e+003
最大弯矩	下拉受弯	0.000e+000	0.000e+000	2.460e+003
最小弯矩	下拉受弯	0.000e+000	0.000e+000	2.460e+003

1#单元右截面:

荷载组合 I

类型	性质	Nj	Mj	R
最大轴力	上拉偏压	3.405e+004	−1.859e+004	3.685e+005
最小轴力	上拉偏压	2.837e+004	−1.549e+004	3.685e+005
最大弯矩	上拉偏压	2.837e+004	−1.549e+004	3.685e+005
最小弯矩	上拉偏压	3.405e+004	−1.962e+004	3.585e+005

2#单元左截面：

荷载组合Ⅰ

类型	性质	Nj	Mj	R
最大轴力	上拉偏压	3.405e+004	−1.859e+004	3.685e+005
最小轴力	上拉偏压	2.837e+004	−1.549e+004	3.685e+005
最大弯矩	上拉偏压	2.837e+004	−1.549e+004	3.685e+005
最小弯矩	上拉偏压	3.405e+004	−1.962e+004	3.585e+005

2#单元右截面：

荷载组合Ⅰ

类型	性质	Nj	Mj	R
最大轴力	上拉偏压	3.393e+004	−1.617e+004	3.911e+005
最小轴力	上拉偏压	2.828e+004	−1.367e+004	3.888e+005
最大弯矩	上拉偏压	2.828e+004	−1.086e+004	4.228e+005
最小弯矩	上拉偏压	3.393e+004	−1.781e+004	3.752e+005

3#单元左截面：

荷载组合Ⅰ

类型	性质	Nj	Mj	R
最大轴力	上拉偏压	3.393e+004	−1.982e+004	2.399e+005
最小轴力	上拉偏压	2.828e+004	−1.671e+004	2.387e+005
最大弯矩	上拉偏压	2.828e+004	−1.390e+004	2.567e+005
最小弯矩	上拉偏压	3.393e+004	−2.146e+004	2.317e+005

3#单元右截面：

荷载组合Ⅰ

类型	性质	Nj	Mj	R
最大轴力	上拉偏压	4.191e+004	−2.091e+004	1.351e+005
最小轴力	上拉偏压	3.492e+004	−1.814e+004	1.335e+005
最大弯矩	上拉偏压	3.492e+004	−8.417e+003	1.595e+005
最小弯矩	上拉偏压	4.191e+004	−2.485e+004	1.280e+005

4#单元左截面：

荷载组合Ⅰ

类型	性质	Nj	Mj	R
最大轴力	上拉偏压	4.191e+004	−2.091e+004	1.351e+005
最小轴力	上拉偏压	3.492e+004	−1.814e+004	1.335e+005
最大弯矩	上拉偏压	3.492e+004	−8.417e+003	1.595e+005
最小弯矩	上拉偏压	4.191e+004	−2.485e+004	1.280e+005

4#单元右截面：

荷载组合Ⅰ

类型	性质	Nj	Mj	R
最大轴力	上拉偏压	4.221e+004	−2.448e+004	1.309e+005
最小轴力	上拉偏压	3.517e+004	−2.145e+004	1.288e+005
最大弯矩	上拉偏压	3.517e+004	−7.765e+003	1.633e+005
最小弯矩	上拉偏压	4.221e+004	−3.007e+004	1.214e+005

5#单元左截面：

　荷载组合 I

类型	性质	Nj	Mj	R
最大轴力	上拉偏压	4.826e+004	−1.978e+004	1.444e+005
最小轴力	上拉偏压	4.021e+004	−1.753e+004	1.421e+005
最大弯矩	上拉偏压	4.021e+004	−3.849e+003	1.785e+005
最小弯矩	上拉偏压	4.826e+004	−2.537e+004	1.349e+005

5#单元右截面：

　荷载组合 I

类型	性质	Nj	Mj	R
最大轴力	上拉偏压	4.935e+004	−2.328e+004	1.448e+005
最小轴力	上拉偏压	4.113e+004	−2.111e+004	1.406e+005
最大弯矩	上拉偏压	4.113e+004	−6.262e+002	1.956e+005
最小弯矩	上拉偏压	4.935e+004	−3.244e+004	1.275e+005

6#单元左截面：

　荷载组合 I

类型	性质	Nj	Mj	R
最大轴力	上拉偏压	6.131e+004	−1.387e+004	1.689e+005
最小轴力	上拉偏压	5.109e+004	−1.327e+004	1.653e+005
最大弯矩	下拉偏压	5.109e+004	7.210e+003	1.858e+005
最小弯矩	上拉偏压	6.131e+004	−2.303e+004	1.540e+005

6#单元右截面：

　荷载组合 I

类型	性质	Nj	Mj	R
最大轴力	上拉偏压	5.616e+004	−2.078e+004	1.587e+005
最小轴力	上拉偏压	4.680e+004	−1.970e+004	1.529e+005
最大弯矩	下拉偏压	4.680e+004	6.230e+003	1.914e+005
最小弯矩	上拉偏压	5.616e+004	−3.351e+004	1.354e+005

7#单元左截面：

　荷载组合 I

类型	性质	Nj	Mj	R
最大轴力	上拉偏压	6.807e+004	−1.104e+004	1.823e+005
最小轴力	上拉偏压	5.673e+004	−1.158e+004	1.775e+005
最大弯矩	下拉偏压	5.673e+004	1.673e+004	1.763e+005
最小弯矩	上拉偏压	6.807e+004	−2.615e+004	1.570e+005

7#单元右截面：

　荷载组合 I

类型	性质	Nj	Mj	R
最大轴力	上拉偏压	6.879e+004	−1.753e+004	1.773e+005
最小轴力	上拉偏压	5.733e+004	−1.766e+004	1.704e+005
最大弯矩	下拉偏压	5.733e+004	1.540e+004	1.870e+005
最小弯矩	上拉偏压	6.879e+004	−3.691e+004	1.453e+005

8#单元左截面：

荷载组合 I

类型	性质	Nj	Mj	R
最大轴力	上拉偏压	8.073e+004	−7.164e+003	2.015e+005
最小轴力	上拉偏压	6.728e+004	−9.021e+003	1.944e+005
最大弯矩	下拉偏压	6.728e+004	2.404e+004	1.791e+005
最小弯矩	上拉偏压	8.073e+004	−2.654e+004	1.679e+005

8#单元右截面：

荷载组合 I

类型	性质	Nj	Mj	R
最大轴力	上拉偏压	7.355e+004	−1.956e+004	1.818e+005
最小轴力	上拉偏压	6.129e+004	−2.002e+004	1.742e+005
最大弯矩	下拉偏压	6.129e+004	1.653e+004	1.949e+005
最小弯矩	上拉偏压	7.355e+004	−4.318e+004	1.469e+005

9#单元左截面：

荷载组合 I

类型	性质	Nj	Mj	R
最大轴力	上拉偏压	8.543e+004	−8.365e+003	2.054e+005
最小轴力	上拉偏压	7.119e+004	−1.069e+004	1.976e+005
最大弯矩	下拉偏压	7.119e+004	2.586e+004	1.864e+005
最小弯矩	上拉偏压	8.543e+004	−3.198e+004	1.687e+005

9#单元右截面：

荷载组合 I

类型	性质	Nj	Mj	R
最大轴力	上拉偏压	7.880e+004	−7.254e+003	2.085e+005
最小轴力	上拉偏压	6.567e+004	−1.043e+004	1.989e+005
最大弯矩	下拉偏压	6.567e+004	2.846e+004	1.920e+005
最小弯矩	上拉偏压	7.880e+004	−3.512e+004	1.647e+005

10#单元左截面：

荷载组合 I

类型	性质	Nj	Mj	R
最大轴力	下拉偏压	9.059e+004	4.977e+003	2.287e+005
最小轴力	上拉偏压	7.549e+004	−2.408e+002	2.223e+005
最大弯矩	下拉偏压	9.059e+004	3.948e+004	1.918e+005
最小弯矩	上拉偏压	7.549e+004	−2.372e+004	1.791e+005

10#单元右截面：

荷载组合 I

类型	性质	Nj	Mj	R
最大轴力	下拉偏压	8.426e+004	6.098e+003	2.580e+005
最小轴力	下拉偏压	7.022e+004	2.412e+001	2.580e+005
最大弯矩	下拉偏压	8.426e+004	4.131e+004	2.142e+005
最小弯矩	上拉偏压	7.022e+004	−2.704e+004	1.924e+005

11♯单元左截面：

荷载组合 I

类型	性质	Nj	Mj	R
最大轴力	下拉偏压	9.018e+004	1.307e+004	2.497e+005
最小轴力	下拉偏压	7.515e+004	5.834e+003	2.575e+005
最大弯矩	下拉偏压	9.018e+004	4.828e+004	2.100e+005
最小弯矩	上拉偏压	7.515e+004	−2.123e+004	2.047e+005

11♯单元右截面：

荷载组合 I

类型	性质	Nj	Mj	R
最大轴力	下拉偏压	8.916e+004	1.037e+004	2.696e+005
最小轴力	下拉偏压	7.430e+004	2.920e+003	2.709e+005
最大弯矩	下拉偏压	8.916e+004	4.539e+004	2.283e+005
最小弯矩	上拉偏压	7.430e+004	−2.772e+004	2.036e+005

12♯单元左截面：

荷载组合 I

类型	性质	Nj	Mj	R
最大轴力	下拉偏压	9.502e+004	1.810e+004	2.611e+005
最小轴力	下拉偏压	7.918e+004	9.359e+003	2.694e+005
最大弯矩	下拉偏压	9.502e+004	5.312e+004	2.237e+005
最小弯矩	上拉偏压	7.918e+004	−2.128e+004	2.160e+005

12♯单元右截面：

荷载组合 I

类型	性质	Nj	Mj	R
最大轴力	下拉偏压	9.490e+004	2.284e+004	2.720e+005
最小轴力	下拉偏压	7.909e+004	1.275e+004	2.810e+005
最大弯矩	下拉偏压	9.490e+004	5.702e+004	2.355e+005
最小弯矩	上拉偏压	7.909e+004	−2.089e+004	2.246e+005

13♯单元左截面：

荷载组合 I

类型	性质	Nj	Mj	R
最大轴力	下拉偏压	1.008e+005	3.140e+004	2.642e+005
最小轴力	下拉偏压	8.401e+004	1.988e+004	2.724e+005
最大弯矩	下拉偏压	1.008e+005	6.559e+004	2.310e+005
最小弯矩	上拉偏压	8.401e+004	−1.376e+004	2.372e+005

13♯单元右截面：

荷载组合 I

类型	性质	Nj	Mj	R
最大轴力	下拉偏压	1.085e+005	2.225e+004	2.944e+005
最小轴力	下拉偏压	9.045e+004	1.170e+004	2.987e+005
最大弯矩	下拉偏压	1.085e+005	5.564e+004	2.614e+005
最小弯矩	上拉偏压	9.045e+004	−2.537e+004	2.359e+005

14#单元左截面：

荷载组合 I

类型	性质	Nj	Mj	R
最大轴力	下拉偏压	1.144e+005	3.166e+004	2.862e+005
最小轴力	下拉偏压	9.535e+004	1.953e+004	2.944e+005
最大弯矩	下拉偏压	1.144e+005	6.505e+004	2.560e+005
最小弯矩	上拉偏压	9.535e+004	−1.753e+004	2.476e+005

14#单元右截面：

荷载组合 I

类型	性质	Nj	Mj	R
最大轴力	下拉偏压	1.222e+005	2.239e+004	3.154e+005
最小轴力	下拉偏压	1.019e+005	1.125e+004	3.154e+005
最大弯矩	下拉偏压	1.222e+005	5.505e+004	2.868e+005
最小弯矩	上拉偏压	1.019e+005	−2.990e+004	2.487e+005

15#单元左截面：

荷载组合 I

类型	性质	Nj	Mj	R
最大轴力	下拉偏压	1.281e+005	3.270e+004	3.082e+005
最小轴力	下拉偏压	1.067e+005	1.984e+004	3.154e+005
最大弯矩	下拉偏压	1.281e+005	6.536e+004	2.806e+005
最小弯矩	上拉偏压	1.067e+005	−2.130e+004	2.598e+005

15#单元右截面：

荷载组合 I

类型	性质	Nj	Mj	R
最大轴力	下拉偏压	1.358e+005	2.264e+004	3.334e+005
最小轴力	下拉偏压	1.131e+005	1.090e+004	3.334e+005
最大弯矩	下拉偏压	1.358e+005	5.495e+004	3.124e+005
最小弯矩	上拉偏压	1.131e+005	−3.494e+004	2.627e+005

16#单元左截面：

荷载组合 I

类型	性质	Nj	Mj	R
最大轴力	下拉偏压	1.416e+005	3.403e+004	3.311e+005
最小轴力	下拉偏压	1.180e+005	2.039e+004	3.334e+005
最大弯矩	下拉偏压	1.416e+005	6.634e+004	3.055e+005
最小弯矩	上拉偏压	1.180e+005	−2.545e+004	2.733e+005

16#单元右截面：

荷载组合 I

类型	性质	Nj	Mj	R
最大轴力	下拉偏压	1.491e+005	2.336e+004	3.542e+005
最小轴力	下拉偏压	1.243e+005	1.094e+004	3.542e+005
最大弯矩	下拉偏压	1.491e+005	5.542e+004	3.409e+005
最小弯矩	上拉偏压	1.243e+005	−4.020e+004	2.780e+005

17#单元左截面：

荷载组合 I

类型	性质	Nj	Mj	R
最大轴力	下拉偏压	1.611e+005	4.925e+004	3.485e+005
最小轴力	下拉偏压	1.343e+005	3.251e+004	3.542e+005
最大弯矩	下拉偏压	1.611e+005	8.130e+004	3.261e+005
最小弯矩	上拉偏压	1.343e+005	−1.863e+004	2.992e+005

17#单元右截面：

荷载组合 I

类型	性质	Nj	Mj	R
最大轴力	下拉偏压	1.685e+005	3.922e+004	3.762e+005
最小轴力	下拉偏压	1.404e+005	2.359e+004	3.762e+005
最大弯矩	下拉偏压	1.685e+005	7.110e+004	3.615e+005
最小弯矩	上拉偏压	1.404e+005	−3.537e+004	3.040e+005

18#单元左截面：

荷载组合 I

类型	性质	Nj	Mj	R
最大轴力	下拉偏压	1.803e+005	6.718e+004	3.672e+005
最小轴力	下拉偏压	1.502e+005	4.689e+004	3.743e+005
最大弯矩	下拉偏压	1.803e+005	9.906e+004	3.472e+005
最小弯矩	上拉偏压	1.502e+005	−1.207e+004	3.241e+005

18#单元右截面：

荷载组合 I

类型	性质	Nj	Mj	R
最大轴力	下拉偏压	1.878e+005	5.927e+004	4.014e+005
最小轴力	下拉偏压	1.565e+005	3.974e+004	4.014e+005
最大弯矩	下拉偏压	1.878e+005	9.140e+004	3.826e+005
最小弯矩	上拉偏压	1.565e+005	−2.773e+004	3.345e+005

19#单元左截面：

荷载组合 I

类型	性质	Nj	Mj	R
最大轴力	下拉偏压	2.048e+005	8.129e+004	3.931e+005
最小轴力	下拉偏压	1.706e+005	5.810e+004	4.000e+005
最大弯矩	下拉偏压	2.048e+005	1.134e+005	3.750e+005
最小弯矩	上拉偏压	1.706e+005	−9.378e+003	3.490e+005

19#单元右截面：

荷载组合 I

类型	性质	Nj	Mj	R
最大轴力	下拉偏压	2.079e+005	8.276e+004	4.594e+005
最小轴力	下拉偏压	1.733e+005	5.876e+004	4.673e+005
最大弯矩	下拉偏压	2.079e+005	1.152e+005	4.392e+005
最小弯矩	上拉偏压	1.733e+005	−1.795e+004	4.064e+005

20#单元左截面：

荷载组合 I

类型	性质	Nj	Mj	R
最大轴力	下拉偏压	2.234e+005	1.125e+005	4.456e+005
最小轴力	下拉偏压	1.862e+005	8.356e+004	4.527e+005
最大弯矩	下拉偏压	2.234e+005	1.450e+005	4.275e+005
最小弯矩	下拉偏压	1.862e+005	6.856e+003	4.694e+005

20#单元右截面：

荷载组合 I

类型	性质	Nj	Mj	R
最大轴力	下拉偏压	2.268e+005	6.640e+004	6.108e+005
最小轴力	下拉偏压	1.890e+005	4.486e+004	6.172e+005
最大弯矩	下拉偏压	2.268e+005	9.905e+004	5.874e+005
最小弯矩	上拉偏压	1.890e+005	−3.650e+004	5.282e+005

21#单元左截面：

荷载组合 I

类型	性质	Nj	Mj	R
最大轴力	下拉偏压	2.268e+005	7.358e+004	1.073e+006
最小轴力	下拉偏压	1.890e+005	5.085e+004	1.091e+006
最大弯矩	下拉偏压	2.268e+005	1.062e+005	1.027e+006
最小弯矩	上拉偏压	1.890e+005	−3.052e+004	1.020e+006

21#单元右截面：

荷载组合 I

类型	性质	Nj	Mj	R
最大轴力	下拉偏压	2.278e+005	6.493e+004	1.086e+006
最小轴力	下拉偏压	1.899e+005	4.354e+004	1.104e+006
最大弯矩	下拉偏压	2.278e+005	9.766e+004	1.040e+006
最小弯矩	上拉偏压	1.899e+005	−3.945e+004	1.004e+006

22#单元左截面：

荷载组合 I

类型	性质	Nj	Mj	R
最大轴力	下拉偏压	2.288e+005	4.631e+004	1.112e+006
最小轴力	下拉偏压	1.877e+005	1.976e+004	1.132e+006
最大弯矩	下拉偏压	2.262e+005	1.132e+005	1.017e+006
最小弯矩	上拉偏压	1.901e+005	−3.799e+004	1.006e+006

22#单元右截面：

荷载组合 I

类型	性质	Nj	Mj	R
最大轴力	下拉偏压	2.286e+005	4.092e+004	1.120e+006
最小轴力	下拉偏压	1.876e+005	2.388e+004	1.132e+006
最大弯矩	下拉偏压	2.261e+005	1.132e+005	1.017e+006
最小弯矩	上拉偏压	1.900e+005	−3.751e+004	1.007e+006

23#单元左截面：

荷载组合 I

类型	性质	Nj	Mj	R
最大轴力	下拉偏压	2.286e+005	3.368e+004	6.172e+005
最小轴力	下拉偏压	1.876e+005	1.794e+004	6.172e+005
最大弯矩	下拉偏压	2.261e+005	1.060e+005	5.825e+005
最小弯矩	上拉偏压	1.900e+005	−4.353e+004	5.215e+005

23#单元右截面：

荷载组合 I

类型	性质	Nj	Mj	R
最大轴力	下拉偏压	2.279e+005	3.764e+004	5.422e+005
最小轴力	下拉偏压	1.870e+005	4.436e+004	5.422e+005
最大弯矩	下拉偏压	2.266e+005	1.267e+005	5.054e+005
最小弯矩	上拉偏压	1.883e+005	−3.547e+004	4.592e+005

24#单元左截面：

荷载组合 I

类型	性质	Nj	Mj	R
最大轴力	下拉偏压	2.279e+005	3.764e+004	5.422e+005
最小轴力	下拉偏压	1.870e+005	4.436e+004	5.422e+005
最大弯矩	下拉偏压	2.266e+005	1.267e+005	5.054e+005
最小弯矩	上拉偏压	1.883e+005	−3.547e+004	4.592e+005

24#单元右截面：

荷载组合 I

类型	性质	Nj	Mj	R
最大轴力	上拉偏压	2.287e+005	−2.879e+003	5.616e+005
最小轴力	下拉偏压	1.876e+005	3.432e+004	6.172e+005
最大弯矩	下拉偏压	2.273e+005	1.102e+005	5.800e+005
最小弯矩	上拉偏压	1.889e+005	−7.379e+004	4.938e+005

25#单元左截面：

荷载组合 I

类型	性质	Nj	Mj	R
最大轴力	下拉偏压	2.287e+005	4.362e+003	1.132e+006
最小轴力	下拉偏压	1.876e+005	4.026e+004	1.109e+006
最大弯矩	下拉偏压	2.273e+005	1.174e+005	1.012e+006
最小弯矩	上拉偏压	1.889e+005	−6.781e+004	9.491e+005

25#单元右截面：

荷载组合 I

类型	性质	Nj	Mj	R
最大轴力	上拉偏压	2.288e+005	−3.701e+003	1.073e+006
最小轴力	下拉偏压	1.877e+005	4.213e+004	1.105e+006
最大弯矩	下拉偏压	2.275e+005	1.181e+005	1.011e+006
最小弯矩	上拉偏压	1.891e+005	−7.626e+004	9.332e+005

26#单元左截面：

　　荷载组合 I

类型	性质	Nj	Mj	R
最大轴力	上拉偏压	2.298e+005	−1.703e+004	1.052e+006
最小轴力	下拉偏压	1.856e+005	7.656e+004	1.045e+006
最大弯矩	下拉偏压	2.270e+005	1.240e+005	1.002e+006
最小弯矩	上拉偏压	1.883e+005	−6.756e+004	9.493e+005

26#单元右截面：

　　荷载组合 I

类型	性质	Nj	Mj	R
最大轴力	上拉偏压	2.288e+005	−5.849e+003	1.070e+006
最小轴力	下拉偏压	1.848e+005	8.387e+004	1.032e+006
最大弯矩	下拉偏压	2.260e+005	1.328e+005	9.885e+005
最小弯矩	上拉偏压	1.875e+005	−5.777e+004	9.678e+005

27#单元左截面：

　　荷载组合 I

类型	性质	Nj	Mj	R
最大轴力	上拉偏压	2.288e+005	−1.309e+004	5.534e+005
最小轴力	下拉偏压	1.848e+005	7.802e+004	5.897e+005
最大弯矩	下拉偏压	2.260e+005	1.256e+005	5.686e+005
最小弯矩	上拉偏压	1.875e+005	−6.370e+004	5.027e+005

27#单元右截面：

　　荷载组合 I

类型	性质	Nj	Mj	R
最大轴力	下拉偏压	2.253e+005	4.047e+004	4.694e+005
最小轴力	下拉偏压	1.819e+005	1.162e+005	4.287e+005
最大弯矩	下拉偏压	2.226e+005	1.721e+005	4.126e+005
最小弯矩	上拉偏压	1.846e+005	−1.811e+004	4.071e+005

28#单元左截面：

　　荷载组合 I

类型	性质	Nj	Mj	R
最大轴力	下拉偏压	2.098e+005	1.071e+004	4.694e+005
最小轴力	下拉偏压	1.690e+005	9.137e+004	4.409e+005
最大弯矩	下拉偏压	2.071e+005	1.423e+005	4.228e+005
最小弯矩	上拉偏压	1.717e+005	−4.291e+004	3.877e+005

28#单元右截面：

　　荷载组合 I

类型	性质	Nj	Mj	R
最大轴力	下拉偏压	2.066e+005	2.363e+004	4.014e+005
最小轴力	下拉偏压	1.663e+005	9.151e+004	3.754e+005
最大弯矩	下拉偏压	2.039e+005	1.420e+005	3.593e+005
最小弯矩	上拉偏压	1.690e+005	−2.879e+004	3.352e+005

29#单元左截面：

　　荷载组合 I

类型	性质	Nj	Mj	R
最大轴力	下拉偏压	1.896e+005	1.621e+003	4.014e+005
最小轴力	下拉偏压	1.522e+005	7.317e+004	3.833e+005
最大弯矩	下拉偏压	1.869e+005	1.200e+005	3.652e+005
最小弯矩	上拉偏压	1.549e+005	−4.713e+004	3.203e+005

29#单元右截面：

　　荷载组合 I

类型	性质	Nj	Mj	R
最大轴力	下拉偏压	1.821e+005	2.364e+004	3.762e+005
最小轴力	下拉偏压	1.459e+005	8.135e+004	3.463e+005
最大弯矩	下拉偏压	1.795e+005	1.296e+005	3.289e+005
最小弯矩	上拉偏压	1.486e+005	−2.562e+004	3.130e+005

30#单元左截面：

　　荷载组合 I

类型	性质	Nj	Mj	R
最大轴力	上拉偏压	1.703e+005	−4.290e+003	3.310e+005
最小轴力	下拉偏压	1.361e+005	5.807e+004	3.609e+005
最大弯矩	下拉偏压	1.677e+005	1.017e+005	3.410e+005
最小弯矩	上拉偏压	1.388e+005	−4.890e+004	2.931e+005

30#单元右截面：

　　荷载组合 I

类型	性质	Nj	Mj	R
最大轴力	下拉偏压	1.629e+005	1.951e+004	3.542e+005
最小轴力	下拉偏压	1.299e+005	6.797e+004	3.241e+005
最大弯矩	下拉偏压	1.580e+005	1.145e+005	3.034e+005
最小弯矩	上拉偏压	1.349e+005	−2.659e+004	2.922e+005

31#单元左截面：

　　荷载组合 I

类型	性质	Nj	Mj	R
最大轴力	上拉偏压	1.509e+005	−6.344e+003	3.114e+005
最小轴力	下拉偏压	1.199e+005	4.642e+004	3.391e+005
最大弯矩	下拉偏压	1.460e+005	8.866e+004	3.153e+005
最小弯矩	上拉偏压	1.249e+005	−4.814e+004	2.714e+005

31#单元右截面：

　　荷载组合 I

类型	性质	Nj	Mj	R
最大轴力	下拉偏压	1.433e+005	1.774e+004	3.334e+005
最小轴力	下拉偏压	1.136e+005	5.678e+004	3.022e+005
最大弯矩	下拉偏压	1.385e+005	1.025e+005	2.783e+005
最小弯矩	上拉偏压	1.186e+005	−2.603e+004	2.729e+005

32#单元左截面：

荷载组合 I

类型	性质	Nj	Mj	R
最大轴力	下拉偏压	1.375e+005	6.369e+003	3.334e+005
最小轴力	下拉偏压	1.087e+005	4.730e+004	3.091e+005
最大弯矩	下拉偏压	1.326e+005	9.108e+004	2.834e+005
最小弯矩	上拉偏压	1.137e+005	−3.551e+004	2.623e+005

32#单元右截面：

荷载组合 I

类型	性质	Nj	Mj	R
最大轴力	下拉偏压	1.298e+005	2.951e+004	3.114e+005
最小轴力	下拉偏压	1.023e+005	5.710e+004	2.758e+005
最大弯矩	下拉偏压	1.249e+005	1.045e+005	2.499e+005
最小弯矩	上拉偏压	1.073e+005	−1.450e+004	2.678e+005

33#单元左截面：

荷载组合 I

类型	性质	Nj	Mj	R
最大轴力	下拉偏压	1.239e+005	1.922e+004	3.154e+005
最小轴力	下拉偏压	9.744e+004	4.852e+004	2.818e+005
最大弯矩	下拉偏压	1.191e+005	9.425e+004	2.539e+005
最小弯矩	上拉偏压	1.024e+005	−2.308e+004	2.567e+005

33#单元右截面：

荷载组合 I

类型	性质	Nj	Mj	R
最大轴力	下拉偏压	1.161e+005	4.117e+004	2.777e+005
最小轴力	下拉偏压	9.088e+004	5.756e+004	2.498e+005
最大弯矩	下拉偏压	1.113e+005	1.067e+005	2.220e+005
最小弯矩	上拉偏压	9.586e+004	−3.449e+003	2.675e+005

34#单元左截面：

荷载组合 I

类型	性质	Nj	Mj	R
最大轴力	下拉偏压	1.102e+005	3.178e+004	2.849e+005
最小轴力	下拉偏压	8.600e+004	4.974e+004	2.550e+005
最大弯矩	下拉偏压	1.054e+005	9.734e+004	2.248e+005
最小弯矩	上拉偏压	9.098e+004	−1.127e+004	2.554e+005

34#单元右截面：

荷载组合 I

类型	性质	Nj	Mj	R
最大轴力	下拉偏压	1.101e+005	3.726e+004	2.614e+005
最小轴力	下拉偏压	8.594e+004	4.529e+004	2.423e+005
最大弯矩	下拉偏压	1.054e+005	9.372e+004	2.107e+005
最小弯矩	上拉偏压	9.090e+004	−5.686e+003	2.556e+005

35♯单元左截面：

荷载组合 I

类型	性质	Nj	Mj	R
最大轴力	下拉偏压	1.042e+005	2.871e+004	2.682e+005
最小轴力	下拉偏压	8.103e+004	3.816e+004	2.478e+005
最大弯矩	下拉偏压	9.948e+004	8.517e+004	2.134e+005
最小弯矩	上拉偏压	8.598e+004	−1.281e+004	2.435e+005

35♯单元右截面：

荷载组合 I

类型	性质	Nj	Mj	R
最大轴力	下拉偏压	1.046e+005	3.560e+004	2.449e+005
最小轴力	下拉偏压	8.130e+004	3.510e+004	2.356e+005
最大弯矩	下拉偏压	9.984e+004	8.378e+004	1.991e+005
最小弯矩	上拉偏压	8.622e+004	−6.489e+003	2.467e+005

36♯单元左截面：

荷载组合 I

类型	性质	Nj	Mj	R
最大轴力	下拉偏压	9.872e+004	2.789e+004	2.510e+005
最小轴力	下拉偏压	7.642e+004	2.867e+004	2.413e+005
最大弯矩	下拉偏压	9.399e+004	7.607e+004	2.017e+005
最小弯矩	上拉偏压	8.135e+004	−1.291e+004	2.347e+005

36♯单元右截面：

荷载组合 I

类型	性质	Nj	Mj	R
最大轴力	下拉偏压	1.076e+005	3.028e+004	2.347e+005
最小轴力	下拉偏压	8.380e+004	2.047e+004	2.387e+005
最大弯矩	下拉偏压	1.029e+005	6.883e+004	1.976e+005
最小弯矩	上拉偏压	8.868e+004	−1.078e+004	2.357e+005

37♯单元左截面：

荷载组合 I

类型	性质	Nj	Mj	R
最大轴力	下拉偏压	1.017e+005	2.331e+004	2.403e+005
最小轴力	下拉偏压	7.888e+004	1.467e+004	2.451e+005
最大弯矩	下拉偏压	9.700e+004	6.187e+004	2.005e+005
最小弯矩	上拉偏压	8.375e+004	−1.658e+004	2.246e+005

37♯单元右截面：

荷载组合 I

类型	性质	Nj	Mj	R
最大轴力	下拉偏压	1.085e+005	3.507e+004	2.017e+005
最小轴力	下拉偏压	8.460e+004	1.476e+004	2.162e+005
最大弯矩	下拉偏压	1.039e+005	6.468e+004	1.760e+005
最小弯矩	上拉偏压	8.917e+004	−7.635e+003	2.190e+005

38#单元左截面：

荷载组合Ⅰ

类型	性质	Nj	Mj	R
最大轴力	下拉偏压	9.677e+004	2.288e+004	2.100e+005
最小轴力	下拉偏压	7.480e+004	4.602e+003	2.282e+005
最大弯矩	下拉偏压	9.216e+004	5.248e+004	1.804e+005
最小弯矩	上拉偏压	7.937e+004	−1.780e+004	1.991e+005

38#单元右截面：

荷载组合Ⅰ

类型	性质	Nj	Mj	R
最大轴力	下拉偏压	1.107e+005	2.218e+004	2.015e+005
最小轴力	上拉偏压	8.639e+004	−5.494e+003	2.122e+005
最大弯矩	下拉偏压	1.062e+005	4.322e+004	1.822e+005
最小弯矩	上拉偏压	9.090e+004	−2.033e+004	1.950e+005

39#单元左截面：

荷载组合Ⅰ

类型	性质	Nj	Mj	R
最大轴力	下拉偏压	9.884e+004	1.102e+004	2.106e+005
最小轴力	上拉偏压	7.652e+004	−1.480e+004	1.980e+005
最大弯矩	下拉偏压	7.833e+004	3.290e+004	1.811e+005
最小弯矩	上拉偏压	9.701e+004	−3.048e+004	1.866e+005

39#单元右截面：

荷载组合Ⅰ

类型	性质	Nj	Mj	R
最大轴力	下拉偏压	1.055e+005	2.098e+004	1.911e+005
最小轴力	上拉偏压	8.206e+004	−1.589e+004	1.843e+005
最大弯矩	下拉偏压	8.331e+004	3.172e+004	1.742e+005
最小弯矩	上拉偏压	1.043e+005	−2.172e+004	1.829e+005

40#单元左截面：

荷载组合Ⅰ

类型	性质	Nj	Mj	R
最大轴力	下拉偏压	9.359e+004	1.065e+004	1.997e+005
最小轴力	上拉偏压	7.214e+004	−2.450e+004	1.710e+005
最大弯矩	下拉偏压	7.340e+004	2.311e+004	1.801e+005
最小弯矩	上拉偏压	9.237e+004	−3.206e+004	1.703e+005

40#单元右截面：

荷载组合Ⅰ

类型	性质	Nj	Mj	R
最大轴力	下拉偏压	9.987e+004	1.712e+004	1.851e+005
最小轴力	上拉偏压	7.738e+004	−2.753e+004	1.581e+005
最大弯矩	下拉偏压	8.065e+004	2.526e+004	1.717e+005
最小弯矩	上拉偏压	9.667e+004	−3.219e+004	1.599e+005

41#单元左截面：

荷载组合 I

类型	性质	Nj	Mj	R
最大轴力	下拉偏压	8.800e+004	7.413e+003	1.940e+005
最小轴力	上拉偏压	6.749e+004	−3.562e+004	1.458e+005
最大弯矩	下拉偏压	7.075e+004	1.717e+004	1.782e+005
最小弯矩	上拉偏压	8.479e+004	−4.190e+004	1.480e+005

41#单元右截面：

荷载组合 I

类型	性质	Nj	Mj	R
最大轴力	下拉偏压	9.969e+004	1.502e+004	1.823e+005
最小轴力	上拉偏压	7.723e+004	−3.786e+004	1.421e+005
最大弯矩	下拉偏压	8.050e+004	2.296e+004	1.692e+005
最小弯矩	上拉偏压	9.642e+004	−4.360e+004	1.446e+005

42#单元左截面：

荷载组合 I

类型	性质	Nj	Mj	R
最大轴力	下拉偏压	8.778e+004	5.652e+003	1.912e+005
最小轴力	上拉偏压	6.731e+004	−4.566e+004	1.313e+005
最大弯矩	下拉偏压	7.058e+004	1.516e+004	1.760e+005
最小弯矩	上拉偏压	8.451e+004	−5.296e+004	1.340e+005

42#单元右截面：

荷载组合 I

类型	性质	Nj	Mj	R
最大轴力	下拉偏压	8.753e+004	1.529e+004	1.746e+005
最小轴力	上拉偏压	6.710e+004	−4.576e+004	1.234e+005
最大弯矩	下拉偏压	7.037e+004	2.181e+004	1.613e+005
最小弯矩	上拉偏压	8.425e+004	−5.204e+004	1.268e+005

43#单元左截面：

荷载组合 I

类型	性质	Nj	Mj	R
最大轴力	下拉偏压	8.150e+004	1.061e+004	1.790e+005
最小轴力	上拉偏压	6.208e+004	−4.966e+004	1.175e+005
最大弯矩	下拉偏压	6.535e+004	1.791e+004	1.651e+005
最小弯矩	上拉偏压	7.823e+004	−5.671e+004	1.212e+005

43#单元右截面：

荷载组合 I

类型	性质	Nj	Mj	R
最大轴力	下拉偏压	8.140e+004	1.242e+004	1.745e+005
最小轴力	上拉偏压	6.199e+004	−5.014e+004	1.137e+005
最大弯矩	下拉偏压	6.526e+004	1.906e+004	1.611e+005
最小弯矩	上拉偏压	7.812e+004	−5.702e+004	1.176e+005

通过查看承载能力极限状态荷载各组合的组合内力 M_j 与结构本身的抗力 R 比较来验算是否满足截面强度要求。规范 JTG 3362-2018 规定,以上数据当 $R \geqslant M_j$ 时截面强度满足要求。

②箱梁单元截面应力输出

同样可以输出单元截面应力,在图 5-54"文本输出"对话框中的"项目设定"中,改为勾选"单元截面应力",勾选"主截面",可以输出正常使用极限状态下混凝土法向压应力验算、混凝土法向拉应力验算、混凝土主应力验算等截面应力验算的 txt 文件。

桥梁博士系统文本结果输出　　　　项目名称:D:\电算教材\桥博模型 2019\连续刚构桥安全验算 20190703\ganggou

输出单元号:

输出结点号:

输出附加内容单元号:1-43

输出阶段号:输出组合类型:1-3

* *

　　　　指定单元截面应力输出(单位:MPa)

* *

正常使用阶段应力计算结果

使用阶段荷载组合 1 应力:

主截面:

单元号	结点号	上缘最大	上缘最小	下缘最大	下缘最小	最大主压	最大主拉
1	1	0	0	0	0	0.0373	−0.0373
1	2	0.123	0.104	2.44	2.38	2.44	−0.0178
2	2	0.123	0.104	2.44	2.38	2.44	−0.026
2	3	0.287	0.227	2.27	2.14	2.27	−0.0128
3	3	0.612	0.543	3.44	3.26	3.44	−0.078
3	4	2.61	2.28	7.44	6.76	7.44	−0.0795
4	4	2.61	2.28	7.44	6.76	7.44	−0.0795
4	5	2.4	1.96	8.05	7.12	8.05	−0.0836
5	5	3.43	2.96	7.96	7.04	7.96	−0.032
5	6	3.33	2.66	8.6	7.44	8.6	−0.0477
6	6	5.37	4.64	8.44	7.27	8.44	−0.0102
6	7	4.31	3.45	8.76	7.47	8.76	−0.134
7	7	6.33	5.42	8.59	7.31	8.59	−0.0315
7	8	5.8	4.78	9.28	8	9.28	−0.375
8	8	7.82	6.75	9.1	7.83	9.1	−0.182
8	9	6.01	4.93	9.58	8.37	9.58	−0.534
9	9	8.02	6.88	9.38	8.18	9.38	−0.284
9	10	7.17	6.01	8.38	7.17	8.38	−0.666
10	10	9.15	7.93	8.19	6.97	9.15	−0.417
10	11	7.56	6.42	6.74	5.57	7.56	−0.538
11	11	8.5	7.33	6.61	5.43	8.5	−0.445
11	12	7.73	6.62	6.6	5.49	7.73	−0.234

12	12	8.65	7.51	6.47	5.35	8.65	−0.18
12	13	8.42	7.31	6.06	5	8.42	−0.238
13	13	9.34	8.2	5.93	4.86	9.34	−0.186
13	14	8.87	7.76	6.88	5.92	8.87	−0.261
14	14	9.76	8.63	6.74	5.78	9.76	−0.211
14	15	9.35	8.23	7.59	6.71	9.35	−0.314
15	15	10.2	9.08	7.46	6.57	10.2	−0.263
15	16	9.69	8.57	8.15	7.32	9.69	−0.363
16	16	10.6	9.41	8.01	7.18	10.6	−0.312
16	17	9.99	8.83	8.6	7.81	9.99	−0.41
17	17	11.7	10.5	8.31	7.51	11.7	−0.362
17	18	11.2	9.91	8.87	8.08	11.2	−0.438
18	18	12.9	11.6	8.58	7.78	12.9	−0.391
18	19	12.2	10.8	8.91	8.13	12.2	−0.468
19	19	13.8	12.4	9.17	8.39	13.8	−0.25
19	20	11.9	10.7	7.9	7.16	11.9	−0.374
20	20	13.4	12.2	7.85	7.1	13.4	−0.232
20	80	8.92	8.18	6.78	6.22	8.92	−0.468
21	80	5.1	4.53	3.22	2.73	5.1	−0.0658
21	21	5	4.44	3.37	2.89	5	−0.0845
22	21	5.09	4.58	3.18	2.77	5.09	−0.00599
22	81	5.1	4.55	3.2	2.75	5.1	−0.00247
23	81	8.92	8.21	6.75	6.24	8.92	−0.0182
23	22	10.8	9.75	7.48	6.79	10.8	−0.0444
24	22	10.8	9.75	7.48	6.79	10.8	−0.0444
24	82	8.87	7.98	7.02	6.3	8.87	−0.107
25	82	5.06	4.36	3.41	2.79	5.06	−0.0145
25	23	5.03	4.33	3.47	2.83	5.03	−0.0218
26	23	5.13	4.46	3.3	2.7	5.13	−0.0945
26	83	5.24	4.55	3.14	2.54	5.24	−0.0747
27	83	9.07	8.19	6.66	5.96	9.07	−0.528
27	24	13.7	12.2	7.65	6.73	13.7	−0.271
28	24	12.1	10.7	7.71	6.79	12.1	−0.424
28	25	14.2	12.6	8.81	7.85	14.2	−0.305
29	25	12.5	10.9	8.55	7.59	12.5	−0.545
29	26	13.3	11.8	7.98	7.01	13.3	−0.469
30	26	11.7	10.1	8.26	7.3	11.7	−0.523
30	27	12.5	11	7.5	6.53	12.5	−0.443
31	27	10.7	9.29	7.79	6.83	10.7	−0.501
31	28	11.5	10.1	6.87	5.89	11.5	−0.399
32	28	10.6	9.27	7	6.04	10.6	−0.458
32	29	11.4	10.1	5.9	4.91	11.4	−0.354

33	29	10.6	9.22	6.03	5.05	10.6	−0.414
33	30	11.3	9.94	4.68	3.68	11.3	−0.306
34	30	10.4	9.07	4.82	3.82	10.4	−0.369
34	31	10.9	9.64	4.78	3.82	10.9	−0.254
35	31	9.97	8.75	4.92	3.96	9.97	−0.315
35	32	10.6	9.34	4.83	3.9	10.6	−0.324
36	32	9.64	8.45	4.96	4.03	9.64	−0.396
36	33	10.6	9.49	5.95	5.14	10.6	−0.628
37	33	9.7	8.58	6.08	5.27	9.7	−0.732
37	34	11.9	10.7	6.89	6.11	11.9	−0.694
38	34	9.94	8.78	7.1	6.31	9.94	−0.975
38	35	11.1	9.97	9.62	8.36	11.1	−0.508
39	35	9.13	8.03	9.83	8.56	10	−0.752
39	36	10.3	9.19	10.6	9.02	10.6	−0.336
40	36	8.3	7.24	10.8	9.22	10.8	−0.545
40	37	9.13	8.04	12	9.96	12	−0.164
41	37	7.09	6.08	12.2	10.2	12.2	−0.319
41	38	8.5	7.43	13.7	11.2	13.7	−0.0655
42	38	6.46	5.46	13.9	11.4	13.9	−0.17
42	39	6.8	5.8	13.5	10.8	13.5	−0.00275
43	39	5.77	4.81	13.6	10.9	13.6	−0.0172
43	40	5.81	4.86	13.6	10.8	13.6	−0.00256

使用阶段荷载组合 2 应力：

主截面：

单元号	结点号	上缘最大	上缘最小	下缘最大	下缘最小	最大主压	最大主拉
1	1	3.14	−3.14	0.371	−0.371	3.14	−3.14
1	2	3.27	−3.05	2.82	2.01	3.27	−3.05
2	2	3.27	−3.05	2.82	2.01	3.27	−3.05
2	3	3.5	−2.97	2.66	1.73	3.5	−2.97
3	3	3.72	−2.55	3.78	2.9	3.78	−2.55
3	4	5.53	−0.539	7.87	6.16	7.87	−0.539
4	4	5.53	−0.539	7.87	6.16	7.87	−0.539
4	5	5.49	−0.989	8.51	6.43	8.51	−0.989
5	5	6.51	0.0108	8.42	6.35	8.42	−0.0853
5	6	6.72	−0.54	9.36	6.38	9.36	−0.54
6	6	8.75	1.44	9.19	6.21	9.19	−0.0674
6	7	7.95	0.0135	9.88	6.03	9.88	−0.22
7	7	9.97	1.98	9.71	5.86	9.97	−0.082
7	8	9.62	1.13	10.7	6.3	10.7	−0.486
8	8	11.6	3.1	10.5	6.12	11.6	−0.268
8	9	9.97	1.11	11.2	6.54	11.2	−0.674
9	9	12	3.06	11	6.35	12	−0.391

9	10	11.2	2.05	10.1	5.29	11.2	−0.823
10	10	13.2	3.98	9.95	5.09	13.2	−0.527
10	11	11.7	2.33	8.44	3.86	11.7	−0.621
11	11	12.6	3.25	8.3	3.72	12.6	−0.525
11	12	11.8	2.46	8.3	3.87	11.8	−0.303
12	12	12.7	3.36	8.17	3.73	12.7	−0.243
12	13	12.5	3.12	7.73	3.49	12.5	−0.306
13	13	13.4	4	7.59	3.35	13.4	−0.248
13	14	12.9	3.56	8.48	4.53	12.9	−0.327
14	14	13.8	4.43	8.34	4.39	13.8	−0.273
14	15	13.4	4.01	9.12	5.44	13.4	−0.381
15	15	14.2	4.86	8.99	5.3	14.2	−0.326
15	16	13.7	4.35	9.6	6.17	13.7	−0.43
16	16	14.5	5.19	9.46	6.02	14.5	−0.375
16	17	13.9	4.62	9.97	6.77	13.9	−0.477
17	17	15.7	6.32	9.68	6.46	15.7	−0.425
17	18	15.1	5.68	10.2	7.13	15.1	−0.503
18	18	16.8	7.32	9.89	6.83	16.8	−0.453
18	19	16	6.6	10.1	7.27	16	−0.532
19	19	17.7	8.22	10.4	7.54	17.7	−0.301
19	20	15.8	6.42	9.02	6.43	15.8	−0.417
20	20	17.3	7.93	8.96	6.38	17.3	−0.268
20	80	12.8	4.03	7.68	5.64	12.8	−0.52
21	80	9.06	0.347	3.87	2.35	9.06	−0.0732
21	21	8.96	0.252	4.03	2.5	8.96	−0.0924
22	21	9.25	0.175	4.14	2.08	9.25	−0.063
22	81	9.28	0.113	4.19	2.05	9.28	−0.0725
23	81	13	3.77	8.11	5.25	13	−0.516
23	22	15.1	5	9.15	5.63	15.1	−0.56
24	22	15.1	5	9.15	5.63	15.1	−0.56
24	82	13.4	3.03	8.9	4.98	13.4	−0.794
25	82	9.52	−0.496	4.84	1.81	9.52	−0.496
25	23	9.57	−0.62	5.03	1.74	9.57	−0.62
26	23	9.74	−0.59	5.06	1.44	9.74	−0.59
26	83	9.84	−0.478	4.88	1.29	9.84	−0.478
27	83	13.7	3.03	8.87	4.37	13.7	−0.657
27	24	18.6	6.54	10.4	4.74	18.6	−0.364
28	24	17.1	5.03	10.5	4.79	17.1	−0.539
28	25	19.2	6.82	11.9	5.59	19.2	−0.438
29	25	17.5	5.21	11.6	5.32	17.5	−0.717
29	26	18.4	6.01	11.2	4.57	18.4	−0.637
30	26	16.7	4.37	11.5	4.87	16.7	−0.704

30	27	17.5	5.22	10.9	3.92	17.5	−0.62
31	27	15.8	3.53	11.2	4.22	15.8	−0.72
31	28	16.6	4.37	10.5	3.11	16.6	−0.588
32	28	15.7	3.53	10.6	3.25	15.7	−0.68
32	29	16.5	4.38	9.61	1.96	16.5	−0.542
33	29	15.6	3.53	9.75	2.1	15.6	−0.634
33	30	16.3	4.36	8.48	0.595	16.3	−0.501
34	30	15.4	3.49	8.62	0.736	15.4	−0.587
34	31	15.9	4.19	8.59	0.648	15.9	−0.447
35	31	15	3.31	8.72	0.788	15	−0.541
35	32	15.4	4.09	8.56	0.684	15.4	−0.544
36	32	14.5	3.2	8.7	0.822	14.5	−0.655
36	33	15.4	4.54	9.45	1.99	15.4	−0.91
37	33	14.4	3.63	9.59	2.13	14.4	−1.06
37	34	16.4	6.13	10.3	2.92	16.4	−1.09
38	34	14.4	4.21	10.5	3.12	14.4	−1.49
38	35	15.3	5.84	12.5	5.5	15.3	−0.914
39	35	13.3	3.89	12.7	5.71	13.3	−1.3
39	36	14.2	5.49	12.8	6.64	14.2	−0.649
40	36	12.2	3.53	13	6.84	13	−0.932
40	37	13.6	3.9	13.8	7.68	13.8	−0.42
41	37	11.5	1.94	14	7.88	14	−0.659
41	38	13.7	2.7	16.4	7.77	16.4	−0.298
42	38	11.6	0.726	16.6	7.97	16.6	−0.516
42	39	12.7	0.464	17.2	6.35	17.2	−0.126
43	39	11.7	−0.53	17.3	6.46	17.3	−0.53
43	40	11.9	−0.63	17.4	6.04	17.4	−0.63

使用阶段荷载组合 3 应力：

主截面：

单元号	结点号	上缘最大	上缘最小	下缘最大	下缘最小	最大主压	最大主拉
1	1	3.93	−3.93	0.463	−0.463	3.93	−3.93
1	2	4.05	−3.85	2.93	1.91	4.05	−3.85
2	2	4.05	−3.85	2.93	1.91	4.05	−3.85
2	3	4.32	−3.78	2.76	1.6	4.32	−3.78
3	3	4.51	−3.33	3.88	2.78	4.51	−3.33
3	4	6.36	−1.24	7.96	5.85	7.96	−1.24
4	4	6.36	−1.24	7.96	5.85	7.96	−1.24
4	5	6.39	−1.71	8.6	6.04	8.6	−1.71
5	5	7.42	−0.714	8.52	5.96	8.52	−0.714
5	6	7.75	−1.32	9.52	5.81	9.52	−1.32
6	6	9.79	0.659	9.35	5.65	9.79	−0.113
6	7	9.06	−0.822	10.1	5.33	10.1	−0.822

7	7	11.1	1.15	9.95	5.17	11.1	−0.104
7	8	10.8	0.252	11	5.55	11	−0.525
8	8	12.8	2.22	10.8	5.37	12.8	−0.307
8	9	11.1	0.188	11.6	5.8	11.6	−0.734
9	9	13.1	2.14	11.4	5.61	13.1	−0.434
9	10	12.4	1.1	10.5	4.61	12.4	−0.893
10	10	14.3	3.02	10.3	4.41	14.3	−0.586
10	11	12.8	1.35	8.81	3.29	12.8	−0.673
11	11	13.7	2.26	8.68	3.16	13.7	−0.573
11	12	12.9	1.46	8.67	3.39	12.9	−0.345
12	12	13.8	2.36	8.54	3.26	13.8	−0.281
12	13	13.5	2.11	8.09	3.1	13.5	−0.348
13	13	14.4	3	7.96	2.96	14.4	−0.287
13	14	13.9	2.55	8.83	4.21	13.9	−0.369
14	14	14.8	3.42	8.69	4.07	14.8	−0.311
14	15	14.3	2.98	9.47	5.19	14.3	−0.425
15	15	15.2	3.84	9.33	5.04	15.2	−0.367
15	16	14.6	3.31	9.94	5.96	14.6	−0.474
16	16	15.5	4.15	9.8	5.82	15.5	−0.417
16	17	14.8	3.56	10.3	6.6	14.8	−0.521
17	17	16.6	5.27	10	6.3	16.6	−0.468
17	18	16	4.59	10.5	7	16	−0.548
18	18	17.7	6.23	10.2	6.7	17.7	−0.495
18	19	16.9	5.49	10.5	7.17	16.9	−0.576
19	19	18.6	7.11	10.8	7.43	18.6	−0.335
19	20	16.6	5.29	9.37	6.36	16.6	−0.448
20	20	18.2	6.79	9.32	6.3	18.2	−0.293
20	80	13.7	2.94	7.98	5.58	13.7	−0.556
21	80	9.99	−0.748	4.08	2.32	9.99	−0.748
21	21	9.89	−0.848	4.25	2.47	9.89	−0.848
22	21	10.2	−0.924	4.36	2.05	10.2	−0.924
22	81	10.2	−0.984	4.41	2.02	10.2	−0.984
23	81	13.9	2.67	8.41	5.19	13.9	−0.672
23	22	15.9	3.86	9.5	5.58	15.9	−0.71
24	22	15.9	3.86	9.5	5.58	15.9	−0.71
24	82	14.2	1.87	9.27	4.94	14.2	−0.974
25	82	10.4	−1.64	5.12	1.79	10.4	−1.64
25	23	10.5	−1.77	5.32	1.72	10.5	−1.77
26	23	10.7	−1.75	5.38	1.4	10.7	−1.75
26	83	10.7	−1.63	5.19	1.26	10.7	−1.63
27	83	14.6	1.87	9.26	4.33	14.6	−0.713
27	24	19.5	5.31	10.9	4.69	19.5	−0.397

28	24	17.9	3.8	10.9	4.74	17.9	-0.578
28	25	20	5.6	12.4	5.52	20	-0.484
29	25	18.4	3.98	12.1	5.26	18.4	-0.775
29	26	19.2	4.8	11.7	4.49	19.2	-0.694
30	26	17.5	3.17	12	4.79	17.5	-0.786
30	27	18.4	4.05	11.4	3.81	18.4	-0.683
31	27	16.6	2.35	11.7	4.11	16.6	-0.808
31	28	17.5	3.22	10.9	2.97	17.5	-0.665
32	28	16.6	2.38	11.1	3.11	16.6	-0.766
32	29	17.4	3.26	10.1	1.77	17.4	-0.617
33	29	16.6	2.41	10.2	1.91	16.6	-0.719
33	30	17.2	3.27	8.93	0.354	17.2	-0.564
34	30	16.3	2.41	9.07	0.495	16.3	-0.669
34	31	16.8	3.14	9.01	0.348	16.8	-0.514
35	31	15.9	2.26	9.15	0.488	15.9	-0.62
35	32	16.5	3.08	8.96	0.306	16.5	-0.617
36	32	15.5	2.19	9.09	0.444	15.5	-0.739
36	33	16.4	3.57	9.8	1.51	16.4	-0.996
37	33	15.5	2.66	9.94	1.65	15.5	-1.16
37	34	17.5	5.19	10.6	2.28	17.5	-1.2
38	34	15.5	3.28	10.8	2.49	15.5	-1.62
38	35	16.5	4.91	12.8	4.75	16.5	-1.01
39	35	14.5	2.97	13	4.95	14.5	-1.41
39	36	15.5	4.57	13.1	5.76	15.5	-0.724
40	36	13.5	2.61	13.3	5.96	13.5	-1.02
40	37	14.9	2.98	14.1	6.69	14.9	-0.479
41	37	12.9	1.02	14.3	6.89	14.3	-0.734
41	38	15.1	1.77	16.8	6.69	16.8	-0.354
42	38	13.1	-0.201	17	6.89	17	-0.594
42	39	14.1	-0.462	17.5	5.24	17.5	-0.462
43	39	13.1	-1.46	17.6	5.35	17.6	-1.46
43	40	13.3	-1.56	17.8	4.93	17.8	-1.56

③桥墩混凝土单元裂缝宽度输出

在"文本输出设定"对话框中,在"附加输出单元号"中输入桥墩单元号87～106,在"输出组合类型号"中输入组合号,"项目设定"中勾选"单元截面裂缝",勾选"主截面",如图5-55所示,可以输出桥墩混凝土截面裂缝的 txt 文件。

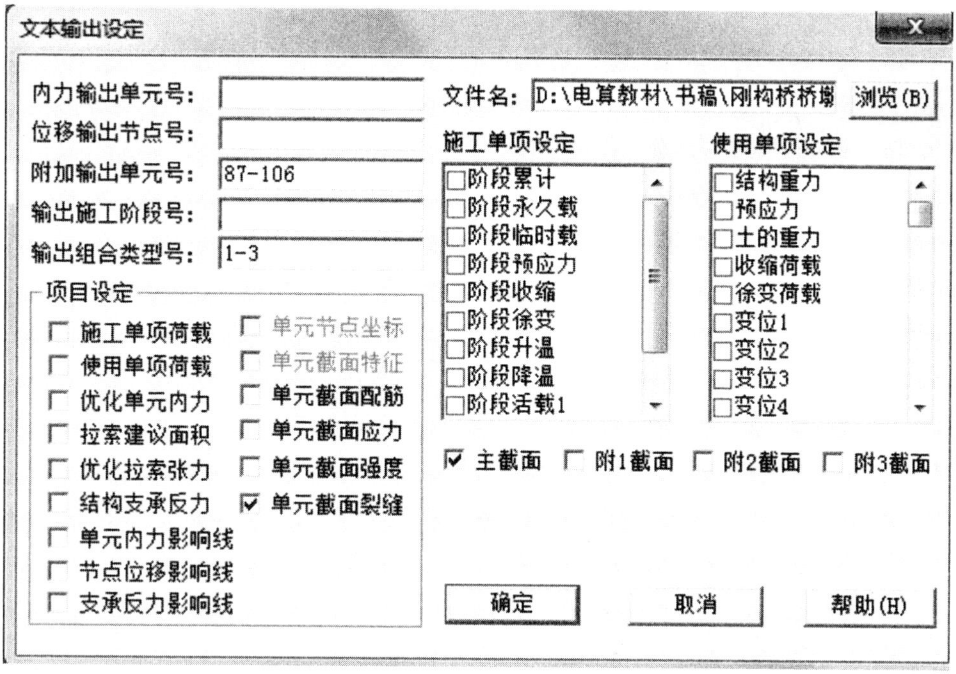

图 5-55　"单元截面裂缝"文本输出设定

桥梁博士系统文本结果输出

项目名称:D:\电算教材\桥博模型 2019\连续刚构桥安全验算 20190703\ganggou

输出单元号:

输出结点号:

输出附加内容单元号:87-106

输出阶段号:

输出组合类型:1-3

＊＊＊

　　　　指定单元截面裂缝宽度输出(单位:mm)

＊＊＊

单元号	组合类型	左上缘	左下缘	右上缘	右下缘
87	组合 I	0.423	0.243	0.187	0.113
87	组合 II	0.419	0.269	0.185	0.13
87	组合 III	0.417	0.305	0.183	0.155
88	组合 I	0.187	0.113	0	0.0356
88	组合 II	0.185	0.13	0	0.0301
88	组合 III	0.183	0.155	0	0.0307
89	组合 I	0	0.0356	0	0.0673
89	组合 II	0	0.0301	0	0.0671
89	组合 III	0	0.0307	0	0.0674
90	组合 I	0	0.0673	0.105	0.229
90	组合 II	0	0.0671	0.116	0.227

90	组合 III	0	0.0674	0.134	0.225
91	组合 I	0.105	0.229	0.189	0.399
91	组合 II	0.116	0.227	0.208	0.397
91	组合 III	0.134	0.225	0.235	0.396
92	组合 I	0.47	0.148	0.221	0.0899
92	组合 II	0.487	0.152	0.232	0.0944
92	组合 III	0.51	0.159	0.248	0.0994
93	组合 I	0.221	0.0899	0.0492	0
93	组合 II	0.232	0.0944	0.0462	0
93	组合 III	0.248	0.0994	0.0445	0
94	组合 I	0.0492	0	0	0.0632
94	组合 II	0.0462	0	0	0.0639
94	组合 III	0.0445	0	0	0.0645
95	组合 I	0	0.0632	0.0949	0.25
95	组合 II	0	0.0639	0.0997	0.257
95	组合 III	0	0.0645	0.105	0.268
96	组合 I	0.0949	0.25	0.126	0.425
96	组合 II	0.0997	0.257	0.129	0.435
96	组合 III	0.105	0.268	0.134	0.45
97	组合 I	1.28	0.288	1.1	0
97	组合 II	1.25	0.289	1.06	0
97	组合 III	1.22	0.293	1.02	0
98	组合 I	1.1	0	0.913	0
98	组合 II	1.06	0	0.872	0
98	组合 III	1.02	0	0.827	0
99	组合 I	0.913	0	0.843	0
99	组合 II	0.872	0	0.834	0
99	组合 III	0.827	0	0.828	0
100	组合 I	0.843	0	0	0.843
100	组合 II	0.834	0	0	0.801
100	组合 III	0.828	0	0	0.756
101	组合 I	0	0.843	0	0.963
101	组合 II	0	0.801	0.273	0.927
101	组合 III	0	0.756	0.266	0.89
102	组合 I	0	1.75	0	1.4
102	组合 II	0	1.73	0	1.38
102	组合 III	0.23	1.7	0	1.35
103	组合 I	0	1.4	0	1.06
103	组合 II	0	1.38	0	1.04
103	组合 III	0	1.35	0	1
104	组合 I	0	1.06	0	0.848
104	组合 II	0	1.04	0	0.842

104	组合 III	0	1	0	0.839
105	组合 I	0	0.848	1.22	0
105	组合 II	0	0.842	1.21	0
105	组合 III	0	0.839	1.19	0
106	组合 I	1.22	0	1.46	0
106	组合 II	1.21	0	1.45	0
106	组合 III	1.19	0	1.43	0

2. 全桥结构安全验算

(1)预应力混凝土箱梁单元应力验算

根据规范 JTG 3362-2018 第 7.1.5 条和 7.1.6 条规定：

①使用阶段受压区混凝土的最大压应力应不超过 $0.50f_{ck}=0.5\times32.4=16.2\text{MPa}$；

②混凝土的主压应力应不超过 $0.60f_{ck}=0.6\times32.4=19.44\text{MPa}$；

③正截面不得出现拉应力(即法向正应力不出现负值。桥梁博士软件中,拉为负,压为正)；

④斜截面主拉应力不得超过 $0.4f_{tk}=0.4\times2.65=1.06\text{MPa}$。

由输出单元的应力结果可见,输出单元正常使用状态混凝土应力均满足要求。

(2)预应力筋拉应力验算

在"数据"菜单中点击"输出钢束结果信息"命令,即可得每根钢束在各荷载组合下的结果,如图 5-56 所示。根据规范 JTG 3362-2018 第 7.1.5 条规定,在使用荷载作用下,构件中预应力钢筋的应力(扣除全部预应力损失)应不超过 $0.65f_{pk}=0.65\times1860=1209\text{MPa}$。

(3)桥墩混凝土单元裂缝宽度验算

根据规范 JTG 3362-2018 第 6.4.2 规定,在 I 类环境(一般环境)下,钢筋混凝土构件的最大裂缝宽度计算值不应超过 0.2mm。如果超过,需要重新进行配筋计算。

(4)变形验算

根据规范 JTG 3362-2018 第 6.5.3 规定,预应力混凝土受弯构件在短期使用荷载作用下的长期最大竖向挠度的允许值,不应超过计算跨径的 1/600,即 200mm(120000/600)。

点击"输出文本数据结果"命令,如图 5-57 所示,在"位移输出结点号"中输入跨中截面的结点号 40,在"项目选定"中勾选"使用单项荷载",在"使用单项设定"中勾选"结构重力"、"汽车 MaxQ"和"人群 MaxQ",勾选"主截面",可以输出正常使用状态下各单项使用荷载下的最大竖向位移的 txt 文件。

3#钢束荷载组合III应力验算

点号	最大应力	容许最大应力	是否满足
1	-963.4	-1209	是
2	-960.1	-1209	是
3	-957.1	-1209	是
4	-954.5	-1209	是
5	-965.2	-1209	是
6	-978.7	-1209	是
7	-992.1	-1209	是
8	-1023	-1209	是
9	-1042	-1209	是
10	-1060	-1209	是
11	-1127	-1209	是
12	-1139	-1209	是
13	-1151	-1209	是
14	-1113	-1209	是
15	-1120	-1209	是
16	-1117	-1209	是
17	-1121	-1209	是
18	-1115	-1209	是
19	-1153	-1209	是
20	-1141	-1209	是
21	-1128	-1209	是
22	-1062	-1209	是
23	-1044	-1209	是
24	-1025	-1209	是
25	-993.6	-1209	是
26	-979.7	-1209	是
27	-967.2	-1209	是
28	-958.0	-1209	是
29	-962.3	-1209	是
30	-967.0	-1209	是
31	-972.2	-1209	是

钢束号：3
阶段号：1
显示内容：
使用应力组合
缩放因子：5
显示(S)

图 5-56　3#钢束荷载组合Ⅲ应力验算

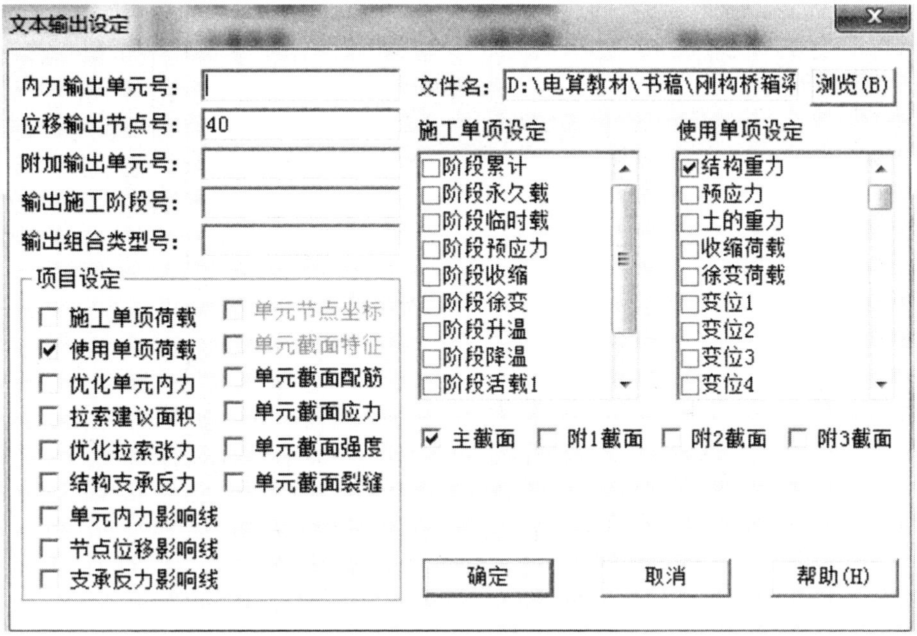

图 5-57　"位移输出"文本输出设定

桥梁博士系统文本结果输出

项目名称:D:\电算教材\桥博模型 2019\连续刚构桥安全验算 20190703\ganggou

输出单元号:

输出结点号:40

输出附加内容单元号:

输出阶段号:

输出组合类型:

* *

　　正常使用阶段内力位移输出

* *

结构重力结果:

结点号	水平位移	竖向位移	转角位移
40	5.794e−006	4.467e−002	−6.042e−006

汽车 MaxQ 结果:

结点号	水平位移	竖向位移	转角位移
40	−4.191e−004	5.263e−003	−3.066e−005

　　可以看出,跨中最大竖向位移是 50mm(44.67mm+5.263mm),小于允许值 200mm。

　　也可在"输出使用阶段结果"中,点击"使用位移组合",如图 5-58 所示,最大竖向位移是 47 号结点,达到 66.4mm,小于允许值 200mm。

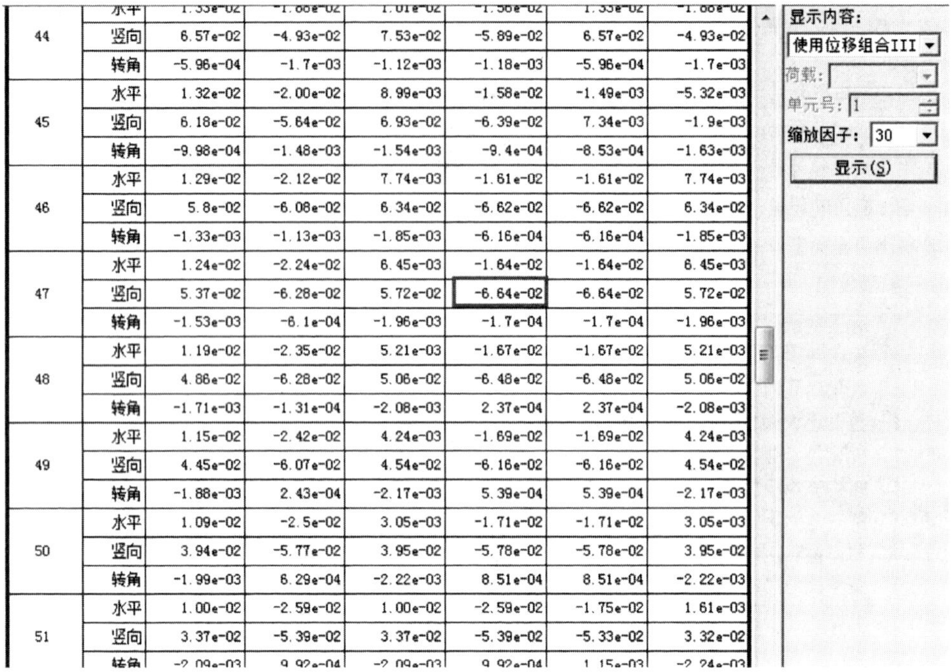

44	水平	1.33e-02	-1.66e-02	1.01e-02	-1.56e-02	1.33e-02	-1.66e-02
	竖向	6.57e-02	-4.93e-02	7.53e-02	-5.89e-02	6.57e-02	-4.93e-02
	转角	-5.96e-04	-1.7e-03	-1.12e-03	-1.18e-03	-5.96e-04	-1.7e-03
45	水平	1.32e-02	-2.00e-02	8.99e-03	-1.58e-02	-1.49e-03	-5.32e-03
	竖向	6.18e-02	-5.64e-02	6.93e-02	-6.39e-02	7.34e-03	-1.9e-02
	转角	-9.98e-04	-1.48e-03	-1.54e-03	-9.4e-04	-8.53e-04	-1.63e-03
46	水平	1.29e-02	-2.12e-02	7.74e-03	-1.61e-02	-1.61e-02	7.74e-03
	竖向	5.8e-02	-6.08e-02	6.34e-02	-6.62e-02	-6.62e-02	6.34e-02
	转角	-1.33e-03	-1.13e-03	-1.85e-03	-6.16e-04	-6.16e-04	-1.85e-03
47	水平	1.24e-02	-2.24e-02	6.45e-03	-1.64e-02	-1.64e-02	6.45e-03
	竖向	5.37e-02	-6.28e-02	5.72e-02	-6.64e-02	-6.64e-02	5.72e-02
	转角	-1.53e-03	-6.1e-04	-1.96e-03	-1.7e-03	-1.7e-04	-1.96e-03
48	水平	1.19e-02	-2.35e-02	5.21e-03	-1.67e-02	-1.67e-02	5.21e-03
	竖向	4.86e-02	-6.28e-02	5.06e-02	-6.48e-02	-6.48e-02	5.06e-02
	转角	-1.71e-03	-1.31e-04	-2.08e-03	2.37e-04	2.37e-04	-2.08e-03
49	水平	1.15e-02	-2.42e-02	4.24e-03	-1.69e-02	-1.69e-02	4.24e-03
	竖向	4.45e-02	-6.07e-02	4.54e-02	-6.16e-02	-6.16e-02	4.54e-02
	转角	-1.88e-03	2.43e-04	-2.17e-03	5.39e-04	5.39e-04	-2.17e-03
50	水平	1.09e-02	-2.5e-02	3.05e-03	-1.71e-02	-1.71e-02	3.05e-03
	竖向	3.94e-02	-5.77e-02	3.95e-02	-5.78e-02	-5.78e-02	3.95e-02
	转角	-1.99e-03	6.29e-04	-2.22e-03	8.51e-04	8.51e-04	-2.22e-03
51	水平	1.00e-02	-2.59e-02	1.00e-02	-2.59e-02	-1.75e-02	1.61e-02
	竖向	3.37e-02	-5.39e-02	3.37e-02	-5.39e-02	-5.33e-02	3.32e-02
	转角	-2.09e-03	9.92e-04	-2.09e-03	9.92e-04	1.15e-03	-2.24e-03

显示内容:

使用位移组合III ▼

荷载: ▼

单元号: 1

缩放因子: 30 ▼

显示(S)

图 5-58 "使用阶段位移输出"对话框

至此,66+120+66m 连续刚构桥设计计算完成,第五章结束。

第6章 三跨预应力混凝土连续箱梁桥设计示例

6.1 设计计算要点及步骤

变截面连续梁桥属于超静定结构,墩台基础沉降、温度改变等均会引起结构附加内力,需要考虑次内力。连续梁桥各种内力影响线的基本特征都是呈曲线分布形式,因此设置变截面结构形式更符合受力要求,而高度变化基本上与内力变化相适应,且支点附近适当加高还能适应抵抗支点处更大剪力的要求。连续梁桥长期使用后,容易发生跨中下挠和梁体开裂。为预防跨中下挠,在设计中应控制负弯矩区域截面的应力梯度、提高主梁的正截面和斜截面强度。梁体开裂分腹板斜裂缝、纵向斜裂缝和横向裂缝。预防腹板斜裂缝在设计中应考虑腹板空间效应,故应将温度影响、预应力索的影响纳入设计中,同时设置高效竖向预应力。针对纵向斜裂缝需要重点考虑顶板厚度及底板配筋。预防横向裂缝应考虑剪力滞效应及有效预应力。

变截面连续梁桥设计计算有以下几个步骤:

(1)根据地质、地形、水文、通航、气候及周边环境要求拟定桥位。

(2)根据桥梁设计原则拟定采用的桥梁结构形式、桥梁长度、跨径布置(不等跨布置)、孔数及主要截面尺寸等,并绘制出拟定形式的相关图纸。

(3)在 Midas 中按图纸建立材料特性、截面特性并建立桥梁模型。桥梁应按实际情况模拟边界条件并添加自重荷载、二期恒载、汽车荷载、支座沉降等。

(4)预应力钢筋数量估算及布置。Midas 运行分析后,进行荷载组合。查看荷载组合下的各个截面内力,并根据规范要求,估算各个截面的预应力钢束束数,计算有效预应力。钢束布束应满足间距、最小弯曲半径要求。在 Midas 中输入预应力钢束特征值、钢束形状及钢束荷载。

(5)承载能力极限状态计算。

(6)正常使用极限状态计算。

(7)施工阶段验算。

6.2　设计基本资料

6.2.1　桥梁线形布置

纵断面位于 $i=\pm3\%$、$R=1500$ 的竖曲线上,桥面横坡为 2%。

6.2.2　技术标准

公路等级:四级公路。

设计车道:双向两车道。

设计行车速度:20km/h。

汽车荷载:公路－Ⅱ级,车道荷载按照《公路工程技术标准》(JTG B01－2014)中规定取值。

环境类别:Ⅰ类环境。

设计安全等级:一级。

桥梁宽度:桥梁与路基同宽为 8m。

桥梁跨径组合:50＋85＋50m。箱梁结构图如图 6-1 所示,箱梁截面图如图 6-2 所示。预应力钢筋布置图如图 6-3 和图 6-4 所示。

6.2.3　材料

混凝土:主梁采用 C50 混凝土,混凝土重力密度 $\gamma=26.0\text{kN/m}^2$,弹性模量 $E_p=3.45\times10^4\text{MPa}$;伸缩缝采用 C50 钢纤维混凝土;桥墩墩身采用 C40 混凝土;防撞护栏、盖梁和承台等、均采用 C30 混凝土。

普通钢筋:除特别说明外,全桥普通钢筋直径＜12mm 采用 HPB300 光圆钢筋,普通钢筋直径≥12mm 采用 HRB400 带肋钢筋,其技术性能应满足《钢筋混凝土用钢第 1 部分:热轧光圆钢筋》(GB 1499.1-2008)及其第 1 号修改单、《钢筋混凝土用钢 第 2 部分:热轧带肋钢筋》(GB 1499.2-2007)的规定。

预应力钢绞线:采用高强度低松弛钢绞线,满足《预应力混凝土钢绞线》(GB/T 5224-2014)标准,直径为 15.2mm,截面积为 140mm²,抗拉强度标准值 $f_{pk}=1860\text{MPa}$,张拉控制应力为 $0.72-0.75f_{pk}$,1000h 后应力松弛率不大于 2.5%,钢绞线的弹性模量 $E_p=1.95\times10^5\text{MPa}$,松弛系数 $\zeta=0.3$。

锚具:采用 OVM15－5、BM15－4、BM15－5 成品锚具及其配套设备,并满足《预应力筋用锚具、夹具和连接器》(GB/T 14370-2007)、《公路桥梁预应力钢绞线用锚具、夹具和连接器》(JT/T 329－2010)等技术要求,锚具变形、钢筋回缩按 6mm(一端)。

预应力管道:采用塑料波纹管成型,技术性能满足《预应力混凝土桥梁用塑料波纹管》(JT/T 529-2004)的要求,管道摩擦系数 $\mu=0.17$,管道偏差系数 $k=0.0015$。

支座:采用盆式支座,技术性能满足《公路盆式支座》(JT/T 391-2009)的规定,墩台不均匀沉降为 1cm。

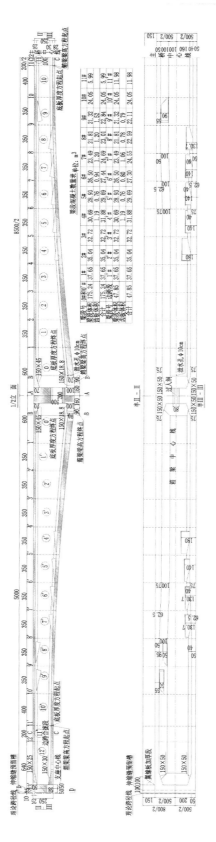

图6-1　箱梁结构图

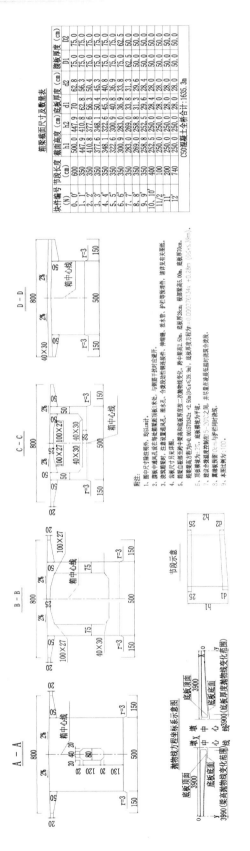

箱梁横断面尺寸及数量表

块件编号 (N)	节段长度 (cm)	截面高度 (cm)	h1	h2	底板厚度 (cm) d1	d2	腹板厚度 (cm) D1	D2
0, 0'	600	500.0	447.9	70	62.8	75.0	75.0
1, 1'	350	447.9	410.8	56.3	56.3	75.0	75.0
2, 2'	350	410.8	377.6	50.4	50.4	75.0	75.0
3, 3'	350	377.6	348.1	45.3	45.3	75.0	75.0
4, 4'	350	348.1	322.6	40.8	40.8	75.0	75.0
5, 5'	350	322.6	300.9	36.9	36.9	75.0	75.0
6, 6'	350	300.9	283.0	33.8	33.8	75.0	75.0
7, 7'	350	283.0	269.0	31.3	31.3	62.5	62.5
8, 8'	350	269.0	258.8	29.6	29.6	50.0	50.0
9, 9'	350	258.8	252.5	28.4	28.4	50.0	50.0
10, 10'	400	252.5	250.0	28.0	28.0	50.0	50.0
11/2	100	250.0	250.0	28.0	28.0	50.0	50.0
12	200	250.0	250.0	28.0	28.0	50.0	50.0
	740	250.0	250.0	28.0	28.0	50.0	50.0

C50混凝土全桥合计：1635.3m

附注：
1. 图中尺寸除注明外，均以cm计。
2. 腹板中通风孔设在当地桥墩顶侧1米处，与钢筋干扰时应空开。
3. 泄水管墩顶处，注意避置横风孔，令段段动性钢挂接件。
4. 亩面尺寸以只要详图。
5. 箱梁自底面至梁中整段和底面厚度按按二次抛物线变化(0≤x≤39.9m)，其曲线方程为：y=0.0057034x²+2.50m(0≤x≤39.9m)，底板厚28cm，底宽梁高5.00m，根据梁高，底板厚度为y=0.0002761341x+0.28m(0≤x≤39.9m)，并只保合顶线变低应时逃混合避底。
箱梁自底面至梁中整段和底面厚度按二次抛物线变化。顶段梁高为2.2cm，底板厚梁为5-302之间，底段梁为与护栏同时逃混。
6. 坡设合梁底度控制为2%，底板坡水与护栏逃逃合逃混。
7. 翼端板预留为x=2，与护栏同时逃。
8. 本图比例为1/000。

图6-2 箱梁截面图

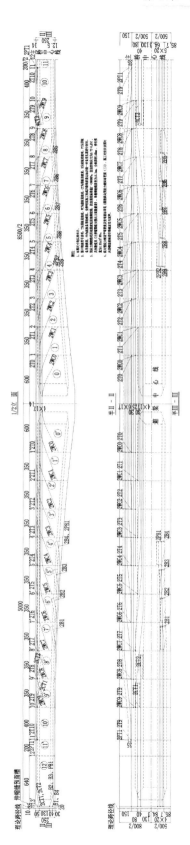

图6-3　箱梁纵向预应力钢束布置图

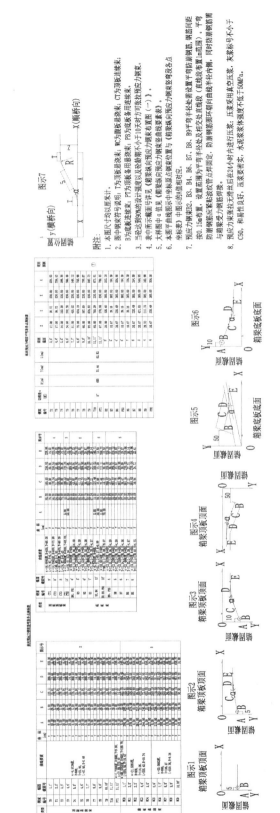

图6-4 预应力钢筋数据

伸缩缝:采用 80 型型钢伸缩缝,橡胶类别为氯丁橡胶,技术性能满足《公路桥梁伸缩装置》(JT/T 327-2016)的规定。

桥面铺装:采用 10cm 厚的 C50 混凝土和 10cm 厚的沥青混凝土作为桥面铺装,沥青混凝土重力密度 $\gamma=24.0\text{kN/m}^2$。

竖向温度梯度:日照正温差为 $T_1=14℃$,$T_2=5.5℃$;日照负温差为 $T_1=-7℃$,$T_2=-2.75_℃$。

整体升降温:按照±20℃取值。

施工挂篮:除满足施工荷载要求外,挂篮前支点放置在距当前施工节段前一节段梁端 0.5m 处,设计挂篮重量按 40%1♯节段湿重取值。

6.2.4　施工方式

本案例连续梁采用悬臂浇筑法施工,先在托架上浇筑 0 号块,再依次对称悬臂浇筑各个节段,支架现浇边跨现浇段,然后进行边跨合拢,解除主墩临时固结,最后完成中跨合拢,完成体系转换。

预应力钢束张拉顺序:

(1)0 号块混凝土浇筑完成后,待混凝土强度和弹性模量达到设计强度要求的 90%,并且混凝土龄期不小于 10 天后,先张拉腹板束,再张拉顶板束。

(2)其他各节段混凝土浇筑阶段,在每节段混凝土浇筑完成后,待混凝土强度达到设计强度要求的 90%,并且混凝土龄期不小于 10 天后,先张拉纵向腹板束,然后张拉纵向顶板束。

(3)中、边跨跨中连续束张拉,边跨合拢段和中跨合拢段混凝土浇筑完成后,待混凝土强度达到设计强度要求的 90%,并且混凝土龄期不小于 10 天后,张拉合拢段预应力钢束。

所有纵向预应力钢束应在箱梁横截面上保持对称张拉,纵向钢束张拉两端应保持同步。除特别说明外,钢束张拉次序为先腹板束后顶、底板束(顶底板束对称张拉),先长束后短束。

6.2.5　设计计算依据

(1)《公路工程技术标准》(JTG B01-2014)。

(2)《公路桥涵设计通用规范》(JTG D60-2015),以下简称《通规》。

(3)《公路钢筋混凝土及预应力混凝土桥涵设计规范》(JTG D62-2004),以下简称《公预规》。新版可采用 JTG 3362-2018。

(4)《公路圬工桥涵设计规范》(JTG D61-2005)。

(5)《钢筋混凝土用钢 第 1 部分:热轧光圆钢筋》(GB 1499.1-2008)及其第 1 号修改单,《钢筋混凝土用钢 第 2 部分:热轧带肋钢筋》(GB 1499.2-2007)的规定。

(6)《预应力混凝土钢绞线》(GB/T 5224-2014)。

(7)《预应力筋用锚具、夹具和连接器》(GB/T 14370-2007)。

(8)《公路桥梁预应力钢绞线用锚具、夹具和连接器》(JT/T 329-2010)。

(9)《预应力混凝土桥梁用塑料波纹管》(JT/T 529-2004)。

(10)《公路盆式支座》(JT/T 391-2009)。

(11)《公路桥梁伸缩装置》(JT/327-2004)。

6.3 结构建模

6.3.1 定义建模环境

(1)单击 ⬜ 建立新项目;

(2)点击 💾,文件名：连续梁桥,保存类型为：MIDAS/Civil Files(*.mcb);

定义建模环境

(3)点击右下角 kN ▾ cm ▾ ,将单位改为 kN,cm,单位可根据需要进行修改。在下列建模中,可以通过点击 ⬜ 查看结点号和单元号。

6.3.2 定义材料及截面

1. 输入构件材料

结构的材料可按照表 6-1 数据输入。

定义材料特性

表 6-1 截面材料

材料号	名称	设计类型	规范	数据库
1	C50	混凝土	JTG04(RC)	C50
2	Strandl1860	钢材	JTG04(S)	Strandl1860

以 C50 为例,材料信息输入的步骤如下:

(1)点击"菜单"→"特性"→"材料特性值",按键位置如图 6-5 所示;

图 6-5 "材料特性值"位置

(2)点击"添加";

(3)点击"弹性数据",在设计类型栏选择"混凝土";

(4)在钢材规范栏选择"JTG04(RC)";

(5)在数据库栏选择"C50";

构件截面分类

(6)点击"确认",C50 材料特性值如图 6-6 所示,同理添加 Strand1860,其材料特性值如图 6-7 所示。

2. 构件截面分类

(1)在连续梁桥的设计中,将截面都建立为设计截面和变截面(D-D,D1-D1,C-C,B-B/B1-B1/B2-B2/B3-B3,A-A 截面,见图 6-2)。在截面变化点处建立变截面。在截面变高度起点至终点处,将其按图纸划分或者将其等分。划分按表 6-2,单元结点划分图如图 6-8 所示。

图 6-6　C50 材料特性值　　　　图 6-7　Strand1860 材料特性值

表 6-2　截面划分

编号	截面名称	截面类型	i 端截面	j 端截面	间距/cm
1	D-D	设计截面	D-D	D-D	2@50
2	变 12'	变截面	D1-D1	C-C	150
3	12'	设计截面	C-C	C-C	390
4	11'	设计截面	C-C	C-C	2@100
5	10'-0'	变截面	C-C	B-B	400,10@350
6	0-1'	变截面	B-B	B1-B1	75
7	0-2'	变截面	B1-B1	B2-B2	15
8	0-3'	变截面	B2-B2	B3-B3	60
9	A-A	设计截面	A-A	A A	2@100
10	0-3	变截面	B3-B3	B2-B2	60
11	0-2	变截面	B2-B2	B1-B1	15
12	0-1	变截面	B1-B1	B-B	75
13	0-10	变截面	C-C	B-B	10@350,400
14	11	设计截面			100

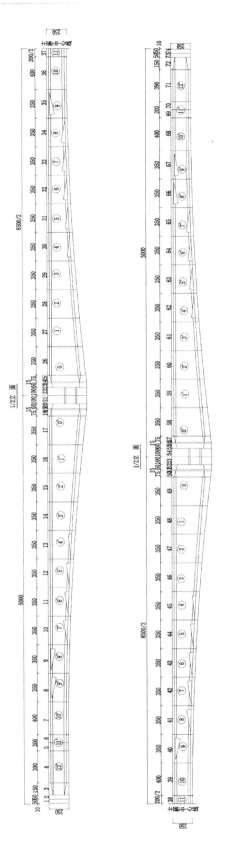

图6-8 单元划分图

3．建立设计截面

建立设计截面有两种方法，这里以 D-D 截面、D1－D1 截面、C-C 截面为例，介绍连续梁桥建立截面的方式。第一种方法（直接建模法）：

（1）D-D 为"设计截面"。

（2）打开 Midas/Civil 2017，点击"菜单"→"特性"→"截面特性值"，按键位置如图 6-9 所示，点击"添加"。

图 6-9　"截面特性值"位置图

（3）选择"设计截面"。

（4）点击 T 型（这里实心的箱型截面采用 T 型代替）。

（5）名称中输入"D-D"。

（6）勾选"对称"。

（7）变截面拐点勾选"J1"。

（8）剪切验算和腹板厚度均勾选"自动"。

（9）H1＝250cm。

（10）HL1＝45cm。

（11）HL2＝30cm。

（12）HL3＝167cm。

（13）BL1＝250cm。

（14）BL2＝0cm。

（15）BL3＝150cm。

（16）BL4＝400cm。

建立设计截面

（17）修改偏心为中-上部，程序设定截面偏心的作用是方便建模（如配筋，布置预应力刚束等），设置偏心时截面坐标系的 x 轴正方向与单元局部方向一致。

（18）点击确认，即可建立 D-D 截面。

（19）截面形式中，D1-D1 截面、B3-B3 截面室内为矩形，室内仅 4 个控制点；A-A 截面、B-B 截面、B1-B1 截面、B2-B2 截面、C-C 截面、D-D 截面室内有 6 个控制点；控制点不同的截面无法建立变截面。为了解决这个问题，我们需要在 D1-D1 截面、B3-B3 截面室内设置一微小的梗腋，本例设置的尺寸为 1cm×1cm。以 D1-D1，其截面数据如图 6-10 和图 6-11 所示。

图 6-10　B1-B1 截面数据　　　　　图 6-11　C-C 截面数据

建立设计截面的第二种方法(CAD 导入法)：

(1) 在 CAD 图中建立 D-D 截面，打开 Midas。

(2) 点击"菜单"→"工具"→"截面特性计算器"，启动截面特性计算器 (SPC)，按键位置如图 6-12 所示。

(3) 在"SPC 设置"对话框中选择如图 6-13 所示。长度单位设置应与 CAD 绘图时保持一致，均使用 cm 作为单位。曲线导入 SPC 中被折线取 代，因此选择较小的 Angle Step(分割角度)。

第二种方法
建立截面

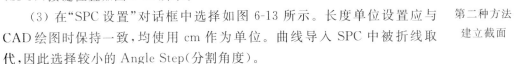

图 6-12　"截面特性计算器"位置

(4) 点击"File"→"Import"→"Auto CAD DXF 命令"，导入刚才建立的 D-D. DXF 格式 文件(见图 6-14)。

(5) 点击快速工具栏的"generate　"出现如图 6-15 所示对话框。

(6) 选择类型为"Plane"。

(7) 名称输入"D-D"。

(8) 不勾选"Calculate Properties Now"，因为直接在生成截面同时计算截面特性可能 会导致网格划分过粗，影响计算结果的准确性。

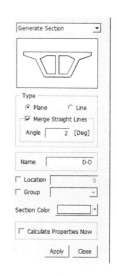

图 6-13　SPC Setting 界面　　　图 6-14　CAD 导入界面　　　图 6-15　建立截面界面

（9）计算箱型截面的截面特性。点击"Property"→"Calculate Section Property"（见图 6-16）。设置组合截面特性计算的网格尺寸。在 Mesh Density 中调节尺寸或者勾选 Mesh Size(网格大小)调节尺寸。Mesh Size 可以选择较薄位置构件的宽度。这里选择翼缘厚度。输入 Mesh size：25，注意，网格划分的尺寸越小，计算精度越好，但计算速率会随之降低。

（10）勾选"Pause after Each Calc"。

（11）选择截面，点击"Apply"。

（12）导出箱型截面文件（见图 6-17）。点击" Export"，再点击，输入文件名为"D-D.sec"，同时选择全截面，点击"Apply"。

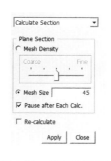

图 6-16　截面计算界面　　　图 6-17　SPC 截面导出界面

（13）打开 Midas，点击"特性"→"截面特性值"→"添加"→"设计截面"。在设计截面的截面类型中选择"设计用数值截面"，点击"导入 SEC 文件"。

（14）在名称中输入"D-D"；

在设计参数中（见图 6-18）：

实心箱型截面可以看做 T 型截面；

T1、T2 为上翼缘板厚度；

BT 为截面外腹板中心距离，填写 0m；

图 6-18　设计参数截面

HT 为截面上、下翼缘板的中心距离,填写 250cm;

在验算扭转用厚度(最小),填写 500cm;

剪切验算中勾选自动;

修改偏心为中-上部;

点击确认。

这里要注意的是,如果 T2 输入 0,程序默认是开口截面(如矩形、T 型),这时 BT 不起作用;如果 T2 输入某一个数值,程序默认是闭口截面(如箱型),这时 BT 会被调取用于计算 Wt 值。

4. 建立变截面

(1)点击"菜单"→"特性"→"截面特性值";

(2)点击"添加";

(3)选择"变截面";

(4)选择"单箱单室";

建立变截面

(5)名称填写"变 12′";

(6)在截面-i 中点击"导入",选择"D1-D1",点击"导入";

(7)在截面-j 中点击"导入",选择"C-C",点击"导入";

(8)z 轴变化选择"二次方程"(z 轴变化为一次方程或二次方程,可以依据图纸需要进行修改);

(9)点击"适用",后续我们通过变截面组将所有变截面连接起来。

6.3.3　建立模型

本算例中,建立的截面是变截面的,共分为两个步骤,第一步是建立结点和单元,第二步是建立变截面组。桥梁电算是以变截面组建立模型。但在实际工程中,施工图纸会给出变截面箱梁每个节段参数,我们要运用以直代曲的思想,按节段分步建立模型。

1. 建立结点和单元

(1)点击"菜单"→"结点/单元"→"建立结点",按键位置如图 6-19 所示;

(2)在复制次数中输入"1";

(3)点击"适用";

建立半桥模型

(4)点击"菜单"→"结点"→"单元的拓展",按键位置如图 6-20 所示;

图 6-19　"建立结点"位置

（5）拓展类型选择"结点"→"线单元"；

图 6-20　"单元"→"拓展"位置

（6）在结点输入栏输入"结点 1"；

（7）在单元类型选择"梁单元"；

（8）在材料栏选择"C50"；

（9）在截面栏选择"D-D"；

（10）在生成形式菜单选择"复制和移动"；

（11）选择"任意间距"；

（12）选择"x 方向"；

（13）在间距中输入"2@50cm"；

（14）点击"适用"；

（15）同理可按表 6-2 截面划分表添加 2－14 号截面。

建立全桥模型

　　按以上方法建立 1/2 连续梁桥后，剩余 1/2 桥梁可以逐个建立、镜像或复制建立。若逐个建模，方法与前面所写内容相同；

　　若通过镜像建模，则镜像得到的截面局部坐标系会发生翻转且单元结点编号顺序方向改变。局部坐标系改变会直接影响偏心的数值。建模时最好重新统一单元坐标轴，按序重新编号单元及结点，方法如下：

（1）点击"全选"选择所有的结点和单元；

（2）点击"菜单"→"结点/单元"→"单元的镜像"；

（3）形式选择"复制"；

（4）镜像平面选择"y－z"；

（5）在框内点击最后一个结点或者输入"9240cm"（中跨跨中处位置）；

（6）点击"适用"；

（7）点击"菜单"→"结点/单元"→"修改参数"；

（8）点击"统一单元坐标"；

（9）参考单元选择 1；

（10）对齐方式选择"x，y，z"；

（11）点击"适用"；

（12）点击"菜单"→"结点/单元"→"重编单元号"，或者直接点击"修改单元参数"重新编号（见图 6-21 和图 6-22）；

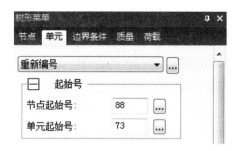

图 6-21　修改单元参数截面　　　　图 6-22　重新编号截面

（13）重新编号的对象选择"结点和单元"；

（14）选择"全部"；

（15）顺序第一位为"＋x"；

（16）点击"适用"；

（17）下一步修改相应的截面类型：按照图纸将相应的截面拖曳至相应单元即可。

若利用复制移动建模，则按以下步骤操作：

（1）在单元输入栏输入 5to36（即主桥一般构造图 11′单元的一半至中跨合拢段）；

（2）镜像得到的截面局部坐标系会发生翻转，需要重新统一单元坐标轴；

（3）在单元输入栏输入 5to36 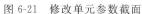 ；

（4）点击"菜单"→"结点/单元"→"单元的复制移动"；

（5）选择"任意间距"；

（6）方向选择"x"；

（7）在间距栏输入"8500cm"；

（8）点击"适用"；

（9）在结点 69（复制完成后，模型的最后一个结点）后建立剩余的 3 段截面即可，桥梁上部结构共 75 结点，74 单元。

2．建立变截面组

（1）点击"菜单"→"特性"→"变截面组"（见图 6-23）；

图 6-23　"变截面组"位置

（2）在组名称中输入"变截面 1"；

（3）单元列表中输入"6to16"（截面类型为 $10'-0'$ 的单元）；

（4）Z 轴选择"多项式 2.0"，对称平面为"i"，截面的凹凸可以通过选择 i 端或者 j 端改变；

（5）Y 轴选择"线性"；

建立变截面组

（6）点击"添加"，如图 6-24 所示；

（7）点击"转换为变截面"，如图 6-25 所示；

图 6-24　添加变截面组界面

图 6-25　变截面组转化为变截面

（8）单元列表中输入"25to35"（截面类型为0—10的单元）；

（9）Z轴选择"多项式2.0"，对称平面为"j"；

（10）Y轴选择"线性"；

（11）点击"添加"；

（12）点击"转换为变截面"；

（13）同理添加剩余两段变截面，单元号为38to48,47to67，添加后均将变截面组转换为变截面，全桥转化为变截面组前如图6-26所示，转化后如图6-27所示。

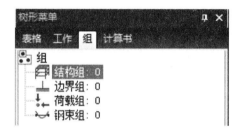

图6-26　未建立变截面分组模型

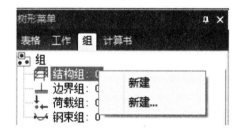

图6-27　建立变截面分组模型

6.3.4　建立组

1. 建立结构组

（1）点击快捷菜单栏的工作目录树；

（2）左键点击"树形菜单"→"结构组"，按键位置如图6-28所示；

建立结构组

图6-28　"组"位置示意　　　　图6-29　新建组

（4）右键点击"结构组"，选择"新建..."（见图6-29）；

（5）在名称中输入"0号块"；

（6）点击"添加"；

（7）同理添加浇筑1号块、浇筑2号块、浇筑3号块、浇筑4号块、浇筑5号块、浇筑6号块、浇筑7号块、浇筑8号块、浇筑9号块、浇筑10号块、边跨现浇段、边跨合拢段、中跨合拢段、中跨支座、中跨桥墩临时固结、边跨支座、边跨现浇支架（见图6-30和图6-31）。

赋予结构
组单元

2. 建立边界组

（1）左键点击"树形菜单"→"边界组"；

（2）右键点击"边界组"，选择"新建..."；

（3）在名称中输入"中跨支座"；

建立边界组

（4）点击"添加"；

（5）同理添加边跨支座、桥墩临时固结、边跨现浇支架（见图 6-32）。

图 6-30　定义结构组界面

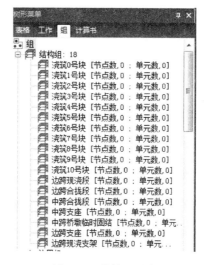

图 6-31　结构组列表

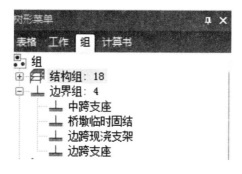

图 6-32　定义边界组

3. 建立荷载组

（1）左键点击"树形菜单"→"荷载组"；

（2）右键点击"荷载组"，选择"新建..."；

（3）在名称中输入"挂篮"；

（4）在后缀中输入"1to10"；

建立荷载组

（5）点击"添加"（此时可以添加挂篮 1 至挂篮 10）；

（6）同理添加自重，二期恒载，湿重 1 至湿重 12，B1 至 B9，CT1 至 CT3，T0 至 T10，WC0 至 WC9，温度梯度（见图 6-33 和图 6-34）。

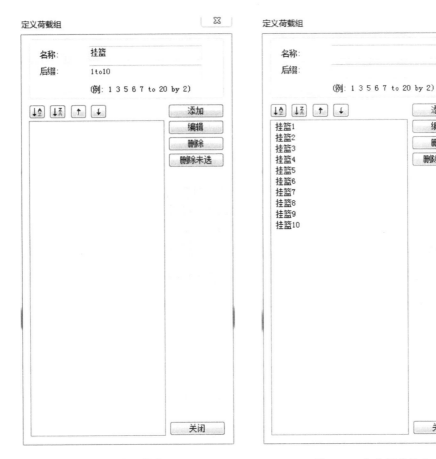

图 6-33　定义荷载组 1　　　　　　　　图 6-34　定义荷载组 2

4. 建立钢束组(见图 6-35)

(1) 左键点击"树形菜单"→"钢束组";

(2) 右键点击"边界组",选择"新建…";

(3) 在名称中输入"T"(顶板悬浇束);

(4) 点击"添加";

(5) 同理添加 WC(腹板悬浇束)、CT(顶板连续束)、B(底板连续束)。

建立钢束组

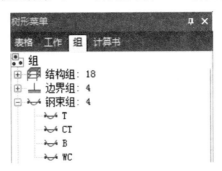

图 6-35　定义钢束组

6.3.5　建立边界条件

边界条件中,D_x 表示沿 x 方向线位移,R_x 表示绕 x 轴转动,以此类推。

在本例建立的连续梁桥中,设定截面偏心位置统一为中-上部。但是,实际支座约束位置在箱型截面的下部。因此,我们需要建立额外的结点并采用刚性连接来解决这个问题。

刚性连接是一种纯粹的边界条件,主从结点位移一致。

建立边界条件分为三步:第一步建立箱型截面的下缘结点;第二步使用刚性连接去连接上下两个结点;第三步建立下结点支承条件。

边界条件分为边跨支座、中跨支座、桥墩临时固结、边跨现浇支架。下面介绍建立永久支座,以结点 1 为例:

(1) 点击“菜单”→“结点/单元”→“结点的移动复制”。

(2) 在结点输入栏输入“2”,或直接点击选择结点“2”(边跨左侧支点位置)。

(3) 形式选择“复制”。

(4) 选择“任意间距”。

(5) 选择“z 方向”。

(6) 在间距中输入“－250cm”(注意单位为厘米)。

(7) 点击“适用”。

(8) 点击“菜单”→“边界”→“刚性连接”。

建立边界条件

(9) 在边界组名称中选择“中跨支座”。

(10) 在主结点号中输入“2”。

(11) 类型点击“刚体”。

(12) 在结点输入栏输入“76”或直接点击选择结点“76”(结点 2 正下方的结点)。

(13) 点击“适用”。

(14) 点击“菜单”→“结点/单元”→“一般支承”。

(15) 边界组名称选择“边跨支座”。

(16) 选择栏点击“添加”。

(17) 勾选“Dy,Dz,Rx,Rz”。

定义临时约束

(18) 点击“适用”。

(19) 同理,我们在结点 22、结点 54、结点 75 处建立下缘结点(按顺序分别为 22～77、54～78、75～79 结点),刚性连接并建立支承条件,完成后如图 6-36 所示。

图 6-36　中跨、边跨边界约束模型

(20) 同理建立其余约束边界。建立结点 3、4、5 的对应下缘结点 80、81、82(为全部约束),为左侧边跨现浇支架;建立结点 18、26、50、58 的对应下缘结点 83(Dx、Dy、Dz、Rx、Rz)、84(Dy、Dz、Rx、Rz)、85(Dx、Dy、Dz、Rx、Rz)、86(Dy、Dz、Rx、Rz),为桥墩临时固结;结点 71、72、73 对应结点 87、88、89(为全部约束),为右侧边跨现浇支架。

注意,桥墩临时固结,同样设定为刚性连接。边跨现浇支架中,设定弹性连接,且连接类型为仅受压。在利用 Midas 模拟现浇支架时,使用刚度 $10^6\,\text{kN/m}$。这里需要注意的是,弹性连接的 Dx,Dy,Dz 需要与弹性连接的局部坐标系——对应。

6.3.6　建立徐变/收缩模型

（1）点击"菜单"→"特性"→"徐变/收缩";
（2）点击"特性"→"徐变/收缩";
（3）添加 C50 混凝土,参数按图 6-37 输入;

建立徐变收缩

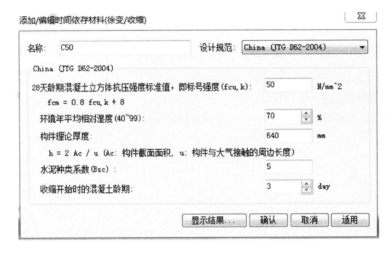

图 6-37　徐变/收缩材料参数

（4）点击"特性"→"材料连接";
（5）选择徐变和收缩"C50",材料选择"C50";
（6）点击"特性"→"修改特性";
（7）点击"全选",点击"适用"。

6.4　结构内力计算

此时桥梁结构内力计算是为下一阶段预应力钢筋面积计算提供控制截面内力设计值。因此,首先按成桥状态建立全桥模型(也可以按施工阶段建模,如同第 5 章连续刚构桥内力计算阶段,具体参见 5.2.3),求得正常使用阶段频遇组合内力值,然后按照第 2 章式(2-13)至式(2-15),分别估算负弯矩区段截面上缘(布置在腹板和顶板中)预应力钢筋面积、正弯矩区段截面下缘(布置在底板中)预应力钢筋面积。

6.4.1　输入荷载

1. 建立静力工况
（1）点击"菜单"→"荷载"→"静力荷载";
（2）点击"静力荷载工况",按键位置如图 6-38 所示;

建立静力
荷载工况

图 6-38　"静力荷载工况"位置

（3）名称输入"自重"；

（4）工况中选择"所有荷载工况"；

（5）类型中选择"恒荷载（D）"；

（6）点击"添加"，如图 6-39 所示，注意，查看完挂篮自重后，将此项换成施工阶段荷载，如图 6-40 所示；

（7）同理添加二期恒载、挂篮自重，钢束 WC、T、CT、B，此类均采用施工阶段荷载；

（8）添加温度梯度（升）/（降），类型也为温度梯度（TPG）。

图 6-39　静力荷载工况（查看挂篮前）

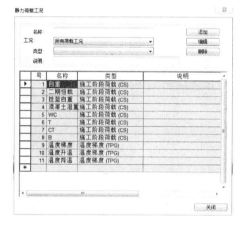

图 6-40　静力荷载工况（查看挂篮后）

2. 输入重力荷载

在静力荷载中，计算自重时系统默认的材料容重为 $25kN/m^3$，而实际上 C50 混凝土重度为 $26kN/m^3$，因此，在输入自重系数时考虑重度的比值即可。在实际建模中，可以根据需求建立温度荷载、沉降及其他荷载，建立荷载遇到的详细参数含义可参考帮助文件。

（1）点击"菜单"→"荷载"→"静力荷载"；

（2）点击"自重"；

（3）荷载工况名称选择"自重"；

（4）荷载组名称选择"自重"；

（5）自重系数栏"z："内输入"−1.04"；

（6）点击"添加"（见图 6-41）。

输入重力荷载

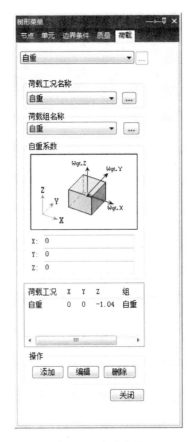
图 6-41　自重参数

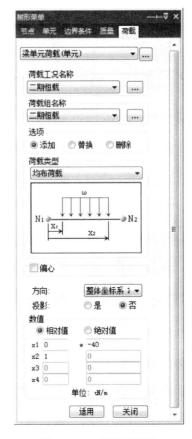
图 6-42　二期恒载参数

3. 输入二期恒载

（1）选择所有梁的单元；

（2）点击"菜单"→"荷载"→"静力荷载"；

（3）选择梁荷载下的单元；

（4）荷载组名称选择"二期恒载"；

（5）选项栏选择"添加"；

（6）荷载类型栏选择"均布荷载"；

（7）这里不勾选偏心，是否勾选偏心对梁单元荷载的作用效应没有影响；

（8）数值选择"相对值"；

（9）X1 输入"0"；

（10）X2 输入"1"；

（11）W 输入"－40kN/m"（请注意此刻的单位需要是 kN 和 m），如图 6-42 所示；

（12）点击"适用"。

4. 输入挂篮自重及湿重

设计挂篮重量可按设计好的挂篮自重计算，如果没有挂篮设计图，也可按 40%1♯湿重进行估算。此处我们简化计算，将挂篮自重及湿重放置在距

输入二期恒载

输入挂篮
自重及湿重

当前施工节段的前一节段梁端末尾。如 1 号块的挂篮支架重量加载在 0 号块的尾端。

（1）单选 15 号单元（1 号块单元号），或在单元输入栏输入 15，按 Enter 键；

（2）点击查询→详细表格→单元重量表格（见图 6-43）；

图 6-43　"单元重量表格"位置图

（3）查询得到梁单元 15 的整体重量为 921.3890kN；则挂篮重量可定为 368.6kN；

（4）点击"菜单"→"荷载"→"静力荷载"（见图 6-44）；

（5）点击"结点荷载"；

（6）在荷载工况名称选择"挂篮自重"；

添加混凝

（7）名称输入"挂篮自重"；

土湿重

图 6-44　"结点荷载"位置示意图

（8）在荷载组名称选择"挂篮 1"；

（9）在结点输入栏输入"16 26 48 58"号结点（每一 0 号块两端结点）；

（10）在 Fz 方向输入设计的挂篮重量"－318.6kN"（见图 6-45）；

（11）点击"添加"；

（12）同理添加其他位置的挂篮自重（见图 4-46）。

（13）湿重按相同方法添加挂篮处混凝土湿重（见图 6-47）。

5. 输入温度梯度荷载（图 6-48 和图 6-49）

（1）点击"菜单"→"荷载"→"温度/预应力"；

（2）点击"梁截面温度"；

（3）在荷载工况和荷载组中均选择"温度梯度"；

（4）截面类型选择 PSC 截面；

（5）勾选参考"顶"；

输入温度

（6）B 选择"截面"；

梯度荷载

（7）H1 输入"0"m；

（8）H2 输入"0.1"m；

（9）T1 输入"14"℃；

（10）T2 输入"5.5"℃；

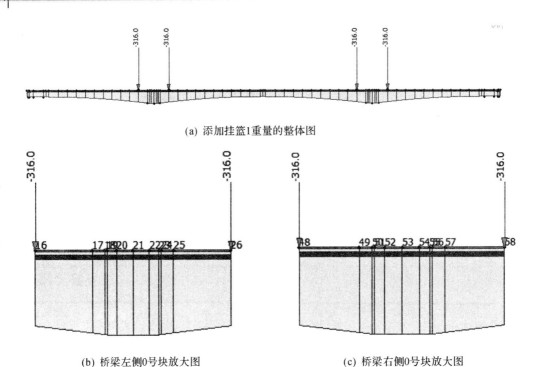

(a) 添加挂篮1重量的整体图

(b) 桥梁左侧0号块放大图　　　　　　　　(c) 桥梁右侧0号块放大图

图 6-45　　0 号块两端添加挂篮自重

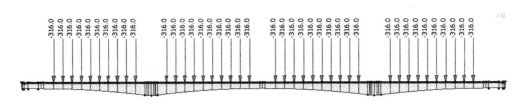

图 6-46　　添加各个位置的挂篮自重

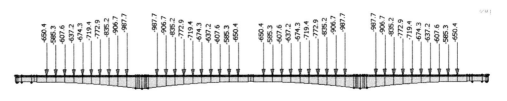

图 6-47　　添加挂篮处混凝土湿重

（11）点击"添加"；

（12）勾选参考"顶"；；

（13）B 选择："截面"；

（14）H1 输入"0.1"m；

（15）H1 输入"0.4"m；

（16）T1 输入"5.5"℃；

（17）T2 输入"0"℃；

（18）点击"添加"；

（19）点击"全选"；

（20）点击"适用"。

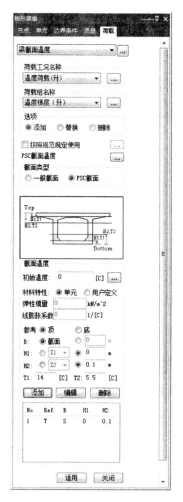
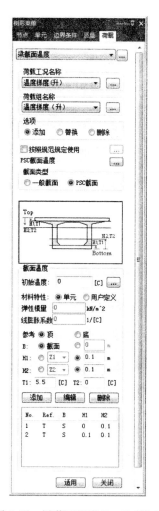

图 6-48　梁截面温度（4～5.5℃）　　　　　图 6-49　梁截面温度（0～5.5℃）

6. 建立移动荷载工况

（1）点击"菜单"→"荷载"→"移动荷载"；

（2）移动荷载规范选择 China；

（3）点击"菜单"→"荷载"→"移动荷载"→"车辆"；

（4）添加车辆荷载选择 CH－CD，点击"确认"；

（5）添加车辆荷载选择 CH－CL，点击"确认"；

输入移动荷载

（6）点击"菜单"→"荷载"→"移动荷载"→"交通车道线"，点击"添加"；

（7）车道名称输入"LANE1"；

（8）偏心距离选择"2.1"m；

（9）桥梁跨度选择"184.8"m；

（10）车辆荷载的分布选择"车道单元"；

（11）车辆移动方向选择"往返"；

（12）选择"两点"；

（13）点击结点 1,73（第一根虚设梁的两个端点）；

（14）点击"确定"；

（15）车道名称输入"LANE2"；

（16）偏心距离选择"－1"m；

（17）桥梁跨度选择"184.8"m；

（18）车辆荷载的分布选择"车道单元"；

（19）车辆移动方向选择"往返"；

（20）选择"两点"；

（21）点击结点 1,73（第一根虚设梁的两个端点）；

（22）点击"确定"；

（23）点击"菜单"→"荷载"→"移动荷载"→"移动荷载工况"；

（24）点击"添加"；

（25）荷载工况名称为载"车道荷"；

（26）组合选择选择"组合"；

（27）点击"添加"；

（28）车道组选择"CH－CD（车道荷载）"；

（29）选择加载的最多车道数为"2"；

（30）添加车道"LANE1,LANE2"；

（31）点击"确认"。

7. 输入沉降组

（1）点击"菜单"→"荷载"→"沉降/Misc"；

（2）点击"支座沉降组"；

（3）在组名称中输入"边跨支座沉降 1"；

（4）在沉降量中输入"－0.02m"；

（5）结点列表输入"1"；

（6）点击"添加"；

（7）点击"支座沉降荷载工况"；

（8）荷载工况名称输入"1"；

（9）在沉降组中"边跨支座沉降 1"；

（10）点击"添加"。

添加支座沉降

6.4.2　未配筋桥梁的内力分析

1. 输入施工阶段

本次计算按一次成本建模，未考虑分阶段施工。

（1）点击"菜单"→"荷载"→"施工阶段"→"定义施工阶段"；

（2）点击"添加"；

（3）在名称中输入"无预应力一次成桥"；

（4）在单元组列表，按住 Shift，点击"浇筑 0 号块、浇筑 1 号块、浇筑 2 号块、浇筑 3 号块、浇筑 4 号块、浇筑 5 号块、浇筑 6 号块、浇筑 7 号块、浇筑 8 号块、浇筑 9 号块、浇筑 10 号块、边跨现浇段、边跨合拢段、中跨合拢段、中跨支座、边跨支座"，点击激活框下面的"添加"，如图 6-50 所示；

图 6-50　设定"无预应力一次成桥"施工阶段单元

（5）在边界组列表，按住 Shift，选择"中跨支座、边跨支座"，点选"变形前"，点击激活框下面的"添加"，如图 6-51 所示；

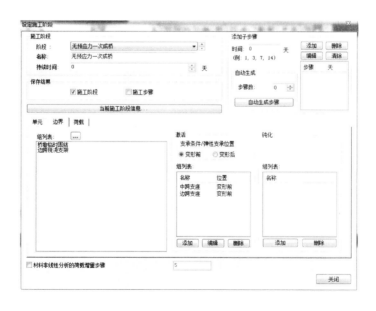

图 6-51　设定"无预应力一次成桥"施工阶段边界条件

（6）在荷载组列表，选择"自重"，选择激活时间在"开始"，点击激活框下面的"添加"；

（7）在荷载组列表，选择"二期恒载"，选择激活时间在"最后"，点击激活框下面的"添加"，如图 6-52 所示；

图 6-52　设定"无预应力一次成桥"施工阶段荷载

（8）点击"确认"。

2. 输入主控数据

（1）点击"菜单"→"分析"→"主控数据"；

（2）模型采用截面偏心，偏心位置为中-上部，需要勾选主控数据里面的"修改变截面局部坐标轴进行内力/应力计算"（见图 6-53）；

建立分析

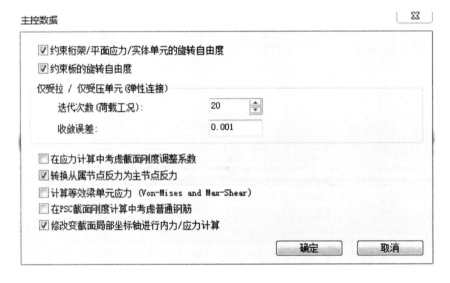

图 6-53　主控数据

（3）点击"确定"。

3．计算结构基频

（1）点击"菜单"→"结构"→"结构类型"

（2）勾选"将自重转换为质量"→"转换为 X，Y，Z"；

（3）点击"确认"，如图 6-54 所示。

图 6-54　设定结构类型

（4）点击"菜单"→"分析"→"特征值"；

（5）在分析类型中选择"Lanczos"；

（6）子空间迭代法的振型数量中输入"10"，如图 6-55 所示；

图 6-55　设定"特征值分析控制"参数

(7) 点击"确认";

(8) 点击"分析"→"运行分析";

(9) 查看结构基频:

① 点击"结果"→"结果表格"→"周期与振型";

② 在"激活记录窗口"→"特征值模态",勾选"模态1—模态10";

③ 点击"确认";

④ 在结构特征值模态窗口(见图6-56)查看得到桥梁的各阶振动频率,其中第一阶固有频率为1.390609Hz。

节点	模态	UX	UY	UZ	RX	RY	RZ
				特征值分析			
	模态号	频率		周期	容许误差		
		(rad/sec)	(cycle/sec)	(sec)			
	1	8.737456	1.390609	0.719109	0.0000e+000		
	2	17.142388	2.728296	0.366529	0.0000e+000		
	3	24.368425	3.878355	0.257841	3.7623e-113		
	4	24.866376	3.957607	0.252678	1.1996e-111		
	5	34.349531	5.466898	0.182919	3.8081e-096		
	6	41.059969	6.534897	0.153025	3.3367e-087		
	7	54.648848	8.697634	0.114974	2.0482e-069		
	8	57.247275	9.111187	0.109755	1.4432e-066		
	9	57.772684	9.194808	0.108757	1.1377e-064		
	10	58.307212	9.279881	0.107760	1.1586e-065		

图 6-56　结构特征值模态

4. 输入移动荷载

(1)点击"菜单"→"分析"→"移动荷载"(见图6-57);

图 6-57　"梁单元荷载"位置

(2)f 输入"1.390609Hz";

(3)点击"确认"(见图6-58);

5. 查看分析结果

我们可以通过查看结果来查看相关的内容。下面举例查看成桥状态自重下的弯矩。

(1) 点击"菜单"→"结果",可以查看不同荷载组合下的反力、变形、内力、应力等。

(2) 举例:点击→"梁单元内力图",查看成桥状态自重下弯矩,如图6-59所示。

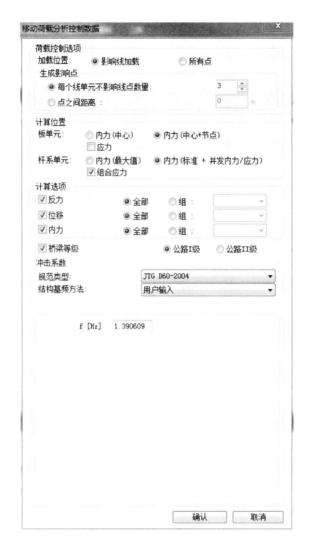

图 6-58 移动荷载分析控制数据

图 6-59 成桥状态自重下弯矩

6.5 结构预应力束估算与布置

这里介绍建立支座上方负弯矩区段预应力束的方法。其他预应力钢束可按照此方法输入。

1. 估算预应力钢筋

这里以估算中跨左侧支点截面上缘所需预应力钢筋为例：

（1）点击"菜单"→"结果"→"荷载组合"（见图6-60）；

图6-60　"荷载组合"位置

（2）在组合中点击"混凝土设计"，点击"自动生成"，选择正常使用频遇组合中包含车道偏载和温度升温的组合：1.0恒荷载＋1.0徐变二次＋1.0收缩二次＋0.6667车道荷载＋0.8温度效应＋1.0沉降；

（3）点击"菜单"→"结果"→"结果表格"→"梁单元"→"内力和应力"（见图6-61）；

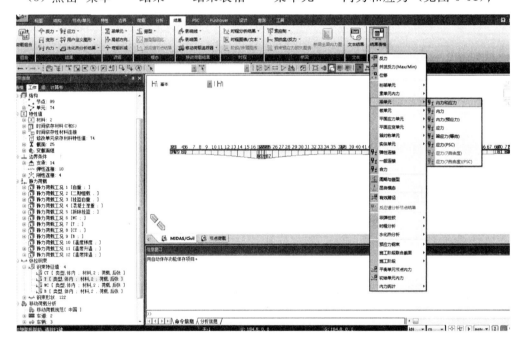

图6-61　"内力和应力"位置

（4）在单元中输入"21"；

（5）在荷载工况/荷载组合中勾选刚才定义的荷载工况；

（6）位置号勾选J，如表6-3所示为单元20-J位置内力。

表6-3　单元20-J位置内力

单元	轴向/kN	剪力-y/kN	剪力-z/kN	扭矩/(kN·m)	弯矩-y/(kN·m)	弯矩-z/(kN·m)
21	0.11	0.76	11821.12	500.99	−160382.14	15.78
21	0.01	−1.78	10599.64	−1168.97	−180108.58	−6.76
21	0.11	−1.78	11821.12	−1168.97	−180108.58	15.78

截面类型为 A-A，$M_s = 180108.58\,\text{kN·m}$；查看其截面特性值，点击显示截面特性值，取 $I = 55.9672\,\text{m}^4$，$A = 24.725\,\text{m}^2$ $y_s = C_{zp} = 2.397529\,\text{m}$ $y_x = C_{zm} = 2.602471\,\text{m}$；取预应力钢筋重心距上缘距离为 0.4m，预应力钢筋的合力作用点至截面重心轴的距离为

$$e_s = y_s - 0.5 = 2.397529 - 0.4 = 1.997529\,\text{m}$$

$$\frac{M_s}{W} - 0.85 N_{pe}\left(\frac{1}{A} + \frac{e_p}{W}\right) \leqslant 0$$

$$W = \frac{I}{y_s} = \frac{55.9672}{2.397529} = 23.3437\,(\text{m}^3),$$

则：$$N_{pe} \geqslant \frac{M_s}{0.85W\left(\dfrac{1}{A} + \dfrac{e_p}{W}\right)} = \frac{180108.6\,\text{kN·m}}{0.85 \times 23.3437\,\text{m}^3 \times \left(\dfrac{1}{24.725\,\text{m}^2} + \dfrac{1.987529\,\text{m}}{23.3437\,\text{m}^3}\right)} = 72277.2\,(\text{kN})$$

$$A_p = \frac{N_{pe}}{(1 - 0.2)\sigma_{con}} = \frac{72277.2\,\text{kN}}{0.8 \times 1395\,\text{MPa}} = 64764.5\,\text{mm}^4$$

选用 $\phi^j 15.24$ 钢绞线，则需要 466 根（$\frac{64764.5}{139} = 466$）。

由于前面内力计算是为了估算预应力钢束，所以在建模时简单地按成桥阶段建模，没有按施工阶段分步建模，内力计算偏小。实际工程 0 号断面共布置预应力钢筋 564 根，其中腹板束 20 束，每束 15 根$\phi^{j15.24}$，顶板束 22 束，每束 12 根，具体布置如图 6-62 所示。全桥预应力钢筋布置如图 6-63 和图 6-64 所示。

2. 建立钢束特性（以 T0 为例）

（1）点击"荷载"→"温度/预应力"→"钢束特性"（见图 6-63）；

（2）点击"添加"；

（3）钢束名称输入"T"；

（4）钢束类型选择"内部（后张）"；

建立钢束特性

（5）材料选择"Strand1860"；

（6）钢束总面积点击选择 15.2mm，输入根数 12；

（7）点击"确认"；

（8）导管直径输入"0.09mm"；

（9）钢束松弛系数选择"JTG04"；

（10）点击"确认"（见图 6-64）；

（11）同理添加钢束 CT、WC、B。

3. 建立钢束形状

建立钢束形状共有以下三种方法：

方法 1

（1）点击"菜单"→"荷载"→"温度/预应力"→"钢束形状"（见图 6-55）；

（2）点击"添加"，出现图 6-66 所示对话框；

（3）钢束名称输入"T0"；

（4）在组中选择"T"；

（5）钢束特性值选择"T"；

（6）分配单元选择"16to25"；

建立钢束形状

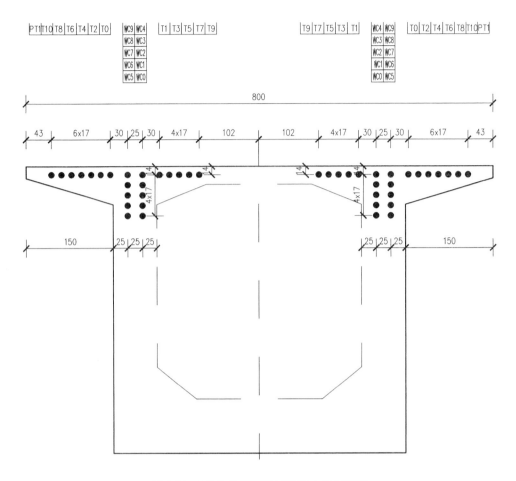

图 6-62 0♯块负弯矩区域预应力钢筋布置

图 6-63 "钢束特性"位置

（7）输入类型选择"2-D"；

（8）曲线类型选择"圆弧"；

（9）在 x-y 平面输入，如表 6-4 所示为 T0 钢束 x-y 平面数据；

表 6-4 T0 钢束 x-y 平面数据

	x/m	y/m	R/m	倾斜	A/deg	h/m	r/m
1	43.9000	2.5500	0.0000	无	0.0000	0.0000	0.0000
2	49.9000	2.5500	0.0000	无	0.0000	0.0000	0.0000
3	55.9000	2.5500	0.0000	无	0.0000	0.0000	0.0000

图 6-64　钢束特性值参数

图 6-65　"钢束形状"位置

（10）在 x-z 平面输入，如表 6-5 所示为 T0 钢束 x-z 平面数据；

表 6-5　T0 钢束 x-z 平面数据

	x/m	y/m	R/m	倾斜	$A/\deg$	h/m	r/m	x/m
1	43.9000	−0.3000	0.0000	无	0.0000	0.0000	0.0000	0
2	45.6611	−0.1591	0.0000	无	0.0000	0.0000	0.0000	0
3	45.9000	−0.1400	6.0000	无	0.0000	0.0000	0.0000	0
4	46.1396	−0.1400	0.0000	无	0.0000	0.0000	0.0000	0
5	49.9000	−0.1400	0.0000	无	0.0000	0.0000	0.0000	0
6	53.6604	−0.1400	0.0000	无	0.0000	0.0000	0.0000	0
7	53.9000	−0.1400	6.0000	无	0.0000	0.0000	0.0000	0
8	54.1389	−0.1591	0.0000	无	0.0000	0.0000	0.0000	0
9	55.9000	−0.3000	0.0000	无	0.0000	0.0000	0.0000	0

（11）点击"确认"；

图 6-66　钢束形状参数　　　　　图 6-67　钢束复制移动

（12）点击"菜单"→"荷载"→"温度/预应力"→"钢束形状"；

（13）点击"T0"，点击"复制与移动"，出现如图 6-67 所示对话框；

（14）选项为"复制"；

（15）间距为(0,−5.1,0)m；

（16）勾选"分配当前单元"；

（17）点击"确定"；

（18）其他截面的预应力钢筋可以通过该方法复制移动后修改名称及分组。

方法 2

（1）按方法 1 添加 T0；

（2）点击"迈达斯图标"；

（3）选择导出 MCT 文件；

（4）提取钢束部分命令；

（5）复制进 Word 文档，通过 Word 文档的替换功能，修改部分参数，如修改 x-y 平面的 2.55 全部修改为－2.55；

（6）点击"迈达斯菜单"→"工具"→"MCT 命令窗口"；

（7）将文档内容复制进入，点击"运行"即可。

方法 3

（1）在 CAD 中画出钢筋平面图和梁的轮廓，保存为 DXF 文件；

（2）打开迈达斯，点击"菜单"→"工具"→"钢束形状生成器"（见图 6-68）；

图 6-68　"钢束形状生成器"位置图

（3）点击搜索，打开保存的 DXF 文件；

（4）选择所有图层到右侧；

（5）在钢束名称中输入"T0"；

（6）钢束特性值输入"T"；

（7）分配单元输入"16to25"；

（8）曲线类型选择"圆弧"；

（9）点击选择 XZ 起始点；

（10）在 X－Z 平面内点击"选择 XZ 起始点"，点击与迈达斯单元(0,0,0)点对应的位置点，在顶点出现一个红色的圆圈，在选择 XZ 起始点显示为√即可；

（11）点击竖弯曲线，竖弯曲线会显示为红色，在选择竖弯形状处会显示选择的曲线数目；

（12）在 X－Y 平面内点击"选择 XY 起始点"，点击与迈达斯单元(0,0,0)点对应的位置点，在顶点出现一个黄色的圆圈，在选择 XY 起始点显示为√即可；

（13）此时会跳出一个 mct 文件，复制全部内容；

（14）点击迈达斯；

（15）点击"菜单"→"工具"→MCT 命令窗口（见图 6-69）；

图 6-69　"MCT 命令窗口"位置图

（16）将内容粘贴进框内，点击"运行"；

（17）可以在钢束形状生成器中添加多条钢束后一次性适用 MCT 命令导入。

4. 添加预应力钢束荷载

（1）点击"菜单"→"荷载"→"温度/预应力"→"钢束预应力"（见图 6-70）；

添加钢束
预应力

图 6-70 "钢束预应力"位置

（2）荷载工况名称选择"T"；

（3）荷载组名称选择"T0"；

（4）选择加载的预应力钢束中选择 T0 相关预应力钢束，点击★；

（5）张拉力选择"应力"；

（6）先张拉选择"两端"；

（7）开始点、结束点均输入"1395MPa"，即将截面的右下角单位修改为 N 和 mm；

（8）点击"添加"；

（9）其他钢筋可以相同的方法添加，如图 6-71 所示。

图 6-71 建立完成的钢筋模型

6.6 建立施工阶段

添加施工阶段

（1）点击"菜单"→"荷载"→"施工阶段"→"定义施工阶段"；

（2）在名称中输入"0 号块"；

（3）在单元激活下材料输入"5"天；

（4）在单元组列表中点击"浇筑 0 号块"，点击激活组列表下的"添加"；

（5）点击"添加"；

（6）在单元组列表中点击"中跨桥墩临时固结"，点击激活栏下的"添加"（见图 6-72）；

（7）点击"添加"；

（8）点击"边界"，在边界激活中选择"变形前"；

（9）在单元组列表中点击"桥墩临时固结"，点击激活组列表下的"添加"（见图 6-73）；

（10）点击"荷载"；

（11）在激活时间中选择"开始"；

（12）在单元组列表中点击"自重"，点击激活组列表下的"添加"（见图 6-74）；

（13）其他施工阶段按表 6-6"施工阶段"表添加；

（14）点击"菜单"→"分析"→"施工阶段"（见图 6-75）；

图 6-72　施工阶段浇筑 0 号块

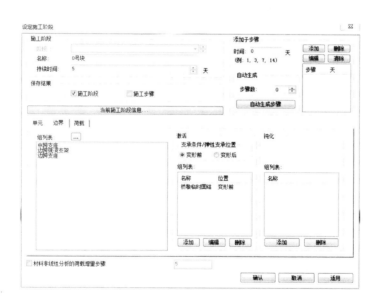

图 6-73　施工阶段—桥墩临时固结

（15）最终阶段选择"最后阶段"；

（16）点击"确认"（见图 6-76）。

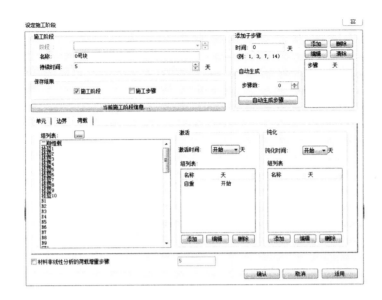

建立施工分析

图 6-74 施工阶段—单元内容

图 6-75 "施工阶段"分析位置

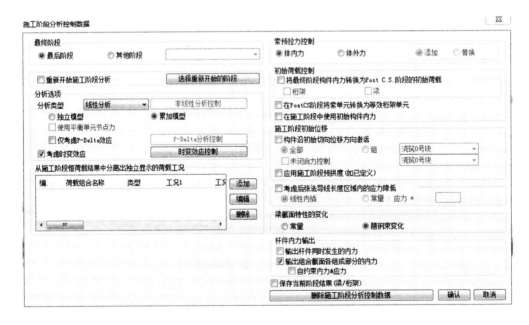

图 6-76 施工阶段分析控制数据

表 6-6　施工阶段

阶段描述	结构组		边界组		荷载组	
	激活	钝化	激活	钝化	激活	钝化
0 号块	浇筑 0 号块	—	桥墩临时固结	—	自重	
	中跨桥墩临时固结				T0	
					WC0	
挂篮 1#	—	—	—	—	挂篮 1	—
现浇 1#	—	—	—	—	湿重 1	—
张拉 1#	浇筑 1 号块	—	—	—	T1	挂篮 1
					WC1	湿重 1
挂篮 2#	—	—	—	—	挂篮 2	—
现浇 2#	—	—	—	—	湿重 2	—
张拉 2#	浇筑 2 号块	—	—	—	T2	挂篮 2
					WC2	湿重 2
挂篮 3#	—	—	—	—	挂篮 3	—
现浇 3#	—	—	—	—	湿重 3	—
张拉 3#	浇筑 3 号块	—	—	—	T3	挂篮 3
					WC3	湿重 3
挂篮 4#	—	—	—	—	挂篮 4	—
现浇 4#	—	—	—	—	湿重 4	—
张拉 4#	浇筑 4 号块	—	—	—	T4	挂篮 4
					WC4	湿重 4
0 号块	浇筑 0 号块	—	桥墩临时固结	—	自重	
	中跨桥墩临时固结				T0	
					WC0	
挂篮 5#	—	—	—	—	挂篮 5	—
现浇 5#	—	—	—	—	湿重 5	—
张拉 5#	浇筑 5 号块	—	—	—	T5	挂篮 5
					WC5	湿重 5
挂篮 6#	—	—	—	—	挂篮 6	—
现浇 6#	—	—	—	—	湿重 6	—
张拉 6#	浇筑 6 号块	—	—	—	T6	挂篮 6
					WC6	湿重 6

续表

阶段描述	结构组		边界组		荷载组	
	激活	钝化	激活	钝化	激活	钝化
挂篮 7#	—	—	—	—	挂篮 7	—
现浇 7#	—	—	—	—	湿重 7	—
张拉 7#	浇筑 7 号块	—	—	—	T7	挂篮 7
					WC7	湿重 7
挂篮 8#	—	—	—	—	挂篮 8	—
现浇 8#	—	—	—	—	湿重 8	—
张拉 8#	浇筑 8 号块	—	—	—	T8	挂篮 8
					WC8	湿重 8
挂篮 9#	—	—	—	—	挂篮 9	—
现浇 9#	—	—	—	—	湿重 9	—
张拉 9#	浇筑 9 号块	—	—	—	T9	挂篮 9
					WC9	湿重 9
挂篮 10#	—	—	—	—	挂篮 10	—
现浇 10#	—	—	—	—	湿重 10	—
张拉 10#	浇筑 10 号块	—	—	—	—	挂篮 10
						湿重 10
现浇边跨段	边跨现浇段	—	边跨现浇支架	—	—	—
	边跨支座					
	边跨现浇支架		边跨支座			
浇筑边跨合拢段 11	—	—	—	—	边跨挂篮	
					边跨湿重	
边跨张拉钢束	边跨合拢段	—	—	—	B1	边跨湿重
					B2	
					B3	
					B4	
					CT1	
					CT2	
拆除边跨支架	—	边跨现浇支架	—	边跨现浇支架	—	边跨挂篮
现浇中跨合拢段	中跨支座	—	中跨支座	—	中跨湿重	—
					中跨挂篮	

续表

阶段描述	结构组		边界组		荷载组	
	激活	钝化	激活	钝化	激活	钝化
张拉中跨连续束	中跨合拢段	—	—	—	B5 B6 B7 B8 B9 CT3	中跨湿重
拆除刚性支撑	—	中跨桥墩临时固结	—	桥墩临时固结	—	中跨挂篮
安装二期恒载	—	—	—	—	二期恒载	

6.7　结构验算结果

（1）点击"分析"→"运行分析"，运行时可查看信息窗口中是否出现 warning 的提醒，完成后，信息窗口会提示"YOUR MIDAS JOB IS SUCCESSFULLY COMPLETED"；

（2）点击"结果"→"荷载组合"（见图 6-77）；

（3）选择混凝土设计，点击"自动生成"；

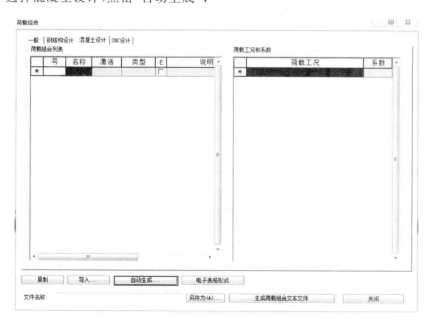

图 6-77　荷载组合—自动生成位置

（4）规范为混凝土，设计规范为"JTG D60-15"，点击"确认"（见图 6-78）；

图 6-78　选择荷载组合规范

（5）在荷载组合—混凝土设计中，可查看各种组合情况下的荷载工况和系数（见图 6-79）；

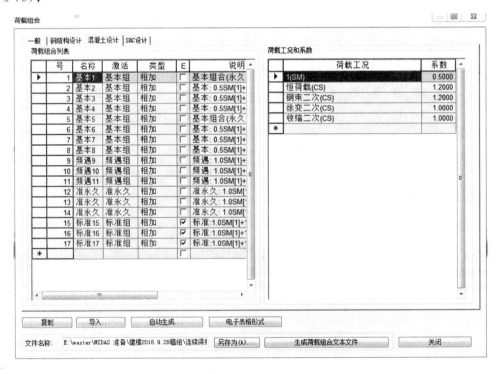

图 6-79　荷载组合完成后界面

（6）点击"菜单"→"PSC"；

（7）选择 JTG D62-2004，注意，在材料特性值、钢束特性以及此处，需要选择相同的规范，否则将会运行失败；

（8）点击"菜单"→"PSC"→"PSC 设计材料"；

（9）点击"第一行"；

（10）设计规范均选择"JTG04"；

（11）修改相应的混凝土及钢材后点击"编辑"，如图 6-80 所示；

PSC 设计

图 6-80　编辑 PSC 钢筋混凝土材料特性

（12）点击"菜单"→"PSC"→输出/位置；

（13）选择设计位置，选择"I&J"，点击"适用"；

（14）同理选择输出位置，统一选择"I&J"，点击"适用"；

（15）点击"菜单"→"PSC"→"PSC 裂缝宽度系数"；

（16）按需求输入后，点击"适用"；

（17）点击"菜单"→"PSC"→"运行分析"→"梁设计"，位置如图 6-81 所示；

图 6-81　"PSC"→"梁设计"位置

（18）运行完成后可以点击"菜单"→"PSC"→结果表格，查看相应组合下的计算结果（见图 6-82）。

图 6-82　"PSC"→"结果表格"位置

（19）施工阶段法向压应力验算。设计结果表格中，混凝土应力"压为正，拉为负"。表格中验算栏显示为 OK，即表示通过；施工阶段法向压应力验算结果如图 6-83 所示；其中，各符号的含义如下：

Sig_T：截面上端应力

Sig_B：截面下端应力

Sig_TL：截面左上端应力

Sig_BL：截面左下端应力

Sig_TR：截面右上端应力

Sig_BR：截面右下端应力

Sig_MAX：上述各点应力中的最大或最小值

Sig_ALW：容许应力

单元	位置	最大最小	阶段	验算	Sig_T (N/mm^2)	Sig_B (N/mm^2)	Sig_TL (N/mm^2)	Sig_BL (N/mm^2)	Sig_TR (N/mm^2)	Sig_BR (N/mm^2)	Sig_MAX (N/mm^2)	Sig_ALW (N/mm^2)
1	I[1]	最小	拆除刚性支撑	OK	-0.0000	-0.0000	-0.0000	-0.0000	-0.0000	-0.0000	-0.0000	-1.4840
1	I[1]	最大	安装二期恒载	OK	-0.0000	-0.0000	-0.0000	-0.0000	-0.0000	-0.0000	-0.0000	18.1440
1	J[2]	最小	现浇边跨段	OK	-0.0070	0.0082	-0.0065	0.0082	-0.0065	0.0082	-0.0070	-1.4840
1	J[2]	最大	拆除边跨支架	OK	0.0722	4.3926	2.2105	4.3926	2.2105	4.3926	4.3926	18.1440
2	I[2]	最小	浇筑边跨合拢段11	OK	-0.0070	0.0082	-0.0065	0.0082	-0.0065	0.0082	-0.0070	-1.4840
2	I[2]	最大	拆除边跨支架	OK	0.0723	4.3927	2.2105	4.3927	2.2105	4.3927	4.3927	18.1440
2	J[3]	最小	现浇边跨段	OK	0.0227	-0.0269	0.0211	-0.0269	0.0211	-0.0269	-0.0269	-1.4840
2	J[3]	最大	拆除边跨支架	OK	-0.0074	4.4886	0.1365	4.4886	0.1365	4.4886	4.4886	18.1440
3	I[3]	最大	拆除边跨支架	OK	0.5972	5.7690	0.7627	5.7690	0.7627	5.7690	5.7690	18.1440
3	J[4]	最小	现浇边跨段	OK	0.0190	-0.0280	0.0175	-0.0280	0.0175	-0.0280	-0.0280	-1.4840
3	J[4]	最小	现浇边跨段	OK	0.0823	-0.1155	0.0759	-0.1155	0.0759	-0.1155	-0.1155	-1.4840
3	J[4]	最大	拆除边跨支架	OK	1.6485	9.4999	1.8998	9.4999	1.8998	9.4999	9.4999	18.1440
4	I[4]	最小	现浇边跨段	OK	0.0786	-0.1143	0.0724	-0.1143	0.0724	-0.1143	-0.1143	-1.4840
4	I[4]	最大	拆除边跨支架	OK	1.6312	9.5035	1.8831	9.5035	1.8831	9.5035	9.5035	18.1440
4	J[5]	最小	浇筑边跨合拢段11	OK	-0.0174	0.0061	-0.0167	0.0061	-0.0167	0.0061	-0.0174	-1.4840
4	J[5]	最大	拆除刚性支撑	OK	2.5012	8.6508	2.6980	8.6508	2.6980	8.6508	8.6508	18.1440
5	I[5]	最小	拆除刚性支撑	OK	2.4498	8.3650	2.6391	8.3650	2.6391	8.3650	2.4498	-1.4840
5	I[5]	最大	拆除边跨支架	OK	2.4946	8.6380	2.6912	8.6380	2.6912	8.6380	8.6380	18.1440
5	J[6]	最小	拆除边跨支架	OK	2.5923	8.5262	2.7822	8.5262	2.7822	8.5262	8.5262	-1.4840
5	J[6]	最小	拆除刚性支撑	OK	2.5388	8.2637	2.7220	8.2637	2.7219	8.2637	2.5388	-1.4840
6	I[6]	最小	拆除刚性支撑	OK	2.5388	8.2637	2.7220	8.2637	2.7219	8.2637	2.5388	-1.4840
6	I[6]	最大	拆除边跨支架	OK	2.5923	8.5262	2.7822	8.5262	2.7822	8.5262	8.5262	18.1440

施工阶段法向压应力验算

图 6-83　"PSC"→"结果表格"——施工阶段法向压应力验算

（20）受拉区钢筋的拉应力验算。设计结果表格中，钢筋应力"拉为正，压为负"。表格中验算栏显示为 OK，即表示通过；受拉区钢筋的拉应力验算结果如图 6-84 所示；其中，各符号含义如下：

Sig_DL:施工阶段扣除短期预应力损失后的预应力钢筋锚固端的有效预应力

Sig_LL:扣除全部预应力损失并考虑使用阶段作用标准值引起的钢束应力变化后的预应力钢筋的拉应力

Sig_ADL:施工阶段预应力钢筋锚固端张拉控制应力容许值

Sig_ALL:使用阶段预应力钢筋拉应力容许值

	钢束	验算	Sig_DL (N/mm^2)	Sig_LL (N/mm^2)	Sig_ADL (N/mm^2)	Sig_ALL (N/mm^2)
▶	B1	OK	1205.3431	1165.8498	1395.0000	1209.0000
	B1(2)	OK	1205.3431	1165.8498	1395.0000	1209.0000
	B1(3)_1	OK	1082.7306	1132.8999	1395.0000	1209.0000
	B1(3)_2	OK	1082.7306	1132.8999	1395.0000	1209.0000
	B2	OK	1156.8920	1156.7623	1395.0000	1209.0000
	B2(2)	OK	1156.8993	1156.7530	1395.0000	1209.0000
	B2(3)_1	OK	962.2703	1106.1962	1395.0000	1209.0000
	B2(3)_2	OK	962.2703	1106.1962	1395.0000	1209.0000
	B3	OK	1156.8994	1156.7530	1395.0000	1209.0000
	B3(2)	OK	1156.8994	1156.7530	1395.0000	1209.0000
	B3(3)_1	OK	953.1499	1102.4331	1395.0000	1209.0000
	B3(3)_2	OK	953.1499	1102.4331	1395.0000	1209.0000
	B4	OK	1244.0008	1181.2717	1395.0000	1209.0000
	B4(2)	OK	1244.0008	1181.2716	1395.0000	1209.0000
	B4(3)_1	OK	1016.2876	1117.7498	1395.0000	1209.0000
	B4(3)_2	OK	1016.2876	1117.7498	1395.0000	1209.0000
	B5_1	OK	1169.9185	1180.1911	1395.0000	1209.0000
	B5_2	OK	1169.9185	1180.1911	1395.0000	1209.0000
	B6_1	OK	1104.2185	1177.4553	1395.0000	1209.0000
	B6_2	OK	1104.2185	1177.4553	1395.0000	1209.0000
	B7_1	OK	1108.3225	1178.4007	1395.0000	1209.0000
	B7_2	OK	1108.3225	1178.4007	1395.0000	1209.0000

受拉区钢筋的拉应力验算

图 6-84　"PSC"→"结果表格"→"受拉区钢筋的拉应力验算"

（21）使用阶段正截面抗裂验算。设计结果表格中,混凝土应力"压为正,拉为负"。表格中验算栏显示为 OK,即表示通过;由于篇幅限制,本书仅列出 5 个控制截面的验算结果,5 个控制截面为:边跨现浇截面中心(单元号 5－j 端,69－j 端)、中跨支座截面(单元号 21－j 端,53－j 端)、跨中位置截面(单元号 37－j 端)。结果如图 6-85 所示;其中,各符号含义如下:

Sig_T:截面上端最小应力

Sig_B:截面下端最小应力

Sig_TL:截面左上端最小应力

Sig_BL:截面左下端最小应力

Sig_TR:截面右上端最小应力

Sig_BR:截面右下端最小应力

单元	位置	组合名称	短长	类型	验算	Sig_T (N/mm^2)	Sig_B (N/mm^2)	Sig_TL (N/mm^2)	Sig_BL (N/mm^2)	Sig_TR (N/mm^2)	Sig_BR (N/mm^2)	Sig_MAX (N/mm^2)	Sig_ALW (N/mm^2)
▶ 5	J[6]	频遇10	短期	MY-MIN	OK	2.1611	6.4274	2.2673	6.4274	2.2673	6.4274	2.1611	-0.0000
21	J[22]	频遇10	短期	MY-MIN	OK	0.1213	5.6579	0.1761	5.6578	0.1764	5.6580	0.1213	-0.0000
37	J[38]	频遇11	短期	MY-MAX	OK	11.2768	0.0665	9.3029	0.0689	9.2950	0.0640	0.0640	-0.0000
53	J[54]	频遇10	短期	MY-MIN	OK	0.3977	5.3398	0.4550	5.3409	0.4515	5.3387	0.3977	-0.0000
69	J[70]	频遇10	短期	MY-MIN	OK	2.1801	6.0465	2.2735	6.0465	2.2735	6.0465	2.1801	-0.0000

图 6-85　"PSC"→"结果表格"→"使用阶段正截面抗裂验算"

Sig_MAX:上述各点应力中最小应力

Sig_ALW:容许拉应力

(22) 使用阶段斜截面抗裂验算。设计结果表格中,混凝土应力"压为正,拉为负"。表格中验算栏显示为 OK,即表示通过;这里仅列出与使用阶段正截面抗裂验算相同的 5 个控制截面的验算结果,如图 6-86 所示;其中,各符号含义如下:

Sig_P1:截面位置 1 的主拉应力

Sig_P2:截面位置 2 的主拉应力

Sig_P3:截面位置 3 的主拉应力

Sig_P4:截面位置 4 的主拉应力

Sig_P5:截面位置 5 的主拉应力

Sig_P6:截面位置 6 的主拉应力

Sig_P7:截面位置 7 的主拉应力

Sig_P8:截面位置 8 的主拉应力

Sig_P9:截面位置 9 的主拉应力

Sig_P10:截面位置 10 的主拉应力

Sig_MAX:上述各点主拉应力值中最小值

Sig_AP:允许主拉应力

单元	位置	组合名称	类型	验算	Sig_P1 (N/mm^2)	Sig_P2 (N/mm^2)	Sig_P3 (N/mm^2)	Sig_P4 (N/mm^2)	Sig_P5 (N/mm^2)
5	J[6]	频遇11	FZ-MIN	OK	-0.0002	-0.0002	-0.0002	-0.0002	-0.0881
21	J[22]	频遇11	FZ-MAX	OK	-0.0000	-0.0000	-0.0000	-0.0000	-0.1994
37	J[38]	频遇11	FZ-MIN	OK	-0.0000	-0.0000	-0.0002	-0.0000	-0.0097
53	J[54]	频遇11	FZ-MAX	OK	-0.0001	-0.0001	-0.0001	-0.0001	-0.2126
69	J[70]	频遇11	FZ-MAX	OK	-0.0002	-0.0002	-0.0002	-0.0002	-0.0966

Sig_P6 (N/mm^2)	Sig_P7 (N/mm^2)	Sig_P8 (N/mm^2)	Sig_P9 (N/mm^2)	Sig_P10 (N/mm^2)	Sig_MAX (N/mm^2)	Sig_AP (N/mm^2)
-0.0690	-0.0983	-0.0799	-0.0594	-0.0466	-0.0983	-1.0600
-0.1870	-0.1986	-0.1862	-0.1297	-0.1200	-0.1994	-1.0600
-0.0067	-0.0158	-0.0115	-0.0171	-0.0119	-0.0171	-1.0600
-0.1976	-0.2121	-0.1972	-0.1438	-0.1316	-0.2126	-1.0600
-0.0767	-0.1116	-0.0918	-0.0699	-0.0556	-0.1116	-1.0600

图 6-86 "PSC"→"结果表格"→"使用阶段斜截面抗裂验算"

(23) 使用阶段正截面压应力验算。设计结果表格中,混凝土应力"压为正,拉为负"。表格中验算栏显示为 OK,即表示通过;本书仅列出与使用阶段正截面抗裂验算相同的 5 个控制截面的验算结果,如图 6-87 所示;其中,各符号含义如下:

Sig_T:截面上端最大应力

Sig_B:截面下端最大应力

Sig_TL:截面左上端最大应力

Sig_BL:截面左下端最大应力

Sig_TR:截面右上端最大应力

Sig_BR:截面右下端最大应力

Sig_MAX：上述各点应力中最大应力

Sig_ALW：容许压应力

单元	位置	组合名称	类型	验算	Sig_T (N/mm^2)	Sig_B (N/mm^2)	Sig_TL (N/mm^2)	Sig_BL (N/mm^2)	Sig_TR (N/mm^2)	Sig_BR (N/mm^2)	Sig_MAX (N/mm^2)	Sig_ALW (N/mm^2)
5	J[6]	标准17	MY-MAX	OK	8.8091	4.7766	6.6627	4.7793	6.6540	4.7739	8.8091	16.2000
21	J[22]	标准17	FZ-MIN	OK	8.1421	3.2034	5.7997	3.2034	5.7997	3.2034	8.1421	16.2000
37	J[38]	标准17	MY-MAX	OK	14.1308	-0.0047	6.6940	11.6940	11.6821	-0.0084	14.1308	16.2000
53	J[54]	标准17	FZ-MIN	OK	8.2654	3.0609	5.9238	3.0609	5.9238	3.0609	8.2654	16.2000
69	J[70]	标准17	MY-MIN	OK	5.9996	8.1891	3.8328	8.1891	3.8328	8.1891	8.1891	16.2000

图 6-87　"PSC"→"结果表格"→"使用阶段正截面压应力验算"

（24）使用阶段斜截面压应力验算。设计结果表格中，混凝土应力"压为正，拉为负"。表格中验算栏显示为 OK，即表示通过；本书仅列出与使用阶段正截面抗裂验算相同的 5 个控制截面的验算结果，如图 6-88 所示；其中，各符号含义如下：

Sig_P1：截面位置 1 的主压应力

Sig_P2：截面位置 2 的主压应力

Sig_P3：截面位置 3 的主压应力

Sig_P4：截面位置 4 的主压应力

Sig_P5：截面位置 5 的主压应力

Sig_P6：截面位置 6 的主压应力

Sig_P7：截面位置 7 的主压应力

Sig_P8：截面位置 8 的主压应力

Sig_P9：截面位置 9 的主压应力

Sig_P10：截面位置 10 的主压应力

Sig_MAX：上述各点中最大主压应力

Sig_AP：允许主压应力

单元	位置	组合名称	类型	验算	Sig_P1 (N/mm^2)	Sig_P2 (N/mm^2)	Sig_P3 (N/mm^2)	Sig_P4 (N/mm^2)	Sig_P5 (N/mm^2)
5	J[6]	标准17	MY-MIN	OK	3.8247	3.8247	8.6657	8.6657	2.7344
21	J[22]	标准17	FZ-MIN	OK	5.7997	5.7997	3.2034	3.2034	3.4140
37	J[38]	标准17	MY-MAX	OK	11.6941	11.6822	0.0183	0.0216	7.4638
53	J[54]	标准17	FZ-MIN	OK	5.9238	5.9238	3.0609	3.0609	3.4296
69	J[70]	标准17	MY-MIN	OK	3.8328	3.8328	8.1891	8.1891	2.6501

Sig_P6 (N/mm^2)	Sig_P7 (N/mm^2)	Sig_P8 (N/mm^2)	Sig_P9 (N/mm^2)	Sig_P10 (N/mm^2)	Sig_MAX (N/mm^2)	Sig_AP (N/mm^2)
2.7344	4.4293	4.4293	6.9107	6.9107	8.6657	19.4400
3.4140	3.4128	3.4128	3.3460	3.3460	5.7997	19.4400
7.4539	5.3208	5.3095	2.2280	2.2127	11.6941	19.4400
3.4296	3.4249	3.4249	3.2958	3.2958	5.9238	19.4400
2.6501	4.2330	4.2330	6.5502	6.5502	8.1891	19.4400

图 6-88　"PSC"→"结果表格"→"使用阶段斜截面压应力验算"

至此，50＋85＋50m 三跨预应力混凝土连续箱梁桥设计计算完毕。

第7章 钢管混凝土系杆拱桥设计示例

7.1 设计基本资料

7.1.1 设计技术要求

(1)设计荷载:公路－Ⅰ级,人群:3.5kN/m²。

(2)桥面宽度:

主桥断面:{1.5m(系杆区)＋2.5m(人行道含栏杆)＋12m(车行道)＋0.5m(防撞护栏)＋1.5m(系杆区)＋2m(中央分隔带)}×2＝40m。

引桥断面:{2.5m(人行道含栏杆)＋12m(车行道)＋0.5m(防撞护栏)＋3.5m(中央分隔带)}×2＝37m。

(3)桥梁纵断面:桥梁纵面位于 $R＝1350m$ 的竖曲线上,桥梁纵坡±3.5%。

(4)桥面横坡:机动车道1.5%,人行道1.5%(反向);

(5)桥面铺装:8cmC40防水混凝土调平层＋热熔改性沥青防水层＋10cm沥青混凝土铺装层。

(6)通航标准:桥梁中心线与航道呈80°交角,通航等级为Ⅴ级,桥下最高通航水位2.35m(黄海高程),通航净空:宽45m×高5m。

(7)抗震要求:地震动峰值加速度系数0.05g(相当于地震基本烈度Ⅵ度),本次设计按Ⅶ度设防,重要性修正系数1.3。

(8)设计安全类别:一级。

(9)结构设计基准期:100年。

7.1.2 设计规范、标准

(1)建设部颁《城市桥梁设计准则》(CJJ 11-93)

(2)交通部颁《公路桥涵设计通用规范》(JTG D60-2015)

(3)交通部颁《公路钢筋混凝土及预应力混凝土桥涵设计规范》(JTG 3362-2018)

(4)交通部颁《公路桥涵地基与基础设计规范》(JTG D63-2007)

(5)交通部颁《公路桥涵钢结构及木结构设计规范》(JTJ 025-86)

(6)交通部颁《公路桥涵施工技术规范》(JTJ 041-2000)

(7)交通部颁《混凝土泵送施工技术规程》(JGJ/T 10-95)

(8)交通部颁《公路桥梁抗震设计细则》(JTG/T B02-01-2008)

(9)建设部颁《钢结构设计规范》(GB 50017-2003)

(10)建设部颁《桥梁用结构钢》(GB/T 714-2000)

(11)建设部颁《内河通航标准》(GB 50139-2004)

(12)建设部颁《城市桥梁工程施工与质量验收规范》(CJJ 2-2008)

(13)中国工程建设标准化协会标准《钢管混凝土结构设计与施工规程》(CECS 28:90)

7.1.3　材料

(1)混凝土及沥青混凝土:主桥系梁、端横梁、中横梁采用 C50 混凝土,主桥桥道系预制板采用 C40 混凝土,现浇接头采用 C50 混凝土,拱肋钢管内填充混凝土采用 C50 微膨胀混凝土;引桥组合箱梁采用 C50 混凝土,湿接缝、现浇横梁采用 C50 混凝土;桥面铺装调平层采用 C40 防水混凝土,铺装层采用 10cm 厚沥青混凝土,人行道基座、防撞护栏采用 C30 混凝土。主桥桥墩墩身、斜腿刚构采用 C40 混凝土,承台采用 C30 混凝土;引桥桥墩盖梁、挡块、墩柱及桥台盖梁、挡块、背墙、桥头搭板采用 C30 混凝土,桩基采用 C25 混凝土。其质量应符合《公路桥涵施工技术规范》(JTJ 041-2000)的有关规定。

(2)预应力钢筋:采用符合 GB/T 5224-2003 标准的低松弛高强度钢绞线,钢绞线抗拉标准强度 $f_{pk}=1860\text{MPa}$,单根钢绞线直径为 $\Phi^s15.20\text{mm}$,钢绞线面积 $A_y=139\text{mm}^2$,弹性模量 $E_p=1.95\times10^5\text{MPa}$。

(3)锚具及管道成孔:锚具型号参见桥梁具体设计图纸,管道采用塑料波纹管成孔,波纹管需符合《预应力混凝土桥梁用塑料波纹管》(JT/T 529-2004)的规定。

锚具均采用 I 类优质锚具,锚固体系技术性能需符合《后张法预应力体系验收建议》(FIP-93)和《预应力筋用锚具、夹具和连接器》(GB/T 14370-2007)的要求,锚固效率系数大于 95%。

(4)吊杆:采用 PES7-55 成品索,工厂生产,现场安装。钢丝束直径 68.0mm,双护层拉索直径 72mm,弹性模量:$E_p=2.05\times10^5\text{MPa}$。抗拉强度:$f_{pk}\geqslant1670\text{MPa}$。靠近拱脚处两对吊杆两端要求设铰,吊杆要求采用防腐索体,防水罩以 2m 范围内设不锈钢外套管。吊杆必须严格按照相关规范(技术标准或规定)生产和验收。

(5)普通钢筋:直径大于等于 12mm 者,采用 HRB335 钢筋,直径小于 12mm 者,采用 HPB235 钢筋,文件中其符号表示方法按照《公路钢筋混凝土及预应力混凝土桥涵设计规范》(JTG D62-2004)要求,其技术指标应符合《钢筋混凝土用钢 第 1 部分:热轧光圆钢筋》(GB 1499.1-2008)和《钢筋混凝土用钢 第 2 部分:热轧带肋钢筋》(GB 1499.2-2007)的规定。

(6)钢材:采用符合 GB 700-2006 规定的 Q235 或 GB/T 1591-2008 规定的 Q345 钢板。

(7)支座:板式橡胶支座采用 JT/T 4-2004 行业标准,其中组合箱梁采用 GYZ 板式橡胶支座及相应的四氟板式橡胶支座,具体规格见相应图纸。

(8)伸缩缝装置:采用 JT/T 327-2004 行业标准,根据不同的伸缩量采用相应的伸缩装置。

(9)设计图中采用的各型号伸缩缝、支座、锚具等并非指定使用产品,施工时可采用其他符合国家标准的产品等代替换,但要求采用产品质量稳定、信誉良好的知名厂家的产品。

7.1.4　主桥设计要点

1. 主桥上部构造

主桥上部结构采用下承式钢管混凝土系杆拱,标准跨径为 75m,计算跨径为 72m,拱肋计算矢高均为 14.4m,计算矢跨比 1/5;系梁轴线为 $R=1350$m 的圆凸曲线,拱肋轴线抛物线方程:$y=4fx(L-x)/L^2$(未计入预拱度),f 为计算矢高,L 为计算跨径,具体结构尺寸如下:

(1)拱肋截面型式为哑铃型截面,截面高度为 170cm,单根钢管直径 70cm,钢管及腹板厚度 14mm,内灌 C50 微膨胀混凝土。

(2)系梁跨中截面为 180×120cm 实心断面,支点梁高 310cm,宽 160cm。

(3)拱肋吊杆间距为 500cm。

(4)桥道系中横梁采用 T 型结构,腹板厚度为 50cm,高度为 139.8~163.2cm,端横梁为箱型截面,桥道系预制板厚 20cm。

(5)桥面以上全桥共设 6 道一字形、4 道 K 字形钢管横撑,横撑钢管直径 90cm 和 70cm,钢管壁厚 14mm。

(6)伸缩缝:拱桥两端桥墩处均设置 MF160 型伸缩缝。

(7)支座:桥墩支座均采用 GPZ(Ⅱ)12.5MN 盆式橡胶支座。

2. 预应力体系

主桥系梁纵向预应力采用符合 GB/T 5224-2003 标准的低松弛高强度钢绞线,纵向预应力钢束采用 14Φs15.20 钢绞线,张拉控制力为 2734.2kN,锚具采用 YM15-14 成套锚(包括螺纹钢筋);中横梁和端横梁预应力均采用符合 GB/T 5224-2003 标准的低松弛高强度钢绞线,中横梁预应力钢束采用 7Φs15.20 钢绞线,张拉控制力 1367.1kN,锚具采用 YM15-7 成套锚,端横梁预应力钢束采用 14Φs15.20 钢绞线,张拉控制力为 2734.2kN,锚具采用 YM15-14 成套锚,管道采用预埋塑料波纹管成型。所使用的预应力锚具应符合国家标准 GB/T 14370-2007 中规定的 Ⅰ 类锚具要求和设计文件的各项要求。

3. 钢管防腐防护系统

本桥钢管混凝土拱肋钢管采用 GCM 特种长效金属防腐防护系统。

4. 下部构造

主桥主墩采用桩接承台式实体方墩,基础采用 Φ150cm 钻孔灌注桩。

5. 主桥上部结构施工阶段描述

(1)搭通全桥支架,进行支架超载预压,消除支架非弹性变形。

(2)预制中横梁,现浇系梁、端横梁混凝土,端横梁需对称浇筑。

(3)等系梁、端横梁混凝土强度和中横梁湿接缝混凝土强度达到 95% 时,龄期不小于 14d,先张拉端横梁预应力束和中横梁第一批预应力束 N2、N3,横梁预应力束以须对称张拉,且中横梁预应力束需间隔 2 个张拉。再张拉系梁第一批预应力束 N1、N3、N5,系梁预应力必须对称张拉。

(4)在系梁上搭设主拱的拼装支架,安装拱肋及风撑。

(5)张拉系梁的第二批预应力束 N2、N4。

(6)压注拱肋钢管及缀板内混凝土,拱肋混凝土达到设计强度的 90% 后,拆除拱肋的拼装支架,由支点向跨中依次对称安装吊杆,进行吊杆的初张拉(拉紧)。

(7)安装预制桥道板,浇筑桥道板接头及铰缝混凝土。

(8)由支点向跨中依次对称张拉第二批吊杆力。

(9)拆除系梁支架,由跨中向支点多点均匀落架。

（10）浇筑桥道系二次现浇混凝土，对称张拉中横梁的第二批预应力束 N1。

（11）由支点向跨中依次对称张拉第三批吊杆力。

（12）浇筑桥面铺装层防撞护栏、人行道板和排水设施，吊杆力张拉到设计吨位。

拱桥各部分尺寸拟定之后，先画出拱桥上部构造图（见图 7-1）、拱肋构造图（见图 7-2）、系梁构造图（见图 7-3）、横梁构造图（见图 7-4），然后采用桥梁电算软件建模计算。本桥为双幅桥，在电算时只针对单幅桥建模，并分别采用 Dr. Bridge 和 MIDAS/Civil 建模计算。

7.2　Dr. Bridge 建模计算

单幅拱桥为双肋拱桥，采用桥梁博士软件建模计算时，只建立单个拱肋竖向平面（见图 7-1 的立面）内全桥模型。横梁及桥面系重量的一半作为结点集中荷载加载到各个吊杆的下部结点上（吊杆与系梁连接处），汽车荷载作用效应需要采用车道荷载乘以横向分布系数计算。

7.2.1　内力计算

1. 输入总体信息

打开桥梁博士软件，点击"文件"→"新建项目组"，弹出对话框，如图 7-5 所示。

右键点击"新项目组"，选择"创建项目"，弹出对话框，如图 7-6 所示。

点击"浏览"，选择项目保存的路径，并输入项目名称（文件名后缀为 prj），项目类型选择"直线桥梁设计计算"，点击"确定"后，进入"输入总体信息"对话框，如图 7-7 所示：

在"桥梁工程描述"栏输入桥梁的名称"钢管混凝土系杆拱桥"，计算类别类型中选择"只计算内力位移"，相应湿度为 0.8，计算内容中选择"计算收缩"、"计算徐变"、"计算活载"。计算细节控制信息中，选择"桥面为竖直截面"，规范选择"中交 15 规范"。

如果在前面已有的模型上继续建模，则在打开桥梁博士软件时，点击"文件"→"打开项目组"，找到前面保存模型文件的文件夹，选中 prj 文件，点击"打开"，如图 7-8 所示。

2. 输入单元信息

左键"数据"或右键"更新显示"，选择"输入单元信息"，进入"输入单元信息"对话框，如图 7-9 所示。

（1）单元划分与结点坐标计算

在输入单元信息之前，先要对拱桥所有构件进行单元划分和分类，准备好所需要的输入信息。

拱桥有三类单元：拱肋单元为哑铃形钢管混凝土截面，材料为外部钢管、内部 C50 混凝土；系梁单元为预应力混凝土截面，材料为 C50 混凝土；吊杆为拉索单元，材料为平行钢丝或钢绞线。

如图 7-1 所示，桥梁全长 75m，计算跨径（左支座至右支座距离）72m。吊杆间距 5m。先建立结构坐标系，坐标原点（0,0）选择在拱轴线与系梁中心线的左交点（也是支座位置）。在系梁左右端点、左右支座、控制截面（跨中，L/4 等）以及每根吊杆连接处均需要设置结点，全桥共划分为 47 个单元，34 个结点。系梁划分为 20 个单元（21 个结点，2 号和 20 号结点

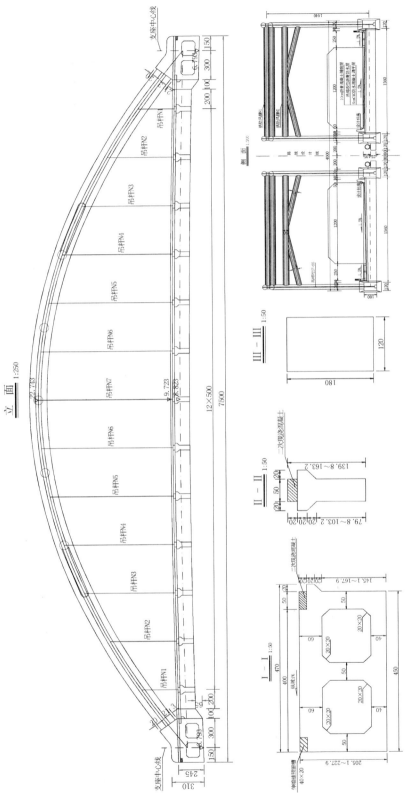

图7-1 拱桥上部构造(单位：cm)

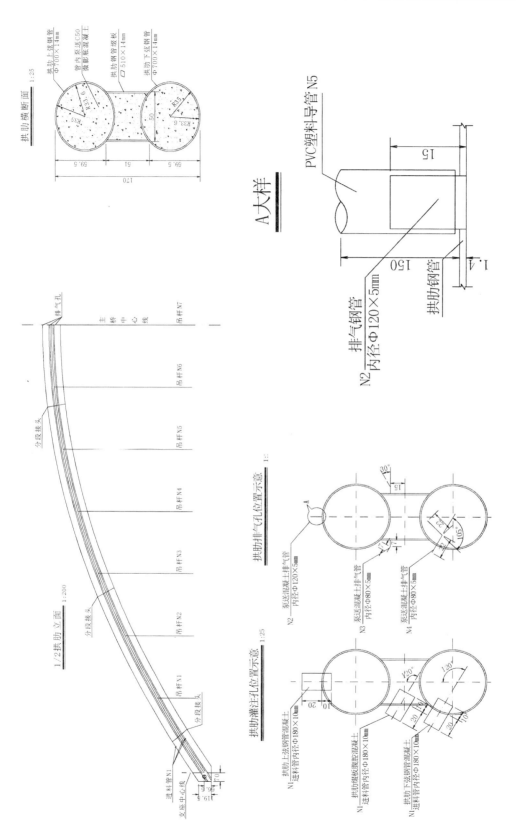

图7-2　拱肋一般构造 (单位: cm)

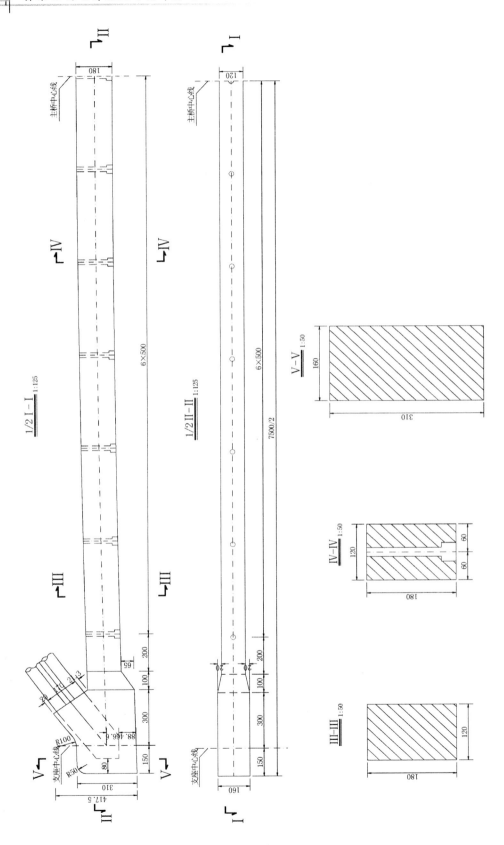

图7-3 系梁一般构造（单位：cm）

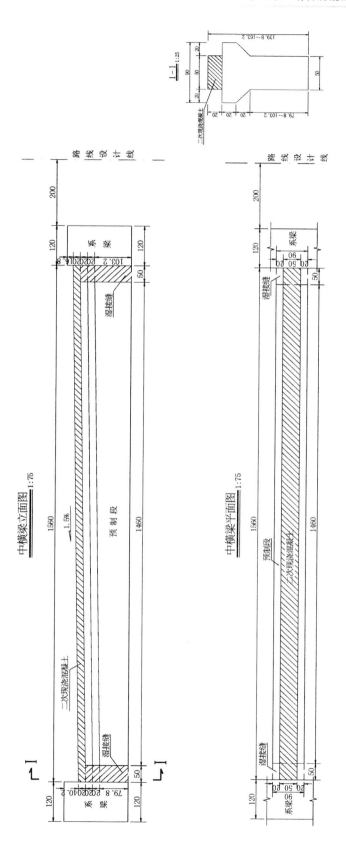

图7-4 中横梁一般构造 (单位: cm)

总体信息

图 7-5　新建项目组

图 7-6　创建项目

图 7-7　"输入总体信息"对话框

图 7-8　打开已有模型

图 7-9　"输入单元信息"对话框

是支座位置),可以根据需要再细分单元。系梁单元划分好之后,拱肋单元就根据吊杆间距划分为 21～34 单元,吊杆单元为 35～47(每根吊杆一个单元)。要注意,两个拱脚单元和系梁两端单元是刚接,在建模计算时要用刚臂模拟,即共用一个结点号。全桥单元划分如图 7-10 所示。

单元信息

有了坐标系和单元结点划分,接着就准备所有结点的坐标。表 7-1 为系梁单元结点坐标。

表 7-1　系梁单元结点坐标

结点	1	2	3	4	5	6	7
x/m	−1.5	0.0	3.0	4.0	6.0	11.0	16.0
y/m	0	0	0	0	0	0	0
结点	8	9	10	11	12	13	14
x/m	21.0	26.0	31.0	36.0	41.0	46.0	51.0
y/m	0	0	0	0	0	0	0
结点	15	16	17	18	19	20	21
x/m	56.0	61.0	66.0	68.0	69.0	72.0	73.5
y/m	0	0	0	0	0	0	0

计算拱肋结点坐标时,需要利用设计的拱轴线方程,根据 x 值计算 y 值,$y = 4fx(l-x)/l^2 = x(72-x)/90$,如表 7-2 所示。

表 7-2　拱肋单元结点坐标

结点	2	22	23	24	25	26	27	28
x/m	0	6.0	11.0	16.0	21.0	26.0	31.0	36
y/m	0	4.4	7.45555	9.95555	11.9	13.2888	14.1222	14.4
结点	29	30	31	32	33	34	20	
x/m	41.0	46.0	51.0	56.0	61.0	66.0	72.0	
y/m	14.1222	13.2888	11.9	9.95555	7.45555	4.4	0	

拱肋单元也可以利用"单元输入信息"对话框中的"快速编辑器"的"拱肋单元组编辑"自动生成,如图 7-11 所示。

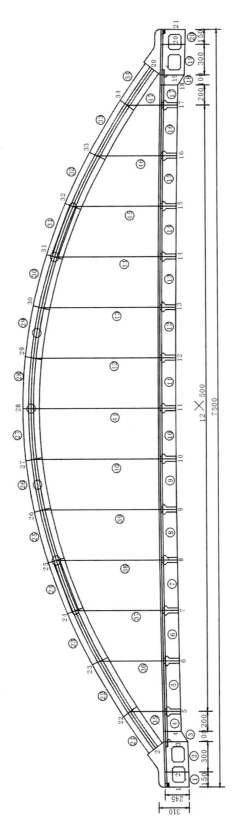

图7-10 全桥单元划分

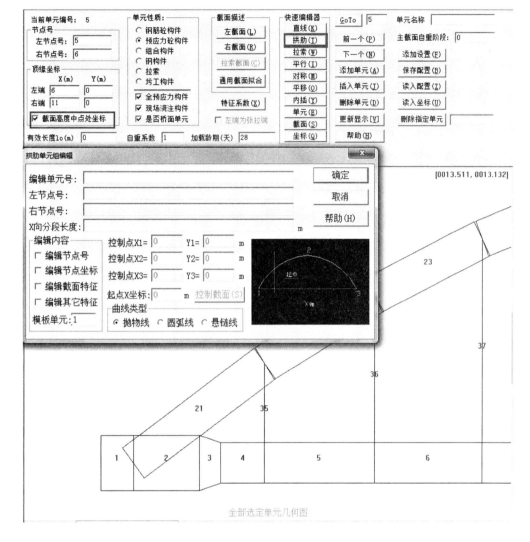

图 7-11　"拱肋单元组编辑"对话框

所有吊杆单元(35~47)的两端结点分别为系梁单元上的结点和拱肋单元上的结点,结点坐标在前面已计算好,如表 7-1 和表 7-2 所示。

这里要说明一点,系杆拱桥的拱脚与系梁端部重叠,在单元划分时,系梁 2 号单元左结点与拱肋 21 号单元左结点共用一个结点号 2,坐标也一样,为(0,0.9),则图形显示如图 7-11或图 7-12 所示。如果考虑实际构造,则用刚臂连接。系梁上的 2 号结点坐标为(0,0.9),拱肋上的 2 号结点坐标为(2.4,1.8),则图形显示如图 7-12 所示,表示拱肋端部与系梁端部是刚臂连接。

(2)输入单元信息

①系梁单元信息输入。1~20 单元为系梁单元(桥面单元);单元性质选择"预应力砼构件",勾选"全预应力构件"、"现场浇注构件"、"是否为桥面单元"。勾选"截面高度中点处坐标",则系梁单元按中心线连接起来。本桥系梁端部单元(左端的 1~3 号单元、右端的 18~20 号单元)截面高度与中间单元(4~17 号)不一样,在图形显示上,系梁的顶面就不在一条

337

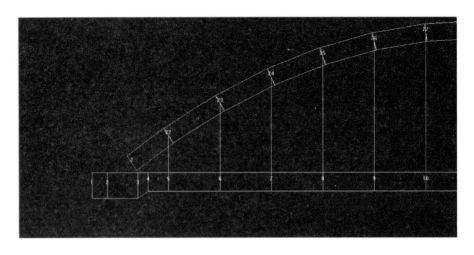

图 7-12 2 号结点刚臂连接

直线上(中心线在一条直线上),如图 7-11 所示。如果希望系梁顶面在图形显示上位于同一直线,在输入系梁端部单元(1~3,18~20)时,不勾选"截面高度中点处坐标",则表示输入的 y 坐标为截面顶点坐标,但在表 7-1 系梁单元结点坐标的 y 值也要相应调整为 0.9m(位于 x 轴上方 0.9m,系梁截面高度一半),则图形显示系梁顶面位于同一直线上,如图 7-13 所示。

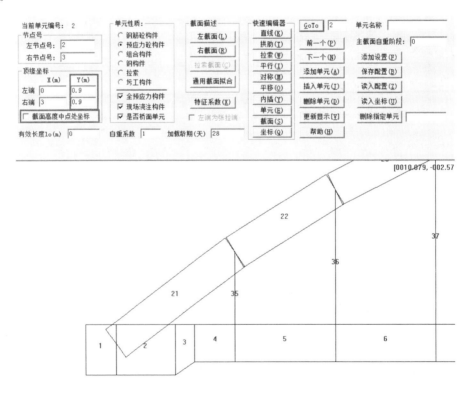

图 7-13 系梁顶面位于同一直线

　　逐个输入每个单元左截面和右截面的材料特性和几何特性。材料类型选择"中交新混凝土:C50 混凝土"。如图 7-14 所示。

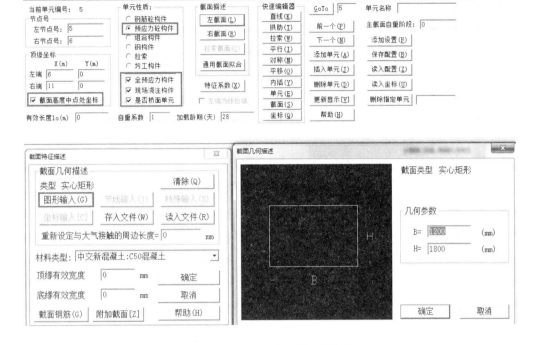

图 7-14　系梁 5 号单元截面特性输入

　　点击"截面描述"下的"左截面",弹出"截面特征描述"对话框。在本对话框可以选择"图形输入"、"节线输入"、"特殊输入"、"坐标输入"等多种输入方式。系梁单元都可以采用图形输入,点击"图形输入",弹出"桥梁横断面几何类型"对话框,双击"实心矩形"下面的黑色图框,出现"截面几何描述"对话框,根据图纸信息输入单元左截面的几何参数,点击"确定"。右截面信息同样输入。

　　在单元较多且性质相同的情况下,可以采用"快速编辑器"的相关命令进行批量输入。

　　②拱肋单元信息输入。21～34 号单元为拱肋单元(非桥面单元);单元性质选择"组合构件",勾选"现场浇注构件"、"截面高度中点处坐标",不勾选"是否为桥面单元",如图 7-15所示。

　　拱肋单元为钢管混凝土组合截面,此截面的输入可以采用特殊输入,即按弹性模量换算为一种材料,手工计算好换算后的截面面积、惯性矩等,在图 7-16 对话框中输入数据。

　　也可以在 CAD 中画好拱肋横截面,然后在单元输入时采用 CAD 导入。右键点击"截面描述"的"左截面",或者右键点击"更新显示",均可弹出"从 AutoCAD 导入…"命令,点击"从 AutoCAD 导入截面",打开"从 CAD 导入截面"窗口,如图 7-17 所示。

　　点击"浏览"选择预先保存在电脑中的截面 CAD 文件(.DXF),在截面导入定义中填入要导入截面的单元号、截面的类型、图层的名称。本例中钢管混凝土拱肋在 CAD 中分为两个图层,分别为图层 0(外围钢材)和图层 1(附加截面内部混凝土),因此在上图中填入相应的内容,点击"确定"即可导入截面。

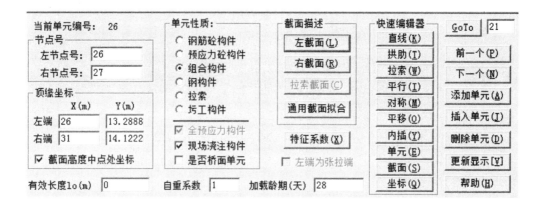

图 7-15 拱肋"单元输入信息"对话框

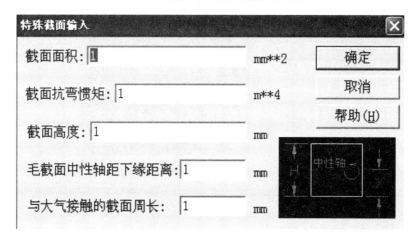

图 7-16 "特殊截面输入"对话框

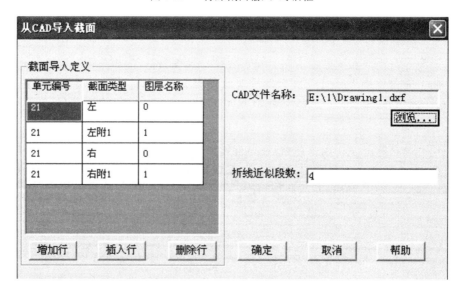

图 7-17 "从 CAD 导入组合截面"对话框

在 CAD 中绘制好的图形单位为 mm,一个图层对应一个截面,同一个截面的每个环集的颜色必须不同,每一个环对应唯一一种颜色。

下面输入拱肋单元左、右截面的材料类型。点击图 7-14 中的"左截面"选项,弹出"截面特征描述"对话框,如图 7-18 所示:

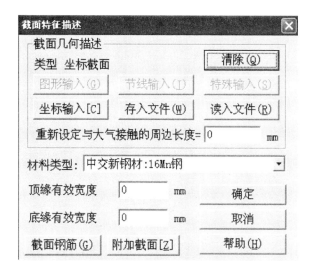

图 7-18　"截面特征描述"对话框

在"材料类型"下拉菜单中选择"中交新钢材:16Mn 钢"。然后点击"附加截面"选项,弹出"附加截面"的对话框,如图 7-19 所示。

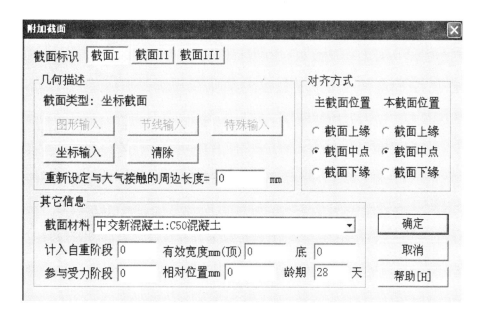

图 7-19　"附加截面"对话框

点选"截面Ⅰ",在"其他信息"的"截面材料"中的下拉菜单中选择"中交新混凝土:C50混凝土","对齐方式"中"主截面位置"和"本截面位置"都选择"截面中点"。然后点击"确定",再点击图7-18中的"确定",完成单元左截面信息的输入,左截面显示如图7-20所示。用同样的方法完成单元右截面的信息输入。

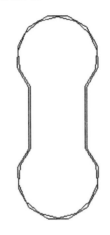

图7-20 21号单元左截面

③吊杆单元信息输入。35~47号单元为吊杆单元(非桥面单元);单元性质选择"拉索",勾选"截面高度中点处坐标",如图7-21所示。

点击图7-21中截面描述下的"拉索截面",出现"拉索特征"对话框,如图7-22所示。

在图7-22中,材料类型选择"中交新预应力筋:270K级钢绞线(15.24)"选项,并输入拉索截面力学面积(本阶段吊杆内力尚未计算,吊杆型号

内力计算
施工信息

图7-21 单元35的"单元信息输入"对话框

还没有选择,此面积可假定输入任意正数;等内力计算结束之后,根据吊杆力选择吊杆型号,计算准确的拉索面积,在"全桥结构安全验算"阶段输入),点击"确定",完成拉索单元35的输入。其余的拉索单元36~47可按照单元35的方法步骤进行输入。

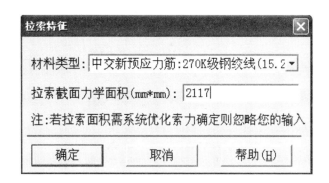

图 7-22 "拉索特征"对话框

3. 输入施工信息

在"输入施工信息"对话框中,分 6 个阶段输入相应信息。

(1)第 1 施工阶段

施工描述:满堂支架浇筑系梁。待混凝土强度达到 95% 时,龄期不小于 14d,张拉系梁第一批预应力束 N1,N3,N5,系梁预应力必须对称张拉,预制好的中横梁和端横梁作为集中荷载施加在相应结点上。

建模:安装杆件号 1~20,施工周期为 30 天,如图 7-23 所示;满堂支架用"边界条件"中所有结点添加竖向约束来模拟(为满足几何不变体系要求,2 号结点再加水平约束),如图 7-24所示。

图 7-23 第 1 施工阶段施工信息输入

横梁的自重需要首先计算好,然后将每根横梁自重的一半作为结点集中荷载施加到系梁相应的结点上,如图 7-25 所示。

中横梁自重计算:

$$G_z = \left[0.5 \times 1.05 + \frac{1}{2}(0.5 + 0.9) \times 0.2 + 0.2 \times 0.9\right] \times 15.6 \times 25$$
$$= 0.845 \times 15.6 \times 25 = 330(\text{kN})$$

端横梁自重计算:

$$G_d = \left[\frac{1}{2}(2.051 + 2.279) \times 4.5 - 3 \times 1.165\right] \times 15.6 \times 25 = 2436.5(\text{kN})$$

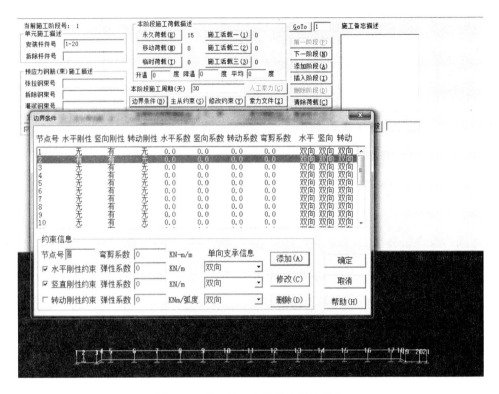

图 7-24 第 1 施工阶段边界条件输入

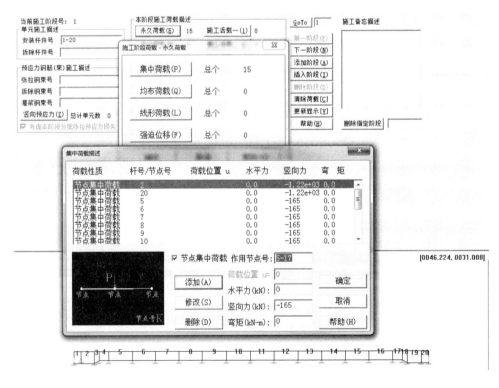

图 7-25 第 1 施工阶段施工荷载输入

点击图 7-23 中"本阶段施工荷载描述"下的"永久荷载"按钮,出现"施工阶段荷载—永久荷载"对话框,点击"集中荷载",将上面横梁自重计算结果的一半加载到相应的结点上,中横梁自重一半(165kN)加载到 5～17 结点,端横梁自重一半(1218kN)加载到 2 和 20 结点。

至此,第一施工阶段的相关信息输入完毕,回到图 7-23 界面,点击"添加阶段"按钮,出现第二施工阶段信息输入窗口,如图 7-26 所示。

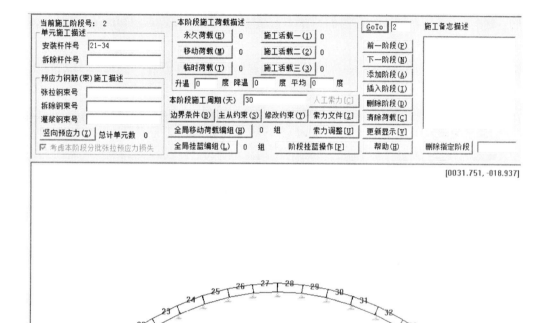

图 7-26　第 2 施工阶段施工信息输入

(2)第 2 施工阶段

施工描述:在系梁上搭设主拱的拼装支架,安装拱肋(拱肋采用一次成型),张拉系梁的第二批预应力束 N2,N4。

建模:"安装杆件号"中填入 21～34,施工周期 30 天。边界条件为系梁和拱肋的所有结点均需约束。在图 7-27 中输入结点 1～34 的边界条件信息,输入完毕后,点击"确定"按钮。本阶段没有施工荷载。

第 2 施工阶段信息输入完毕,返回到"输入施工信息"界面(见图 7-23),继续添加施工阶段。

(3)第 3 施工阶段

施工描述:待拱肋混凝土达到设计强度的 90%后,拆除拱肋的拼装支架,由支点向跨中对称安装吊杆,进行吊杆的初张拉(第一次张拉),安装桥道板,浇筑桥道板接头及铰缝混凝土。

建模:安装吊杆单元(杆件号 35～47),施工周期 30 天。边界条件同第 1 施工阶段,即

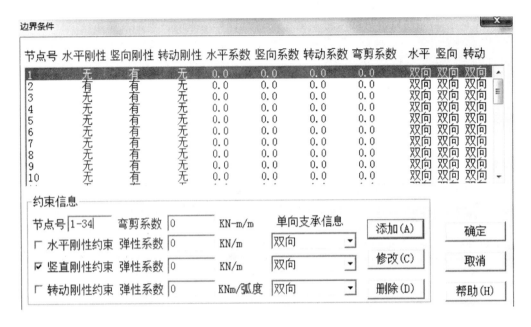

图 7-27　第 2 施工阶段边界条件输入

删除第 2 施工阶段的拱肋结点约束、保留系梁所有结点约束。桥道板自重的一半(175.5kN)作为集中荷载施加到系梁结点 5～17 上,如图 7-28 所示。

桥道板自重计算:

$$G_q = (5 - 0.5) \times 15.6 \times 0.2 \times 25 = 351(kN)$$

第 3 施工阶段安装吊杆,进行吊杆的第一次初张拉。点击图 7-28 中"索力调整"按钮,弹出"索力设定"对话框,如图 7-29 所示,输入 35 号吊杆索号和初张力(−50kN,拉力为正,压力为负)。点击"添加"按钮,依次添加 36～47 吊杆的第一批索力,输入完毕后,点击"确定"按钮。

至此,第 3 施工阶段信息输入完毕,返回到"输入施工信息"界面(见图 7-23),继续添加施工阶段。

(4)第 4 施工阶段

施工描述:由支点向跨中依次对称张拉第二批吊杆力,拆除系梁支架。

建模:在第 3 施工阶段,拱桥单元全部安装完毕,后续施工阶段(4～6)就没有新的杆件安装。本阶段拆除支架,吊杆二次张拉,施工周期为 7 天。边界条件只保留支座位置(2 号和 20 号结点)约束,系杆拱桥对外显示简支梁特征,如图 7-30 所示。后续施工阶段(5～6)桥梁结构边界条件跟本阶段相同。

"索力调整"输入二次吊杆张拉索力设定值,如图 7-31 所示。

至此,完成第 4 施工阶段的施工信息输入。

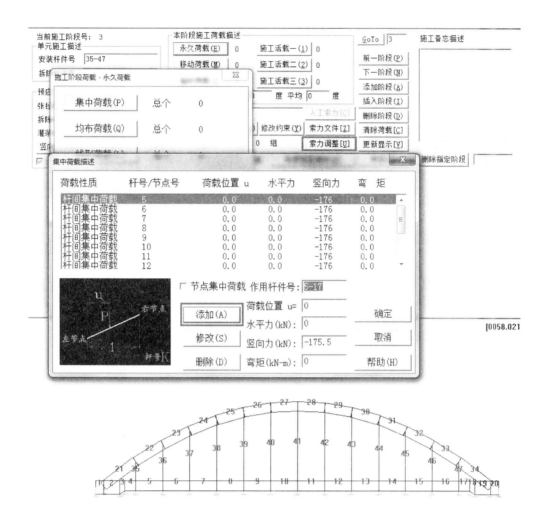

图 7-28 第 3 施工阶段施工信息输入

(5)第 5 施工阶段

施工描述:浇筑桥道系二次现浇混凝土,由支点向跨中依次对称张拉第三批吊杆力。

建模:二次现浇混凝土是每块桥道板在横梁顶部的连接部分混凝土(0.5m 宽、0.2m 高),按自重的一半,值为 19.5kN((0.5×0.2×15.6×25)/2),在"施工荷载描述"的"永久荷载"中,作为集中荷载施加到 5~17 号结点上,如图 7-32 所示。吊杆力的输入也同前面施工阶段的输入方法,如图 7-33 所示。

第 5 施工阶段的施工信息输入完毕。

(6)第 6 施工阶段

施工描述:施加二期恒载(桥面铺装及其附属结构物),吊杆力张拉到设计吨位。

二期恒载包括桥面铺装、人行道和防撞栏杆自重。这里简化计算为桥梁全宽 15.6m 范围均按 18cm 沥青混凝土自重计算,按计算值的一半作为均布荷载施加到系梁 1~20 单元上,如图 7-34 所示。

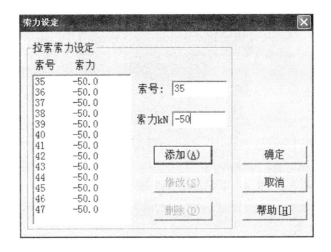

图 7-29 第 3 施工阶段"索力设定"对话框

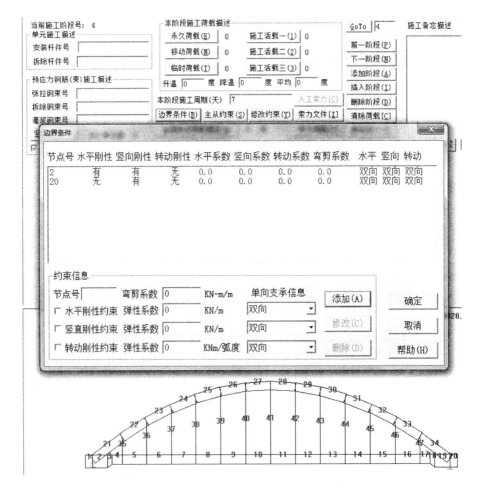

图 7-30 第 4 施工阶段施工信息输入

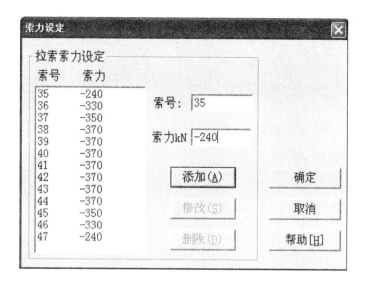

图 7-31　第 4 施工阶段"索力设定"对话框

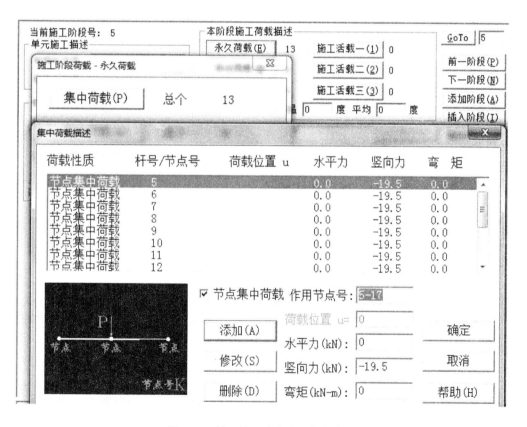

图 7-32　第 5 施工阶段施工信息输入

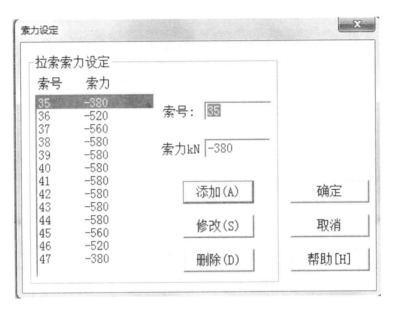

图 7-33 第 5 施工阶段"索力设定"对话框

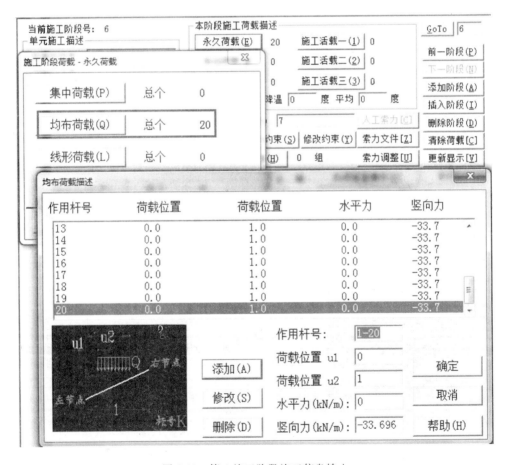

图 7-34 第 6 施工阶段施工信息输入

二期恒载计算：

$$q_2 = 0.18 \times 15.6 \times 24 = 67.392 \, (\text{kN/m})$$

至此,全桥 6 个施工阶段的信息输入完毕。

4. 输入使用信息

在使用信息对话框时(见图 7-35),主要是"活荷载描述"中相关参数的
输入,如图 7-36 所示。　　　　　　　　　　　　　　　　　　使用信息

在图 7-36 中,"汽车荷载"选择"公路－Ⅰ级",不计挂车荷载,人群荷载
集度为 3.5kN/m²。"桥面描述"中,满人总宽度为 14.5m,人行道宽度为 2.5m。按照杠杆
原理法计算荷载横向分布系数(见图 3-37),算得汽车荷载横向分布系数为 1.523,人群荷载
横向分布系数为 0.1272。

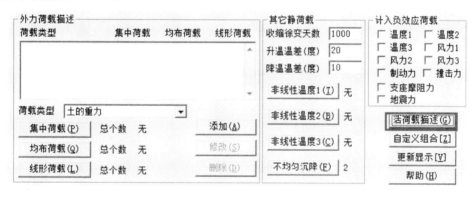

图 7-35　"输入使用阶段信息"对话框

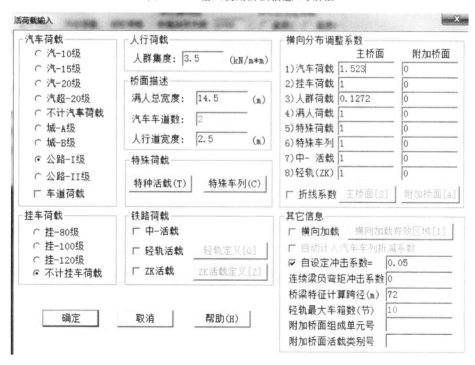

图 7-36　"活荷载输入"对话框

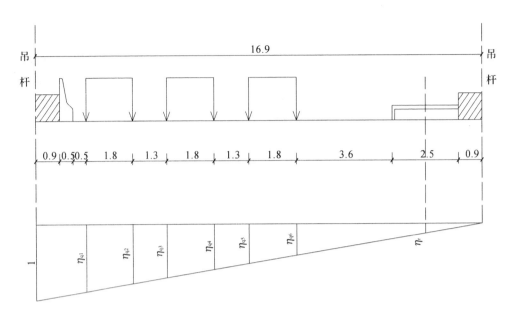

图 7-37　杠杆原理法计算单拱肋横向分布系数

汽车荷载横向分布系数计算需分别按三车道和两车道计算,并考虑车道折减系数后取大值。

三车道:

$$m_q = \frac{1}{2}\sum \eta_{qi} = \frac{1}{2}\times\frac{1}{16.9}\times(15+13.2+11.9+10.1+8.8+7.0)=1.95266$$

两车道:

$$m_q = \frac{1}{2}\sum \eta_{qi} = \frac{1}{2}\times\frac{1}{16.9}\times(15+13.2+11.9+10.1)=1.4852$$

考虑车道折减后,三车道荷载横向分布系数为:

$$m_q = 0.78\times1.95266 = 1.523$$

大于两车道横向分布系数,因此在"横向分布调整系数"对话框中,相应于汽车荷载输入 1.523。

人群横向分布系数:

$$m_r = \frac{0.9+1.25}{16.9}\times 1 = 0.1272$$

按照《公路桥涵设计通用规范》(JTG D60-2015)条文说明 4.3.2 的公式,计算拱桥自振频率为 1.39Hz,因此冲击系数为 0.05。桥梁特征计算跨径为 72m。点击"确定"按钮,至此使用阶段信息输入完毕。

5. 执行项目计算及计算结果输出

点击"项目",选择"输入数据诊断",诊断 OK 后,再选择"执行项目计算",项目执行计算完毕后可查看结果。可点击"数据",选择"输出使用阶段结果"(见图 7-38),根据"使用内力组合 II"的计算内力进行系梁预应力钢筋的估算。

内力计算

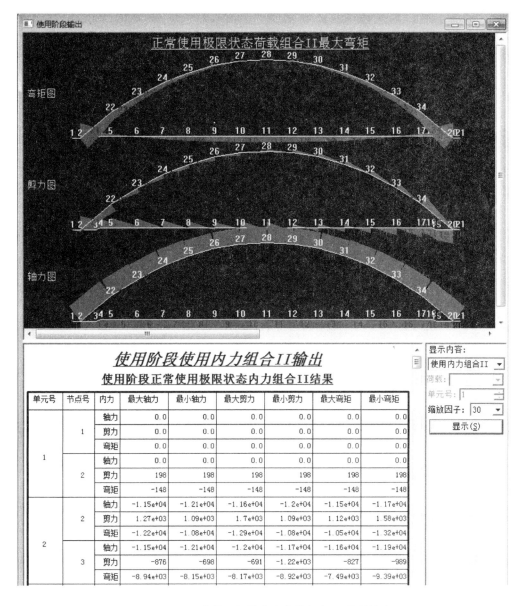

图 7-38　"正常使用极限状态荷载组合 II"结果输出

也可选择"输出文本数据结果",输出控制截面的计算内力。

(1)系梁单元(1~20 号)正常使用组合 II 的内力计算结果,是系梁预应力估算的内力设计值。

桥梁博士系统文本结果输出

项目名称:D:\电算教材\桥博模型 2019\钢管混凝土系杆拱桥内力计算 20190707\拱桥

输出单元号:1-20

输出结点号:

输出附加内容单元号:

输出阶段号：

输出组合类型：2

* *

正常使用极限状态荷载组合 II 内力结果

* *

单元号＝1，左结点号＝1

内力性质	最大轴力	最小轴力	最大剪力	最小剪力	最大弯矩	最小弯矩
轴力	0.000e+000	0.000e+000	0.000e+000	0.000e+000	0.000e+000	0.000e+000
剪力	0.000e+000	0.000e+000	0.000e+000	0.000e+000	0.000e+000	0.000e+000
弯矩	0.000e+000	0.000e+000	0.000e+000	0.000e+000	0.000e+000	0.000e+000

单元号＝1，右结点号＝2

内力性质	最大轴力	最小轴力	最大剪力	最小剪力	最大弯矩	最小弯矩
轴力	7.858e−031	7.858e−031	7.858e−031	7.858e−031	7.858e−031	7.858e−031
剪力	1.975e+002	1.975e+002	1.975e+002	1.975e+002	1.975e+002	1.975e+002
弯矩	−1.482e+002	−1.482e+002	−1.482e+002	−1.482e+002	−1.482e+002	−1.482e+002

单元号＝2，左结点号＝2

内力性质	最大轴力	最小轴力	最大剪力	最小剪力	最大弯矩	最小弯矩
轴力	−1.148e+004	−1.208e+004	−1.161e+004	−1.205e+004	−1.151e+004	−1.173e+004
剪力	1.271e+003	1.095e+003	1.702e+003	1.087e+003	1.118e+003	1.579e+003
弯矩	−1.216e+004	−1.084e+004	−1.287e+004	−1.083e+004	−1.053e+004	−1.323e+004

单元号＝2，右结点号＝3

内力性质	最大轴力	最小轴力	最大剪力	最小剪力	最大弯矩	最小弯矩
轴力	−1.148e+004	−1.208e+004	−1.205e+004	−1.168e+004	−1.156e+004	−1.188e+004
剪力	−8.758e+002	−6.982e+002	−6.915e+002	−1.222e+003	−8.272e+002	−9.895e+002
弯矩	−8.940e+003	−8.153e+003	−8.166e+003	−8.915e+003	−7.488e+003	−9.391e+003

单元号＝3，左结点号＝3

内力性质	最大轴力	最小轴力	最大剪力	最小剪力	最大弯矩	最小弯矩
轴力	−1.148e+004	−1.208e+004	−1.168e+004	−1.205e+004	−1.156e+004	−1.188e+004
剪力	8.758e+002	6.982e+002	1.222e+003	6.915e+002	8.272e+002	9.895e+002
弯矩	−8.940e+003	−8.153e+003	−8.915e+003	−8.166e+003	−7.488e+003	−9.391e+003

单元号＝3，右结点号＝4

内力性质	最大轴力	最小轴力	最大剪力	最小剪力	最大弯矩	最小弯矩
轴力	−1.148e+004	−1.208e+004	−1.205e+004	−1.171e+004	−1.156e+004	−1.199e+004
剪力	−7.661e+002	−5.885e+002	−5.817e+002	−1.083e+003	−7.180e+002	−7.367e+002
弯矩	−4.391e+003	−3.587e+003	−3.617e+003	−4.105e+003	−2.961e+003	−4.658e+003

单元号＝4，左结点号＝4

内力性质	最大轴力	最小轴力	最大剪力	最小剪力	最大弯矩	最小弯矩
轴力	−1.148e+004	−1.208e+004	−1.171e+004	−1.205e+004	−1.156e+004	−1.199e+004
剪力	7.661e+002	5.885e+002	1.083e+003	5.817e+002	7.180e+002	7.367e+002
弯矩	−4.391e+003	−3.587e+003	−4.105e+003	−3.617e+003	−2.961e+003	−4.658e+003

单元号＝4，右结点号＝5

内力性质	最大轴力	最小轴力	最大剪力	最小剪力	最大弯矩	最小弯矩
轴力	−1.148e+004	−1.208e+004	−1.159e+004	−1.175e+004	−1.174e+004	−1.199e+004
剪力	−5.907e+002	−4.118e+002	−3.684e+002	−8.468e+002	−4.478e+002	−5.604e+002
弯矩	−3.034e+003	−2.587e+003	−1.781e+003	−2.453e+003	−1.693e+003	−3.362e+003

单元号 = 5，左结点号 = 5

内力性质	最大轴力	最小轴力	最大剪力	最小剪力	最大弯矩	最小弯矩
轴力	−1.148e+004	−1.208e+004	−1.175e+004	−1.159e+004	−1.174e+004	−1.199e+004
剪力	8.684e+002	7.284e+002	1.179e+003	6.994e+002	8.077e+002	8.439e+002
弯矩	−3.034e+003	−2.587e+003	−2.454e+003	−1.781e+003	−1.693e+003	−3.362e+003

单元号 = 5，右结点号 = 6

内力性质	最大轴力	最小轴力	最大剪力	最小剪力	最大弯矩	最小弯矩
轴力	−1.148e+004	−1.208e+004	−1.166e+004	−1.185e+004	−1.186e+004	−1.200e+004
剪力	−2.539e+002	−1.120e+002	−9.342e+000	−4.319e+002	−1.848e+002	−2.268e+002
弯矩	−6.678e+002	−9.256e+002	2.486e+002	2.849e+002	4.818e+002	−1.129e+003

单元号 = 6，左结点号 = 6

内力性质	最大轴力	最小轴力	最大剪力	最小剪力	最大弯矩	最小弯矩
轴力	−1.148e+004	−1.208e+004	−1.185e+004	−1.165e+004	−1.186e+004	−1.200e+004
剪力	7.143e+002	6.217e+002	9.755e+002	5.432e+002	7.582e+002	6.983e+002
弯矩	−6.678e+002	−9.256e+002	2.753e+002	2.580e+002	4.818e+002	−1.129e+003

单元号 = 6，右结点号 = 7

内力性质	最大轴力	最小轴力	最大剪力	最小剪力	最大弯矩	最小弯矩
轴力	−1.148e+004	−1.208e+004	−1.178e+004	−1.193e+004	−1.177e+004	−1.203e+004
剪力	−9.976e+001	−4.671e+000	1.876e+002	−2.473e+002	−1.830e+001	8.122e+000
弯矩	9.275e+002	2.008e+002	1.730e+003	1.915e+003	2.169e+003	4.749e+001

单元号 = 7，左结点号 = 7

内力性质	最大轴力	最小轴力	最大剪力	最小剪力	最大弯矩	最小弯矩
轴力	−1.148e+004	−1.208e+004	−1.193e+004	−1.178e+004	−1.177e+004	−1.203e+004
剪力	6.195e+002	5.842e+002	8.613e+002	4.276e+002	6.170e+002	5.516e+002
弯矩	9.275e+002	2.008e+002	1.912e+003	1.733e+003	2.169e+003	4.749e+001

单元号 = 7，右结点号 = 8

内力性质	最大轴力	最小轴力	最大剪力	最小剪力	最大弯矩	最小弯矩
轴力	−1.148e+004	−1.208e+004	−1.187e+004	−1.199e+004	−1.186e+004	−1.202e+004
剪力	−5.016e+000	3.222e+001	2.723e+002	−1.446e+002	8.967e+001	6.398e+001
弯矩	2.049e+003	1.143e+003	2.411e+003	2.963e+003	3.235e+003	8.191e+002

单元号 = 8，左结点号 = 8

内力性质	最大轴力	最小轴力	最大剪力	最小剪力	最大弯矩	最小弯矩
轴力	−1.148e+004	−1.208e+004	−1.200e+004	−1.186e+004	−1.186e+004	−1.202e+004
剪力	5.532e+002	5.901e+002	7.891e+002	3.751e+002	5.453e+002	5.221e+002
弯矩	2.049e+003	1.143e+003	2.954e+003	2.420e+003	3.235e+003	8.191e+002

单元号 = 8，右结点号 = 9

内力性质	最大轴力	最小轴力	最大剪力	最小剪力	最大弯矩	最小弯矩

轴力	−1.148e+004	−1.208e+004	−1.195e+004	−1.203e+004	−1.195e+004	−1.197e+004
剪力	6.132e+001	2.696e+001	3.466e+002	−7.889e+001	1.845e+002	9.929e+001
弯矩	2.838e+003	2.106e+003	2.977e+003	3.653e+003	3.936e+003	1.434e+003

单元号 = 9,左结点号 = 9

内力性质	最大轴力	最小轴力	最大剪力	最小剪力	最大弯矩	最小弯矩
轴力	−1.148e+004	−1.208e+004	−1.203e+004	−1.195e+004	−1.195e+004	−1.197e+004
剪力	4.901e+002	6.210e+002	7.264e+002	3.120e+002	4.624e+002	4.874e+002
弯矩	2.838e+003	2.106e+003	3.653e+003	2.977e+003	3.936e+003	1.434e+003

单元号 = 9,右结点号 = 10

内力性质	最大轴力	最小轴力	最大剪力	最小剪力	最大弯矩	最小弯矩
轴力	−1.148e+004	−1.208e+004	−1.201e+004	−1.204e+004	−1.200e+004	−1.196e+004
剪力	1.244e+002	−5.940e+001	3.814e+002	−1.992e+001	1.077e+002	1.295e+002
弯矩	3.313e+003	3.040e+003	3.094e+003	4.085e+003	4.274e+003	1.887e+003

单元号 = 10,左结点号 = 10

内力性质	最大轴力	最小轴力	最大剪力	最小剪力	最大弯矩	最小弯矩
轴力	−1.148e+004	−1.208e+004	−1.204e+004	−1.201e+004	−1.200e+004	−1.196e+004
剪力	4.281e+002	7.236e+002	6.674e+002	2.764e+002	5.432e+002	4.651e+002
弯矩	3.313e+003	3.040e+003	4.084e+003	3.094e+003	4.274e+003	1.887e+003

单元号 = 10,右结点号 = 11

内力性质	最大轴力	最小轴力	最大剪力	最小剪力	最大弯矩	最小弯矩
轴力	−1.148e+004	−1.208e+004	−1.205e+004	−1.202e+004	−1.203e+004	−1.187e+004
剪力	1.864e+002	2.396e+002	4.122e+002	3.742e+001	1.678e+002	1.710e+002
弯矩	3.477e+003	3.163e+003	3.015e+003	4.273e+003	4.369e+003	2.161e+003

单元号 = 11,左结点号 = 11

内力性质	最大轴力	最小轴力	最大剪力	最小剪力	最大弯矩	最小弯矩
轴力	−1.148e+004	−1.208e+004	−1.206e+004	−1.203e+004	−1.203e+004	−1.187e+004
剪力	3.664e+002	4.324e+002	6.167e+002	2.150e+002	4.843e+002	4.194e+002
弯矩	3.477e+003	3.163e+003	3.215e+003	4.300e+003	4.369e+003	2.161e+003

单元号 = 11,右结点号 = 12

内力性质	最大轴力	最小轴力	最大剪力	最小剪力	最大弯矩	最小弯矩
轴力	−1.148e+004	−1.208e+004	−1.204e+004	−1.202e+004	−1.200e+004	−1.194e+004
剪力	2.481e+002	4.375e+002	4.771e+002	8.816e+001	3.584e+002	2.798e+002
弯矩	3.332e+003	2.965e+003	4.019e+003	3.199e+003	4.277e+003	1.905e+003

单元号 = 12,左结点号 = 12

内力性质	最大轴力	最小轴力	最大剪力	最小剪力	最大弯矩	最小弯矩
轴力	−1.148e+004	−1.208e+004	−1.202e+004	−1.204e+004	−1.200e+004	−1.194e+004
剪力	3.022e+002	2.231e+002	5.707e+002	1.658e+002	2.906e+002	3.094e+002
弯矩	3.332e+003	2.965e+003	3.199e+003	4.019e+003	4.277e+003	1.905e+003

单元号 = 12,右结点号 = 13

内力性质	最大轴力	最小轴力	最大剪力	最小剪力	最大弯矩	最小弯矩
轴力	−1.148e+004	−1.208e+004	−1.203e+004	−1.195e+004	−1.194e+004	−1.198e+004

内力性质						
剪力	3.123e+002	4.250e+002	5.246e+002	1.357e+002	2.977e+002	3.130e+002
弯矩	2.868e+003	2.010e+003	3.474e+003	2.989e+003	3.937e+003	1.456e+003

单元号 = 13,左结点号 = 13

内力性质	最大轴力	最小轴力	最大剪力	最小剪力	最大弯矩	最小弯矩
轴力	−1.148e+004	−1.208e+004	−1.195e+004	−1.203e+004	−1.194e+004	−1.198e+004
剪力	2.370e+002	2.145e+002	5.207e+002	1.118e+002	3.439e+002	2.740e+002
弯矩	2.868e+003	2.010e+003	2.989e+003	3.516e+003	3.937e+003	1.456e+003

单元号 = 13,右结点号 = 14

内力性质	最大轴力	最小轴力	最大剪力	最小剪力	最大弯矩	最小弯矩
轴力	−1.148e+004	−1.208e+004	−1.200e+004	−1.187e+004	−1.187e+004	−1.201e+004
剪力	3.775e+002	4.025e+002	6.093e+002	1.888e+002	3.586e+002	3.455e+002
弯矩	2.076e+003	1.103e+003	2.948e+003	2.538e+003	3.287e+003	8.424e+002

单元号 = 14,左结点号 = 14

内力性质	最大轴力	最小轴力	最大剪力	最小剪力	最大弯矩	最小弯矩
轴力	−1.148e+004	−1.208e+004	−1.188e+004	−1.200e+004	−1.187e+004	−1.201e+004
剪力	1.687e+002	2.128e+002	4.616e+002	4.772e+001	2.774e+002	2.387e+002
弯矩	2.076e+003	1.103e+003	2.529e+003	2.793e+003	3.287e+003	8.424e+002

单元号 = 14,右结点号 = 15

内力性质	最大轴力	最小轴力	最大剪力	最小剪力	最大弯矩	最小弯矩
轴力	−1.148e+004	−1.208e+004	−1.194e+004	−1.178e+004	−1.177e+004	−1.203e+004
剪力	4.458e+002	4.036e+002	6.793e+002	2.531e+002	4.484e+002	3.772e+002
弯矩	9.433e+002	1.861e+002	1.869e+003	1.748e+003	2.176e+003	6.230c+001

单元号 = 15,左结点号 = 15

内力性质	最大轴力	最小轴力	最大剪力	最小剪力	最大弯矩	最小弯矩
轴力	−1.148e+004	−1.208e+004	−1.178e+004	−1.194e+004	−1.177e+004	−1.203e+004
剪力	7.232e+001	1.716e+002	3.609e+002	−5.204e+001	1.470e+002	1.814e+002
弯矩	9.433e+002	1.861e+002	1.745e+003	1.718e+003	2.176e+003	6.230e+001

单元号 = 15,右结点号 = 16

内力性质	最大轴力	最小轴力	最大剪力	最小剪力	最大弯矩	最小弯矩
轴力	−1.148e+004	−1.208e+004	−1.186e+004	−1.167e+004	−1.186e+004	−1.200e+004
剪力	5.422e+002	4.455e+002	7.912e+002	3.579e+002	5.833e+002	5.259e+002
弯矩	−6.713e+002	−9.392e+002	2.012e+002	3.827e+002	4.791e+002	−1.127e+003

单元号 = 16,左结点号 = 16

内力性质	最大轴力	最小轴力	最大剪力	最小剪力	最大弯矩	最小弯矩
轴力	−1.148e+004	−1.208e+004	−1.167e+004	−1.186e+004	−1.186e+004	−1.200e+004
剪力	−8.315e+001	6.171e+001	1.807e+002	−2.378e+002	−1.087e+001	−5.547e+001
弯矩	−6.713e+002	−9.392e+002	3.732e+002	1.236e+002	4.791e+002	−1.127e+003

单元号 = 16,右结点号 = 17

内力性质	最大轴力	最小轴力	最大剪力	最小剪力	最大弯矩	最小弯矩
轴力	−1.148e+004	−1.208e+004	−1.176e+004	−1.159e+004	−1.176e+004	−1.199e+004
剪力	6.977e+002	5.547e+002	9.996e+002	5.261e+002	7.581e+002	6.727e+002

| 弯矩 | $-3.063e+003$ | $-2.612e+003$ | $-2.510e+003$ | $-1.787e+003$ | $-1.711e+003$ | $-3.383e+003$ |

单元号 = 17,左结点号 = 17

内力性质	最大轴力	最小轴力	最大剪力	最小剪力	最大弯矩	最小弯矩
轴力	$-1.148e+004$	$-1.208e+004$	$-1.160e+004$	$-1.175e+004$	$-1.176e+004$	$-1.199e+004$
剪力	$-4.209e+002$	$-2.392e+002$	$-1.953e+002$	$-6.702e+002$	$-3.973e+002$	$-3.900e+002$
弯矩	$-3.063e+003$	$-2.612e+003$	$-1.788e+003$	$-2.502e+003$	$-1.711e+003$	$-3.383e+003$

单元号 = 17,右结点号 = 18

内力性质	最大轴力	最小轴力	最大剪力	最小剪力	最大弯矩	最小弯矩
轴力	$-1.148e+004$	$-1.208e+004$	$-1.172e+004$	$-1.157e+004$	$-1.156e+004$	$-1.199e+004$
剪力	$7.723e+002$	$5.919e+002$	$1.065e+003$	$5.788e+002$	$7.269e+002$	$7.422e+002$
弯矩	$-4.432e+003$	$-3.619e+003$	$-4.232e+003$	$-3.015e+003$	$-2.986e+003$	$-4.691e+003$

单元号 = 18,左结点号 = 18

内力性质	最大轴力	最小轴力	最大剪力	最小剪力	最大弯矩	最小弯矩
轴力	$-1.148e+004$	$-1.208e+004$	$-1.157e+004$	$-1.172e+004$	$-1.156e+004$	$-1.199e+004$
剪力	$-7.723e+002$	$-5.919e+002$	$-5.788e+002$	$-1.065e+003$	$-7.269e+002$	$-7.422e+002$
弯矩	$-4.432e+003$	$-3.619e+003$	$-3.015e+003$	$-4.232e+003$	$-2.986e+003$	$-4.691e+003$

单元号 = 18,右结点号 = 19

内力性质	最大轴力	最小轴力	最大剪力	最小剪力	最大弯矩	最小弯矩
轴力	$-1.148e+004$	$-1.208e+004$	$-1.169e+004$	$-1.204e+004$	$-1.155e+004$	$-1.187e+004$
剪力	$8.820e+002$	$7.016e+002$	$1.218e+003$	$6.959e+002$	$8.488e+002$	$1.004e+003$
弯矩	$-8.988e+003$	$-8.188e+003$	$-8.997e+003$	$-8.197e+003$	$-7.510e+003$	$-9.431e+003$

单元号 = 19,左结点号 = 19

内力性质	最大轴力	最小轴力	最大剪力	最小剪力	最大弯矩	最小弯矩
轴力	$-1.148e+004$	$-1.208e+004$	$-1.204e+004$	$-1.169e+004$	$-1.155e+004$	$-1.187e+004$
剪力	$-8.820e+002$	$-7.016e+002$	$-6.959e+002$	$-1.218e+003$	$-8.487e+002$	$-1.004e+003$
弯矩	$-8.988e+003$	$-8.188e+003$	$-8.197e+003$	$-8.997e+003$	$-7.510e+003$	$-9.431e+003$

单元号 = 19,右结点号 = 20

内力性质	最大轴力	最小轴力	最大剪力	最小剪力	最大弯矩	最小弯矩
轴力	$-1.148e+004$	$-1.208e+004$	$-1.162e+004$	$-1.204e+004$	$-1.152e+004$	$-1.172e+004$
剪力	$1.277e+003$	$1.098e+003$	$1.694e+003$	$1.091e+003$	$1.122e+003$	$1.590e+003$
弯矩	$-1.223e+004$	$-1.089e+004$	$-1.298e+004$	$-1.088e+004$	$-1.057e+004$	$-1.328e+004$

单元号 = 20,左结点号 = 20

内力性质	最大轴力	最小轴力	最大剪力	最小剪力	最大弯矩	最小弯矩
轴力	$6.917e-011$	$6.917e-011$	$6.917e-011$	$6.917e-011$	$6.917e-011$	$6.917e-011$
剪力	$1.976e+002$	$1.976e+002$	$4.940e+002$	$1.976e+002$	$1.976e+002$	$4.939e+002$
弯矩	$-1.482e+002$	$-1.482e+002$	$-3.673e+002$	$-1.482e+002$	$-1.482e+002$	$-3.677e+002$

单元号 = 20,右结点号 = 21

内力性质	最大轴力	最小轴力	最大剪力	最小剪力	最大弯矩	最小弯矩
轴力	$0.000e+000$	$0.000e+000$	$0.000e+000$	$0.000e+000$	$0.000e+000$	$0.000e+000$
剪力	$0.000e+000$	$0.000e+000$	$0.000e+000$	$-2.115e-004$	$0.000e+000$	$0.000e+000$
弯矩	$0.000e+000$	$0.000e+000$	$0.000e+000$	$0.000e+000$	$0.000e+000$	$0.000e+000$

(2)吊杆单元内力输出

桥梁博士系统文本结果输出

项目名称:D:\电算教材\桥博模型 2019\钢管混凝土系杆拱桥内力计算 20190707\拱桥

输出单元号:35-47

输出结点号:

输出附加内容单元号:

输出阶段号:

输出组合类型:1-2

* *

　　　正常使用阶段内力位移输出

* *

承载能力极限状态荷载组合 I 内力结果:

单元号 = 35,左结点号 = 22

内力性质	最大轴力	最小轴力	最大剪力	最小剪力	最大弯矩	最小弯矩
轴力	$-4.674e+002$	$-7.080e+002$	$-5.608e+002$	$-4.674e+002$	$-4.674e+002$	$-4.674e+002$
剪力	$2.239e-017$	$2.686e-017$	$2.686e-017$	$2.239e-017$	$2.239e-017$	$2.239e-017$
弯矩	$0.000e+000$	$0.000e+000$	$0.000e+000$	$0.000e+000$	$0.000e+000$	$0.000e+000$

单元号 = 35,右结点号 = 5

内力性质	最大轴力	最小轴力	最大剪力	最小剪力	最大弯矩	最小弯矩
轴力	$-4.666e+002$	$-7.071e+002$	$-5.600e+002$	$-4.666e+002$	$-4.666e+002$	$-4.666e+002$
剪力	$2.239e-017$	$2.686e-017$	$2.686e-017$	$2.239e-017$	$2.239e-017$	$2.239e-017$
弯矩	$0.000e+000$	$0.000e+000$	$0.000e+000$	$0.000e+000$	$0.000e+000$	$0.000e+000$

单元号 = 36,左结点号 = 23

内力性质	最大轴力	最小轴力	最大剪力	最小剪力	最大弯矩	最小弯矩
轴力	$-6.474e+002$	$-1.005e+003$	$-7.769e+002$	$-6.474e+002$	$-6.474e+002$	$-6.474e+002$
剪力	$3.793e-017$	$4.552e-017$	$4.552e-017$	$3.793e-017$	$3.793e-017$	$3.793e-017$
弯矩	$0.000e+000$	$0.000e+000$	$0.000e+000$	$0.000e+000$	$0.000e+000$	$0.000e+000$

单元号 = 36,右结点号 = 6

内力性质	最大轴力	最小轴力	最大剪力	最小剪力	最大弯矩	最小弯矩
轴力	$-6.462e+002$	$-1.003e+003$	$-7.754e+002$	$-6.462e+002$	$-6.462e+002$	$-6.462e+002$
剪力	$3.793e-017$	$4.552e-017$	$4.552e-017$	$3.793e-017$	$3.793e-017$	$3.793e-017$
弯矩	$0.000e+000$	$0.000e+000$	$0.000e+000$	$0.000e+000$	$0.000e+000$	$0.000e+000$

单元号 = 37,左结点号 = 24

内力性质	最大轴力	最小轴力	最大剪力	最小剪力	最大弯矩	最小弯矩
轴力	$-7.062e+002$	$-1.110e+003$	$-8.475e+002$	$-7.062e+002$	$-7.062e+002$	$-7.062e+002$
剪力	$5.065e-017$	$6.078e-017$	$6.078e-017$	$5.065e-017$	$5.065e-017$	$5.065e-017$
弯矩	$0.000e+000$	$0.000e+000$	$0.000e+000$	$0.000e+000$	$0.000e+000$	$0.000e+000$

单元号 = 37,右结点号 = 7

内力性质	最大轴力	最小轴力	最大剪力	最小剪力	最大弯矩	最小弯矩
轴力	$-7.046e+002$	$-1.108e+003$	$-8.455e+002$	$-7.046e+002$	$-7.046e+002$	$-7.046e+002$
剪力	$5.065e-017$	$6.078e-017$	$6.078e-017$	$5.065e-017$	$5.065e-017$	$5.065e-017$
弯矩	$0.000e+000$	$0.000e+000$	$0.000e+000$	$0.000e+000$	$0.000e+000$	$0.000e+000$

单元号 = 38, 左结点号 = 25

内力性质	最大轴力	最小轴力	最大剪力	最小剪力	最大弯矩	最小弯矩
轴力	−7.346e+002	−1.155e+003	−8.815e+002	−7.346e+002	−7.346e+002	−7.346e+002
剪力	6.054e−017	7.265e−017	7.265e−017	6.054e−017	6.054e−017	6.054e−017
弯矩	0.000e+000	0.000e+000	0.000e+000	0.000e+000	0.000e+000	0.000e+000

单元号 = 38, 右结点号 = 8

内力性质	最大轴力	最小轴力	最大剪力	最小剪力	最大弯矩	最小弯矩
轴力	−7.326e+002	−1.152e+003	−8.792e+002	−7.326e+002	−7.326e+002	−7.326e+002
剪力	6.054e−017	7.265e−017	7.265e−017	6.054e−017	6.054e−017	6.054e−017
弯矩	0.000e+000	0.000e+000	0.000e+000	0.000e+000	0.000e+000	0.000e+000

单元号 = 39, 左结点号 = 26

内力性质	最大轴力	最小轴力	最大剪力	最小剪力	最大弯矩	最小弯矩
轴力	−7.380e+002	−1.163e+003	−8.857e+002	−7.380e+002	−7.380e+002	−7.380e+002
剪力	6.761e−017	8.113e−017	8.113e−017	6.761e−017	6.761e−017	6.761e−017
弯矩	0.000e+000	0.000e+000	0.000e+000	0.000e+000	0.000e+000	0.000e+000

单元号 = 39, 右结点号 = 9

内力性质	最大轴力	最小轴力	最大剪力	最小剪力	最大弯矩	最小弯矩
轴力	−7.358e+002	−1.161e+003	−8.830e+002	−7.358e+002	−7.358e+002	−7.358e+002
剪力	6.761e−017	8.113e−017	8.113e−017	6.761e−017	6.761e−017	6.761e−017
弯矩	0.000e+000	0.000e+000	0.000e+000	0.000e+000	0.000e+000	0.000e+000

单元号 = 40, 左结点号 = 27

内力性质	最大轴力	最小轴力	最大剪力	最小剪力	最大弯矩	最小弯矩
轴力	−7.393e+002	−1.167e+003	−8.871e+002	−7.393e+002	−7.393e+002	−7.393e+002
剪力	7.185e−017	8.622e−017	8.622e−017	7.185e−017	7.185e−017	7.185e−017
弯矩	0.000e+000	0.000e+000	0.000e+000	0.000e+000	0.000e+000	0.000e+000

单元号 = 40, 右结点号 = 10

内力性质	最大轴力	最小轴力	最大剪力	最小剪力	最大弯矩	最小弯矩
轴力	−7.369e+002	−1.164e+003	−8.843e+002	−7.369e+002	−7.369e+002	−7.369e+002
剪力	7.185e−017	8.622e−017	8.622e−017	7.185e−017	7.185e−017	7.185e−017
弯矩	0.000e+000	0.000e+000	0.000e+000	0.000e+000	0.000e+000	0.000e+000

单元号 = 41, 左结点号 = 28

内力性质	最大轴力	最小轴力	最大剪力	最小剪力	最大弯矩	最小弯矩
轴力	−7.396e+002	−1.167e+003	−8.875e+002	−7.396e+002	−7.396e+002	−7.396e+002
剪力	7.326e−017	8.792e−017	8.792e−017	7.326e−017	7.326e−017	7.326e−017
弯矩	0.000e+000	0.000e+000	0.000e+000	0.000e+000	0.000e+000	0.000e+000

单元号 = 41, 右结点号 = 11

内力性质	最大轴力	最小轴力	最大剪力	最小剪力	最大弯矩	最小弯矩
轴力	−7.372e+002	−1.164e+003	−8.846e+002	−7.372e+002	−7.372e+002	−7.372e+002
剪力	7.326e−017	8.792e−017	8.792e−017	7.326e−017	7.326e−017	7.326e−017
弯矩	0.000e+000	0.000e+000	0.000e+000	0.000e+000	0.000e+000	0.000e+000

单元号 = 42, 左结点号 = 12

内力性质	最大轴力	最小轴力	最大剪力	最小剪力	最大弯矩	最小弯矩

轴力	$-7.346e+002$	$-1.161e+003$	$-8.816e+002$	$-7.347e+002$	$-7.347e+002$	$-7.347e+002$
剪力	$7.185e-017$	$8.622e-017$	$8.622e-017$	$7.185e-017$	$7.185e-017$	$7.185e-017$
弯矩	$0.000e+000$	$0.000e+000$	$0.000e+000$	$0.000e+000$	$0.000e+000$	$0.000e+000$

单元号 = 42,右结点号 = 29

内力性质	最大轴力	最小轴力	最大剪力	最小剪力	最大弯矩	最小弯矩
轴力	$-7.369e+002$	$-1.164e+003$	$-8.844e+002$	$-7.370e+002$	$-7.370e+002$	$-7.370e+002$
剪力	$7.185e-017$	$8.622e-017$	$8.622e-017$	$7.185e-017$	$7.185e-017$	$7.185e-017$
弯矩	$0.000e+000$	$0.000e+000$	$0.000e+000$	$0.000e+000$	$0.000e+000$	$0.000e+000$

单元号 = 43,左结点号 = 13

内力性质	最大轴力	最小轴力	最大剪力	最小剪力	最大弯矩	最小弯矩
轴力	$-7.336e+002$	$-1.158e+003$	$-8.805e+002$	$-7.337e+002$	$-7.337e+002$	$-7.337e+002$
剪力	$6.761e-017$	$8.113e-017$	$8.113e-017$	$6.761e-017$	$6.761e-017$	$6.761e-017$
弯矩	$0.000e+000$	$0.000e+000$	$0.000e+000$	$0.000e+000$	$0.000e+000$	$0.000e+000$

单元号 = 43,右结点号 = 30

内力性质	最大轴力	最小轴力	最大剪力	最小剪力	最大弯矩	最小弯矩
轴力	$-7.358e+002$	$-1.161e+003$	$-8.831e+002$	$-7.359e+002$	$-7.359e+002$	$-7.359e+002$
剪力	$6.761e-017$	$8.113e-017$	$8.113e-017$	$6.761e-017$	$6.761e-017$	$6.761e-017$
弯矩	$0.000e+000$	$0.000e+000$	$0.000e+000$	$0.000e+000$	$0.000e+000$	$0.000e+000$

单元号 = 44,左结点号 = 14

内力性质	最大轴力	最小轴力	最大剪力	最小剪力	最大弯矩	最小弯矩
轴力	$-7.306e+002$	$-1.150e+003$	$-8.769e+002$	$-7.308e+002$	$-7.308e+002$	$-7.308e+002$
剪力	$6.054e-017$	$7.265e-017$	$7.265e-017$	$6.054e-017$	$6.054e-017$	$6.054e-017$
弯矩	$0.000e+000$	$0.000e+000$	$0.000e+000$	$0.000e+000$	$0.000e+000$	$0.000e+000$

单元号 = 44,右结点号 = 31

内力性质	最大轴力	最小轴力	最大剪力	最小剪力	最大弯矩	最小弯矩
轴力	$-7.326e+002$	$-1.153e+003$	$-8.793e+002$	$-7.328e+002$	$-7.328e+002$	$-7.328e+002$
剪力	$6.054e-017$	$7.265e-017$	$7.265e-017$	$6.054e-017$	$6.054e-017$	$6.054e-017$
弯矩	$0.000e+000$	$0.000e+000$	$0.000e+000$	$0.000e+000$	$0.000e+000$	$0.000e+000$

单元号 = 45,左结点号 = 15

内力性质	最大轴力	最小轴力	最大剪力	最小剪力	最大弯矩	最小弯矩
轴力	$-7.027e+002$	$-1.106e+003$	$-8.436e+002$	$-7.030e+002$	$-7.030e+002$	$-7.030e+002$
剪力	$5.065e-017$	$6.078e-017$	$6.078e-017$	$5.065e-017$	$5.065e-017$	$5.065e-017$
弯矩	$0.000e+000$	$0.000e+000$	$0.000e+000$	$0.000e+000$	$0.000e+000$	$0.000e+000$

单元号 = 45,右结点号 = 32

内力性质	最大轴力	最小轴力	最大剪力	最小剪力	最大弯矩	最小弯矩
轴力	$-7.044e+002$	$-1.108e+003$	$-8.456e+002$	$-7.047e+002$	$-7.047e+002$	$-7.047e+002$
剪力	$5.065e-017$	$6.078e-017$	$6.078e-017$	$5.065e-017$	$5.065e-017$	$5.065e-017$
弯矩	$0.000e+000$	$0.000e+000$	$0.000e+000$	$0.000e+000$	$0.000e+000$	$0.000e+000$

单元号 = 46,左结点号 = 16

内力性质	最大轴力	最小轴力	最大剪力	最小剪力	最大弯矩	最小弯矩
轴力	$-6.446e+002$	$-1.002e+003$	$-7.740e+002$	$-6.450e+002$	$-6.450e+002$	$-6.450e+002$
剪力	$3.793e-017$	$4.552e-017$	$4.552e-017$	$3.793e-017$	$3.793e-017$	$3.793e-017$

| 弯矩 | 0.000e+000 | 0.000e+000 | 0.000e+000 | 0.000e+000 | 0.000e+000 | 0.000e+000 |

单元号＝46,右结点号＝33

内力性质	最大轴力	最小轴力	最大剪力	最小剪力	最大弯矩	最小弯矩
轴力	−6.458e+002	−1.003e+003	−7.755e+002	−6.462e+002	−6.462e+002	−6.462e+002
剪力	3.793e−017	4.552e−017	4.552e−017	3.793e−017	3.793e−017	3.793e−017
弯矩	0.000e+000	0.000e+000	0.000e+000	0.000e+000	0.000e+000	0.000e+000

单元号＝47,左结点号＝17

内力性质	最大轴力	最小轴力	最大剪力	最小剪力	最大弯矩	最小弯矩
轴力	−4.654e+002	−7.055e+002	−5.591e+002	−4.659e+002	−4.659e+002	−4.659e+002
剪力	2.239e−017	2.686e−017	2.686e−017	2.239e−017	2.239e−017	2.239e−017
弯矩	0.000e+000	0.000e+000	0.000e+000	0.000e+000	0.000e+000	0.000e+000

单元号＝47,右结点号＝34

内力性质	最大轴力	最小轴力	最大剪力	最小剪力	最大弯矩	最小弯矩
轴力	−4.661e+002	−7.064e+002	−5.600e+002	−4.666e+002	−4.666e+002	−4.666e+002
剪力	2.239e−017	2.686e−017	2.686e−017	2.239e−017	2.239e−017	2.239e−017
弯矩	0.000e+000	0.000e+000	0.000e+000	0.000e+000	0.000e+000	0.000e+000

正常使用极限状态荷载组合Ⅰ内力结果：

单元号＝35,左结点号＝22

内力性质	最大轴力	最小轴力	最大剪力	最小剪力	最大弯矩	最小弯矩
轴力	−4.629e+002	−5.252e+002	−4.674e+002	−4.674e+002	−4.674e+002	−4.674e+002
剪力	2.239e−017	2.239e−017	2.239e−017	2.239e−017	2.239e−017	2.239e−017
弯矩	0.000e+000	0.000e+000	0.000e+000	0.000e+000	0.000e+000	0.000e+000

单元号＝35,右结点号＝5

内力性质	最大轴力	最小轴力	最大剪力	最小剪力	最大弯矩	最小弯矩
轴力	−4.622e+002	−5.244e+002	−4.666e+002	−4.666e+002	−4.666e+002	−4.666e+002
剪力	2.239e−017	2.239e−017	2.239e−017	2.239e−017	2.239e−017	2.239e−017
弯矩	0.000e+000	0.000e+000	0.000e+000	0.000e+000	0.000e+000	0.000e+000

单元号＝36,左结点号＝23

内力性质	最大轴力	最小轴力	最大剪力	最小剪力	最大弯矩	最小弯矩
轴力	−6.461e+002	−7.261e+002	−6.474e+002	−6.474e+002	−6.474e+002	−6.474e+002
剪力	3.793e−017	3.793e−017	3.793e−017	3.793e−017	3.793e−017	3.793e−017
弯矩	0.000e+000	0.000e+000	0.000e+000	0.000e+000	0.000e+000	0.000e+000

单元号＝36,右结点号＝6

内力性质	最大轴力	最小轴力	最大剪力	最小剪力	最大弯矩	最小弯矩
轴力	−6.448e+002	−7.248e+002	−6.462e+002	−6.462e+002	−6.462e+002	−6.462e+002
剪力	3.793e−017	3.793e−017	3.793e−017	3.793e−017	3.793e−017	3.793e−017
弯矩	0.000e+000	0.000e+000	0.000e+000	0.000e+000	0.000e+000	0.000e+000

单元号＝37,左结点号＝24

内力性质	最大轴力	最小轴力	最大剪力	最小剪力	最大弯矩	最小弯矩
轴力	−7.059e+002	−7.887e+002	−7.062e+002	−7.062e+002	−7.062e+002	−7.062e+002
剪力	5.065e−017	5.065e−017	5.065e−017	5.065e−017	5.065e−017	5.065e−017
弯矩	0.000e+000	0.000e+000	0.000e+000	0.000e+000	0.000e+000	0.000e+000

单元号 = 37,右结点号 = 7

内力性质	最大轴力	最小轴力	最大剪力	最小剪力	最大弯矩	最小弯矩
轴力	$-7.043\mathrm{e}+002$	$-7.871\mathrm{e}+002$	$-7.046\mathrm{e}+002$	$-7.046\mathrm{e}+002$	$-7.046\mathrm{e}+002$	$-7.046\mathrm{e}+002$
剪力	$5.065\mathrm{e}-017$	$5.065\mathrm{e}-017$	$5.065\mathrm{e}-017$	$5.065\mathrm{e}-017$	$5.065\mathrm{e}-017$	$5.065\mathrm{e}-017$
弯矩	$0.000\mathrm{e}+000$	$0.000\mathrm{e}+000$	$0.000\mathrm{e}+000$	$0.000\mathrm{e}+000$	$0.000\mathrm{e}+000$	$0.000\mathrm{e}+000$

单元号 = 38,左结点号 = 25

内力性质	最大轴力	最小轴力	最大剪力	最小剪力	最大弯矩	最小弯矩
轴力	$-7.346\mathrm{e}+002$	$-8.150\mathrm{e}+002$	$-7.346\mathrm{e}+002$	$-7.346\mathrm{e}+002$	$-7.346\mathrm{e}+002$	$-7.346\mathrm{e}+002$
剪力	$6.054\mathrm{e}-017$	$6.054\mathrm{e}-017$	$6.054\mathrm{e}-017$	$6.054\mathrm{e}-017$	$6.054\mathrm{e}-017$	$6.054\mathrm{e}-017$
弯矩	$0.000\mathrm{e}+000$	$0.000\mathrm{e}+000$	$0.000\mathrm{e}+000$	$0.000\mathrm{e}+000$	$0.000\mathrm{e}+000$	$0.000\mathrm{e}+000$

单元号 = 38,右结点号 = 8

内力性质	最大轴力	最小轴力	最大剪力	最小剪力	最大弯矩	最小弯矩
轴力	$-7.326\mathrm{e}+002$	$-8.130\mathrm{e}+002$	$-7.326\mathrm{e}+002$	$-7.326\mathrm{e}+002$	$-7.326\mathrm{e}+002$	$-7.326\mathrm{e}+002$
剪力	$6.054\mathrm{e}-017$	$6.054\mathrm{e}-017$	$6.054\mathrm{e}-017$	$6.054\mathrm{e}-017$	$6.054\mathrm{e}-017$	$6.054\mathrm{e}-017$
弯矩	$0.000\mathrm{e}+000$	$0.000\mathrm{e}+000$	$0.000\mathrm{e}+000$	$0.000\mathrm{e}+000$	$0.000\mathrm{e}+000$	$0.000\mathrm{e}+000$

单元号 = 39,左结点号 = 26

内力性质	最大轴力	最小轴力	最大剪力	最小剪力	最大弯矩	最小弯矩
轴力	$-7.380\mathrm{e}+002$	$-8.164\mathrm{e}+002$	$-7.380\mathrm{e}+002$	$-7.380\mathrm{e}+002$	$-7.380\mathrm{e}+002$	$-7.380\mathrm{e}+002$
剪力	$6.761\mathrm{e}-017$	$6.761\mathrm{e}-017$	$6.761\mathrm{e}-017$	$6.761\mathrm{e}-017$	$6.761\mathrm{e}-017$	$6.761\mathrm{e}-017$
弯矩	$0.000\mathrm{e}+000$	$0.000\mathrm{e}+000$	$0.000\mathrm{e}+000$	$0.000\mathrm{e}+000$	$0.000\mathrm{e}+000$	$0.000\mathrm{e}+000$

单元号 = 39,右结点号 = 9

内力性质	最大轴力	最小轴力	最大剪力	最小剪力	最大弯矩	最小弯矩
轴力	$-7.358\mathrm{e}+002$	$-8.142\mathrm{e}+002$	$-7.358\mathrm{e}+002$	$-7.358\mathrm{e}+002$	$-7.358\mathrm{e}+002$	$-7.358\mathrm{e}+002$
剪力	$6.761\mathrm{e}-017$	$6.761\mathrm{e}-017$	$6.761\mathrm{e}-017$	$6.761\mathrm{e}-017$	$6.761\mathrm{e}-017$	$6.761\mathrm{e}-017$
弯矩	$0.000\mathrm{e}+000$	$0.000\mathrm{e}+000$	$0.000\mathrm{e}+000$	$0.000\mathrm{e}+000$	$0.000\mathrm{e}+000$	$0.000\mathrm{e}+000$

单元号 = 40,左结点号 = 27

内力性质	最大轴力	最小轴力	最大剪力	最小剪力	最大弯矩	最小弯矩
轴力	$-7.392\mathrm{e}+002$	$-8.165\mathrm{e}+002$	$-7.393\mathrm{e}+002$	$-7.393\mathrm{e}+002$	$-7.393\mathrm{e}+002$	$-7.393\mathrm{e}+002$
剪力	$7.185\mathrm{e}-017$	$7.185\mathrm{e}-017$	$7.185\mathrm{e}-017$	$7.185\mathrm{e}-017$	$7.185\mathrm{e}-017$	$7.185\mathrm{e}-017$
弯矩	$0.000\mathrm{e}+000$	$0.000\mathrm{e}+000$	$0.000\mathrm{e}+000$	$0.000\mathrm{e}+000$	$0.000\mathrm{e}+000$	$0.000\mathrm{e}+000$

单元号 = 40,右结点号 = 10

内力性质	最大轴力	最小轴力	最大剪力	最小剪力	最大弯矩	最小弯矩
轴力	$-7.369\mathrm{e}+002$	$-8.142\mathrm{e}+002$	$-7.369\mathrm{e}+002$	$-7.369\mathrm{e}+002$	$-7.369\mathrm{e}+002$	$-7.369\mathrm{e}+002$
剪力	$7.185\mathrm{e}-017$	$7.185\mathrm{e}-017$	$7.185\mathrm{e}-017$	$7.185\mathrm{e}-017$	$7.185\mathrm{e}-017$	$7.185\mathrm{e}-017$
弯矩	$0.000\mathrm{e}+000$	$0.000\mathrm{e}+000$	$0.000\mathrm{e}+000$	$0.000\mathrm{e}+000$	$0.000\mathrm{e}+000$	$0.000\mathrm{e}+000$

单元号 = 41,左结点号 = 28

内力性质	最大轴力	最小轴力	最大剪力	最小剪力	最大弯矩	最小弯矩
轴力	$-7.395\mathrm{e}+002$	$-8.164\mathrm{e}+002$	$-7.396\mathrm{e}+002$	$-7.396\mathrm{e}+002$	$-7.396\mathrm{e}+002$	$-7.396\mathrm{e}+002$
剪力	$7.326\mathrm{e}-017$	$7.326\mathrm{e}-017$	$7.326\mathrm{e}-017$	$7.326\mathrm{e}-017$	$7.326\mathrm{e}-017$	$7.326\mathrm{e}-017$
弯矩	$0.000\mathrm{e}+000$	$0.000\mathrm{e}+000$	$0.000\mathrm{e}+000$	$0.000\mathrm{e}+000$	$0.000\mathrm{e}+000$	$0.000\mathrm{e}+000$

单元号 = 41,右结点号 = 11

内力性质	最大轴力	最小轴力	最大剪力	最小剪力	最大弯矩	最小弯矩

轴力	$-7.371e+002$	$-8.140e+002$	$-7.372e+002$	$-7.372e+002$	$-7.372e+002$	$-7.372e+002$
剪力	$7.326e-017$	$7.326e-017$	$7.326e-017$	$7.326e-017$	$7.326e-017$	$7.326e-017$
弯矩	$0.000e+000$	$0.000e+000$	$0.000e+000$	$0.000e+000$	$0.000e+000$	$0.000e+000$

单元号 = 42,左结点号 = 12

内力性质	最大轴力	最小轴力	最大剪力	最小剪力	最大弯矩	最小弯矩
轴力	$-7.346e+002$	$-8.121e+002$	$-7.347e+002$	$-7.347e+002$	$-7.347e+002$	$-7.347e+002$
剪力	$7.185e-017$	$7.185e-017$	$7.185e-017$	$7.185e-017$	$7.185e-017$	$7.185e-017$
弯矩	$0.000e+000$	$0.000e+000$	$0.000e+000$	$0.000e+000$	$0.000e+000$	$0.000e+000$

单元号 = 42,右结点号 = 29

内力性质	最大轴力	最小轴力	最大剪力	最小剪力	最大弯矩	最小弯矩
轴力	$-7.369e+002$	$-8.145e+002$	$-7.370e+002$	$-7.370e+002$	$-7.370e+002$	$-7.370e+002$
剪力	$7.185e-017$	$7.185e-017$	$7.185e-017$	$7.185e-017$	$7.185e-017$	$7.185e-017$
弯矩	$0.000e+000$	$0.000e+000$	$0.000e+000$	$0.000e+000$	$0.000e+000$	$0.000e+000$

单元号 = 43,左结点号 = 13

内力性质	最大轴力	最小轴力	最大剪力	最小剪力	最大弯矩	最小弯矩
轴力	$-7.337e+002$	$-8.126e+002$	$-7.337e+002$	$-7.337e+002$	$-7.337e+002$	$-7.337e+002$
剪力	$6.761e-017$	$6.761e-017$	$6.761e-017$	$6.761e-017$	$6.761e-017$	$6.761e-017$
弯矩	$0.000e+000$	$0.000e+000$	$0.000e+000$	$0.000e+000$	$0.000e+000$	$0.000e+000$

单元号 = 43,右结点号 = 30

内力性质	最大轴力	最小轴力	最大剪力	最小剪力	最大弯矩	最小弯矩
轴力	$-7.359e+002$	$-8.148e+002$	$-7.359e+002$	$-7.359e+002$	$-7.359e+002$	$-7.359e+002$
剪力	$6.761e-017$	$6.761e-017$	$6.761e-017$	$6.761e-017$	$6.761e-017$	$6.761e-017$
弯矩	$0.000e+000$	$0.000e+000$	$0.000e+000$	$0.000e+000$	$0.000e+000$	$0.000e+000$

单元号 = 44,左结点号 = 14

内力性质	最大轴力	最小轴力	最大剪力	最小剪力	最大弯矩	最小弯矩
轴力	$-7.307e+002$	$-8.117e+002$	$-7.308e+002$	$-7.308e+002$	$-7.308e+002$	$-7.308e+002$
剪力	$6.054e-017$	$6.054e-017$	$6.054e-017$	$6.054e-017$	$6.054e-017$	$6.054e-017$
弯矩	$0.000e+000$	$0.000e+000$	$0.000e+000$	$0.000e+000$	$0.000e+000$	$0.000e+000$

单元号 = 44,右结点号 = 31

内力性质	最大轴力	最小轴力	最大剪力	最小剪力	最大弯矩	最小弯矩
轴力	$-7.327e+002$	$-8.136e+002$	$-7.328e+002$	$-7.328e+002$	$-7.328e+002$	$-7.328e+002$
剪力	$6.054e-017$	$6.054e-017$	$6.054e-017$	$6.054e-017$	$6.054e-017$	$6.054e-017$
弯矩	$0.000e+000$	$0.000e+000$	$0.000e+000$	$0.000e+000$	$0.000e+000$	$0.000e+000$

单元号 = 45,左结点号 = 15

内力性质	最大轴力	最小轴力	最大剪力	最小剪力	最大弯矩	最小弯矩
轴力	$-7.026e+002$	$-7.859e+002$	$-7.030e+002$	$-7.030e+002$	$-7.030e+002$	$-7.030e+002$
剪力	$5.065e-017$	$5.065e-017$	$5.065e-017$	$5.065e-017$	$5.065e-017$	$5.065e-017$
弯矩	$0.000e+000$	$0.000e+000$	$0.000e+000$	$0.000e+000$	$0.000e+000$	$0.000e+000$

单元号 = 45,右结点号 = 32

内力性质	最大轴力	最小轴力	最大剪力	最小剪力	最大弯矩	最小弯矩
轴力	$-7.043e+002$	$-7.875e+002$	$-7.047e+002$	$-7.047e+002$	$-7.047e+002$	$-7.047e+002$
剪力	$5.065e-017$	$5.065e-017$	$5.065e-017$	$5.065e-017$	$5.065e-017$	$5.065e-017$

| 弯矩 | 0.000e+000 | 0.000e+000 | 0.000e+000 | 0.000e+000 | 0.000e+000 | 0.000e+000 |

单元号 = 46,左结点号 = 16

内力性质	最大轴力	最小轴力	最大剪力	最小剪力	最大弯矩	最小弯矩
轴力	−6.436e+002	−7.239e+002	−6.450e+002	−6.450e+002	−6.450e+002	−6.450e+002
剪力	3.793e−017	3.793e−017	3.793e−017	3.793e−017	3.793e−017	3.793e−017
弯矩	0.000e+000	0.000e+000	0.000e+000	0.000e+000	0.000e+000	0.000e+000

单元号 = 46,右结点号 = 33

内力性质	最大轴力	最小轴力	最大剪力	最小剪力	最大弯矩	最小弯矩
轴力	−6.448e+002	−7.251e+002	−6.462e+002	−6.462e+002	−6.462e+002	−6.462e+002
剪力	3.793e−017	3.793e−017	3.793e−017	3.793e−017	3.793e−017	3.793e−017
弯矩	0.000e+000	0.000e+000	0.000e+000	0.000e+000	0.000e+000	0.000e+000

单元号 = 47,左结点号 = 17

内力性质	最大轴力	最小轴力	最大剪力	最小剪力	最大弯矩	最小弯矩
轴力	−4.614e+002	−5.236e+002	−4.659e+002	−4.659e+002	−4.659e+002	−4.659e+002
剪力	2.239e−017	2.239e−017	2.239e−017	2.239e−017	2.239e−017	2.239e−017
弯矩	0.000e+000	0.000e+000	0.000e+000	0.000e+000	0.000e+000	0.000e+000

单元号 = 47,右结点号 = 34

内力性质	最大轴力	最小轴力	最大剪力	最小剪力	最大弯矩	最小弯矩
轴力	−4.621e+002	−5.243e+002	−4.666e+002	−4.666e+002	−4.666e+002	−4.666e+002
剪力	2.239e−017	2.239e−017	2.239e−017	2.239e−017	2.239e−017	2.239e−017
弯矩	0.000e+000	0.000e+000	0.000e+000	0.000e+000	0.000e+000	0.000e+000

正常使用极限状态荷载组合 II 内力结果:

单元号 = 35,左结点号 = 22

内力性质	最大轴力	最小轴力	最大剪力	最小剪力	最大弯矩	最小弯矩
轴力	−4.629e+002	−5.481e+002	−4.674e+002	−4.674e+002	−4.674e+002	−4.674e+002
剪力	2.239e−017	2.239e−017	2.239e−017	2.239e−017	2.239e−017	2.239e−017
弯矩	0.000e+000	0.000e+000	0.000e+000	0.000e+000	0.000e+000	0.000e+000

单元号 = 35,右结点号 = 5

内力性质	最大轴力	最小轴力	最大剪力	最小剪力	最大弯矩	最小弯矩
轴力	−4.622e+002	−5.474e+002	−4.666e+002	−4.666e+002	−4.666e+002	−4.666e+002
剪力	2.239e−017	2.239e−017	2.239e−017	2.239e−017	2.239e−017	2.239e−017
弯矩	0.000e+000	0.000e+000	0.000e+000	0.000e+000	0.000e+000	0.000e+000

单元号 = 36,左结点号 = 23

内力性质	最大轴力	最小轴力	最大剪力	最小剪力	最大弯矩	最小弯矩
轴力	−6.461e+002	−7.615e+002	−6.474e+002	−6.474e+002	−6.474e+002	−6.474e+002
剪力	3.793e−017	3.793e−017	3.793e−017	3.793e−017	3.793e−017	3.793e−017
弯矩	0.000e+000	0.000e+000	0.000e+000	0.000e+000	0.000e+000	0.000e+000

单元号 = 36,右结点号 = 6

内力性质	最大轴力	最小轴力	最大剪力	最小剪力	最大弯矩	最小弯矩
轴力	−6.448e+002	−7.603e+002	−6.462e+002	−6.462e+002	−6.462e+002	−6.462e+002
剪力	3.793e−017	3.793e−017	3.793e−017	3.793e−017	3.793e−017	3.793e−017
弯矩	0.000e+000	0.000e+000	0.000e+000	0.000e+000	0.000e+000	0.000e+000

单元号 ＝ 37，左结点号 ＝ 24

内力性质	最大轴力	最小轴力	最大剪力	最小剪力	最大弯矩	最小弯矩
轴力	$-7.059e+002$	$-8.297e+002$	$-7.062e+002$	$-7.062e+002$	$-7.062e+002$	$-7.062e+002$
剪力	$5.065e-017$	$5.065e-017$	$5.065e-017$	$5.065e-017$	$5.065e-017$	$5.065e-017$
弯矩	$0.000e+000$	$0.000e+000$	$0.000e+000$	$0.000e+000$	$0.000e+000$	$0.000e+000$

单元号 ＝ 37，右结点号 ＝ 7

内力性质	最大轴力	最小轴力	最大剪力	最小剪力	最大弯矩	最小弯矩
轴力	$-7.043e+002$	$-8.280e+002$	$-7.046e+002$	$-7.046e+002$	$-7.046e+002$	$-7.046e+002$
剪力	$5.065e-017$	$5.065e-017$	$5.065e-017$	$5.065e-017$	$5.065e-017$	$5.065e-017$
弯矩	$0.000e+000$	$0.000e+000$	$0.000e+000$	$0.000e+000$	$0.000e+000$	$0.000e+000$

单元号 ＝ 38，左结点号 ＝ 25

内力性质	最大轴力	最小轴力	最大剪力	最小剪力	最大弯矩	最小弯矩
轴力	$-7.346e+002$	$-8.575e+002$	$-7.346e+002$	$-7.346e+002$	$-7.346e+002$	$-7.346e+002$
剪力	$6.054e-017$	$6.054e-017$	$6.054e-017$	$6.054e-017$	$6.054e-017$	$6.054e-017$
弯矩	$0.000e+000$	$0.000e+000$	$0.000e+000$	$0.000e+000$	$0.000e+000$	$0.000e+000$

单元号 ＝ 38，右结点号 ＝ 8

内力性质	最大轴力	最小轴力	最大剪力	最小剪力	最大弯矩	最小弯矩
轴力	$-7.326e+002$	$-8.555e+002$	$-7.326e+002$	$-7.326e+002$	$-7.326e+002$	$-7.326e+002$
剪力	$6.054e-017$	$6.054e-017$	$6.054e-017$	$6.054e-017$	$6.054e-017$	$6.054e-017$
弯矩	$0.000e+000$	$0.000e+000$	$0.000e+000$	$0.000e+000$	$0.000e+000$	$0.000e+000$

单元号 ＝ 39，左结点号 ＝ 26

内力性质	最大轴力	最小轴力	最大剪力	最小剪力	最大弯矩	最小弯矩
轴力	$-7.380e+002$	$-8.596e+002$	$-7.380e+002$	$-7.380e+002$	$-7.380e+002$	$-7.380e+002$
剪力	$6.761e-017$	$6.761e-017$	$6.761e-017$	$6.761e-017$	$6.761e-017$	$6.761e-017$
弯矩	$0.000e+000$	$0.000e+000$	$0.000e+000$	$0.000e+000$	$0.000e+000$	$0.000e+000$

单元号 ＝ 39，右结点号 ＝ 9

内力性质	最大轴力	最小轴力	最大剪力	最小剪力	最大弯矩	最小弯矩
轴力	$-7.358e+002$	$-8.574e+002$	$-7.358e+002$	$-7.358e+002$	$-7.358e+002$	$-7.358e+002$
剪力	$6.761e-017$	$6.761e-017$	$6.761e-017$	$6.761e-017$	$6.761e-017$	$6.761e-017$
弯矩	$0.000e+000$	$0.000e+000$	$0.000e+000$	$0.000e+000$	$0.000e+000$	$0.000e+000$

单元号 ＝ 40，左结点号 ＝ 27

内力性质	最大轴力	最小轴力	最大剪力	最小剪力	最大弯矩	最小弯矩
轴力	$-7.392e+002$	$-8.600e+002$	$-7.393e+002$	$-7.393e+002$	$-7.393e+002$	$-7.393e+002$
剪力	$7.185e-017$	$7.185e-017$	$7.185e-017$	$7.185e-017$	$7.185e-017$	$7.185e-017$
弯矩	$0.000e+000$	$0.000e+000$	$0.000e+000$	$0.000e+000$	$0.000e+000$	$0.000e+000$

单元号 ＝ 40，右结点号 ＝ 10

内力性质	最大轴力	最小轴力	最大剪力	最小剪力	最大弯矩	最小弯矩
轴力	$-7.369e+002$	$-8.576e+002$	$-7.369e+002$	$-7.369e+002$	$-7.369e+002$	$-7.369e+002$
剪力	$7.185e-017$	$7.185e-017$	$7.185e-017$	$7.185e-017$	$7.185e-017$	$7.185e-017$
弯矩	$0.000e+000$	$0.000e+000$	$0.000e+000$	$0.000e+000$	$0.000e+000$	$0.000e+000$

单元号 ＝ 41，左结点号 ＝ 28

内力性质	最大轴力	最小轴力	最大剪力	最小剪力	最大弯矩	最小弯矩

轴力	$-7.395\mathrm{e}+002$	$-8.597\mathrm{e}+002$	$-7.396\mathrm{e}+002$	$-7.396\mathrm{e}+002$	$-7.396\mathrm{e}+002$	$-7.396\mathrm{e}+002$
剪力	$7.326\mathrm{e}-017$	$7.326\mathrm{e}-017$	$7.326\mathrm{e}-017$	$7.326\mathrm{e}-017$	$7.326\mathrm{e}-017$	$7.326\mathrm{e}-017$
弯矩	$0.000\mathrm{e}+000$	$0.000\mathrm{e}+000$	$0.000\mathrm{e}+000$	$0.000\mathrm{e}+000$	$0.000\mathrm{e}+000$	$0.000\mathrm{e}+000$

单元号 = 41,右结点号 = 11

内力性质	最大轴力	最小轴力	最大剪力	最小剪力	最大弯矩	最小弯矩
轴力	$-7.371\mathrm{e}+002$	$-8.573\mathrm{e}+002$	$-7.372\mathrm{e}+002$	$-7.372\mathrm{e}+002$	$-7.372\mathrm{e}+002$	$-7.372\mathrm{e}+002$
剪力	$7.326\mathrm{e}-017$	$7.326\mathrm{e}-017$	$7.326\mathrm{e}-017$	$7.326\mathrm{e}-017$	$7.326\mathrm{e}-017$	$7.326\mathrm{e}-017$
弯矩	$0.000\mathrm{e}+000$	$0.000\mathrm{e}+000$	$0.000\mathrm{e}+000$	$0.000\mathrm{e}+000$	$0.000\mathrm{e}+000$	$0.000\mathrm{e}+000$

单元号 = 42,左结点号 = 12

内力性质	最大轴力	最小轴力	最大剪力	最小剪力	最大弯矩	最小弯矩
轴力	$-7.345\mathrm{e}+002$	$-8.555\mathrm{e}+002$	$-7.347\mathrm{e}+002$	$-7.347\mathrm{e}+002$	$-7.347\mathrm{e}+002$	$-7.347\mathrm{e}+002$
剪力	$7.185\mathrm{e}-017$	$7.185\mathrm{e}-017$	$7.185\mathrm{e}-017$	$7.185\mathrm{e}-017$	$7.185\mathrm{e}-017$	$7.185\mathrm{e}-017$
弯矩	$0.000\mathrm{e}+000$	$0.000\mathrm{e}+000$	$0.000\mathrm{e}+000$	$0.000\mathrm{e}+000$	$0.000\mathrm{e}+000$	$0.000\mathrm{e}+000$

单元号 = 42,右结点号 = 29

内力性质	最大轴力	最小轴力	最大剪力	最小剪力	最大弯矩	最小弯矩
轴力	$-7.369\mathrm{e}+002$	$-8.579\mathrm{e}+002$	$-7.370\mathrm{e}+002$	$-7.370\mathrm{e}+002$	$-7.370\mathrm{e}+002$	$-7.370\mathrm{e}+002$
剪力	$7.185\mathrm{e}-017$	$7.185\mathrm{e}-017$	$7.185\mathrm{e}-017$	$7.185\mathrm{e}-017$	$7.185\mathrm{e}-017$	$7.185\mathrm{e}-017$
弯矩	$0.000\mathrm{e}+000$	$0.000\mathrm{e}+000$	$0.000\mathrm{e}+000$	$0.000\mathrm{e}+000$	$0.000\mathrm{e}+000$	$0.000\mathrm{e}+000$

单元号 = 43,左结点号 = 13

内力性质	最大轴力	最小轴力	最大剪力	最小剪力	最大弯矩	最小弯矩
轴力	$-7.336\mathrm{e}+002$	$-8.557\mathrm{e}+002$	$-7.337\mathrm{e}+002$	$-7.337\mathrm{e}+002$	$-7.337\mathrm{e}+002$	$-7.337\mathrm{e}+002$
剪力	$6.761\mathrm{e}-017$	$6.761\mathrm{e}-017$	$6.761\mathrm{e}-017$	$6.761\mathrm{e}-017$	$6.761\mathrm{e}-017$	$6.761\mathrm{e}-017$
弯矩	$0.000\mathrm{e}+000$	$0.000\mathrm{e}+000$	$0.000\mathrm{e}+000$	$0.000\mathrm{e}+000$	$0.000\mathrm{e}+000$	$0.000\mathrm{e}+000$

单元号 = 43,右结点号 = 30

内力性质	最大轴力	最小轴力	最大剪力	最小剪力	最大弯矩	最小弯矩
轴力	$-7.358\mathrm{e}+002$	$-8.579\mathrm{e}+002$	$-7.359\mathrm{e}+002$	$-7.359\mathrm{e}+002$	$-7.359\mathrm{e}+002$	$-7.359\mathrm{e}+002$
剪力	$6.761\mathrm{e}-017$	$6.761\mathrm{e}-017$	$6.761\mathrm{e}-017$	$6.761\mathrm{e}-017$	$6.761\mathrm{e}-017$	$6.761\mathrm{e}-017$
弯矩	$0.000\mathrm{e}+000$	$0.000\mathrm{e}+000$	$0.000\mathrm{e}+000$	$0.000\mathrm{e}+000$	$0.000\mathrm{e}+000$	$0.000\mathrm{e}+000$

单元号 = 44,左结点号 = 14

内力性质	最大轴力	最小轴力	最大剪力	最小剪力	最大弯矩	最小弯矩
轴力	$-7.307\mathrm{e}+002$	$-8.541\mathrm{e}+002$	$-7.308\mathrm{e}+002$	$-7.308\mathrm{e}+002$	$-7.308\mathrm{e}+002$	$-7.308\mathrm{e}+002$
剪力	$6.054\mathrm{e}-017$	$6.054\mathrm{e}-017$	$6.054\mathrm{e}-017$	$6.054\mathrm{e}-017$	$6.054\mathrm{e}-017$	$6.054\mathrm{e}-017$
弯矩	$0.000\mathrm{e}+000$	$0.000\mathrm{e}+000$	$0.000\mathrm{e}+000$	$0.000\mathrm{e}+000$	$0.000\mathrm{e}+000$	$0.000\mathrm{e}+000$

单元号 = 44,右结点号 = 31

内力性质	最大轴力	最小轴力	最大剪力	最小剪力	最大弯矩	最小弯矩
轴力	$-7.327\mathrm{e}+002$	$-8.561\mathrm{e}+002$	$-7.328\mathrm{e}+002$	$-7.328\mathrm{e}+002$	$-7.328\mathrm{e}+002$	$-7.328\mathrm{e}+002$
剪力	$6.054\mathrm{e}-017$	$6.054\mathrm{e}-017$	$6.054\mathrm{e}-017$	$6.054\mathrm{e}-017$	$6.054\mathrm{e}-017$	$6.054\mathrm{e}-017$
弯矩	$0.000\mathrm{e}+000$	$0.000\mathrm{e}+000$	$0.000\mathrm{e}+000$	$0.000\mathrm{e}+000$	$0.000\mathrm{e}+000$	$0.000\mathrm{e}+000$

单元号 = 45,左结点号 = 15

内力性质	最大轴力	最小轴力	最大剪力	最小剪力	最大弯矩	最小弯矩
轴力	$-7.026\mathrm{e}+002$	$-8.267\mathrm{e}+002$	$-7.030\mathrm{e}+002$	$-7.030\mathrm{e}+002$	$-7.030\mathrm{e}+002$	$-7.030\mathrm{e}+002$
剪力	$5.065\mathrm{e}-017$	$5.065\mathrm{e}-017$	$5.065\mathrm{e}-017$	$5.065\mathrm{e}-017$	$5.065\mathrm{e}-017$	$5.065\mathrm{e}-017$

弯矩	0.000e+000	0.000e+000	0.000e+000	0.000e+000	0.000e+000	0.000e+000

单元号 = 45,右结点号 = 32

内力性质	最大轴力	最小轴力	最大剪力	最小剪力	最大弯矩	最小弯矩
轴力	−7.043e+002	−8.284e+002	−7.047e+002	−7.047e+002	−7.047e+002	−7.047e+002
剪力	5.065e−017	5.065e−017	5.065e−017	5.065e−017	5.065e−017	5.065e−017
弯矩	0.000e+000	0.000e+000	0.000e+000	0.000e+000	0.000e+000	0.000e+000

单元号 = 46,左结点号 = 16

内力性质	最大轴力	最小轴力	最大剪力	最小剪力	最大弯矩	最小弯矩
轴力	−6.435e+002	−7.593e+002	−6.450e+002	−6.450e+002	−6.450e+002	−6.450e+002
剪力	3.793e−017	3.793e−017	3.793e−017	3.793e−017	3.793e−017	3.793e−017
弯矩	0.000e+000	0.000e+000	0.000e+000	0.000e+000	0.000e+000	0.000e+000

单元号 = 46,右结点号 = 33

内力性质	最大轴力	最小轴力	最大剪力	最小剪力	最大弯矩	最小弯矩
轴力	−6.448e+002	−7.606e+002	−6.462e+002	−6.462e+002	−6.462e+002	−6.462e+002
剪力	3.793e−017	3.793e−017	3.793e−017	3.793e−017	3.793e−017	3.793e−017
弯矩	0.000e+000	0.000e+000	0.000e+000	0.000e+000	0.000e+000	0.000e+000

单元号 = 47,左结点号 = 17

内力性质	最大轴力	最小轴力	最大剪力	最小剪力	最大弯矩	最小弯矩
轴力	−4.613e+002	−5.464e+002	−4.659e+002	−4.659e+002	−4.659e+002	−4.659e+002
剪力	2.239e−017	2.239e−017	2.239e−017	2.239e−017	2.239e−017	2.239e−017
弯矩	0.000e+000	0.000e+000	0.000e+000	0.000e+000	0.000e+000	0.000e+000

单元号 = 47,右结点号 = 34

内力性质	最大轴力	最小轴力	最大剪力	最小剪力	最大弯矩	最小弯矩
轴力	−4.620e+002	−5.471e+002	−4.666e+002	−4.666e+002	−4.666e+002	−4.666e+002
剪力	2.239e−017	2.239e−017	2.239e−017	2.239e−017	2.239e−017	2.239e−017
弯矩	0.000e+000	0.000e+000	0.000e+000	0.000e+000	0.000e+000	0.000e+000

从输出结果可以看出,承载能力极限状态组合 I 最大吊杆力为 1167kN,取 3 倍安全系数,算出吊杆破断力为 3501kN。参照表 2-14,选择吊杆拉索型号为 PES7-55 成品索,公称破断索力 3535kN,索体外径 72mm,公称截面积 2117mm², 工厂生产,现场安装。

7.2.2　系梁预应力钢筋估算与布置

系梁可以按全预应力混凝土构件设计,也可按 A 类预应力混凝土构件设计。如果按照全预应力混凝土构件设计,参考第 2 章式(2-13),可写出预应力钢筋面积估算公式:

$$\left(\frac{N}{A}+\frac{M_s}{W}\right)\leqslant 0.85N_{pe}\left(\frac{1}{A}+\frac{e_p}{W}\right) \tag{7-1}$$

$$A_p\geqslant\frac{N_{pe}}{0.8\sigma_{\text{con}}} \tag{7-2}$$

根据系梁端部 2 号结点截面内力和跨中 11 号结点截面内力,按照式(7-1)和式(7-2)估算系梁所需预应力钢筋为 140 根 ϕ15.20(7ϕ5)钢绞线,在系梁断面上直线布置 5 排,每排 2 束,每束 14 根 ϕ15.20(7ϕ5),如图 7-39 所示。

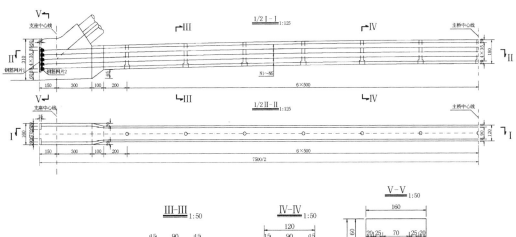

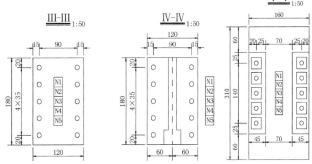

预应力钢束工程数量表
（单侧系梁）

编号	规 格	束 数	单束长 /cm	工作长度 /cm	总长度 /m	总重 /kg	锚具 /套	波纹管 /m	合计	张拉端引伸量 左端/cm	张拉端引伸量 右端/cm
N1	14φ^{S}15.20	2	7471.6	2×80	152.63	2352.64	4	149.43		26.0	26.0
N2	14φ^{S}15.20	2	7471.6	2×80	152.63	2352.64	4	149.43	钢绞线：11763.2kg	26.0	26.0
N3	14φ^{S}15.20	2	7471.6	2×80	152.63	2352.64	4	149.43	φ内90mm波纹管：747.15m	26.0	26.0
N4	14φ^{S}15.20	2	7471.6	2×80	152.63	2352.64	4	149.43	YM15-14锚具：20套	26.0	26.0
N5	14φ^{S}15.20	2	7471.6	2×80	152.63	2352.64	4	149.43	HRB335级钢筋：140.66kg	26.0	26.0
N6	φ10	38	44.0		16.72	10.32			R235级钢筋：21.80kg		
N7	φ10	10	186.0		18.6	11.48					
N8	φ12	480	33.0		158.4	140.66					

图 7-39　系梁预应力束布置（单位:cm）

7.2.3　全桥结构安全验算

1. 输入总体信息

进入"输入总体信息"对话框,在"桥梁工程描述"栏输入桥梁的名称"钢管混凝土系杆拱桥",计算类别中选择"全桥结构安全验算",相对湿度为 0.8,计算内容中选择"计算预应力"、"计算收缩"、"计算徐变"、"计算活载"。计算细节控制信息中,选择"桥面为竖直截面",规范选择"中交 15 规范",如图 7-40 所示。

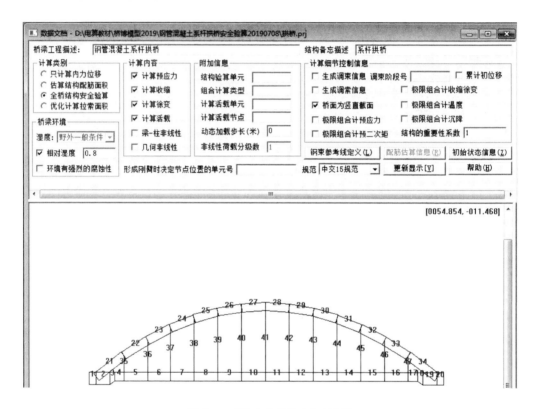

图 7-40　"输入总体信息"对话框

2. 输入单元信息

系梁、拱肋单元同内力计算阶段,不需要重新输入。但吊杆的型号规格是在内力计算结束时选定的,吊杆单元(35～47 号)的拉索截面面积需要重新输入。在内力计算(见本书 7.2.1)结束后,根据吊杆单元的内力计算结果,考虑一定的安全系数后选用吊杆。选择吊杆拉索型号为 PES7-55 成品索。

3. 输入钢束信息

结合图 7-39,系梁预应力钢筋编号为 1～5,沿截面高度从上往下编号,均为直线布置,所有输入参数都一样,如图 7-41 所示。但竖弯值不同。钢束参考点选择为(0,0),表示此时钢束位置坐标与结构坐标系一致。由于是直线束,所以在"竖弯"对话框中,输入钢束的起止点坐标就可以。对于 1 号钢束,起止点坐标分别为(−1.5,0.7)和(73.5,0.7),在"几何参数"表格中输入;不勾选"导

钢束信息

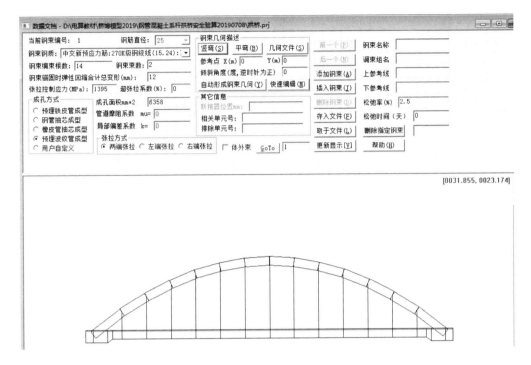

图 7-41　第 1 号钢束输入

线输入"、"相对坐标输入",如图 7-42 所示。可实时显示每根钢束的形状位置,便于检查修正。然后点击图 7-41 的"添加钢束",依次输入 2~5 号钢束。2 号钢束起止点坐标为(−1.5,0.35)和(73.5,0.35);3 号钢束起止点坐标为(−1.5,0)和(73.5,0);4 号钢束起止点坐标为(−1.5,−0.35)和(73.5,−0.35);5 号钢束起止点坐标为(−1.5,−0.7)和(73.5,−0.7)。

4. 输入施工信息

施工信息与内力计算阶段基本相同,只是要增加系梁预应力钢筋张拉施工:在第 1 施工阶段张拉第一批预应力束(1,3,5);在第 2 施工阶段张拉系梁第二批预应力束(2,4),如图 7-43 所示。其余信息同内力计算模型。

第 3~6 施工阶段的所有输入信息同内力计算模型的各施工阶段一样。

至此,所有施工阶段的信息输入完毕。

5. 输入使用信息

所有输入数据同内力计算模型(见本书 7.2.1)。

6. 项目执行计算及计算结果输出

点击"项目",选择"输入数据诊断",诊断 OK 后,再选择"执行项目计算"或"重新执行项目"。项目执行计算完毕后可查看结果,检查各项指标是否符合规范要求。

安全验算
施工信息

安全验算

图 7-42　第 1 号钢束竖弯坐标输入

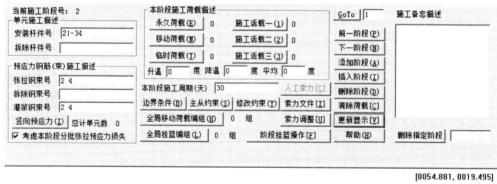

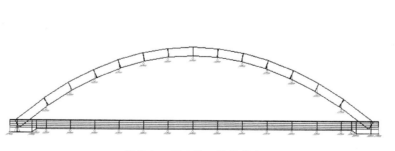

图 7-43　第 2 施工阶段信息

7. 全桥结构安全验算

(1)系梁应力验算与抗裂验算

系梁按全预应力混凝土构件进行验算。

①持久状况预应力混凝土构件应力验算。使用阶段预应力混凝土受弯构件正截面混凝土压应力允许值为 16.2MPa($0.5f_{ck}$),斜截面混凝土主压应力允许值为 19.44MPa($0.6f_{ck}$)。但混凝土如果长期处于高压状态,对耐久性不利。一般工程设计,将混凝土压应力控制在以上允许值的 2/3 以下。

②正常使用极限状态预应力混凝土受弯构件抗裂验算。全预应力混凝土构件在作用频遇组合下控制的正截面受拉边缘不允许出现拉应力,斜截面混凝土主拉应力允许值为 1.06MPa($0.4f_{tk}$)。

在桥梁博士系统中,用文本输出系梁单元应力。

桥梁博士系统文本结果输出

项目名称:D:\电算教材\桥博模型 2019\钢管混凝土系杆拱桥安全验算 20190708\拱桥

输出单元号:

输出结点号:
输出附加内容单元号:1-20

输出阶段号:

输出组合类型:1-3

* *

　指定单元截面应力输出

* *

正常使用阶段应力计算结果使用阶段荷载组合 1 应力:

主截面:

单元号	结点号	上缘最大	上缘最小	下缘最大	下缘最小	最大主压	最大主拉
1	1	11.2	10.9	1.38	1.38	11.2	−0.000108
1	2	11	10.9	1.53	1.53	11	−0.00153
2	2	0.562	−0.508	7.29	6.03	7.29	−0.508
2	3	2.74	2.01	4.84	3.97	4.84	−0.0557
3	3	2.74	2.01	4.84	3.97	4.84	−0.0562
3	4	−0.522	−2.25	14.8	12.8	14.8	−2.25
4	4	−0.522	−2.25	14.8	12.8	14.8	−2.25
4	5	1.72	0.0895	12.3	10.4	12.3	−0.0515
5	5	1.72	0.0895	12.3	10.4	12.3	−0.0908
5	6	5.06	3.69	8.81	7.06	8.81	−0.0122
6	6	5.06	3.69	8.81	7.06	8.81	−0.0592
6	7	7.79	5.46	6.65	4.98	7.79	−0.00308
7	7	7.79	5.46	6.65	4.98	7.79	−0.0442
7	8	9.46	6.66	5.57	3.39	9.46	−0.00266
8	8	9.46	6.66	5.57	3.39	9.46	−0.0358
8	9	10.6	7.58	4.8	2.35	10.6	−0.00494
9	9	10.6	7.58	4.8	2.35	10.6	−0.0293

9	10	11.1	8.16	4.23	1.75	11.1	−0.00657
10	10	11.1	8.16	4.23	1.75	11.1	−0.0242
10	11	11.2	8.42	3.89	1.51	11.2	−0.00828
11	11	11.2	8.42	3.89	1.51	11.2	−0.0211
11	12	11.1	8.18	4.21	1.76	11.1	−0.0109
12	12	11.1	8.18	4.21	1.76	11.1	−0.0175
12	13	10.6	7.6	4.76	2.33	10.6	−0.0142
13	13	10.6	7.6	4.76	2.33	10.6	−0.0142
13	14	9.52	6.69	5.54	3.33	9.52	−0.0198
14	14	9.52	6.69	5.54	3.33	9.52	−0.0106
14	15	7.81	5.48	6.63	4.96	7.81	−0.026
15	15	7.81	5.48	6.63	4.96	7.81	−0.00536
15	16	5.05	3.69	8.81	7.06	8.81	−0.0373
16	16	5.05	3.69	8.81	7.06	8.81	−0.00384
16	17	1.66	0.0495	12.4	10.4	12.4	−0.0627
17	17	1.66	0.0495	12.4	10.4	12.4	−0.0313
17	18	−0.563	−2.3	14.8	12.8	14.8	−2.3
18	18	−0.563	−2.3	14.8	12.8	14.8	−2.3
18	19	2.72	1.99	4.86	3.99	4.86	−0.0553
19	19	2.72	1.99	4.86	3.99	4.86	−0.0549
19	20	0.537	−0.54	7.33	6.05	7.33	−0.54
20	20	11	10.8	1.61	1.53	11	−0.00404
20	21	11.2	10.9	1.38	1.38	11.2	−0.000108

使用阶段荷载组合 2 应力：

主截面：

单元号	结点号	上缘最大	上缘最小	下缘最大	下缘最小	最大主压	最大主拉
1	1	11.2	8.68	1.38	1.1	11.2	−0.000108
1	2	11	9.71	1.53	0.137	11	−0.00153
2	2	0.646	−1.54	7.8	4.6	7.8	−1.05
2	3	2.84	0.315	5.05	3.44	5.05	−0.0775
3	3	2.84	0.315	5.05	3.44	5.05	−0.0781
3	4	−0.25	−3.84	15	10.3	15	−2.68
4	4	−0.25	−3.84	15	10.3	15	−2.68
4	5	2.06	−1.99	12.5	8.4	12.5	−0.226
5	5	2.06	−1.99	12.5	8.4	12.5	−0.226
5	6	5.72	1.6	9.04	4.57	9.04	−0.019
6	6	5.72	1.6	9.04	4.57	9.04	−0.0765
6	7	8.63	3.27	6.94	2.35	8.63	−0.00555
7	7	8.63	3.27	6.94	2.35	8.63	−0.0576
7	8	10.2	4.46	5.87	0.76	10.2	−0.00602
8	8	10.2	4.46	5.87	0.76	10.2	−0.0477
8	9	11.3	5.4	5.08	−0.233	11.3	−0.0101

9	9	11.3	5.4	5.08	−0.233	11.3	−0.0401
9	10	11.7	6.06	4.44	−0.755	11.7	−0.0121
10	10	11.7	6.06	4.44	−0.755	11.7	−0.0345
10	11	11.8	6.45	4.01	−0.939	11.8	−0.014
11	11	11.8	6.45	4.01	−0.939	11.8	−0.0309
11	12	11.7	6.09	4.42	−0.725	11.7	−0.0176
12	12	11.7	6.09	4.42	−0.725	11.7	−0.0266
12	13	11.3	5.43	5.04	−0.233	11.3	−0.021
13	13	11.3	5.43	5.04	−0.233	11.3	−0.0222
13	14	10.3	4.49	5.84	0.679	10.3	−0.0286
14	14	10.3	4.49	5.84	0.679	10.3	−0.0171
14	15	8.65	3.29	6.92	2.33	8.65	−0.0362
15	15	8.65	3.29	6.92	2.33	8.65	−0.00934
15	16	5.71	1.6	9.04	4.57	9.04	−0.0501
16	16	5.71	1.6	9.04	4.57	9.04	−0.00776
16	17	1.97	−2.03	12.5	8.4	12.5	−0.266
17	17	1.97	−2.03	12.5	8.4	12.5	−0.266
17	18	−0.292	−3.9	15.1	10.4	15.1	−2.73
18	18	−0.292	−3.9	15.1	10.4	15.1	−2.73
18	19	2.82	0.3	5.08	3.46	5.08	−0.0758
19	19	2.82	0.3	5.08	3.46	5.08	−0.0754
19	20	0.621	−1.57	7.83	4.62	7.83	−1.08
20	20	11	9.58	1.67	0.137	11	−0.00667
20	21	11.2	8.68	1.38	1.1	11.2	−0.000108

使用阶段荷载组合 3 应力：

主截面：

单元号	结点号	上缘最大	上缘最小	下缘最大	下缘最小	最大主压	最大主拉
1	1	11.2	10.9	1.38	1.38	11.2	−0.000108
1	2	11	10.9	1.53	1.53	11	−0.00153
2	2	0.647	−1.53	8.21	5.94	8.21	−1.53
2	3	2.91	1.48	5.2	3.79	5.2	−0.101
3	3	2.91	1.48	5.2	3.79	5.2	−0.102
3	4	−0.0125	−3.05	15.2	12.2	15.2	−3.05
4	4	−0.0124	−3.05	15.2	12.2	15.2	−3.05
4	5	2.45	−0.613	12.6	9.55	12.6	−0.613
5	5	2.45	−0.613	12.6	9.55	12.6	−0.613
5	6	6.43	2.78	9.29	5.41	9.29	−0.0276
6	6	6.43	2.78	9.29	5.41	9.29	−0.0998
6	7	9.54	4.42	7.25	3	9.54	−0.00946
7	7	9.54	4.42	7.25	3	9.54	−0.0764
7	8	11.1	5.61	6.2	1.45	11.1	−0.0118
8	8	11.1	5.61	6.2	1.45	11.1	−0.0644

8	9	12	6.61	5.38	0.523	12	−0.0186
9	9	12	6.61	5.38	0.523	12	−0.0556
9	10	12.4	7.37	4.67	0.0873	12.4	−0.021
10	10	12.4	7.37	4.67	0.0872	12.4	−0.0496
10	11	12.4	7.88	4.13	−0.0576	12.4	−0.0576
11	11	12.4	7.88	4.13	−0.0578	12.4	−0.0578
11	12	12.3	7.39	4.64	0.147	12.3	−0.0281
12	12	12.3	7.39	4.64	0.147	12.3	−0.04
12	13	12	6.64	5.34	0.545	12	−0.0313
13	13	12	6.64	5.34	0.545	12	−0.0342
13	14	11.2	5.64	6.17	1.35	11.2	−0.0415
14	14	11.2	5.64	6.17	1.35	11.2	−0.0271
14	15	9.55	4.44	7.22	2.99	9.55	−0.0507
15	15	9.55	4.44	7.22	2.99	9.55	−0.0156
15	16	6.42	2.77	9.28	5.41	9.28	−0.0679
16	16	6.42	2.77	9.28	5.41	9.28	−0.0134
16	17	2.33	−0.654	12.6	9.54	12.6	−0.654
17	17	2.33	−0.654	12.6	9.54	12.6	−0.654
17	18	−0.0572	−3.1	15.3	12.3	15.3	−3.1
18	18	−0.0571	−3.1	15.3	12.3	15.3	−3.1
18	19	2.88	1.47	5.23	3.81	5.23	−0.0978
19	19	2.88	1.47	5.23	3.81	5.23	−0.0975
19	20	0.621	−1.56	8.24	5.96	8.24	−1.56
20	20	11	10.7	1.74	1.53	11	−0.0105
20	21	11.2	10.9	1.38	1.38	11.2	−0.000108

也可以在"输出单元结果信息"中,逐个单元查看断面上的应力分布,如图 7-44 所示。

（2）系梁挠度验算

在使用阶段输出,查看组合 II 状态下系梁跨中（11 号结点）最大竖向位移为 8.47cm（见图 7-45）,小于规范规定允许值 12cm（7200cm/600）。

（3）钢管混凝土哑铃形拱肋截面强度验算

大跨度拱桥应验算拱顶、拱跨 3/8、拱跨 1/4 和拱脚四个截面;对于中、小跨径拱桥,拱跨 1/4 截面可不验算;特大跨径拱桥,除以上四个截面外,需视截面配筋情况,另行选择截面进行验算。

钢管混凝土拱肋整体截面强度验算公式为:

$$\gamma_0 N_s \leqslant \varphi_e N_d \qquad (7\text{-}3)$$

式中:γ_0 为构件重要性系数。N_s 为轴向压力组合设计值;对于同一拱肋截面,有两组组合值,分别为最大弯矩和对应的轴力、最大轴力和对应的弯矩。N_d 为钢管混凝土哑铃形截面轴心受压承载力:

$$N_d = f_{sd} A_s + f_{cd} A_c \qquad (7\text{-}4)$$

φ_e 为偏心率折减系数,按下列公式计算:

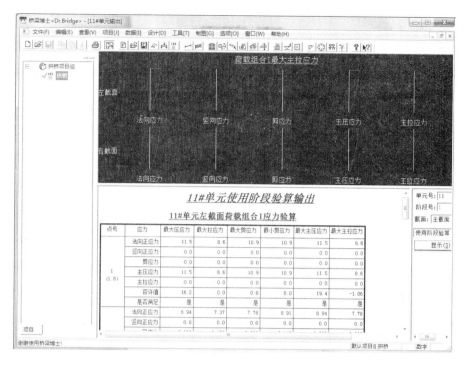

图 7-44　单元结果输出

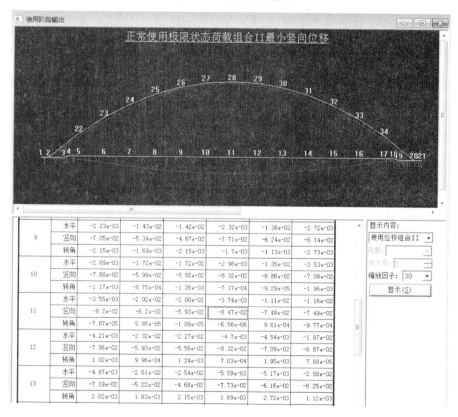

图 7-45　结构位移输出

$$\left(\frac{e_0}{2i}\right) \leqslant 0.85 \text{ 时}, \varphi_e = \frac{1}{1+2.82 e_0/(2i)}$$

$$\left(\frac{e_0}{2i}\right) > 0.85 \text{ 时}, \varphi_e = \frac{0.25}{e_0/(2i)}$$

$$e_0 = \frac{M_s}{N_s}$$

$$i = \sqrt{\frac{(EI)_{\varkappa}}{(EA)_{\varkappa}}} = \sqrt{\frac{E_s I_s + E_c I_c}{E_s A_s + E_c A_c}}, \text{为截面回转半径。}$$

针对本算例,一些计算参数如下:

①组合截面几何特性计算

上下钢管及钢缀板面积:

$$A_s = 2 \times \frac{\pi}{4}(0.7^2 - 0.672^2) + 2 \times 0.51 \times 0.014 = 0.0746237(\text{m}^2)$$

单个钢管面积:$A_1 = \frac{\pi}{4}(0.7^2 - 0.672^2) = 0.030172(\text{m}^2)$

钢构件部分惯性矩:

$$I_s = 2 \times \left[\frac{\pi}{64}(0.7^4 - 0.672^4) + 0.5^2 \times 0.030172 + \frac{0.014 \times 0.51^3}{12}\right] = 0.01895(\text{m}^4)$$

哑铃形拱肋混凝土面积及惯性矩:

$$A_c = 2 \times \frac{\pi}{4} \times 0.672^2 + 0.5 \times 0.5 = 0.9593464884(\text{m}^2)$$

$I_c = 0.2412(\text{m}^4)$(可由数据输出中施工阶段原始信息的结构特征列表查到)

拱肋截面整体轴压设计刚度$(EA)_{\varkappa}$与抗弯设计刚度$(EI)_{\varkappa}$:

$$(EA)_{\varkappa} = E_s A_s + E_c A_c = 2.06 \times 10^5 \times 0.0746237 + 3.45 \times 10^4 \times 0.9593464884$$
$$= 48469.936(\text{MPa} \cdot \text{m}^2)$$

$$(EI)_{\varkappa} = E_s I_s + E_c I_c = 2.06 \times 10^5 \times 0.01895 + 3.45 \times 10^4 \times 0.2412$$
$$= 12225.1(\text{MPa} \cdot \text{m}^2)$$

钢管混凝土哑铃形截面回转半径:

$$i = \sqrt{\frac{(EI)_{\varkappa}}{(EA)_{\varkappa}}} = \sqrt{\frac{12225.1}{48469.936}} = 0.5022(\text{m})$$

②构件承载力:

$$N_d = f_{cd} A_c + f_{\varkappa} A_s = 22.4 \times 0.9593464884 + 275 \times 0.0746237 = 42000(\text{kN})$$

然后就可以针对每个控制截面(拱顶、拱脚、$L/4$、$3L/8$ 等)的计算轴力和计算弯矩,按照式(7-3)进行拱肋截面强度验算。

(4)钢管混凝土拱桥稳定性验算

钢管混凝土哑铃形构件的稳定性验算公式为:

$$\gamma_0 N_s \leqslant \varphi \cdot \varphi_e \cdot N_d \tag{7-5}$$

式中:φ 为稳定系数,按下式计算:

$$\lambda_n \leqslant 1.5 \text{ 时}, \varphi = 0.658^{\lambda_n^2}$$

$$\lambda_n > 1.5 \text{ 时}, \varphi = \frac{0.877}{\lambda_n^2}$$

相对长细比 $\lambda_n = \dfrac{\lambda}{\pi}\sqrt{\dfrac{f_y A_s + f_{ck} A_c + A_c \sqrt{\rho_s f_y f_{ck}}}{E_s A_s + E_c A_c}}$

哑铃形柱的名义长细比 $\lambda = L_0 / iL_0$，则三铰拱：$0.58 S_g$；两铰拱：$0.54 S_g$；无铰拱：$0.36 S_g$；S_g 为拱轴线长度。

7.2.4　横梁设计

本桥单幅桥为双肋拱桥，桥梁宽度方向两根吊杆间距 16.8m，因此横梁可按照计算跨径 16.8m 的简支梁进行设计，如图 2-30 所示，手工计算或电算。需要注意的是，在采用电算时，汽车荷载布置要在使用阶段输入对话框中，用"外力荷载"输入，不要采用"活荷载描述"输入。并且在"总体信息"输入对话框中，不要勾选"计算活载"。布置汽车荷载时，要先画出横梁（16.8m 简支梁）跨中弯矩影响线和支点剪力影响线，按照影响线分别加载，所加荷载为后轴重量的一半。本桥单幅桥设计为三车道，共有三对 6 个集中荷载（70kN），每对集中荷载间距 1.8m。

横梁预应力钢筋布置如图 7-46 所示。

7.3　Midas/Civil 建模计算

钢管混凝土系杆拱桥是外部静定、内部多次超静定结构。钢管混凝土拱桥应进行强度、刚度、稳定性验算和动力性能分析。对哑铃型主拱进行组合受压构件的强度验算、钢管混凝土拱桥整体稳定与动力性能计算。当拱桥的跨径超过 300m 时，还需要考虑材料、结构非线性问题。

拱桥的设计计算过程如下：

（1）根据地形地质、水文、通航、气候及周边环境要求拟定桥位。

（2）根据桥梁设计原则拟定总体布置、桥跨布置，拱桥计算跨径、矢高、拱轴线、跨数、桥面宽度、荷载等级、横坡纵坡以及主要结构的截面尺寸等，并绘制出拟定形式的相关图纸。施工组织方案应详细拟定总体施工流程、主拱圈具体安装方法、拱座的施工等。

（3）在 Midas 中按图纸建立材料特性、截面特性，并建立桥梁模型。桥梁应按实际情况边界条件并添加自重荷载、二期活载以及汽车荷载。

（4）系杆力计算。Midas 运行分析后，进行荷载组合。查看荷载组合下的各个截面内力，并根据规范要求，按规范估算系杆力，计算有效预应力。钢束布束应满足间距、最小弯曲半径要求。在 Midas 中输入预应力钢束特征值、钢束形状及钢束荷载。

（5）添加系杆力并重新运行分析，估算吊杆力，利用未知系数法、刚性吊杆法或刚性横梁法估算吊杆力并调整，调整至桥面线性平稳及吊杆力均匀。

（6）主拱圈内力分析。分析恒载、温度及活载作用下的主拱圈内力，以及恒载作用下产生的主拱圈初应力。

（7）最不利工况下联合截面分析。

（8）主拱肋钢管混凝土极限承载力。这里需要验算钢管混凝土构件、钢管混凝土设计强度、主拱截面偏心距、初应力折减系数、组合受压构件、受剪构件以及疲劳验算。

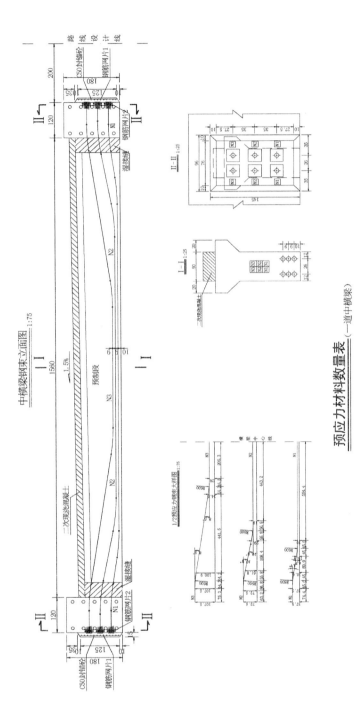

预应力材料数量表（一道中横梁）

编号	规 格	束 数	单束长 (cm)	工作长度 (cm)	总长度 (m)	总重 (kg)	锚具 (套)	波纹管 (m)	合 计	张拉端引伸量 (cm) 左端	张拉端引伸量 (cm) 右端
N1	7Φ^S15.20	2	1803.5	2×80	39.270	302.65	4	36.070	钢绞线：909.96kg	6.2	6.2
N2	7Φ^S15.20	2	1808.8	2×80	39.376	303.47	4	36.176	Φ内70mm波纹管：108.47m	6.2	6.2
N3	7Φ^S15.20	2	1811.2	2×80	39.424	303.84	4	36.224	YM15-7锚具：12套	6.3	6.3
N4	Φ10	26	76.0		19.76	12.19			HRB335级钢筋：74.17kg		
N5	Φ10	16	126.0		20.16	12.44			R235级钢筋：24.63kg		
N6	Φ12	288	29.0		83.52	74.17			C50封锚混凝土：0.35㎥		

图7-46 中横梁预应力束布置（单位：cm）

（9）正常使用状态计算。这里需要验算主拱圈的挠度及预拱度设置。

（10）施工阶段验算。

7.3.1　结构建模

在本算例建模中，假设和简化内容如下：

（1）纵梁的变截面处简化为均匀变化的截面；

（2）所有单元的局部坐标系统一；

（3）桥面板和桥面铺装荷载简化为均布荷载。

建立建模环境步骤如下：

定义建模环境

（1）单击 ☐ 建立新项目；

（2）点击 💾 保存，文件名：拱桥，保存类型为：MIDAS/Civil Files（＊.mcb）；

（3）点击右下角 kN ▼ | m ▼ ，将单位改为 kN 和 m，单位可根据需要进行修改；

（4）在下列建模中，可以通过点击 **N** **N** 查看结点号和单元号。

1. 定义材料及截面

（1）输入构件材料

结构的材料可按表 7-3 内容输入。

表 7-3　截面材料

材料号	名称	设计类型	规范	数据库
1	拱肋 （组合材料）	钢材	JTG(04-2015)(S)	Q345
		混凝土	JTG04(S)	C50
2	吊杆	钢材	JTG04(S)	Wirel1670
3	系杆	钢材	JTG04(S)	Strandl1860
4	纵梁	混凝土	JTG04(S)	C50
5	横梁	混凝土	JTG04(S)	C50
6	风撑	钢材	JTG04(S)	Q345
7	虚设梁	用户定义		

虚设梁材料具体按表 7-4 输入。

表 7-4　虚设梁材料

	名称	类型	参数
材料	Dummy	用户定义	$E = 1 \times 10^{-9} \, \text{kN/mm}^2$
截面	Dummy Beam	数值	$I_{yy} = 1 \, \text{mm}^4$

以拱肋为例，材料信息输入的步骤如下：

① 点击"菜单"→"特性"→"材料特性值"，按键位置如图 7-47 所示。

② 点击后出现以下图框。点击"添加"。

③ 点击"弹性数据"→设计类型栏选择"组合材料"。

④ 在钢材规范栏选择"JTG D64-2015(S)"。

图 7-47 "材料特性值"位置

⑤ 在数据库栏选择"Q345"。

⑥ 在混凝土规范栏选择"JTG04(S)"。

⑦ 在数据库栏选择"C50"。

⑧ 点击"确认",如图 7-48 所示。

⑨ 其他材料参数如表 7-5 所示。

定义材料特性

表 7-5 截面类型分类

截面名称	截面类型	截面名称	截面类型
拱肋	组合梁截面	边纵梁	设计截面
中纵梁	设计截面	端横梁(左)	设计截面
端横梁(右)	设计截面	中横梁	设计截面
变截面纵梁(左)	变截面	变截面纵梁(右)	变截面
横撑	数值截面	斜撑	数值截面
吊杆	数值截面	虚设梁	数值截面

（2）构件截面分类

在系杆拱桥的设计中,在建立截面时,将拱肋截面建立成组合梁截面,将部分纵梁、横梁建立成设计截面,部分纵梁建立为变截面,将吊杆、风撑、虚设梁截面设定为数值截面,桥面板及二期铺装等荷载简化为均布荷载施加。

截面分类

（3）建立组合梁截面

本案例拱肋截面为哑铃型截面,可将拱肋截面建立为组合梁截面,尺寸如图 7-49 所示。

① 在 CAD 图中画出拱肋的截面形状,单位采用"cm"(CAD 画图中不考虑拱肋厚度,且在文件中不标注尺寸),另存为 DXF 格式的文件 ylx. DXF。拱肋上弦钢管被 A、B 点分成 C1、C2 两个弧段,拱肋下弦钢管被 C、D 点分成 C3、C4 两个弧段。

② 点击"菜单"→"工具"→"截面特性计算器",启动截面特性计算器(SPC)。

③ 在 SPC 设置对话框中选择如图 7-50 所示。Midas 中长度单位设置应与 CAD 绘图时保持一致,均使用"cm"作为单位。曲线在导入 SPC 过程中被折线取代,可选择较小的 Angle Step(分割角度)近似模拟曲线。

④ 点击"File"→"Import"→"Auto CAD DXF"命令,导入已建立的 CAD 文件"ylx. dxf";

⑤ 指定线宽。点击"Mode"→"Curve"→"Change Width"。勾选"Alignment、Width",选择"Left",按住 Ctrl,选择"C1、C2、C3、C4"线段,宽度 Width 输入"1. 4",点击"apply"。C5 的线宽对齐位置 Alignment 设为"Left",宽度 Width 设置为"1. 4",点击"apply"。C6 的

建立拱肋截面

图 7-48　拱肋材料数据

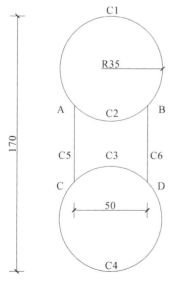

图 7-49　哑铃型截面线框

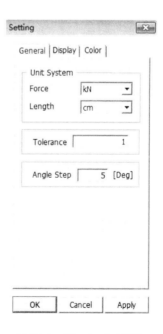

图 7-50　"Setting"对话框

线宽度对齐位置 Alignment 设为"Right",宽度 Width 设置为"1.4",点击"apply"(在画钢管缀板的线宽时,与 CAD 图上画线的方向相关,当 CAD 的缀板线段画图方向为从上到下(从 A 点连接到 C 点,从 B 点连接到 D 点)时,C5 的线宽对齐位置 Alignment 为 Left,C6 的线宽对齐位置 Alignment 为 Right,若画线方向改变(即画线方向为从 C 点连接到 A 点,从 D 点连接到 B 点),则需要改变线宽对齐位置 Alignment)。

⑥ 指定闭合曲线。点击"Model"→"Curve"→"Closed Loop"→"Register"。按住 Ctrl,选择线段"C1、C4、C5、C6",点击"Apply"闭合曲线;按住 Ctrl,选择线段"C2、C3、C5、C6",点击"apply"闭合曲线;

⑦ 定义材料参数。点击"Model"→"Material",点击"add"。

⑧ 这里需保证混凝土和钢管的弹性模量比和重度比正确,可将混凝土作为基准材料,并添加两种材料,如表 7-6 所示。

表 7-6　基准材料弹模及密度

序号	材料名称	弹性模量比	泊松比	密度比
1	混凝土	1	0.2	1
2	钢材	5.97	0.3	3.41

⑨ 定义组合截面参数。点击,"Model"→"Section"→"Composite Section"→"Generate"。输入名称为"YLX"。N(Part)输入"3"。Base Material 选择"混凝土"。

⑩ 定义材料位置。点击,"Model"→"Section"→"Composite Section"→"Add Part"。

⑪ Part ID 1,Part Name 为"钢材",Part Type 为"Line",Part Material 为"钢材",按住 Ctrl,选择全部线条,点击"apply"。

⑫ Part ID 2,Part Name 为"内核混凝土 1",Part Type 为 Plane,Part Material 为"混凝土",按住 Ctrl,选择线段"C1、C2、C3、C4",点击"apply"。

⑬ Part ID 3,Part Name 为"内核混凝土 2",Part Type 为 Plane,Part Material 为混凝土,按住 Ctrl,选择线段"C3、C4、C5、C6",点击"apply"。

⑭ 计算组合截面的截面特性。点击"Property"→"Calculate Composite Property"。设置组合截面特性计算的网格尺寸。Mesh Size(网格大小)可以选择较薄位置构件的宽度。这里选择椭圆形截面的管壁厚度。输入 Mesh size:"1.4",按住 Ctrl,选择全部截面,点击"apply"。

⑮ 导出组合截面文件。点击:"Model"→"Section"→"Composite Section"→"Export"。点击 ⬚,输入文件名为:ylx. sec,同时选择全哑铃型截面,点击"apply";

⑯ 打开 Midas,点击"特性"→"截面特性值"→"添加"→"组合梁截面"。在组合梁截面的截面类型中选择"组合－一般",点击"导入 SEC 文件",界面如图 7-51 所示。在名称中输入"拱肋",点击"确定"。

(4) 建立设计截面

设计截面需要建立边纵梁、中纵梁、端横梁(左)、端横梁(右)、中横梁。在本节设计中,除端横梁截面外,其余截面均设置偏心为中心,端横梁(左)设置右偏心 0.75m,端横梁(右)设置左偏心 0.75m。建立设计截面有两种方法:第一种方法是利用 Midas 自带的截面或定

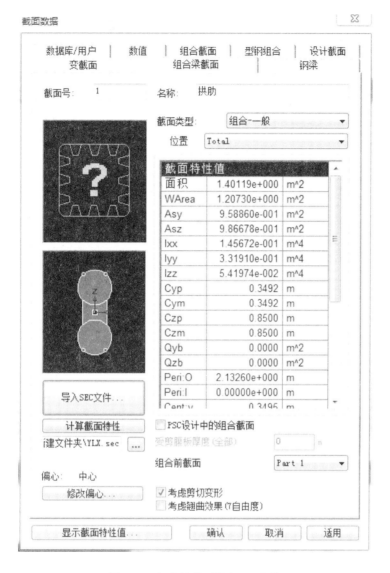

图 7-51　组合梁截面导入 sec 文件

义坐标建立设计截面,以边纵梁为例,步骤如下:

　　边纵梁为"设计截面"。

　　① 打开 Midas Civil,点击"菜单"→"特性"→"截面特性值",点击"添加"。

　　② 选择"设计截面"。

　　③ 点击"设计用数值截面"。

　　④ 名称中输入"边纵梁"。

　　⑤ 点击"定义坐标"。

　　⑥ 在定义坐标截面按表 7-7 输入 X,Y 数值。

　　⑦ 点击"确认",输入界面如图 7-52 所示。

建立设计截面

表 7-7　边纵梁结点

	X/m	Y/m
1	-0.80	1.55
2	-0.80	-1.55
3	0.80	-1.55
4	0.80	1.55

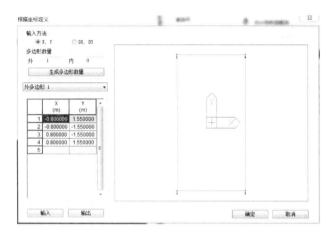

图 7-52　设计截面定义坐标

⑧ 在设计参数中，矩形可以看作只有中腹板、无翼缘板的箱型截面，T1 为上翼缘板厚度，此处可填写一个极小的数值，如 0.0001m；T2 为下翼缘板厚度，填写 0m；BT 为截面外腹板中心距离，填写 0m；HT 为截面上下翼缘板的中心距离，填写 3.1m；在验算扭转用厚度（最小），截面取实际矩形宽度，为 1.6m；剪切验算中勾选自动。

⑨ 点击"计算截面特性值"，点击"确认"，边纵梁截面数据如图 7-55 所示。

第二种方法是通过截面特性计算器导入，以中横梁为例，步骤如下：

① 在 CAD 中画出需要导入的中横梁、端横梁、中纵梁、边纵梁，单位为 cm，保存为 SJJM. DXF 文件。

② 打开 Midas；

③ 点击"菜单"→"工具"→"截面特性计算器"，启动截面特性计算器（SPC）。

④ 在"SPC 设置"对话框中选择如图 7-50 所示，长度单位设置应与 CAD 绘图时保持一致，均使用 cm 作为单位。曲线在导入 SPC 过程中被折线取代，可选择较小的 Angle Step（分割角度）近似模拟曲线。

⑤ 点击"File"→"Import"→"Auto CAD DXF 命令"，导入已建立的 SJJM. DXF 文件。

⑥ 点击快速工具栏的"generate"。

⑦ 选择类型为"Plane"。

⑧ 名称输入"ZHL"。

⑨ 勾选"Calculate Properties Now"。

⑩ 选择"中横梁截面"。

图 7-53　边纵梁截面数据

⑪ 点击"apply"。

⑫ 同理框选其他截面,并点击"apply"。

⑬ 点击快速工具栏的"Export"。

⑭ 点击文件名称旁的标志 [...] 。

⑮ 输入"ZHL"。

⑯ 点击"保存"。

⑰ 选择"中横梁截面"。

⑱ 点击"apply"。

⑲ 同理保存其他截面。

（5）建立变截面

由于边纵梁和中纵梁的尺寸不同,两者连接处需要一个过渡段,该过渡段采用变截面建立。

① 点击"菜单"→"特性"→"截面特性值";

② 点击"添加"。

③ 选择"变截面"。

④ 选择"实腹长方形截面"。

⑤ 名称填写"变截面纵梁（左）"。

⑥ 在截面-i 中输入 $H=3.1m,B=1.6m$。

⑦ 在截面-j 中输入 $H=1.8m,B=1.2m$。

建立变截面

⑧ y 轴/z 轴变化选择"一次方程"。

⑨ 点击"适用"。

⑩ 名称填写"变截面纵梁(右)"。

⑪ 在截面－i 中输入 H＝1.8m,B＝1.2m。

⑫ 在截面－j 中输入 H＝3.1m,B＝1.6m。

⑬ y 轴/z 轴变化选择"一次方程"。

⑭ 点击"确认"。

(6) 建立数值截面

本案例中,将吊杆、斜撑、横撑、虚设梁设置为数值截面。由于采用 PES7-55 成品索,公称截面积 2117mm^2,可换算得吊杆直径为 0.0519m。

建立数值截面

① 点击"菜单"→"特性"→"截面特性值"。

② 点击"添加"。

③ 选择"数值"。

④ 选择"实腹圆形截面"。

⑤ 在名称中输入"吊杆"。

⑥ 在尺寸 D 中输入 0.0519m。

⑦ 点击"计算截面特性值"。

⑧ 点击"适用"。

⑨ 选择"管型截面"。

⑩ 在名称中输入"横撑"。

⑪ 在尺寸 D 中输入 0.9m。

⑫ 在 tw 中输入 0.014m。

⑬ 点击"计算截面特性值"。

⑭ 点击"适用"。

⑮ 选择"管型截面"。

⑯ 在名称中输入"斜撑"。

⑰ 在尺寸 D 中输入 0.7m。

⑱ 在 tw 中输入 0.014m。

⑲ 点击"计算截面特性值"。

⑳ 点击"适用"。

㉑ 选择"任意截面"。

㉒ 在名称中输入"虚设梁"。

㉓ 在 Iyy 输入 1mm^4。

㉔ 点击"适用"。

2. 建立全桥模型

(1) 建立拱肋

本案例中,拱肋在计算跨径内间距分布不等分,可以在 Excel 中先计算拱肋的坐标后,再输入模型中。拱肋的单元在吊杆与拱肋结点处、风撑与拱肋结点处划分,单元结点划分如图 7-54 所示。

建立拱肋单元

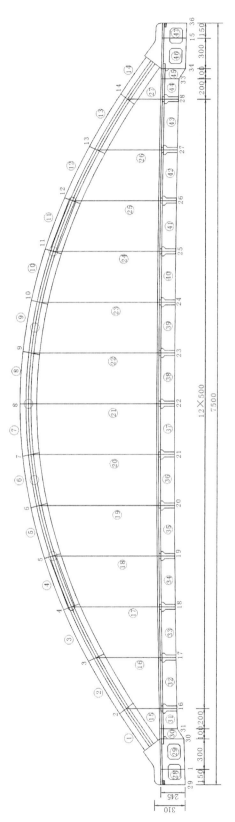

图7-54　单元节点划分

① 在 Excel 表格中,拱肋结点的 X 坐标为吊杆的纵向间距;拱肋结点竖向 Z 坐标的公式为:

$$z = 4fx(L-x)/L^2$$

其中,L 为计算跨径(72m),f 为计算矢高(14.4m),拱肋结点坐标如表 7-8 所示。

表 7-8 拱肋结点坐标表格

结点	X/m	Y/m	Z/m	结点	X/m	Y/m	Z/m
1	0	0	0.000	9	41	0	14.122
2	6	0	4.400	10	46	0	13.289
3	11	0	7.456	11	51	0	11.900
4	16	0	9.956	12	56	0	9.956
5	21	0	11.900	13	61	0	7.456
6	26	0	13.289	14	66	0	4.400
7	31	0	14.122	15	72	0	0.000
8	36	0	14.400				

② 点击"菜单"→"结点/单元"→结点表格,或者按下 Ctrl+Alt+N,按键位置如图 7-55 所示。

图 7-55 "结点表格"位置

③ 将表 X、Y、Z 坐标复制进表格

④ 建立拱肋单元。打开 Excel 表格,建立如 7-9 表格,在表格中,拱肋的类型为梁单元,材料与截面的数字,可点击"菜单"→"特性"→"材料/截面特性值"进行查看。结点 1、结点 2 代表单元始端 i 和末端 j。若改变结点的单元 i、j 端顺序,则单元的局部坐标系发生改变,若在建模中因为镜像等原因导致单元的局部坐标系发生反转,可以通过点击"菜单"→"结点/单元"→"修改参数"进行修改。

表 7-9 Midas 拱肋单元表格

单元	类型	辅助单元	Wall type	材料	截面	β 角	结点 1	结点 2
1	梁单元			1	1	0	1	2
2	梁单元			1	1	0	2	3
3	梁单元			1	1	0	3	4
4	梁单元			1	1	0	4	5
5	梁单元			1	1	0	5	6
6	梁单元			1	1	0	6	7

单元	类型	辅助单元	Wall type	材料	截面	β角	结点1	结点2
7	梁单元			1	1	0	7	8
8	梁单元			1	1	0	8	9
9	梁单元			1	1	0	9	10
10	梁单元			1	1	0	10	11
11	梁单元			1	1	0	11	12
12	梁单元			1	1	0	12	13
13	梁单元			1	1	0	13	14
14	梁单元			1	1	0	14	15

⑤ 点击"菜单"→"结点/单元"→"单元表格"或按下"Ctrl＋Alt＋M"，按键位置如图 7-56所示；

图 7-56　"单元表格"位置

⑥ 将表 7-9 中的内容复制进入表格。

（2）建立吊杆。

① 点击"菜单"→"结点"→"单元的拓展"，按键位置如图 7-57 所示。

图 7-57　"单元"→"拓展"位置

② 拓展类型选择"结点"→"线单元"。

③ 在结点输入栏输入"2to14"（表示选择 2 至 14 号结点，即拱肋上除拱脚两点外的全部结点），按下回车键。

④ 在单元类型选择"桁架单元"。

⑤ 在材料栏选择"吊杆"。

建立吊杆单元

⑥ 在截面栏选择"吊杆"。

⑦ 在生成形式菜单选择"投影"。

⑧ 点击定义基准线的"P1 输入栏"，然后点击"结点 1"和"结点 15"（结点 1、15 为拱脚结点）。

⑨ 点击"适用"。

(3)建立纵梁

① 点击"结点/单元"→"建立结点";

② 选择结点"1"(0,0,0),这里注意：间距输入时，逗号为英文的逗号。

③ 选择复制次数为1次。

④ 距离填写"－1.5,0,0"m。

⑤ 点击"适用"。

⑥ 点击"结点/单元"→单元拓展。

⑦ 单元类型选择"梁单元"。

⑧ 材料选择"纵梁"。

⑨ 截面选择"边纵梁"。

⑩ 生成形式选择"复制和移动"。

⑪ 选择"任意间距"。

⑫ 选择"x方向"。

⑬ 在间距输入"1.5,3"m。

⑭ 选择结点"29"(结点29为刚建立的纵梁最左侧的第一个点)。

⑮ 点击"适用"。

⑯ 其他参数不变，修改截面类型为"变截面纵梁(左)"。

⑰ 在间距输入"1"m。

⑱ 选择结点"30"(结点30为上一步骤建立的纵梁的最后一个点)。

⑲ 点击"适用"。

⑳ 其他参数不变，修改截面类型为中纵梁。

㉑ 在间距输入"2,12@5,2"m。

㉒ 选择结点"31"(结点31为上一步骤建立的纵梁的最后一个点)。

㉓ 点击"适用"。

㉔ 其他参数不变，修改截面类型为变截面纵梁(右)。

㉕ 在间距输入"1"m。

㉖ 选择结点"32"(结点32为上一步骤建立的纵梁的最后一个点)。

㉗ 点击"适用"。

㉘ 其他参数不变，修改截面类型为边纵梁。

㉙ 在间距输入"3,1.5"m。

㉚ 选择结点"33"(结点33为上一步骤建立的纵梁的最后一个点)。

㉛点击"适用"。

(4)复制框架

① 点击"全选"。

② 点击"结点/单元"→点击单元栏下的"移动复制"。

③ 在移动和复制中选择"任意间距"。

④ 选择"y方向"。

建立纵梁

复制框架

⑤ 在间距栏输入"16.8"m(线的中心为纵梁的中心,因此复制的距离为纵梁中心线之间的距离)。

⑥ 点击"适用"。

(5)建立风撑

① 点击"结点/单元"→分割单元。

② 在单元类型中选择"线单元","等距离"分割,x 方向分割数量为"2"。

③ 在单元输入栏输入"6 9 53 56"号单元(即对应拱肋上吊杆 N5,N6 的中点),按下回车键。

④ 点击"适用"。

⑤ 点击"结点/单元"→建立单元。

⑥ 在材料栏选择"风撑"。

⑦ 在截面栏选择"横撑"。

建立风撑

⑧ 在结点连接栏再次输入(5,39),点击"适用"(即连接从左至右第一根横撑)。

⑨ 在结点连接栏再次输入(69,71),点击"适用"(即连接从左至右第二根横撑)。

⑩ 在结点连接栏再次输入(8,42),点击"适用"(即连接从左至右第三根横撑)。

⑪ 在结点连接栏再次输入(70,72),点击"适用"(即连接从左至右第四根横撑)。

⑫ 在结点连接栏再次输入(11,45),点击"适用"。(即连接从左至右第五根横撑)。

⑬ 点击"结点/单元"→"分割单元"。

⑭ 在单元类型中选择"线单元"、"等距离"分割,x 方向分割数量为"2"。

⑮ 在单元输入栏输入"99 103"号单元,按下回车键(即分割第一根及第五根横撑)。

⑯ 点击"适用"。

⑰ 点击"结点/单元"→"建立单元"。

⑱ 在材料栏选择"风撑"。

⑲ 在截面栏选择"斜撑"。

⑳ 在结点连接栏再次输入(73,4),点击"适用"(即连接左侧斜撑)。

㉑ 在结点连接栏再次输入(73,38),点击"适用"(即连接左侧斜撑)。

㉒ 在结点连接栏再次输入(74,12),点击"适用"(即连接右侧斜撑)。

㉓ 在结点连接栏再次输入(74,46),点击"适用"(即连接右侧斜撑)。

(6)建立横梁

① 点击"结点/单元"→"建立单元"。

② 在材料栏选择"横梁"。

③ 在截面栏选择"端横梁(左)"。

④ 在结点连接栏再次输入"1,35",点击"适用"(即连接最右侧端横梁)。

建立横梁

⑤ 点击"结点/单元"→"拓展单元"。

⑥ 拓展类型选择"结点"→"线单元"。

⑦ 在单元类型选择"梁单元"。

⑧ 在材料栏选择"横梁"。

⑨ 在截面栏选择"中横梁"。

⑩ 在生成形式菜单选择"投影"。

⑪ 在结点输入栏输入"16to28"（即选择第一根纵梁与吊杆的共用点）。

⑫ 用鼠标点击定义基准线的 P1 输入栏，点击对面纵梁的任意两点。

⑬ 点击"适用"。

⑭ 点击"结点/单元"→"建立单元"；

⑮ 在材料栏选择"横梁"。

⑯ 在截面栏选择"端横梁（右）"。

⑰ 在结点连接栏再次输入"15,49"。

⑱ 点击"适用"。

（7）建立虚设梁

建立虚设梁

在计算移动荷载时，需要计算车道中心线位置到桥梁外边缘的距离，这里采用虚设梁来模拟车道线。以计算人行道 1 的位置为例，其距离为 0.6（纵梁一半的宽度）+0.3（护栏宽度）+2.5（人行道宽度）/2=2.15（m）

以计算车道 1 的位置为例，其距离为 0.6（纵梁一半的宽度）+0.3（护栏宽度）+2.5（人行道宽度）+0.5（车道距离人行道缘石距离）+0.9（汽车横向轮距的一半）=4.8（m）

① 点击"结点/单元"→"结点的移动复制"。

② 选择"任意间距"。

③ 选择"y 方向"。

④ 选择结点"1、15"（即两个端横梁上与第一根纵梁的共用点）。

⑤ 在间距输入"2.15"m。

⑥ 勾选交叉分割"结点、单元"。

⑦ 点击"适用"。

⑧ 点击"结点/单元"→建立单元。

⑨ 材料及截面均选择"虚设梁"。

⑩ 结点连接"75 76"（即上一步骤新建立的两点）。

⑪ 勾选交叉分割"结点、单元"。

⑫ 激活"虚设梁"。

⑬ 点击"全选"。

⑭ 点击"结点/单元"→"单元的复制移动"。

⑮ 选择"任意间距"。

⑯ 选择"y 方向"。

⑰ 输入"2.65,2@3.1"m（即建立车道线的位置）。

⑱ 勾选交叉分割"结点、单元"；

⑲ 点击"适用"，并激活全部（按下 Ctrl+A）。

3. 建立组

（1）结构组

① 左键点击"树形菜单"→"结构组"（见图 7-58）。

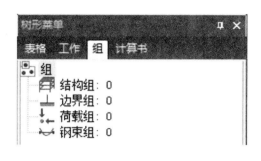

定义结构组

图 7-58　"激活"位置示意

② 右键点击"结构组",选择"新建..."；

③ 在名称中输入吊杆"N",后缀输入"1to7"。

④ 点击"添加",即获得吊杆 1 至吊杆 7。

⑤ 删除后缀栏内容。

⑥ 在名称中输入"纵梁",点击"添加"。

⑦ 在名称中输入"横梁",点击"添加"。

⑧ 在名称中输入"拱肋",点击"添加"。

⑨ 在名称中输入"风撑",点击"添加"。

⑩ 在名称中输入"虚设梁",点击"添加"。

定义结构组的操作有两种形式,第一种如下：

① 点击"树形菜单"→"工作"→"特性值"→"材料"→"吊杆"；

② 点击"菜单"→"视图"→"激活"；

③ 选择吊杆 1 对应的结点及单元。

④ 点击"组"→"结构组",点击"单选"。

⑤ 将结构组吊杆 1(结构组)拖曳至模型窗口来定义吊杆,同理定义其他吊杆。

⑥ 点击全部激活。

第二种如下：

① 点击"菜单"→"视图"→"选择"→"属性"或直接点击菜单栏的 或 。

② 点击"特性值"→"材料",激活"纵梁",点击"全选"。

③ 将结构组纵梁(结构组)拖曳至模型窗口来定义纵梁。

④ 点击"特性值"→"材料",激活"横梁"；点击"全选"。

⑤ 将结构组横梁(结构组)拖曳至模型窗口来定义横梁。

⑥ 点击"特性值"→"材料",激活"拱肋"；点击"全选"。

⑦ 将结构组拱肋(结构组)拖曳至模型窗口来定义拱肋。

⑧ 点击"特性值"→"材料",激活"风撑"；点击"全选"。

⑨ 将结构组风撑(结构组)拖曳至模型窗口来定义"风撑"。

（2）建立边界组

① 左键点击"树形菜单"→"边界组"。

② 右键点击"边界组",选择"新建..."。

建立边界组

③ 在名称中输入"支座约束"。

④ 点击"添加"。

⑤ 同理添加拱肋满堂支架、纵横系梁满堂支架。

（3）建立荷载组

① 左键点击"树形菜单"→"荷载组"。

建立荷载组

② 右键点击"荷载组"，选择"新建..."。

③ 在名称中输入"自重"。

④ 点击"添加"。

⑤ 在名称中"二期恒载"。

⑥ 点击"添加"。

建立钢束组

⑦ 在名称中输入"吊杆力张拉批次"。

⑧ 在后缀输入"1to3"。

⑨ 点击"添加"。

⑩ 在名称中输入"系杆预应力"。

⑪ 在后缀输入"1to2"。

⑫ 点击"添加"。

（4）建立钢束组

① 左键点击"树形菜单"→"钢束组"。

② 右键点击"边界组"，选择"新建..."。

③ 在名称中输入"N"，在后缀中输入"1to5"。

④ 点击"添加"。

4．建立边界条件

边界条件中，Dx 表示沿 x 方向位移，Rx 表示绕 x 轴转动，以此类推。在建模的时候可以有两种方式：第一种是直接在结点上建立约束；第二种是建立额外结点，在新建结点上建立约束，再使用刚性连接，定义新建结点为主结点。下面采用第一种方法进行建模。本书中先建立支座约束，在施工分析时再建立纵横梁满堂支架和拱肋满堂支架。

（1）支座约束

本案例中为下承式钢管混凝土系杆拱桥，在拱脚处施加简支边界条件。

① 点击"菜单"→"边界"→"一般支承"。

② 在边界组名称栏选择"支座约束"。

③ 在结点选择栏输入"1"，按下回车键。

④ 勾选"D-ALL"。

⑤ 点击"适用"。

建立边界条件

⑥ 在结点选择栏输入"15"，按下回车键。

⑦ 勾选 Dy、Dz。

⑧ 点击"适用"。

⑨ 在结点选择栏输入"35"，按下回车键；

⑩ 勾选 Dx、Dz。

⑪ 点击"适用"。

⑫ 在结点选择栏输入"49",按下回车键。

⑬ 勾选 Dz。

⑭ 点击"适用"。

（2）纵横梁满堂支架

本案例中采用支架施工,在本桥中以竖向刚性支撑模拟。在 7.3.5 输入施工阶段时输入：

建立纵横梁
满堂支架

① 点击"特性值"→"材料",按住 Ctrl,激活"横梁 纵梁",点击"全选"。

② 取消选择 1,15,35,49 结点。

③ 点击"菜单"→"边界"→"一般支承"。

④ 在边界组名称栏选择"纵横梁满堂支架"。

⑤ 勾选"Dz"。

⑥ 点击"适用"。

（3）拱肋满堂支架

本案例中采用支架施工,在本桥中以竖向刚性支撑模拟。在 7.3.5 输入施工阶段时输入：

① 点击"特性值"→"材料",按住 Ctrl,激活"拱肋",点击全选。

② 取消选择 1,15,35,49 结点。

③ 点击"菜单"→"边界"→"一般支承"。

④ 在边界组名称栏选择"拱肋满堂支架"。

⑤ 勾选"Dz"。

⑥ 点击"适用"。

建立拱肋
满堂支架

7.3.2　结构内力计算

1. 建立静力工况

在静力荷载中,计算自重时系统默认的材料容重为 $25kN/m^3$,而实际上混凝土重度为 $26kN/m^3$,因此,在输入自重系数时靠考虑重度的比值即可。在实际建模中,可以根据需求建立温度荷载、沉降及其他荷载。建立荷载遇到的详细参数含义可参照帮助文件。

（1）点击"菜单"→"荷载"→"静力荷载"。

（2）点击"静力荷载工况",如图 7-59 所示。

图 7-59　"静力荷载工况"位置

（3）名称输入"自重"。

（4）工况中选择"所有荷载工况"。

（5）类型中选择"恒荷载（D）"。

（6）点击"添加"。

（7）修改名称为"二期恒载"。

（8）类型中选择"恒荷载（D）"。

（9）点击"添加"。

（10）修改名称为系杆预应力1。

（11）类型中选择预应力（PS）。

（12）点击"添加"。

（13）修改名称为系杆预应力2。

（14）类型中选择预应力（PS）；

（15）点击"添加"。

（16）修改名称为吊杆力；

（17）类型中选择预应力（PS）。

（18）点击"添加"。

（19）修改名称为温度升温。

（20）类型中选择温度荷载（T）。

（21）点击"添加"，所有静力载荷工况如图7-60所示。

建立静力
荷载工况

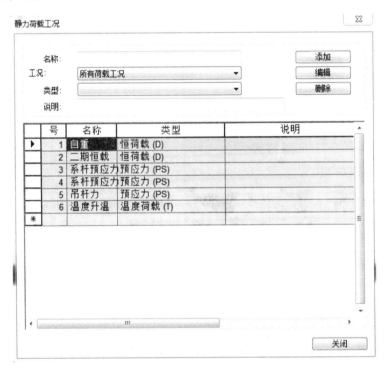

图 7-60　静力荷载工况

2．输入重力荷载

（1）点击"菜单"→"荷载"→"静力荷载"，如图7-61所示。

（2）点击"自重"。

（3）荷载工况名称选择"自重"。

输入重力荷载

图 7-61　"结构荷载—自重"位置

（4）荷载组名称选择"自重"。

（5）"自重"系数栏"z:"内输入"−1.04"（因为采用 C50 混凝土，系统默认的容重为 25）。

（6）点击"添加"，输入界面如图 7-62 所示。

3．输入二期恒载

（1）点击"特性值"→"材料"，按住 Ctrl，激活"纵梁"，点击"全选"。

（2）点击"菜单"→"荷载"→"静力荷载"。

（3）选择梁荷载下的单元。

（4）点击"菜单"→"视图"→"选择"→"属性"。

（5）荷载组名称选择"二期恒载"。

（6）选项栏选择"添加"。

（7）荷载类型栏选择"均布荷载"。

（8）数值选择"相对值"。

（9）X1 默认输入"0"。

（10）X2 默认输入"1"。

输入二期恒载

（11）w 输入"−68"kN/m；

（12）点击"适用"，输入界面如图 7-63 所示。

4．输入移动荷载

（1）点击"菜单"→"荷载"→"移动荷载"。

（2）移动荷载规范选择"China"。

（3）点击"菜单"→"荷载"→"移动荷载"→"车辆"（见图 7-64）。

输入移动荷载

（4）添加车辆荷载选择"CH-CD"，点击"确认"。

（5）添加车辆荷载选择"CH-RQ"，点击"确认"；

（6）点击"菜单"→"荷载"→"移动荷载"→"交通车道线"（见图 7-65），点击"添加"。

（7）车道名称输入"人群 1"。

（8）偏心距离选择"0"m。

（9）车轮间距为"0"m。

（10）桥梁跨度选择"72"m；

（11）车辆荷载的分布选择"横向联系梁"。

（12）横向联系梁组选择"横梁"。

（13）车辆移动方向选择"往返"。

（14）选择两点。

（15）点击结点"75,76"（坐标位置见图 7-66，选择中"两点"位置）。

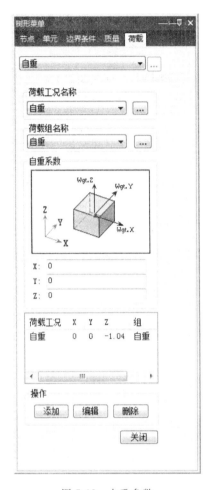

图 7-62　自重参数

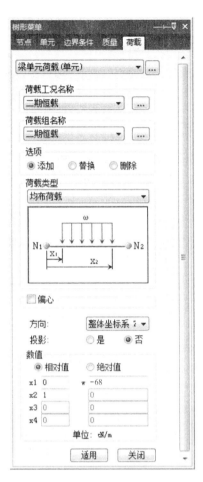

图 7-63　二期恒载参数

图 7-64　"移动荷载"→"车辆"位置

图 7-65　"移动荷载"→"交通车道线"位置

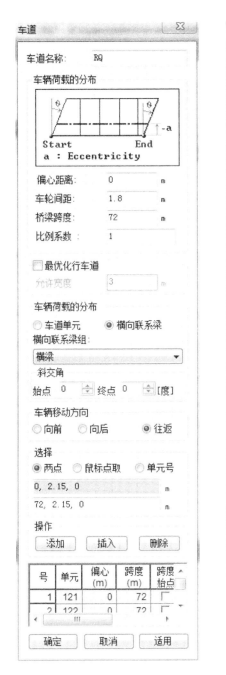

图 7-66　人群荷载的车道线

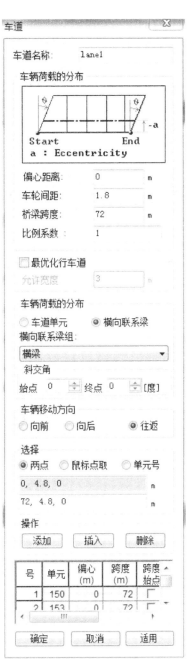

图 7-67　车道 1 的车道线

（16）点击"确定"。

（17）车道名称输入"车道 1"（见图 7-67）。

（18）偏心距离选择"0"m。

（19）桥梁跨度选择"72"m。

（20）车辆荷载的分布选择"横向联系梁"。

（21）横向联系梁组选择"横梁"。

（22）车辆移动方向选择"往返"。

（23）选择"两点"。

（24）点击结点"90,104"（坐标位置见图7-67,选择中"两点"位置）；

（25）点击"确定"。

（26）同理添加车道2、车道3,添加后如图7-68所示。

图7-68　全桥车道线

（27）点击"荷载"→"移动荷载"→"移动荷载工况"（见图7-69）,点击"添加"

图7-69　"移动荷载"→"移动荷载工况"位置

（28）荷载工况名称为"人群荷载"（见图7-70）。

（29）点击"添加"。

（30）车道组选择CH-RQ(人群荷载)。

（31）添加"人群1"。

（32）点击"确认"。

（33）点击"添加"。

（34）同理添加车道荷载、车辆荷载。

输入温度荷载

5. 输入温度荷载

(1)点击"荷载"→"系统温度"。

(2)荷载工况名称选择"温度升温"。

(3)荷载组名称选择"温度升温"。

(4)在温度值输入"20"℃。

(5)点击"添加"。

6. 执行计算并查看结果

可以通过查看结果来获取相关的计算结果。下面以查看自重下弯矩为例进行说明。

（1）点击"菜单"→"结果",可以查看不同荷载组合下的反力、变形、内力、应力等。

（2）点击"梁单元内力图",查看成桥状态自重作用下的弯矩（见图7-71）。

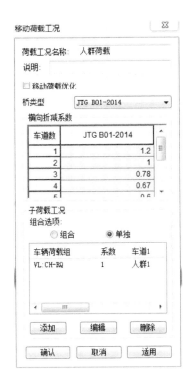

图 7-70　添加人群荷载工况

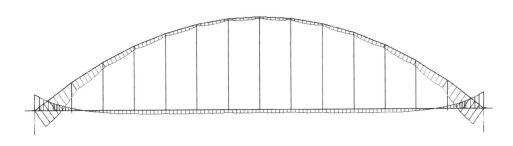

图 7-71　成桥状态自重作用下的弯矩

（3）点击"菜单"→"结果"→"荷载组合"（见图 7-72）。

图 7-72　"荷载组合"位置

（4）在组合中点击"混凝土设计"，点击"自动生成"，选择正常使用频遇组合中包含人群＋车道偏载的组合：1.0 恒荷载＋1.0 二期恒载＋1.0 人群＋0.6667 车道荷载＋1.0 温度荷载。

（5）点击"菜单"→"结果"→"结果表格"→"梁单元"→"内力和应力"。

（6）在单元中输入"37"（系梁跨中截面）。

（7）在荷载工况/荷载组合中勾选刚才定义的荷载工况。

（8）位置勾选J，输入结果如表7-10所示。

表7-10　单元37-J位置内力

单元	荷载	位置	轴向 /kN	剪力-y /kN	剪力-z /kN	扭矩 /(kN·m)	弯矩-y /(kN·m)	弯矩-z /(kN·m)
37	最大	J	12878.92	0.61	519.51	515.04	2186.96	4.88
37	最小	J	12058.08	−1.13	120.85	−528.21	664.49	−2.57
37	全部	J	12878.92	−1.13	519.51	−528.21	2186.96	4.88

7.3.3　系杆预应力束估算及输入

中、下承式钢管混凝土拱桥吊索和系杆索承载能力，根据《公路钢管混凝土拱桥设计规范》（JTG/T D65-06-2015）第5.8.1条的规定，应按下式要求计算：

$$N \leq \frac{f_{pk} \cdot A_s}{\gamma_s}$$

式中：N 为吊索、系杆索受拉轴向力设计值（10^3 kN）；γ_s 为综合系数，按 JTG/T D65-06-2015 表5.8.1采用；f_{pk} 为吊索、系杆索抗拉强度标准值（MPa）；A_s 为吊索、系杆索钢材（钢丝或钢绞线等）的截面面积（m²）。

对吊杆型号的选择，可以按上述公式，根据轴力设计值并考虑一定的安全系数后进行计算。

对系梁预应力钢束的估算，可参考7.2.2，按预应力混凝土构件的抗裂要求进行计算。

对系梁钢束的输入，可以通过复制及 Office 工具等来简化过程。以下系梁预应力钢束按照7.2.2的计算结果和图7-39输入。

1. 建立钢束特性

（1）点击"菜单"→"荷载"→"温度/预应力"→"钢束特性"，如图7-73所示。

（2）点击"添加"。

（3）在钢束名称中输入"系杆"。

建立钢束特性

图7-73　"温度/预应力"→"钢束特性"位置

（4）钢束类型选择内部（后张）。

（5）材料选择"系杆"。

（6）钢束总面积点击 。

（7）公称直径选择 15.2mm（1×7）。

（8）钢绞线束数输入"14"。

（9）点击"确认"。

（10）导管之间输入"0.09m"。

（11）点击"确认"。

2. 输入钢束形状

（1）点击"菜单"→"荷载"→"温度/预应力"→"钢束形状"，如图 7-74　输入钢束形式所示。

图 7-74　"温度/预应力"→"钢束形状"位置

（2）在钢束名称中填写"N1-1"。

（3）组选择"N1"。

（4）钢束特性值选择"系杆"。

（5）点击分配给单元，再双击"树形菜单"→"工作"→"特性值"→"材料"→"纵梁"，在框中自动形成纵梁相关的单元号，保留第一根纵梁相关的单元号，或直接输入"28to47"。

（6）输入类型选择"3-D"。

（7）曲线类型选择样条。

（8）钢束端部直线段长度，输入"0.26m"。

（9）在无应力场中选择"自动计算"。

（10）勾选"直线"。

（11）按表 7-11 输入。

表 7-11　系梁钢束数据

	x/m	y/m	z/m	固定	Ry/deg	Rz/deg
1	−1.5	−0.45	0.7	0	0.00	0.00
2	73.5	−0.45	0.7	0	0.00	0.00

（12）钢束布置插入点为"0,0,0"。

（13）点击"适用"。

（14）点击"菜单"→"荷载"→"温度/预应力"→"钢束形状"。

（15）点击"N1"，点击"复制与移动"。

（16）选项为"复制"。

（17）间距为(0,0.9,0)m。

复制其余钢束

（18）勾选分配当前单元。

（19）点击"确定"。通过复制移动，可产生单根系梁上所有的钢束。

（20）在"菜单"→"荷载"→"温度/预应力"→"钢束形状"；选择"所有钢束"，点击"复制和移动"。

（21）在间距输入(0,16.8,0)m。

（22）不勾选分配当前单元。

（23）点击"确认"，可产生另一根系梁上所有的钢束。

这根梁上的其他钢筋可以通过该方法复制移动后修改名称及分组，或者采用下列方法输入：点击"Midas"图标，选择导出 MCT 文件，点击 MCT 中 🔍，搜寻 ∗ TDN－PROFILE，将该部分参数全部复制进入 Word 文档，通过 Word 文档的复制和替换功能，编制其他钢束信息。

点击"Midas"→"工具"→"MCT 命令窗口"，将文档内容复制进入，点击"运行"即可。以 N1 为例，2018 版 MCT 文件内容如下：

```
* TDN-PROFILE    ; Tendon Profile
    ; NAME＝NAME, TDN－PROPERTY, ELEM_LIST, BEGIN, END, CURVE, INPUT    ; line 1
;       GROUP, LENGOPT, BLEN, ELEN, bTP, rNUM                          ; line 2
;       SHAPE, IP_X, IP_Y, IP_Z, AXIS, VX, VY                          ; line 3(Straight)
;       SHAPE, IP_X, IP_Y, IP_Z, RC_X, RC_Y, OFFSET, DIR              ; line 3(Curve)
;       SHAPE, INS_PT, REF_ELEM, AXIS                                  ; line 3(Element)
;       XAR_ANGLE, bPROJECTION, GR_AXIX, GR_ANGLE                      ; line 4(Straight/Curve)
;       XAR_ANGLE, bPROJECTION, OFFSET_Y, OFFSET_Z                     ; line 4(Element)
;       X1, Y1, Z1, bFIX1, RY1, RZ1, RADIUS1                           ; from line 5(3D)
;       ...
;       Xn, Yn, Zn, bFIX1, RY1, RZ1, RADIUSn
;       Y＝X1, Y1, bFIX1, RZ1, RADIUS1, OPT1, ANGLE1, HGT1, R1         ; from line 5(2D)
;       Y＝...
;       Z＝X1, Z1, bFIX1, RZ1, RADIUS1, OPT1, ANGLE1, HGT1, R1
;       Z＝...
    NAME＝N1－1, 系杆, 28to47, 0, 0, SPLINE, 3D
        N1, AUTO1,,, NO,
        STRAIGHT, 0, 0, 0, X, 0, 0
        0, YES, Y, 0
        －1500, －450, 700, NO, 0, 0, 0
        73500, －450, 700, NO, 0, 0, 0
    NAME＝N1－1－复制, 系杆, 77to94, 0, 0, SPLINE, 3D
        N1, AUTO1,,, NO,
        STRAIGHT, 0, 16800, 0, X, 0, 0
        0, YES, Y, 0
        －1500, －450, 700, NO, 0, 0, 0
        73500, －450, 700, NO, 0, 0, 0
    NAME＝N1－2, 系杆, 28to47 0, 0, SPLINE, 3D
        N1, AUTO1,,, NO,
        STRAIGHT, 0, 0, 0, X, 0, 0
        0, YES, Y, 0
        －1500, 450, 700, NO, 0, 0, 0
        73500, 450, 700, NO, 0, 0, 0
```

复制移动钢束

NAME＝N1－2—复制，系杆，77to94，0，0，SPLINE，3D

　N1，AUTO1,,，NO，

　STRAIGHT，0，16800，0，X，0，0

　0，YES，Y，0

　－1500，450，700，NO，0，0，0

　73500，450，700，NO，0，0，0

3．输入钢束预应力

（1）点击"菜单"→"荷载"→"温度/预应力"→"钢束预应力"，如图 7-75 所示；

图 7-75 "温度/预应力"→"钢束预应力"位置

（2）荷载工况名称选择"系杆预应力 1"。

（3）荷载组名称选择"系杆预应力 1"。

（4）在加载的预应力钢束中选择 N1、N3、N5 相关预应力钢束，点击。

（5）张拉力选择"内力"。

（6）先张拉选择"两端"。

（7）开始点、结束点均输入"2734.2"kN。

（8）点击"添加"。

（9）荷载工况名称选择"系杆预应力 2"。

（10）荷载组名称选择"系杆预应力 2"。

输入钢束
预应力

（11）在加载的预应力钢束中选择 N2、N4 相关预应力钢束，点击。

（12）张拉力选择"内力"。

（13）先张拉选择"两端"。

（14）开始点、结束点均输入"2734.2"kN。

（15）点击"添加"。

7.3.4 吊杆力计算及输入

本书中，提供了两种方法初步计算吊杆力：一是刚性支承连续梁法；二是刚性吊杆法。

1．以刚性支承连续梁法求解吊杆张拉力

（1）新建"边界组刚性支承连续梁法"。

（2）在结点输入栏输入"16to28 50to62"。

（3）点击"边界"→"一般支承"。

（4）勾选"D-ALL"，如图 7-76 所示。

（5）选择每一吊杆下端的结点，并点击"适用"，如图 7-77 所示。

（6）点击"分析"→"运行分析"。

（7）在荷载组合中，设置组合：成桥，仅考虑恒载荷载组合，如图 7-78 所示。

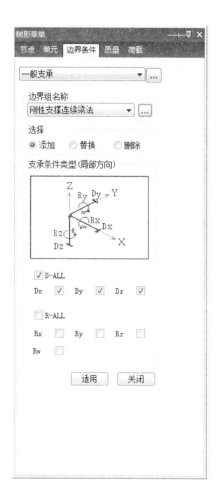

刚性支撑连续梁法
求解吊杆力

图 7-76　刚性支撑连续梁法边界属性

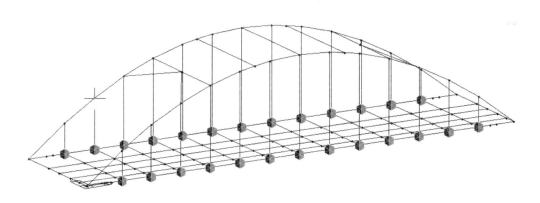

图 7-77　吊杆下端设置刚性支撑

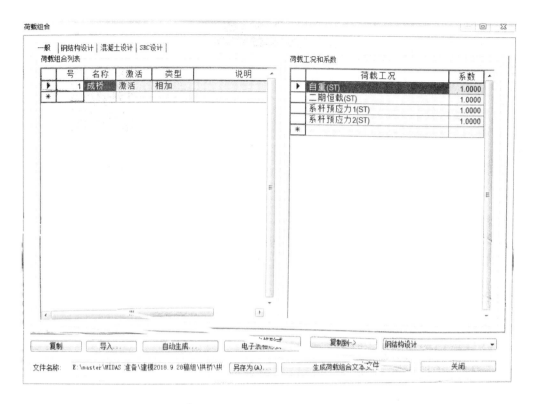

图 7-78 仅考虑恒载的荷载组合

（8）点击"结果"→"反力"，如图 7-79 所示。

图 7-79 "结果"→"反力"位置

（9）在反力中，荷载工况/荷载组合选择"成桥"。

（10）反力勾选 FZ，显示数值，见图 7-80 反力参数。

（11）点击"适用"，反力如图 7-81 所示。

（12）记录支座数值，并删除吊杆下端支座。

（13）点击"荷载"→"温度/预应力"→"初拉力"。

（14）在荷载工况名称及荷载组名称中选择"吊杆 1"，在初拉力中输入 1180kN，框选吊杆 1，点击"适用"。同理添加所有吊杆力。

2．运用刚性吊杆法求解

（1）删除刚性支承连续梁法中的支承和吊杆力。

（2）在材料特性值中新建一个吊杆模拟特性，选择"用户定义"；容重是真实吊杆的 1/100，其余各项参数与吊杆材料参数相同，材料属性可见图 7-82；在截面特性值中新建一

刚性吊杆法
标解吊杆力

图 7-80　反力参数

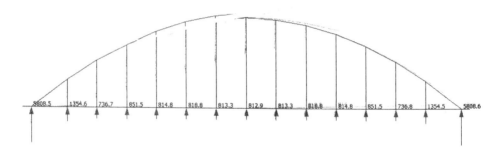

图 7-81　吊杆下端结点 FZ 反力

个吊杆模拟特性,修改吊杆参数,其面积是真实吊杆的 100 倍,即直径增加 10 倍,截面属性可见图 7-83;选择所有吊杆单元,将上述材料及截面拖曳至主界面,赋予吊杆单元;

(3) 点击"运行分析"。

(4) 右键点击"模型",选择"内力"→"桁架单元内力"。

(5) 查看桁架内力,吊杆上的桁架内力即为吊杆成桥阶段的拉力(见图 7-84)。

(6) 重新将真实的吊杆截面特性和材料特性赋予吊杆。

(7) 点击"荷载"→"温度/预应力"→"初拉力"(见图 7-85)。

(8) 每一吊杆的吊杆力取图 7-84 桁架单元内力上下端的均值;吊杆 1 的内力为(808.56 +509.32)/2=808.94kN。

(9) 在荷载工况名称选择"吊杆力"。

(10) 在荷载组名称中选择"吊杆力张拉批次 3",

(11) 在初拉力中输入 808.94kN,框选吊杆 1,点击"适用"。同理添加所有吊杆力。

图 7-82　虚拟吊杆材料参数

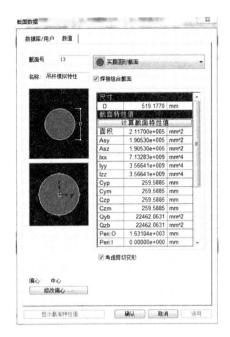

图 7-83　虚拟吊杆截面参数

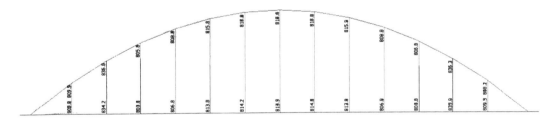

图 7-84　刚性吊杆法获得的吊杆力

图 7-85　"温度/预应力"→"初拉力"位置

7.3.5　结构安全验算

1. 建立施工阶段模型

建立施工阶段分析前,需先建立纵横梁满堂支架与拱肋满堂支架模型。

(1)删除荷载组合内容,将静力工况中自重等改为施工阶段荷载,如图 7-86 所示。

建立施工
阶段模型

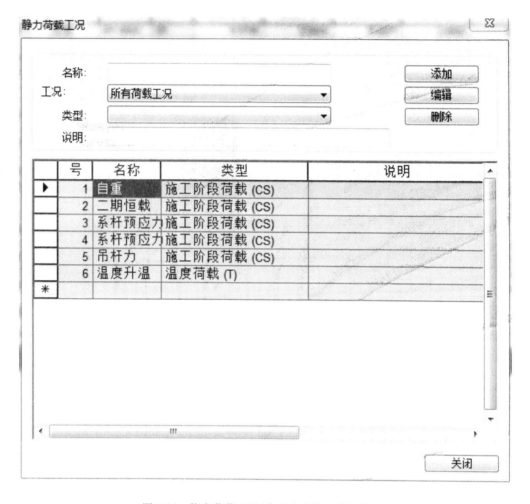

图 7-86　静力荷载工况（自重改为施工阶段荷载）

（2）点击"菜单"→"荷载"→"施工阶段"→"定义施工阶段"（见表 7-12）。

其中，施工阶段分为 8 个阶段：

① 阶段 1：满堂支架浇筑系梁。

② 阶段 2：张拉系梁第一批预应力束。

③ 阶段 3：安装拱肋，张拉系梁的第二批预应力束。

④ 阶段 4：拆除拱肋的拼装支架，安装吊杆。

⑤ 阶段 5：张拉第一批吊杆力，拆除系梁支架。

⑥ 阶段 6：对称张拉第二批吊杆力。

⑦ 阶段 7：对称张拉第三批吊杆力。

⑧ 阶段 8：施加二期恒载。

（3）在名称中输入"阶段 1"（见图 7-87）。

（4）在单元激活下持续时间输入"30 天"。

（5）在"组列表"中点击"横梁"，材龄输入"14"，点击激活"组列表"下的"添加"。

（6）点击"添加"。

（7）在单元组列表中点击"纵梁"，材龄输入"14"，点击激活"组列表"下的"添加"。

（8）点击"添加"。

图 7-87　施工阶段 1 单元内容

（9）点击"边界"，在边界激活中选择"变形前"如图 7-88 所示。

（10）在单元组列表中点击"支座约束、纵横梁满堂架"，点击激活组列表下的"添加"。

（11）点击"荷载"，在激活时间中选择"开始"。

（12）在单元组列表中点击"自重"，点击激活组列表下的"添加"。

（13）通过相同的方法添加其余施工阶段，其各个阶段激活、钝化的内容按表 7-12 输入。

表 7-12　施工阶段

名称	持续时间	单元组	材龄	激活/钝化	边界组	激活/钝化	变形前/变形后	荷载组	激活/钝化	激活/钝化时间
阶段 1	30	纵梁	14	激活	支座约束	激活	前	自重	激活	开始
		横梁	14	激活	纵横梁满堂支架	激活	前			
阶段 2	10							系杆预应力 1	激活	开始
阶段 3	10	拱肋	10	激活	拱肋满堂支架	激活	前	系杆预应力 2	激活	开始
		风撑	10	激活						

续表

名称	持续时间	单元组	材龄	激活/钝化	边界组	激活/钝化	变形前/变形后	荷载组	激活/钝化	激活/钝化时间
阶段4	10	吊杆N1	1	激活	拱肋满堂支架	钝化	/			
		吊杆N2	1	激活						
		吊杆N3	1	激活						
		吊杆N4	1	激活						
		吊杆N5	1	激活						
		吊杆N6	1	激活						
		吊杆N7	1	激活						
阶段5	1							吊杆张拉批次1	激活	开始
阶段6	1				纵横梁满堂支架	钝化	/	吊杆张拉批次2	激活	开始
								吊杆张拉批次1	钝化	/
阶段7	1							吊杆张拉批次3	激活	开始
								吊杆张拉批次2	钝化	/
阶段8	10	虚设梁	0	激活				二期恒载	激活	开始
								温度升温	激活	开始

2. 安全验算

(1) 点击"菜单"→"分析"→"主控数据"(见图7-89)。

(2) 模型采用截面偏心,偏心位置为中-上部,需要勾选当分析主控数据里面的"修改变截面局部坐标轴进行内力/应力计算"(见图7-90)。

(3) 点击"确定"。

(4) 点击"菜单"→"分析"→"移动荷载"(见图7-91)。

(5) 频率按7.2计算得到,为1.39Hz,输入"1.39Hz"。

(6) 点击"确定"。

(7) 点击"菜单"→"分析"→"施工阶段"(见图7-92)。

安全验算

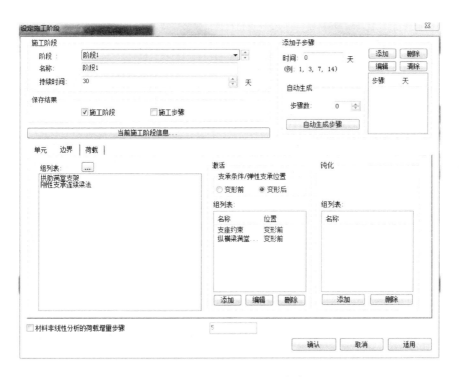

图 7-88　施工阶段—边界内容

图 7-89　"主控数据"位置

主控数据

- ☑ 约束桁架/平面应力/实体单元的旋转自由度
- ☑ 约束板的旋转自由度

仅受拉 / 仅受压单元 (弹性连接)

迭代次数 (荷载工况)：　20

收敛误差：　0.001

- ☐ 在应力计算中考虑截面刚度调整系数
- ☑ 转换从属节点反力为主节点反力
- ☐ 计算等效梁单元应力 (Von-Mises and Max-Shear)
- ☐ 在PSC截面刚度计算中考虑普通钢筋
- ☑ 修改变截面局部坐标轴进行内力/应力计算

确定　　取消

图 7-90　"主控数据"对话框

图 7-91 "移动荷载"位置图

图 7-92 "施工阶段"位置

（8）最终阶段选择"最后阶段"（见图 7-93）。

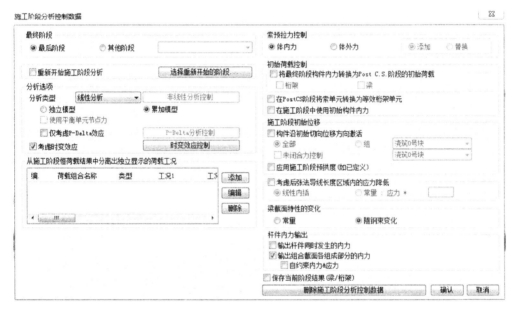

图 7-93 施工阶段分析控制数据

（9）点击"确认"。

（10）点击"分析"→"运行分析"，运行时可查看信息窗口中是否出现 warning 的提醒，完成后，信息窗口会提示"YOUR MIDAS JOB IS SUC-CESSFULLY COMPLETED"。

拱桥 PSC 设计

（11）点击"结果"→"荷载组合"（见图 7-94）。

（12）选择"混凝土设计"，点击"自动生成"。

（13）规范为"混凝土"，设计规范为"JTG D60-15"，点击"确认"（见图 7-95）。

（14）在荷载组合"混凝土设计"中，可查看各种组合情况下的荷载工况和组合系数（见图 7-96）。

（15）点击"菜单"→"PSC"，位置如图 7-97 所示。

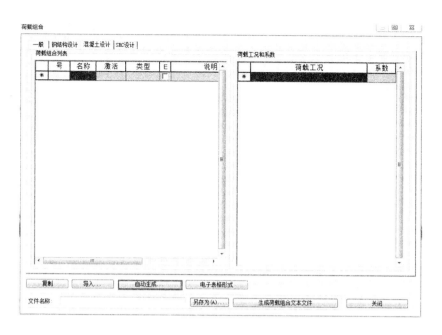

图 7-94　荷载组合—自动生成位置

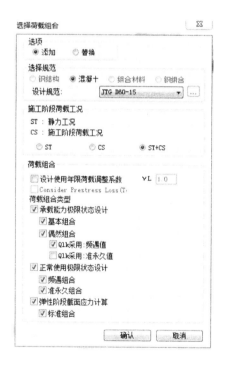

图 7-95　选择荷载组合规范

（16）选择 JTG D62-2004，注意，在材料特性值、钢束特性及此处，需要全部选择相同的规范，否则将会运行失败。

（17）点击"菜单"→"PSC"→"PSC 设计材料"（见图 7-98）。

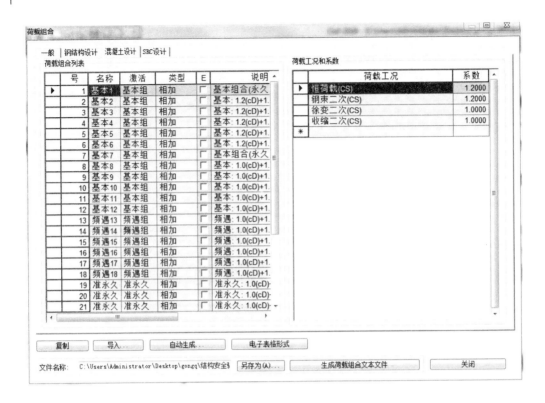

图 7-96　荷载组合完成后界面

图 7-97　"PSC"位置

（18）点击"纵梁"。

（19）设计规范均选择"JTG04"。

（20）修改相应的混凝土及钢材后点击"编辑"，如图 7-99 所示。

（21）点击"菜单"→"PSC"→"输出/位置"。

（22）选择设计位置，选择"I&J"，选择系梁单元，点击"适用"。

（23）同理选择输出位置，统一选择"I&J"，选择系梁单元，点击"适用"。

（24）点击"菜单"→"PSC"→"PSC 裂缝宽度系数"。

（25）按需求输入后，选择"系梁单元"，点击"适用"。

（26）点击"菜单"→"PSC"→"运行分析"→"梁设计"，位置如图 7-100 所示。

（27）运行完成后可以点击"菜单"→"PSC"→"结果表格"（见图 7-101），查看相应组合下的情况。

（28）点击"施工阶段法向压应力验算"；设计结果表格中混凝土应力"压为正，拉为负"。表格中验算栏显示为 OK 表示通过；施工阶段法向压应力验算结果如图 7-102 所示；其中，

图 7-98　PSC 设计参数

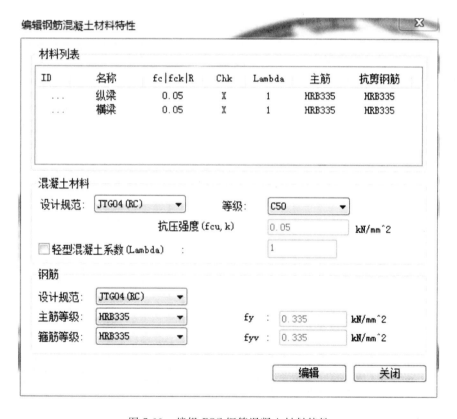

图 7-99　编辑 PSC 钢筋混凝土材料特性

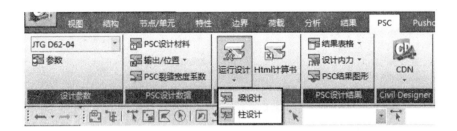

图 7-100　"PSC"→"梁设计"位置

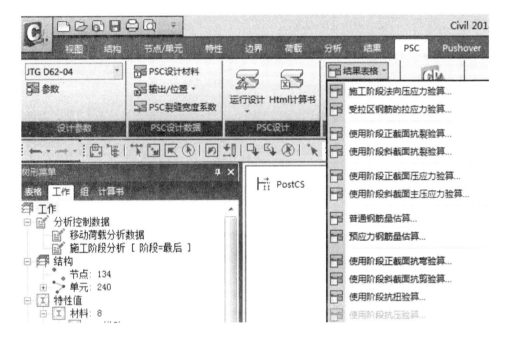

图 7-101　"PSC"→"结果表格"位置

单元	位置	最大/最小	阶段	验算	Sig_T (N/mm^2)	Sig_B (N/mm^2)	Sig_TL (N/mm^2)	Sig_BL (N/mm^2)	Sig_TR (N/mm^2)	Sig_BR (N/mm^2)	Sig_MAX (N/mm^2)	Sig_ALW (N/mm^2)
28	I[29]	最小	阶段2	OK	2.6705	2.6705	2.6705	2.6705	2.6705	2.6705	2.6705	-1.4840
28	I[29]	最小	阶段3	OK	4.3718	4.3718	4.3718	4.3718	4.3718	4.3718	4.3718	18.1440
28	J[1]	最小	阶段1	OK	-0.2281	0.2281	-0.2281	0.2281	-0.2281	0.2281	-0.2281	-1.4840
28	J[1]	最大	阶段3	OK	4.2310	4.5893	4.2310	4.5893	4.2310	4.5893	4.5893	18.1440
29	I[1]	最小	阶段1	OK	0.1835	-0.1835	0.0956	-0.2714	0.2714	-0.0956	-0.2714	-1.4840
29	I[1]	最大	阶段7	OK	3.7825	1.2864	3.6021	1.1060	3.9629	1.4668	3.9629	18.1440
29	J[30]	最小	阶段7	OK	-0.0162	0.0162	-0.0481	-0.0158	0.0158	0.0481	-0.0481	-1.4840
29	J[30]	最大	阶段7	OK	3.6223	1.5746	3.5518	1.5041	3.6928	1.6450	3.6928	18.1440
31	I[31]	最大	阶段7	OK	9.0725	2.8046	8.9752	2.7073	9.1698	2.9019	9.1698	18.1440
31	I[31]	最小	阶段4	OK	-0.0005	0.0005	-0.0428	-0.0419	0.0419	0.0428	-0.0428	-1.4840
31	J[16]	最小	阶段1	OK	-0.1334	0.1334	-0.0571	0.2097	-0.2097	0.0571	-0.2097	-1.4840
31	J[16]	最大	阶段4	OK	7.4740	7.7443	7.5819	7.8521	7.3661	7.6364	7.8521	18.1440
32	I[16]	最小	阶段1	OK	-0.1334	0.1334	-0.0594	0.2074	-0.2074	0.0594	-0.2074	-1.4840
32	I[16]	最大	阶段4	OK	7.4744	7.7447	7.5629	7.8332	7.3859	7.6561	7.8332	18.1440
32	J[17]	最小	阶段1	OK	-0.1870	0.1870	-0.1890	0.1849	-0.1849	0.1890	-0.1890	-1.4840
32	J[17]	最大	阶段4	OK	7.5687	7.9508	7.5767	7.9588	7.5608	7.9429	7.9588	18.1440
33	I[17]	最大	阶段4	OK	7.5692	7.9513	7.5595	7.9417	7.5788	7.9609	7.9609	18.1440
33	I[17]	最小	阶段1	OK	-0.1870	0.1870	-0.1889	0.1851	-0.1851	0.1889	-0.1889	-1.4840
33	J[18]	最小	阶段1	OK	-0.1726	0.1726	-0.1743	0.1709	-0.1709	0.1743	-0.1743	-1.4840
33	J[18]	最大	阶段4	OK	7.3522	7.7043	7.3551	7.7073	7.3492	7.7013	7.7073	18.1440

\\施工阶段法向压应力验算/

图 7-102　"PSC"→"结果表格"→"施工阶段法向压应力验算"

各符号含义如下：

　　Sig_T：截面上端应力

　　Sig_B：截面下端应力

　　Sig_TL：截面左上端应力

　　Sig_BL：截面左下端应力

　　Sig_TR：截面右上端应力

　　Sig_BR：截面右下端应力

　　Sig_MAX：上述各点应力中的最大或最小值

　　Sig_ALW：容许应力

（29）点击"受拉区钢筋的拉应力验算"；设计结果表格中应力"拉为正，压为负"。表格中验算栏显示为 OK 表示通过；受拉区钢筋的拉应力验算结果如图 7-103 所示；其中，各符号含义如下：

　　Sig_DL：施工阶段扣除短期预应力损失后的预应力钢筋锚固端的有效预应力

　　Sig_LL：扣除全部预应力损失并考虑使用阶段作用标准值引起的钢束应力变化后的预应力钢筋的拉应力

　　Sig_ADL：施工阶段预应力钢筋锚固端张拉控制应力容许值

　　Sig_ALL：使用阶段预应力钢筋拉应力容许值

钢束	验算	Sig_DL (N/mm^2)	Sig_LL (N/mm^2)	Sig_ADL (N/mm^2)	Sig_ALL (N/mm^2)
N1-1	OK	1190.0191	1154.0866	1395.0000	1209.0000
N1-1-复制	OK	1190.0238	1153.5349	1395.0000	1209.0000
N1-2	OK	1190.0191	1154.1112	1395.0000	1209.0000
N1-2-复制	OK	1190.0238	1153.6325	1395.0000	1209.0000
N2-1	OK	1190.0191	1171.9903	1395.0000	1209.0000
N2-1-复制	OK	1190.0238	1171.9499	1395.0000	1209.0000
N2-2	OK	1190.0191	1171.9813	1395.0000	1209.0000
N2-2-复制	OK	1190.0238	1171.9070	1395.0000	1209.0000
N3-1	OK	1190.0191	1150.7238	1395.0000	1209.0000
N3-1-复制	OK	1190.0238	1150.5852	1395.0000	1209.0000
N3-2	OK	1190.0191	1150.6384	1395.0000	1209.0000
N3-2-复制	OK	1190.0238	1150.4970	1395.0000	1209.0000
N4-1	OK	1190.0191	1176.8925	1395.0000	1209.0000
N4-1-复制	OK	1190.0238	1176.3573	1395.0000	1209.0000
N4-2	OK	1190.0191	1176.7728	1395.0000	1209.0000
N4-2-复制	OK	1190.0238	1176.3122	1395.0000	1209.0000
N5-1	OK	1190.0191	1163.7739	1395.0000	1209.0000
N5-1-复制	OK	1190.0238	1162.3461	1395.0000	1209.0000
N5-2	OK	1190.0191	1163.5828	1395.0000	1209.0000
N5-2-复制	OK	1190.0238	1162.2440	1395.0000	1209.0000

\受拉区钢筋的拉应力验算/

图 7-103　"PSC"→"结果表格"→"受拉区钢筋的拉应力验算"

（30）点击"使用阶段正截面抗裂验算"；设计结果表格中应力"压为正，拉为负"。表格中验算栏显示为 OK 表示通过；结果如图 7-104 所示；其中，各符号含义如下：

　　Sig_T：截面上端最小应力

Sig_B：截面下端最小应力

Sig_TL：截面左上端最小应力

Sig_BL：截面左下端最小应力

Sig_TR：截面右上端最小应力

Sig_BR：截面右下端最小应力

Sig_MAX：上述各点应力中最小应力

Sig_ALW：容许拉应力

单元	位置	组合名称	短/长	类型	验算	Sig_T (N/mm^2)	Sig_B (N/mm^2)	Sig_TL (N/mm^2)	Sig_BL (N/mm^2)	Sig_TR (N/mm^2)	Sig_BR (N/mm^2)	Sig_MAX (N/mm^2)	Sig_ALW (N/mm^2)
28	I[29]	频遇15	短期	FZ-MAX	OK	4.2587	4.2587	4.2587	4.2587	4.2587	4.2587	4.2587	-1.8550
28	I[29]	准永久21	长期	MY-MIN	OK	4.2587	4.2587	4.2587	4.2587	4.2587	4.2587	4.2587	-0.0000
28	J[1]	准永久21	长期	MY-MIN	OK	4.2013	4.3797	4.2013	4.3797	4.2013	4.3797	4.2013	-0.0000
28	J[1]	频遇15	短期	MY-MIN	OK	4.2013	4.3797	4.2013	4.3797	4.2013	4.3797	4.2013	-1.8550
29	I[1]	准永久22	长期	MY-MIN	OK	1.5245	2.2321	1.3295	2.0371	1.7195	2.4271	1.3295	-0.0000
29	I[1]	频遇18	短期	MY-MIN	OK	1.2420	2.4168	1.0431	2.2179	1.4409	2.6157	1.0431	-1.8550
29	J[30]	准永久21	长期	MY-MAX	OK	2.3369	1.6485	2.2593	1.5708	2.4146	1.7261	1.5708	-0.0000
29	J[30]	频遇15	短期	MY-MAX	OK	2.3500	1.6329	2.2709	1.5538	2.4291	1.7120	1.5538	-1.8550
31	I[31]	频遇15	短期	MY-MAX	OK	5.9431	3.2160	5.8350	3.1079	6.0512	3.3242	3.1079	-1.8550
31	I[31]	准永久21	长期	MY-MAX	OK	5.8525	3.3417	5.7464	3.2355	5.9587	3.4478	3.2355	-0.0000
31	J[16]	准永久21	长期	MY-MAX	OK	5.6927	3.6669	5.8199	3.7942	5.5655	3.5397	3.5397	-0.0000
31	J[16]	频遇15	短期	MY-MAX	OK	6.1333	3.1837	6.2610	3.3114	6.0056	3.0560	3.0560	-1.8550
32	I[16]	频遇15	短期	MY-MAX	OK	5.6931	3.6672	5.8005	3.7746	5.5856	3.5597	3.5597	-0.0000
32	I[16]	准永久21	长期	MY-MAX	OK	6.1334	3.1840	6.2413	3.2919	6.0255	3.0761	3.0761	-1.8550
32	J[17]	准永久21	长期	MY-MAX	OK	5.8115	3.7579	5.8216	3.7681	5.8014	3.7478	3.7478	-0.0000
32	J[17]	频遇15	短期	MY-MAX	OK	6.5088	2.9764	6.5191	2.9867	6.4985	2.9661	2.9661	-1.8550
33	I[17]	频遇15	短期	MY-MAX	OK	6.5087	2.9774	6.5016	2.9703	6.5158	2.9845	2.9703	-1.8550
33	I[17]	准永久21	长期	MY-MAX	OK	5.8118	3.7585	5.8044	3.7512	5.8191	3.7659	3.7512	-0.0000
33	J[18]	准永久21	长期	MY-MAX	OK	5.5995	3.5165	5.6013	3.5183	5.5977	3.5147	3.5147	-0.0000
33	J[18]	频遇15	短期	MY-MAX	OK	6.3757	2.6221	6.3775	2.6238	6.3740	2.6203	2.6203	-1.8550
使用阶段正截面抗裂验算													

图 7-104 "PSC"→"结果表格"→"使用阶段正截面抗裂验算"

（31）点击"使用阶段斜截面抗裂验算"；设计结果表格中应力"压为正,拉为负"。表格中验算栏显示为 OK,即通过；验算结果如图 7-105 所示；其中,各符号含义如下：

Sig_P1：截面位置 1 的主拉应力

Sig_P2：截面位置 2 的主拉应力

Sig_P3：截面位置 3 的主拉应力

Sig_P4：截面位置 4 的主拉应力

Sig_P5：截面位置 5 的主拉应力

Sig_P6：截面位置 6 的主拉应力

Sig_P7：截面位置 7 的主拉应力

Sig_P8：截面位置 8 的主拉应力

Sig_P9：截面位置 9 的主拉应力

Sig_P10：截面位置 10 的主拉应力

Sig_MAX：上述各点主拉应力值中最小值

Sig_AP：允许主拉应力

（32）点击"使用阶段正截面压应力验算"；设计结果表格中应力"压为正,拉为负"。表格中验算栏显示为 OK 表示通过；验算结果如图 7-106 所示；其中,各符号含义如下：

Sig_T：截面上端最大应力

Sig_B：截面下端最大应力

Sig_TL：截面左上端最大应力

Sig_BL：截面左下端最大应力

Sig_TR：截面右上端最大应力

单元	位置	组合名称	类型	验算	Sig_P1 (N/mm^2)	Sig_P2 (N/mm^2)	Sig_P3 (N/mm^2)	Sig_P4 (N/mm^2)	Sig_P5 (N/mm^2)
28	I[29]	频遇13	FX-MAX	OK	-0.0000	-0.0000	-0.0000	-0.0000	-0.0000
28	J[1]	频遇13	FX-MAX	OK	-0.0000	-0.0000	-0.0000	-0.0000	-0.0000
29	I[1]	频遇18	MX-MIN	OK	-0.3834	-0.3130	-0.2048	-0.2365	-0.2700
29	J[30]	频遇18	MX-MIN	OK	-0.2527	-0.2377	-0.2744	-0.2940	-0.2632
31	I[31]	频遇16	MX-MIN	OK	-0.9466	-0.9198	-1.2536	-1.2987	-1.0822
31	J[16]	频遇16	MX-MIN	OK	-0.8879	-0.9195	-1.3186	-1.2614	-1.0679
32	I[16]	频遇18	MX-MIN	OK	-0.4632	-0.4821	-0.5142	-0.4929	-0.4874
32	J[17]	频遇15	MX-MIN	OK	-0.3742	-0.3754	-0.6264	-0.6233	-0.4712
33	I[17]	频遇18	MX-MIN	OK	-0.2829	-0.2823	-0.3036	-0.3043	-0.2929
33	J[18]	频遇15	MX-MIN	OK	-0.2346	-0.2348	-0.4182	-0.4179	-0.3022
34	I[18]	频遇18	MX-MIN	OK	-0.2274	-0.2261	-0.2355	-0.2369	-0.2314
34	J[19]	频遇15	MX-MIN	OK	-0.1887	-0.1890	-0.3271	-0.3263	-0.2403
35	I[19]	频遇18	MX-MIN	OK	-0.2075	-0.2065	-0.2043	-0.2053	-0.2059
35	J[20]	频遇15	MX-MIN	OK	-0.1705	-0.1708	-0.2877	-0.2870	-0.2148
36	I[20]	频遇17	MX-MIN	OK	-0.2030	-0.2019	-0.1885	-0.1894	-0.1955
36	J[21]	频遇18	MX-MAX	OK	-0.1674	-0.1677	-0.1631	-0.1628	-0.1652
37	I[21]	频遇17	MX-MIN	OK	-0.2017	-0.2007	-0.1812	-0.1821	-0.1910
37	J[22]	频遇18	MX-MAX	OK	-0.1997	-0.2002	-0.1814	-0.1810	-0.1901
38	I[22]	频遇18	MX-MIN	OK	-0.1965	-0.1957	-0.1799	-0.1806	-0.1879
38	J[23]	频遇18	MX-MAX	OK	-0.2033	-0.2040	-0.1830	-0.1825	-0.1927

\使用阶段斜截面抗裂验算/

Sig_P5 (N/mm^2)	Sig_P6 (N/mm^2)	Sig_P7 (N/mm^2)	Sig_P8 (N/mm^2)	Sig_P9 (N/mm^2)	Sig_P10 (N/mm^2)	Sig_MAX (N/mm^2)	Sig_AP (N/mm^2)
-0.0000	-0.0000	-0.0000	-0.0000	-0.0000	-0.0000	-0.0000	-1.3250
-0.0000	-0.0000	-0.0019	-0.0019	-0.0000	-0.0000	-0.0019	-1.3250
-0.2700	-0.2700	-0.1232	-0.4391	-0.2700	-0.2700	-0.4391	-1.3250
-0.2632	-0.2632	-0.2050	-0.3245	-0.2632	-0.2632	-0.3245	-1.3250
-1.0822	-1.0822	-0.9944	-1.1710	-1.0822	-1.0822	-1.2987	-1.3250
-1.0679	-1.0679	-1.0680	-1.0681	-1.0679	-1.0679	-1.3186	-1.3250
-0.4874	-0.4874	-0.3041	-0.7054	-0.4874	-0.4874	-0.7054	-1.3250
-0.4712	-0.4712	-0.5207	-0.4236	-0.4712	-0.4712	-0.6264	-1.3250
-0.2929	-0.2929	-0.1582	-0.4603	-0.2929	-0.2929	-0.4603	-1.3250
-0.3022	-0.3022	-0.3490	-0.2581	-0.3022	-0.3022	-0.4182	-1.3250
-0.2314	-0.2314	-0.1131	-0.3837	-0.2314	-0.2314	-0.3837	-1.3250
-0.2403	-0.2403	-0.2883	-0.1960	-0.2403	-0.2403	-0.3271	-1.3250
-0.2059	-0.2059	-0.0929	-0.3555	-0.2059	-0.2059	-0.3555	-1.3250
-0.2148	-0.2148	-0.2620	-0.1717	-0.2148	-0.2148	-0.2877	-1.3250
-0.1955	-0.1955	-0.0821	-0.3488	-0.1955	-0.1955	-0.3488	-1.3250
-0.1652	-0.1652	-0.0562	-0.3227	-0.1652	-0.1652	-0.3227	-1.3250
-0.1910	-0.1910	-0.0750	-0.3505	-0.1910	-0.1910	-0.3505	-1.3250
-0.1901	-0.1901	-0.0705	-0.3575	-0.1901	-0.1901	-0.3575	-1.3250
-0.1879	-0.1879	-0.0690	-0.3541	-0.1879	-0.1879	-0.3541	-1.3250
-0.1927	-0.1927	-0.0761	-0.3534	-0.1927	-0.1927	-0.3534	-1.3250

图 7-105　“PSC”→“结果表格”→“使用阶段斜截面抗裂验算”

单元	位置	组合名称	类型	验算	Sig_T (N/mm^2)	Sig_B (N/mm^2)	Sig_TL (N/mm^2)	Sig_BL (N/mm^2)	Sig_TR (N/mm^2)	Sig_BR (N/mm^2)	Sig_MAX (N/mm^2)	Sig_ALW (N/mm^2)
28	I[29]	标准26	MY-MIN	OK	4.2587	4.2587	4.2587	4.2587	4.2587	4.2587	4.2587	16.2000
28	J[1]	标准26	MY-MIN	OK	4.2013	4.3797	4.2013	4.3797	4.2013	4.3797	4.3797	16.2000
29	I[1]	标准28	FZ-MIN	OK	1.0645	2.6789	0.8606	2.4750	1.2684	2.8828	2.8828	16.2000
29	J[30]	标准26	MY-MAX	OK	2.3653	1.6148	2.2845	1.5340	2.4461	1.6955	2.4461	16.2000
31	I[31]	标准26	MY-MAX	OK	6.0488	3.0694	5.9383	2.9590	6.1592	3.1799	6.1592	16.2000
31	J[16]	标准26	MY-MAX	OK	6.6473	2.6199	6.7755	2.7481	6.5191	2.4917	6.7755	16.2000
32	I[16]	标准26	MY-MAX	OK	6.6471	2.6203	6.7555	2.7287	6.5388	2.5119	6.7555	16.2000
32	J[17]	标准26	MY-MAX	OK	7.3223	2.0646	7.3328	2.0751	7.3119	2.0542	7.3328	16.2000
33	I[17]	标准26	MY-MAX	OK	7.3218	2.0660	7.3149	2.0592	7.3286	2.0729	7.3286	16.2000
33	J[18]	标准26	MY-MAX	OK	7.2813	1.5786	7.2830	1.5803	7.2796	1.5769	7.2830	16.2000
34	I[18]	标准26	MY-MAX	OK	7.2811	1.5797	7.2661	1.5646	7.2962	1.5947	7.2962	16.2000
34	J[19]	标准26	MY-MAX	OK	6.8721	1.4716	6.8765	1.4760	6.8677	1.4672	6.8765	16.2000
35	I[19]	标准26	MY-MAX	OK	6.8725	1.4719	6.8612	1.4607	6.8838	1.4832	6.8838	16.2000
35	J[20]	标准26	MY-MAX	OK	6.3367	1.5132	6.3367	1.5133	6.3366	1.5131	6.3367	16.2000
36	I[20]	标准26	MY-MAX	OK	6.3383	1.5126	6.3282	1.5026	6.3483	1.5226	6.3483	16.2000
36	J[21]	标准26	MY-MAX	OK	5.9202	1.5204	5.9192	1.5194	5.9211	1.5214	5.9211	16.2000
37	I[21]	标准26	MY-MAX	OK	5.9206	1.5196	5.9109	1.5099	5.9303	1.5294	5.9303	16.2000
37	J[22]	标准26	MY-MAX	OK	5.6417	1.3829	5.6408	1.3820	5.6427	1.3839	5.6427	16.2000
38	I[22]	标准26	MY-MAX	OK	5.6419	1.3831	5.6335	1.3747	5.6504	1.3916	5.6504	16.2000
38	J[23]	标准26	MY-MAX	OK	5.9191	1.5170	5.9193	1.5173	5.9188	1.5168	5.9193	16.2000

\使用阶段正截面压应力验算/

图 7-106　“PSC”→“结果表格”→“使用阶段正截面压应力验算”

Sig_BR:截面右下端最大应力

Sig_MAX:上述各点应力中最大应力

Sig_ALW:容许压应力

（33）点击"使用阶段斜截面压应力验算"；设计结果表格中应力压为正，拉为负。表格中验算栏显示为"OK"表示通过；由于篇幅限制，本书仅列出与使用阶段正截面抗裂验算相同的 5 个控制截面的验算结果，如图 7-107 所示；其中，各符号含义如下：

单元	位置	组合名称	类型	验算	Sig_P1 (N/mm^2)	Sig_P2 (N/mm^2)	Sig_P3 (N/mm^2)	Sig_P4 (N/mm^2)	Sig_P5 (N/mm^2)
28	I[29]	标准25	FX-MAX	OK	4.2587	4.2587	4.2587	4.2587	4.2587
28	J[1]	标准26	MY-MIN	OK	4.2013	4.2013	4.3797	4.3797	4.2905
29	I[1]	标准28	FZ-MIN	OK	1.4570	1.7616	3.1580	2.7868	2.2567
29	J[30]	标准26	FZ-MIN	OK	2.3634	2.4996	2.2653	2.1328	2.3142
31	I[31]	标准26	MY-MAX	OK	7.1144	7.3046	4.8907	4.7285	5.9624
31	J[16]	标准26	MY-MAX	OK	7.9428	7.7201	4.5359	4.7147	6.1430
32	I[16]	标准26	MY-MAX	OK	6.7561	6.5394	2.5135	2.7301	4.6346
32	J[17]	标准26	MY-MAX	OK	7.8087	7.7890	3.2114	3.2268	5.3838
33	I[17]	标准26	MY-MAX	OK	7.3642	7.3778	2.2352	2.2224	4.7700
33	J[18]	标准26	MY-MAX	OK	7.5535	7.5503	2.4209	2.4234	4.8512
34	I[18]	标准26	MY-MAX	OK	7.3704	7.4001	1.9825	1.9574	4.5976
34	J[19]	标准26	MY-MAX	OK	7.0765	7.0680	2.1313	2.1380	4.4873
35	I[19]	标准26	MY-MAX	OK	7.0084	7.0305	1.9994	1.9815	4.4064
35	J[20]	标准26	MY-MAX	OK	6.4939	6.4937	2.0186	2.0188	4.1697
36	I[20]	标准26	MY-MAX	OK	6.4857	6.5053	2.0266	2.0106	4.1704
36	J[21]	标准26	MY-MAX	OK	6.0920	6.0939	2.0381	2.0365	3.9846
37	I[21]	标准26	MY-MAX	OK	6.0797	6.0987	2.0341	2.0186	3.9782
37	J[22]	标准26	MY-MAX	OK	5.8204	5.8222	1.9264	1.9250	3.7882
38	I[22]	标准26	MY-MAX	OK	5.8134	5.8298	1.9327	1.9195	3.7886
38	J[23]	标准26	MY-MAX	OK	6.0879	6.0874	2.0239	2.0243	3.9762

使用阶段斜截面主压应力验算

Sig_P6 (N/mm^2)	Sig_P7 (N/mm^2)	Sig_P8 (N/mm^2)	Sig_P9 (N/mm^2)	Sig_P10 (N/mm^2)	Sig_MAX (N/mm^2)	Sig_AP (N/mm^2)
4.2587	4.2587	4.2587	4.2587	4.2587	4.2587	19.4400
4.2905	4.2924	4.2924	4.2905	4.2905	4.3797	19.4400
2.2567	1.8491	2.6899	2.2567	2.2567	3.1580	19.4400
2.3142	2.1294	2.5064	2.3142	2.3142	2.5064	19.4400
5.9624	5.6936	6.2339	5.9624	5.9624	7.3046	19.4400
6.1430	6.1841	6.1044	6.1430	6.1430	7.9428	19.4400
4.6346	4.7494	4.5261	4.6346	4.6346	6.7561	19.4400
5.3838	5.3991	5.3684	5.3838	5.3838	7.8087	19.4400
4.7700	4.7887	4.7548	4.7700	4.7700	7.3778	19.4400
4.8512	4.8761	4.8267	4.8512	4.8512	7.5535	19.4400
4.5976	4.6059	4.5908	4.5976	4.5976	7.4001	19.4400
4.4873	4.5264	4.4496	4.4873	4.4873	7.0765	19.4400
4.4064	4.4147	4.3988	4.4064	4.4064	7.0305	19.4400
4.1697	4.2043	4.1370	4.1697	4.1697	6.4939	19.4400
4.1704	4.1771	4.1641	4.1704	4.1704	6.5053	19.4400
3.9846	4.0143	3.9562	3.9846	3.9846	6.0939	19.4400
3.9782	3.9902	3.9670	3.9782	3.9782	6.0987	19.4400
3.7882	3.8140	3.7634	3.7882	3.7882	5.8222	19.4400
3.7886	3.8074	3.7708	3.7886	3.7886	5.8298	19.4400
3.9762	3.9975	3.9555	3.9762	3.9762	6.0879	19.4400

图 7-107 "PSC"→"结果表格"→"使用阶段正截面主压应力验算"

Sig_P1：截面位置 1 的主压应力

Sig_P2：截面位置 2 的主压应力

Sig_P3：截面位置 3 的主压应力

Sig_P4：截面位置 4 的主压应力

Sig_P5：截面位置 5 的主压应力

Sig_P6：截面位置 6 的主压应力

Sig_P7：截面位置 7 的主压应力

Sig_P8：截面位置 8 的主压应力

Sig_P9：截面位置 9 的主压应力

Sig_P10：截面位置 10 的主压应力

Sig_MAX：上述各点中最大主压应力

Sig_AP：允许主压应力

在本算例中,通过 PSC 验算系梁的安全。除上述内容外,还需利用计算数据,按《公路钢管混凝土拱桥设计规范》验算主拱肋钢管混凝土的极限承载力、主拱稳定性及正常使用极限状态下的主拱圈挠度。具体计算公式参考 7.2 内容。

参考文献

[1] 蔺鹏臻,刘世忠. 桥梁结构有限元分析. 北京:科学出版社,2008.

[2] 龙驭球,包世华,袁驷. 结构力学Ⅱ——专题教程. 4版. 北京:高等教育出版社,2018.

[3] 李廉锟. 结构力学(下册). 2版. 北京:高等教育出版社,1984.

[4] 丁皓江,何福保,谢贻权,等. 弹性和塑性力学中的有限单元法. 2版. 北京:机械工业出版社,1989.

[5] 刘晓平. 土木工程结构分析及程序设计. 北京:人民交通出版社,2000.

[6] 石志源. 桥梁结构电算. 2版. 北京:人民交通出版社,2010.

[7] 王焕定,张永山. 结构力学程序设计及应用. 北京:高等教育出版社,2001.

[8] 张海龙. 桥梁的结构分析、程序设计、施工监控. 北京:中国建筑工业出版社,2003.

[9] 杨骊先. 弹性力学及有限单元法. 杭州:浙江大学出版社,2002.

[10] 邵旭东. 桥梁工程(5版). 北京:人民交通出版社,2019.

[11] 周水兴,王小松,田维锋,等. 桥梁结构电算. 北京:人民交通出版社,2013.

[12] 易建国.桥梁计算示例丛书——混凝土简支梁(板)桥. 3版. 北京:人民交通出版社,2008.

[13] 彭卫.预应力混凝土连续箱梁桥防裂设计.北京:地震出版社,2006.

[14] 中华人民共和国行业标准.公路工程技术标准(JTG B01-2003).北京:人民交通出版社,2003.

[15] 中华人民共和国行业标准.公路桥涵设计通用规范(JTG D60-2015).北京:人民交通出版社,2015.

[16] 中华人民共和国行业标准.公路钢筋混凝土及预应力混凝土桥涵设计规范(JTG 3362-2018).北京:人民交通出版社,2018.

[17] 中华人民共和国行业推荐性标准:公路钢管混凝土拱桥设计规范(JTG/T D65-2015).北京:人民交通出版社,2015.

[18] 中华人民共和国国家标准:钢管混凝土拱桥技术规范(GB 50923-2013).北京:中国计划出版社,2013.

[19] 孙潮,陈友杰. 桥梁计算示例丛书——钢管混凝土拱桥. 北京:人民交通出版社,2015.

[20] 徐岳,王亚君,万振江. 预应力混凝土连续梁桥设计.北京:人民交通出版社,2000.

[21] 叶见曙.结构设计原理.4版.北京:人民交通出版社,2018.

[22] 彭卫,王银辉.桥梁结构电算原理与软件应用.杭州:浙江大学出版社,2013.